Reinhard Fischer (Hg.)

Sprache – Schlüssel zur Welt

Handbuch zur Theorie und Praxis der Spracherziehung in der Montessori-Pädagogik

6. Auflage 2022
© 2005 Auer Verlag, Augsburg
AAP Lehrerwelt GmbH
Alle Rechte vorbehalten.

Das Werk als Ganzes sowie in seinen Teilen unterliegt dem deutschen Urheberrecht. Der*die Erwerber*in der Einzellizenz ist berechtigt, das Werk als Ganzes oder in seinen Teilen für den eigenen Gebrauch und den Einsatz im eigenen Präsenz- oder Distanzunterricht zu nutzen.

Produkte, die aufgrund ihres Bestimmungszweckes zur Vervielfältigung und Weitergabe zu Unterrichtszwecken gedacht sind (insbesondere Kopiervorlagen und Arbeitsblätter), dürfen zu Unterrichtszwecken vervielfältigt und weitergegeben werden. Die Nutzung ist nur für den genannten Zweck gestattet, nicht jedoch für einen schulweiten Einsatz und Gebrauch, für die Weiterleitung an Dritte einschließlich weiterer Lehrkräfte, für die Veröffentlichung im Internet oder in (Schul-)Intranets oder einen weiteren kommerziellen Gebrauch. Mit dem Kauf einer Schullizenz ist die Schule berechtigt, die Inhalte durch alle Lehrkräfte des Kollegiums der erwerbenden Schule sowie durch die Schüler*innen der Schule und deren Eltern zu nutzen. Nicht erlaubt ist die Weiterleitung der Inhalte an Lehrkräfte, Schüler*innen, Eltern, andere Personen, soziale Netzwerke, Downloaddienste oder Ähnliches außerhalb der eigenen Schule. Eine über den genannten Zweck hinausgehende Nutzung bedarf in jedem Fall der vorherigen schriftlichen Zustimmung des Verlags.

Sind Internetadressen in diesem Werk angegeben, wurden diese vom Verlag sorgfältig geprüft. Da wir auf die externen Seiten weder inhaltliche noch gestalterische Einflussmöglichkeiten haben, können wir nicht garantieren, dass die Inhalte zu einem späteren Zeitpunkt noch dieselben sind wie zum Zeitpunkt der Drucklegung. Der Auer Verlag übernimmt deshalb keine Gewähr für die Aktualität und den Inhalt dieser Internetseiten oder solcher, die mit ihnen verlinkt sind, und schließt jegliche Haftung aus.

Autor*innen: Reinhard Fischer (Hg.)
Satz: Fotosatz H. Buck, Kumhausen
Druck und Bindung: Korrekt Nyomdaipari Kft
ISBN 978-3-403-**03179**-6

www.auer-verlag.de

Inhaltsverzeichnis

Vorwort 7

REINHARD FISCHER
Kapitel 1: Konzeption der Montessori-Pädagogik 8

1. **Hintergründe zur Konzeption der Montessori-Pädagogik** 8
   1.1 Biografische Hintergründe 8
   1.2 Pädagogisch-didaktische Hintergründe 9

2. **Existentials der Montessori-Pädagogik** 9
   2.1 Anthropologische Orientierung einer personalistischen Konzeption . 9
   2.2 Selbstständigkeit, Selbstverwirklichung, Freiheit und Disziplin 10
   2.3 Entwicklungsgemäßheit 11
   2.4 Zur Bedeutung der Sinneserziehung 11
   2.5 Bewegung: Fundamentaler Aspekt in der menschlichen Entwicklung .. 12
   2.6 Normalisation und Deviation 14
   2.7 Konzentration – Polarisation der Aufmerksamkeit 15
   2.8 Soziale Erziehung, Kosmische Erziehung, Friedenserziehung 16
   2.8.1 Soziale Erziehung als Vorbereitung auf das gesellschaftliche Leben – entsprechend der jeweiligen Altersstufen 17
   2.8.2 Soziale Erziehung als Beitrag zur Kosmischen Erziehung und zur Friedenserziehung 17
   2.8.3 Konkrete Maßnahmen zur Sozialen Erziehung im Gruppen- bzw. Klassenraum: Soziale Kompetenz durch Üben 18

3. **Die pädagogische Grundhaltung des Erwachsenen** 20

4. **Zur Bedeutung der teilnehmenden Beobachtung** 21

5. **Didaktische Umsetzung** 21
   5.1 Die Freiarbeit 21
   5.2 Die vorbereitete Umgebung 22
   5.3 Spezifische Anforderungen an die Lernmaterialien 23

REINHARD FISCHER
Kapitel 2: Entwicklung der Sprache und sprachliche Erziehung 26

1. **Dimensionen der Spracherziehung in der Montessori-Pädagogik** 26
   1.1 Anthropologische Dimension 26
   1.2 Sozialpolitische Dimension 26
   1.3 Soziale Dimension 26
   1.4 Pragmatische Dimension 27

2. **Entwicklungspsychologische Aspekte** 27
   2.1 Sprachliche Entwicklung und Förderung in Familie, Kindergarten und Grundschule 28
   2.2 Spracherziehung in der Sekundarschule 30

3. **Sprachstörungen** 30

4. **Die Förderung der Sprachentwicklung im Montessorisystem** 31

HERIBERT BÄCKER, MARLENE CLEVEN, REINHARD FISCHER, ELKE STEFFENS
Kapitel 3: Sprachförderung im Kinderhaus 34

1. **Einleitende Gedanken** 34

2. **Elementare Übungen zur Spracherziehung** 35
   2.1 Sensibilisierung der Sinne und Verbalisierung der Eindrücke anhand von Spielen 36
   2.2 Spiele zum Erlernen und Üben von Begriffen und Namen 39
   2.3 Zuordnungsspiele 40
   2.4 Gedächtnisspiele 40
   2.5 Erweiterung und Festigung des Wortschatzes durch „Klassifikationskarten" 41

3. **Förderung der sprachlichen Ausdrucksfähigkeit** 43
   3.1 Artikulationsübungen 43
   3.2 Phonetische Spiele, Sprechreime, Rhythmen und rhythmische Lieder . 44

3.3 Wortschatzübungen und sprachliche Kombinationsfähigkeit 45
3.4 Wort-/Satzergänzungen 46
3.5 Mitteilungsübungen 46
3.6 Ausdrucksspiele, Spiele zur sprachlichen Wendigkeit und zum Wortverständnis 47
3.7 Spiele für einen guten Umgang mit der Sprache 49
3.8 Geschichten hören und erzählen ... 49
3.9 Spiele zum verbalen Einfallsreichtum und zur Assoziationsflüssigkeit 49

Reinhard Fischer

Kapitel 4: Hinführung zum Schreiben 50

1. **Feinmotorik und Analyse der Bewegung** 50
1.1 Zur Bedeutung indirekter Vorbereitung 50
1.2 Die leichte und die feste Hand 51
1.2.1 Übungen für die leichte Hand 51
1.2.2 Übungen für die feste Hand 52
1.3 Die Sandpapierbuchstaben 54
1.4 Das „bewegliche Alphabet" 56
1.5 Zur Bedeutung der Lautanalyse 59
1.6 Sprechfehler und Sprechgymnastik . 60
1.7 Schreiben 61
1.8 Zur Frage nach der Schrift 62
1.9 Zum Zusammenhang von Lesen und Schreiben 64

Heribert Bäcker, Reinhard Fischer, Gretel Moskopp

Kapitel 5: Lesen 65

1. **Was Kinder über das Lesen und seine Bedeutung sagen** 65
2. **Einführung in das Lesen** 65
3. **Lesespiele zum ersten Lesen** 67
3.1 Lesedose mit Gegenständen 67
3.2 Zuordnungsübungen 68
3.3 Spiele mit dem Alphabet 70
3.4 Rätselumschläge 70
3.5 Wortstudien 70
3.6 Zusammengesetzte Wörter 72

4. **Phonogramm** 73
5. **Übungen mit Morphemen, Prä- und Suffixen („Wortbildungsübungen")** 76
6. **Leseübungen, die Begriffsbildung erleichtern und als „Knotenpunkte" dienen können** 80
6.1 Übungen mit Bildkarten/ Bild-Wort-Karten 81
6.2 Arbeiten mit dem Klassifikationskartensystem 82
6.3 Beispiel Tiergebisse: Bild-, Definitions- und Wortkarten Modellen zuordnen 83
6.4 Beispiel Tiere der Welt: Definitionskarten lesen und Bildern zuordnen 84
6.5 Beispiel mit erdkundlichen Grundbegriffen zu Wasser- und Landformen: Satzstreifen lesen und einem Bild zuordnen 85
6.6 Beispiel Pferd: Wortkarten einordnen 86
6.7 Beispiel Knöpfe: Arbeiten mit Kernsätzen 87

7. **Leseübungen zum Festigen der Lesetechnik – vom mechanischen zum sinnverstehenden Lesen –, Sprachspiele sowie Hilfen zur Rechtschreibung** 88
7.1 Leseröllchen 88
7.2 Aufträge auf Faltkarten 88
7.3 Tapetenbücher 88
7.4 Kleine Bücher 89
7.5 Karten mit Geschichten und (Tier-)Bildern 89
7.6 Fabeln nach Aesop 90
7.7 Sprichwörter spielen 90
7.8 Schreibimpuls – Bruchstücke einer Geschichte 90
7.9 Schreibimpuls – Fortsetzen einer Geschichte 91
7.10 Rätsel 91
7.11 Diktatübungen 91
7.11.1 Wortdiktate 91
7.11.2 Wendediktate 92
7.11.3 Fehlende Satzzeichen 92
7.11.4 Fehlende Anführungszeichen 93

HERIBERT BÄCKER, REINHARD FISCHER
GRETEL MOSKOPP

Kapitel 6: Wortartenanalyse und Übungen, die die Bedeutung der Wortarten erkennen lassen 94

1. Zur Relevanz der Wortartenanalyse 94
2. Sprachkästen 95
2.1 Auftragskästen 95
2.2 Fächerkästen 98
3. Übungen zur Verdeutlichung von Bedeutung und Funktion einer Wortart am Beispiel Bauernhof ... 99
3.1 Der Bauernhof 99
3.2 Arbeiten mit den Wortarten 100
3.3 Einführung von Wortarten ohne Wortsymbole 100
3.3.1 Nomen 100
3.3.2 Artikel 101
3.3.3 Adjektiv 103
3.4 Einführung der Wortarten mit Wortsymbolen 104
3.4.1 Adjektiv 104
3.4.2 „Numerale" 108
3.4.3 Verb 109
3.4.4 Hilfsverb, Partizip, Infinitiv 111
3.4.5 Zusammengesetzte Verben 114
3.4.6 Präposition 114
3.4.7 Adverb 116
3.4.8 Pronomen 118
3.4.9 Konjunktion 119
3.4.10 Interjektion 121
4. Die Wortsymbole 122

RAYMUND DERNBACH, REINHARD FISCHER

Kapitel 7: Satzanalyse 125

1. Anknüpfungspunkte 125
2. Jagd nach dem Prädikat 125
2.1 Sätze mit einem Prädikat 125
2.2 Sätze mit zwei und mehr Prädikaten 125
2.3 Beispiele aus der Literatur 126
3. Satzerlegung 126
3.1 Sterntabelle 126
3.2 Erste Übungen zur Satzerlegung mit Subjekt, Prädikat und Akkusativobjekt 127
3.2.1 Subjekt und Prädikat 127
3.2.2 Zwei Subjekte und ein Prädikat .. 127
3.2.3 Subjekt, Prädikat und Akkusativobjekt 128
4. Der kleine Satzerlegungskasten und die Satzerlegungstabelle 128
5. Die drei großen Satzerlegungskästen 129
5.1 Dativobjekt 129
5.2 Adverbiale Bestimmung 129
5.3 Attribut 130
5.4 Apposition 130
5.5 Weitere Übungen 130

GRETEL MOSKOPP

Kapitel 8: Ist Schreiben OUT? – Indirekte und direkte Aufforderung zum Schreiben in der Grundschule 131

1. Vorüberlegungen 131
2. Schreiben in Montessori-Einrichtungen 132
2.1 Vorbereitete Umgebung zum Schreiben 132
2.2 Explosion des Schreibens 133
2.3 Grammatik und Schreiben – oder: Wie die Übungen zur Grammatik zum Schreiben auffordern 135
2.4 Anregungen zum Schreiben 136
3. Vorbereitung und Nachbereitung eines Unterrichtsganges 137
4. Abschließende Gedanken 138

BERRIT SKOPP

Kapitel 9: Mündliches Erzählen ... 139

1. Warum erzählen? 139
2. Wie erzählen? 140
3. Wie zuhören? 141
3.1 Übungen zur Schulung des Zuhörens 141
4. Zur Didaktik des Erzählens 144
5. Die Erzählkompetenz 144
6. Die Erzählkultur 144
6.1 Erzählwerkstatt 145

6.2	Erzählkreis	146	
6.3	Erzählstunden	147	
7.	**Geschichten finden – aber wie?!**	147	
7.1	Erzählmaterialien	147	

ERIKA FISCHER

Kapitel 10: Handlungs- und verstehensorientierter Umgang mit Literatur – Zugänge zur Literatur auf der Basis der Montessori-Pädagogik 155

1.	**Einleitung**	155
2.	**Zur gegenwärtigen Literaturdidaktik**	155
3.	**Zur Handlungsorientierung**	156
3.1	Reformpädagogische Elemente	156
3.2	Handlungs- und verstehensorientierter Umgang mit Literatur	156
3.3	Aneignung auf der Basis der Montessori-Pädagogik	157
4.	**Schlussbemerkung**	158
5.	**Versuch einer Konkretisierung**	158

REINHARD FISCHER

Kapitel 11: Kosmische Erziehung und Sprache 161

1.	**Einführung und Beispiel einer „Großen Erzählung"**	161
1.1	Didaktische Konsequenzen und methodisch/mediale Aspekte	161
1.2	Die Große Erzählung: „Die Verständigung durch Zeichen"	162
2.	**Kosmische Erziehung und Sprache anhand selbst erstellter Materialien**	167
2.1	Gewürze – Material zur Unterscheidung von Gewürzen *Thomas Rodermund*	167
2.2	Heilkräuter – Material zur Schulung des Geruchsinnes und zum Kennenlernen einiger Kräuter *Beatrix Wladkowski*	171
2.3	Das Lernen des Kindes ist ganzheitliches Lernen – Sprachliche Arbeit in der Kosmischen Erziehung am Projekt Erde *Gretel Moskopp*	177
2.4	Kosmische Erziehung in der Grundschule und Impulse zur internationalen Verständigung am Beispiel eines grenzübergreifenden Besuchsprogrammes *Heribert Bäcker*	181

REINHARD FISCHER

Kapitel 12: Kinder mit Lese-Rechtschreib-Schwäche und ihre Förderung in der Montessori-Pädagogik 182

1.	**Einleitung**	182
2.	**Zur Definition: Lese-Rechtschreib-Schwäche und Legasthenie: Was wird darunter verstanden?**	182
3.	**Aktueller Diskussionsstand zum Problem der Lese-Rechtschreib-Schwäche**	185
3.1	Orientierung am Schriftspracherwerb	186
3.2	Orientierung an der Struktur der deutschen Sprache	189
3.3	Überlegungen zur „Phonologischen Bewusstheit"	190
3.4	Arbeit auf der Wortebene und Segmentierungsaspekte	191
3.4.1	Zur Bedeutsamkeit der Silbensegmentierung	191
3.4.2	Segmentierungsaspekte auf der Ebene des Morphems	192

Literatur 195

Bezugsquellen 198

Vorwort

Nachdem bereits einige Publikationen zu Montessori-Materialien veröffentlicht worden sind, aber bislang keine die Sprachkonzeption insgesamt darstellt – angefangen von der dahinter stehenden Theorie bis zu den einzelnen Übungen –, habe ich mich aufgrund mehrfacher Bitten von Kolleginnen und Kollegen an diese Aufgabe gewagt, allerdings nicht allein, sondern mit tatkräftiger Unterstützung zahlreicher Experten der Montessori-Pädagogik.

Natürlich stößt ein solches Vorhaben auch auf Widerstände. Das Hauptproblem wird vielfach darin gesehen, dass jemand ein solches Handbuch ergreift, aufschlägt und seinen frontalen, lehrerzentrierten Unterricht durch einzelne Beispiele aufzupeppen versucht und sagt: „Ich arbeite jetzt nach Montessori." Dann würde vorliegendes Buch leider mehr schaden als nutzen, denn Montessori-Arbeit lebt vom kindorientierten, individualisierenden freien Arbeiten.

Man kann leider auch nicht einfach sagen: „Ab heute fange ich mit freiem Arbeiten an." Da ist eine geeignete Hintergrundtheorie vonnöten, weil freies Arbeiten nur fruchtbar wird, wenn der theoretische Bezugrahmen stimmt. Diese Hintergrundtheorie soll dieses Buch vermitteln, nicht erschöpfend – das kann ein einzelnes Buch nicht leisten –, aber doch so intensiv, dass der Bezugrahmen deutlich wird. Deshalb sollten unbedingt auch die einführenden Kapitel zur Montessori-Pädagogik und zu Montessoris Sprachkonzeption gelesen und auf die eigene Freiarbeitspraxis hin reflektiert werden.

Freies Arbeiten erfordert geeignete Materialien, an denen gelernt werden kann und für diese Materialien gelten bestimmte Regeln. Sind keine Materialien vorhanden oder werden die Regeln nicht eingehalten, stört das die Kinder nachhaltig in ihrem Entwicklungs- und Lernprozess, aber auch die Erzieherin/Lehrerin[1], die mit unerwarteten Problemen konfrontiert wird. Deshalb ist es ratsam, sich mit diesen Kriterien intensiv zu beschäftigen.

Dieses Handbuch ist also für diejenigen Kolleginnen und Kollegen gedacht, die mit freier Arbeit ernst machen wollen und Hilfestellungen erwarten.

Normalerweise wird die Kompetenz zur Arbeit nach der Montessori-Methode mit entsprechenden Lern- und Entwicklungsmaterialien in länger dauernden Diplomkursen erworben. Dieses Buch kann und soll einen solchen Kurs nicht überflüssig machen, im Gegenteil, es sollte den Appetit anregen sich intensiver mit einer kind- und personenorientierten, individualisierten, sozialerzieherisch hoch relevanten und lernpsychologisch effektiven Methode zu beschäftigen und sich evtl. in einem entsprechenden Kurs vertiefende Anregungen zu holen.

An dieser Stelle möchte ich mich bedanken:

- bei meinem Freund Heribert Bäcker, der das Skript mehrfach auf sachliche Richtigkeit hin durchgearbeitet hat,
- bei Gretel Moskopp, in deren Kursen ich mehrfach assistieren durfte, die mir so manchen Tipp gegeben und auch das Manuskript auf Richtigkeit hin überprüft hat,
- beim Montessori-Kinderhaus Vechta und der Montessori-Abteilung der Liobaschule Vechta, die mir durch ihr Entgegenkommen Fotos aus der Praxis der Montessori-Arbeit ermöglichten, und natürlich bei den Eltern der fotografierten Kinder, die gegen eine Veröffentlichung keine Einwände erhoben haben,
- bei den vielen Montessori-Kolleginnen und -Kollegen, die mich durch gute Ratschläge, Tipps, Skripten und Unterlagen tatkräftig unterstützt haben und ohne deren Hilfe vorliegendes Buch wesentlich weniger ergiebig geworden wäre,
- im Voraus bei den Kolleginnen und Kollegen, die mir nach der Lektüre dieses Buches (hoffentlich) Tipps für Verbesserungen geben,
- bei meiner Frau, die unermüdlich mein Manuskript nach Tippfehlern durchforstet und
- beim Auer Verlag, der das Entstehen des Buches außerordentlich konstruktiv begleitet hat.

Dr. Reinhard Fischer

---

[1] Anm. d. Verf.: Sollte hier und im Folgenden von *der Erzieherin* und *der Lehrerin* gesprochen werden, so sind selbstverständlich auch Sie, lieber Kollege, mit gemeint.

Kapitel 1: Konzeption der Montessori-Pädagogik

REINHARD FISCHER

1. Hintergründe zur Konzeption der Montessori-Pädagogik

1.1 Biografische Hintergründe

MARIA MONTESSORI, die 1870 in Chiaravalle, einer Kleinstadt in der Provinz Ancona, Italien, geboren wurde, studierte zuerst Medizin mit den Schwerpunkten Kinderheilkunde und Psychiatrie und schrieb in diesen ihre Doktorarbeit. Anschließend arbeitete sie in Rom als Assistenzärztin in der Universitätsklinik, teils in der Chirurgie, teils im Frauen- und Kinderkrankenhaus. Außerdem arbeitete Maria Montessori noch in ihrer eigenen Praxis. Erwähnenswert ist, dass sie ihr Studium gegen härteste Widerstände durchsetzte und damit die erste Frau Italiens war, die Medizin studieren konnte.

Von 1897 an hielt sie zahlreiche Vorträge auf Ärzte- und Pädagogenkongressen, in denen sie auf mangelnde Fürsorge für gestörte und zurückgebliebene Kinder als eine der Ursachen für die ansteigende Kriminalität hinwies und damit besondere pädagogische Betreuung für eben diese Kinder forderte. Nachdem sie über die Betreuung geistig behinderter

Kinder mit der Pädagogik in Berührung gekommen und auch schon bekannt war, begann sie 1901 ein neues Studium in Pädagogik, Hygiene und Experimentalpsychologie. Außerdem arbeitete sie im Bereich der Anthropologie weiter, um ihre bisherigen Erfahrungen auf eine sichere und breitere Grundlage stellen zu können. Einer der Erfolge an ihrer Modellschule bestand darin, dass etliche der behinderten und gestörten Kinder dieselben Prüfungen mit dem gleichen Erfolg bestanden wie die normalen Kinder im ersten Schuljahr der öffentlichen Grundschule. Sie fragte sich, ob dann nicht die *normalen* Kinder zu einer viel besseren Entwicklung angeregt werden könnten, wenn man die gleichen Methoden bei ihnen anwendete.[1]

Der Erfolg gab ihr Recht und sie beeindruckte viele Besucher ihres Kinderhauses CASA DI BAMBINI, das fast zu einer Pilgerstätte wurde. Dies veranlasste Montessori, ihr System auszubauen, auf Drängen von Freunden ihre pädagogische Konzeption aufzuschreiben, Vorträge zu halten, Ausbildungskurse anzubieten und entsprechende Schul- und Kindergartengründungen zu initiieren. Aufgrund der Unverträglichkeit ihrer Pädagogik mit totalitären Tendenzen wurden diese Kindergärten und Schulen mit dem Auftreten des Faschismus in Deutschland und Italien, aus vergleichbaren Gründen auch in Russland, geschlossen.[2] Zu Beginn des Zweiten Weltkrieges befand sich Montessori auf einer Vortragsreise in Indien und wurde dort interniert. Abgesehen davon, dass sie diese Zeit intensiv für Vorträge und das Knüpfen von Kontakten nutzte, wurden hier, begünstigt durch das geistige Klima Indiens, wesentliche Aspekte der *Kosmischen Erziehung* weiterentwickelt und ihr pädagogisches Werk vollendet; in den letzten Lebensjahren in Amsterdam sind noch Ergänzungen und Abrundungen hinzugekommen.[3] Am 6. Mai 1952 ist Maria Montessori in Nordwijk aan Zee (Niederlande) gestorben. Dabei hatte sie doch gerade noch überlegt, ob sie zu einer Vortragsreise nach Afrika aufbrechen solle, um auch dort ihre Erkenntnisse zu verbreiten.

Auch nach ihrem Tod wuchs die Bewegung weiter, ihre Ideen haben sich weltweit verbreitet, teilweise mussten sie auch erst wiederentdeckt werden. Bis heute hat sich daran nichts geändert.

---

1 vgl. Raapke, 2001, S. 174 ff.
2 vgl. a. a. O., S. 126
3 vgl. a. a. O., S. 51

1.2 Pädagogisch-didaktische Hintergründe

Maria Montessori arbeitete zuerst mit vernachlässigten behinderten Kindern, die damals nur verwahrt, nicht aber sinnvoll betreut wurden. Bei ihnen stellte sie großen Hunger nach einer für sie sinnvollen Beschäftigung fest. Auf der Suche nach Fördermöglichkeiten stieß sie auf die Bücher der französischen Ärzte und Taubstummenlehrer JEAN ITARD und EDOUARD SÉGUIN und entwarf ein entsprechendes pädagogisches Förderprogramm, dessen Grundgedanke war, dass das verbliebene geistige Potential der Kinder trotz der Schädigung über eine Aktivierung der Sinne anzusprechen und zu entwickeln sei.[4] Von Séguin stammt das Konzept der *Physiologischen Erziehung*. Für die praktische Arbeit entwickelte er konkretes Lernmaterial und nahm außerdem Gegenstände aus dem Alltagsleben wie Hammer und Schaufel, Kleidungsstücke, Knöpfe und Perlen dazu, um Motorik und Sinneswahrnehmung der Kinder zu trainieren. Montessori, die Séguins Material weiterentwickelt und – zum Beispiel seine Zahlentafeln – direkt übernommen hat[5], sagte einmal rückblickend, hier hätten sich drei Ärzte – Itard, Séguin und sie selbst – zusammengetan, um eine neue Erziehung ins Leben zu rufen, wobei sie das Werk ihrer Vorgänger aufgenommen, in eine logische und pädagogische Ordnung gebracht und damit anwendbar gemacht habe. Das vor allem war, so HANS-DIETRICH RAAPKE, ihre genuine Leistung gegenüber Séguin und allen Vorgängern.[6]

Folgende Grundsätze kristallisierten sich bei Itard und Séguin heraus, die später in Maria Montessoris Pädagogik eingegangen sind:

- Über die Entwicklung und Übung der Sinne wird der Verstand geprägt („Nihil est in intellectu quod non prius fuerit in sensu." – JOHN LOCKE).
- Über Sinne und Verstand bauen sich auf dem tragenden Grund von Liebe und Barmherzigkeit die Gemütsfähigkeiten auf.
- Der Weg zur Gesundheit, Ordnung und Moral führt über die regelmäßige Arbeit. Der Weg zur Selbstständigkeit erfordert die individuelle Anleitung. Der Unterricht braucht nicht nur Anschauung, sondern Fasslichkeit und Begreifbarkeit. Vor aller Erziehung muss die methodisch genaue Beobachtung stehen.[7]

---

4 vgl. Raapke, 2001, S. 172 ff.
5 Anm. d. Verf.: Hans-Dietrich Raapke weist darauf hin, dass sich Maria Montessori mit ihrem Griff nach den Büchern von Itard und Séguin in eine lang währende Tradition mit fast 300 Jahren gesammelter Erfahrung eines Zweiges, vor allem der französischen Medizin, gestellt hat, in die Tradition jener Ärzte, die auch Pädagogen waren (vgl. Raapke, 2001, S. 173).
6 vgl. M. M., Die Entdeckung des Kindes, S. 43; Raapke, 2001, S. 174
7 vgl. Raapke, 2001, S. 173

2. Existentials der Montessori-Pädagogik

2.1 Anthropologische Orientierung einer personalistischen Konzeption

Am Ende ihres Lebens hat MARIA MONTESSORI häufig darüber gesprochen, was ihre eigentliche Lebensleistung darstellt und dabei betont, dass der Begriff der *Methode*, den sie selbst früher für ihre Konzeption gebraucht habe, eigentlich zu eng sei. Es gehe vielmehr um eine umfassende Förderung menschlicher Personalität. „Die menschliche Personalität muss in den Blick genommen werden und nicht eine Erziehungsmethode."[8]

Jeden Menschen betrachtet sie als ein einmaliges unverwechselbares Individuum, unabhängig von Rasse, Kultur, Religion oder Geschlecht, das zugleich *von Natur aus ein soziales Wesen oder das soziale Wesen par excellence* ist. Unter beiden Perspektiven, der individuellen und der sozialen, muss Erziehung eine Förderung des jungen Menschen anstreben, wobei die jeweiligen Lebensphasen unterschiedliche Schwerpunktsetzungen verlangen. Zwar spielt die Förderung beider Aspekte von Geburt an eine Rolle, aber bis zum Ende der Kindheit, etwa bis zum 12. Lebensjahr, sollte die Förderung der Individualität im Vordergrund stehen, ohne indes die soziale Seite zu vernachlässigen. Beim Jugendlichen hingegen sei die Sozialität, insbesondere in ihrer umfassenden gesellschaftlichen und kosmischen Dimension, in den Vordergrund zu stellen.[9]

Das Ziel aller Erziehungsbemühungen ist für Montessori die aktive Förderung kindlicher Unabhängigkeit, Selbstbestimmung und Selbstständigkeit durch Selbsttätigkeit[10] als Synthese von drei unterschiedlichen und zu erwerbenden Kompetenzen: Sacheinsicht bzw. Sachkompetenz (intellektuelle Mündigkeit), Werteinsicht (moralische Mündigkeit) und Ich-Kompetenz, wobei die letztere die umfassendere ist.[11]

Die natürliche Entwicklung des Kindes sieht Montessori als das Gewinnen aufeinander folgender Grade von Unabhängigkeit auf psychischem und auf physischem Gebiet an. Psyche und Körper haben die Tendenz, zu wachsen und sich zu entwickeln[12], und diese Tendenz ist zu unterstützen.

---

8 M. M., Über die Bildung des Menschen, S. 16; M. M., Dem Leben helfen, S. 121; Ludwig, 1997, S. 14
9 vgl. Ludwig, 1997, S. 14
10 vgl. Holtstiege, 1995⁹, S. 38
11 vgl. a. a. O., S. 61
12 vgl. M. M., Das kreative Kind, S. 77

2.2 Selbstständigkeit, Selbstverwirklichung, Freiheit und Disziplin

Das *Prinzip Freiheit* wird weithin als zentrale Kategorie der Montessori-Pädagogik angesehen[13], wobei das Freiheitskonzept Montessoris nur ein relatives ist. Sie betont zwei Grenzen: Freiheit der Kinder hat „[…] als Grenze die Gemeinschaft, denn Freiheit bedeutet nicht, dass man tut, was man will, sondern Meister seiner selbst zu sein […]"[14]. Die Grenzen liegen zum einen in der Gemeinschaft und werden zum anderen durch das Ziel bestimmt *Meister seiner selbst zu sein*, d.h. kompetent zu werden. Freiheit orientiert sich an diesem Ziel und endet dort, wo diesem Ziel zuwider gehandelt wird. Diese beiden Komponenten versucht Montessori zu realisieren

- durch die *freie Arbeit* in einer gut vorbereiteten Umgebung, die das unabhängige, selbstständige Handeln der Kinder unterstützt,
- durch das *Prinzip der relativen Freiheit* bei der Arbeit, d.h. durch die Wahlfreiheit der Beschäftigung aus dem Spektrum der bereitgestellten Arbeitsmöglichkeiten, durch die Wahlfreiheit des Partners – auch das Recht allein zu arbeiten – und durch die relative Zeitfreiheit, damit sich das Kind hinreichend lange mit der Thematik seiner Wahl beschäftigen kann,
- durch (freiwillig) einzugehende Bindungen, z.B. an die Sachgesetzlichkeit der Materialien und soziale Situation.

Ziel aller Maßnahmen ist, den Kindern zu ihrer *Normalisation* (vgl. auch S. 14 ff.) zu verhelfen[15], die zum einen Voraussetzung, zum anderen Ergebnis konzentrierter Arbeit ist, ein sozusagen sich selbst fördernder Prozess. Eine geglückte *Normalisation* führt zu konzentrierterer Arbeit und konzentriertere Arbeit zu einer besseren *Normalisation*.[16] Mit der *Normalisation* also ist die Rückkehr des gestörten Kindes zur normalen Disposition und zum normalen Verhalten gemeint.[17]

Wenn ein Kind gestört ist, gilt jedoch: „Dem Kind seinen Willen lassen, obwohl sein Wille nicht entwickelt ist, heißt, den Sinn der Freiheit verraten … Denn es würde offensichtlich den ‚Abweichungen freie Entwicklung gestattet' und die unnormalen Bedingungen verschlechtern sich für das Kind."[18]

Freiheit und Freiräume müssen also reflektiert werden. Und so fragt Montessori: „[…] was für einen Sinn hat Freiheit, wenn es sich um Freiheit zur Entwicklung von ihrer Abweichung handelt?"[19] Dieses Zitat macht deutlich, dass mit der Forderung nach Freigabe der aktiven Persönlichkeitsentwicklung nicht Zügellosigkeit und Willkür gemeint sind. Im Gegenteil: Montessori geht davon aus, dass eine erfahrene Erzieherin/Lehrerin wachsam sein muss und die Kinder erst auf die Freiheit vorbereitet werden müssen, bevor sie zurücktritt um ihnen Freiheit zu lassen.[20]

Wenn die Kinder noch ungeordnet sind, muss man mit ihnen anders arbeiten, als wenn sie normalisiert sind, so Montessori. Sie nimmt an, dass das Verhalten der Kinder besonders zu Beginn der Zusammenarbeit Probleme zeigen kann. Diese Gegebenheit muss die Erzieherin/Lehrerin entsprechend berücksichtigen, andernfalls hat sie mit Enttäuschungen zu rechnen. Sind die Kinder normalisiert, soll die Erzieherin/Lehrerin ihnen ein großes Maß an Freiheit gewähren und lediglich indirekt eingreifen, damit sie *ihren* Weg gehen können. Die Rolle der Erzieherin/Lehrerin ist klar definiert: Dem Kind gehört der erste Platz und sie selbst folgt ihm und unterstützt es. „Dem Kind muss geholfen werden, wo das Bedürfnis nach Hilfe da ist. Doch schon ein Zuviel dieser Hilfe stört das Kind."[21] Das Kind, das fähig ist allein zu laufen, muss allein laufen. Sobald es die Unabhängigkeit der Funktionen erreicht hat, wird der Erwachsene, der ihm weiterhelfen möchte, ein Hindernis.[22] Dies gilt nicht nur für die Familie, sondern auch für Kindergarten und Schule.

---

13 vgl. Klein-Landeck, 1997, S. 71 f.
14 M. M., Grundlagen meiner Pädagogik, S. 3
15 vgl. M. M., Spannungsfeld Kind – Gesellschaft – Welt, S. 26
16 vgl. M. M., Das kreative Kind, S. 185
17 vgl. Schulz-Benesch, 1980, S. 38
18 M. M., Das kreative Kind, S. 184; Oswald/Schulz-Benesch, 1991, S. 42; Anm. d. Verf.: Die Akzentuierung in diesem und in allen folgenden Zitaten wurde vom Verfasser vorgenommen.
19 M. M., Spannungsfeld Kind – Gesellschaft – Welt, S. 21; Anm. d. Verf.: Dies zu betonen ist wichtig, weil viele Erzieherinnen/Lehrerinnen es kurzfristig mit der freien Arbeit versuchen – und scheitern. Sie übersehen die Notwendigkeit einer gut vorbereiteten Umgebung, das Anerkennen von Spielregeln und, dass Freiräume eben nicht für gestörte Kinder gedacht sind.
20 vgl. M. M., Das kreative Kind, S. 242; Anm. d. Verf.: Folgendes schlägt Maria Montessori vor: Ruhig, fest und geduldig wird ihre Stimme mit Lob und Ermahnung zu den Kindern dringen. Einige Übungen sind besonders nützlich, wie z.B. Tische und Stühle ordentlich hinzustellen ohne Krach zu machen; eine Reihe Stühle aufzustellen und sich hineinzusetzen; von einem Ende der Klasse zum anderen auf Zehenspitzen zu gehen … Auch Interaktions- und Kommunikationsspiele dürften hilfreich sein, besonders, wenn es um tiefer liegende Aspekte geht, die aufgearbeitet werden müssen, an denen die Kinder spezifische Lernprozesse nachvollziehen sollen oder die Erzieherin/Lehrerin bestimmte Veränderungsmöglichkeiten in ihrem Verhalten, in der Gestaltung der Klasse usw. erkunden möchte (z.B. Spiele, die Kontakt, Kooperation, Vertrauen, Wahrnehmung der Gefühle und des Körpers fördern, Spiele, welche die Schule thematisieren, Feedback geben, die Identität sowie Einfluss, Macht und Konkurrenz ansprechen und besprechbar machen).
21 Oswald/Schulz-Benesch, 1991, S. 40
22 vgl. M. M., Das kreative Kind, S. 139

Freiheit ist also kein Selbstzweck, sondern ist Hilfe zum und beim Selbstständigwerden. Durch den Erwerb größerer Kompetenzen (auf kognitivem, emotionalem und sozialem Gebiet) wird der individuelle Freiraum vergrößert. Dafür müssen jedoch Bindungen und Verpflichtungen eingegangen werden.

Als Ergebnis dieser Art von Freiheit durch den großen (nicht totalen) Spielraum für die Kinder und durch die Berücksichtigung ihres eigenen Arbeitsrhythmus werden gesehen:

- eine verbesserte Fähigkeit, sich selber lenken zu können,
- die Einsicht, dass Freiheit und Disziplin immer Hand in Hand gehen,
- größerer Spaß bei der Arbeit,
- bessere Arbeitsergebnisse,
- vermehrte und intensivere Kooperationsmöglichkeiten,
- aber auch die Fähigkeit, beim Arbeiten zur Konzentration zu gelangen.

2.3 Entwicklungsgemäßheit

Die Lernangebote müssen kindgerecht erfolgen, für Montessori heißt dies entwicklungsgerecht, d. h. die *sensiblen Phasen* der Kinder sind insbesondere zu berücksichtigen. Unter *sensiblen Phasen* versteht sie eine Periode besonderer Empfänglichkeit für bestimmte Dinge, Zeiten, in denen jeweils eine besondere Thematik, eine Art Leitthematik, interessiert. Was während der Dauer der jeweiligen *sensiblen Phase* spielend hätte erreicht werden können, wird vor oder nach dieser nicht oder nur unter großer Kraftanstrengung erworben. Das Aufbrechen erfolgt nach inneren Gesetzen, und die Phasen sind nicht von endloser Dauer. Inzwischen gibt es zahlreiche empirische Belege aus der Kinderheilkunde und Entwicklungspsychologie, die diese Sicht stützen.[23]

Das *Konzept der sensiblen Phasen* erfordert ein Doppeltes: innere Bereitschaften müssen aufbrechen und auf ein korrespondierendes Angebot von außen treffen können.

Neuerdings wird von *neuronalen Fenstern* gesprochen, die zu bestimmten Zeiten offen sind und ein entsprechendes Lernangebot fordern, sich aber nach einer gewissen Zeit wieder schließen.[24] Lernangebote während der Zeit der offenen Fenster bewirken ein umfangreiches und relativ schnelles Verknüpfen neuronaler Strukturen.[25]

Besonders schlimm ist es, wenn nicht nur ein Mangel an entwicklungsgemäßer Umwelt herrscht, sondern wenn sogar ein Einfluss auf das Kind ausgeübt wird, der gegen die Entwicklungsnotwendigkeiten gerichtet ist. Denn „[...] stößt das Kind während seiner Empfänglichkeitsperiode auf ein Hindernis für seine Arbeit, so erfolgt in der Seele des Kindes eine Art Zusammenbruch [...]"[26]. Das tritt z. B. ein, wenn einem Kind, das Sprechen lernen möchte, dieses jedoch verboten wird oder wenn Jugendliche Verantwortung übernehmen möchten und dann nicht nur passende Angebote fehlen, sondern entsprechende Bemühungen vielleicht noch ausdrücklich unterbunden werden.

Da das Aufbrechen einer Sensibilität nicht vorhersagbar ist, fordert Montessori eine vorbereitete Lernumgebung mit allen relevanten Inhalten sowie eine freie Wahl der Arbeit.

Es ist klar, dass auch vorhandene Motivationen sensibler für entsprechende Dinge machen können und ausgenutzt werden sollten, gleichgültig, ob hierbei die Umwelt oder biologische Faktoren oder, was wahrscheinlich ist, deren Zusammenwirken die Hauptrolle spielen. Die Erzieherin/Lehrerin braucht dann nicht mit großem Aufwand und häufig vergeblich zu versuchen, neue Motivationen künstlich aufzubauen (nur weil der Lehrplan zu einer bestimmten Zeit ein ganz bestimmtes Thema für alle Kinder vorsieht). Auch zeigen *sensible Phasen* zeitliche Makrostrukturen mit periodisch wiederkehrenden Inhaltsschwerpunkten.[27]

In jedem Fall gehen *sensible Phasen* auf einen *inneren Anstoß* zurück – möglicherweise auch als Resonanz auf die Umwelt – und sind vor allem von vorübergehender Dauer. Das, was in einer *sensiblen Phase* nicht gelernt wurde, lässt sich allerdings in der nachfolgenden noch am ehesten ausgleichen, wenn auch nicht mehr ganz so leicht und mühelos.[28]

2.4 Zur Bedeutung der Sinneserziehung

Sinnesausbildung und Sinnesschulung sind für die ganzheitliche Entwicklung des Menschen und insbesondere für seine Intelligenzentwicklung außerordentlich wichtig.

Montessori nennt die Sinnesschulung eine *geistige Gymnastik*. Die Sinneserziehung hilft die vielfältigen Eindrücke zu ordnen und verfeinerte Sinne führen zu einer besseren Beobachtung der Umwelt. Sinnesgeschulte Kinder sind daher aufmerksamer, wacher und sensibler, auch subtile Reize aufzunehmen, die sonst vielleicht unbeachtet geblieben oder

---

23 vgl. R. Fischer, 1996, S. 104 f.; vgl. Holtstiege, 1997, S. 59 ff.; vgl. R. Fischer, 2000, S. 50 ff.
24 vgl. R. Fischer, 2000, S. 50 ff.
25 vgl. a. a. O., S. 50 ff.

26 M. M., Kinder sind anders, S. 64
27 vgl. Suffenplan, 1973, S. 31 f., S. 40
28 vgl. Oswald, 1970, S. 19 f.

auch nur verwischt wahrgenommen worden wären. Das Verhältnis zwischen Dingen wird leichter erkannt und Fehler werden schneller wahrgenommen, beurteilt und verbessert. Bei der Einordnung bzw. Orientierung in der Vielfalt der neuen Reize helfen die bereits erstellten geistigen Kategorien, die verändert werden. Montessori: Der Verstand vervollkommnet sich im Gebrauch der Sinne und ihrer Organe.[29]

Sinneseindrücke verlaufen auf mehreren Wegen und über unterschiedliche Sinnesorgane. Je mehr Sinne beim Lern- bzw. beim Entwicklungsprozess beteiligt sind, desto intensiver ist der eigentliche Lernvorgang und umso leichter fällt das Behalten. Bei der Sinnesschulung spielt vor allem die Bewegung eine tragende Rolle, besonders, wenn sie mit dem visuellen Eindruck Hand in Hand geht. Die Bewegung hat hierbei zwei Funktionen: Sie überprüft das Gesehene und übt zugleich die Koordination. Montessori spricht von einer äußerst lebhaften muskulären Sensibilität des Kindes.[30] Außerdem ist es möglich, und darauf verweist Montessori nachdrücklich, mit der Sinneserziehung eventuelle Defekte zu entdecken und zu korrigieren.

Montessori will mit ihrem Sinnesmaterial aber keine neuen Eindrücke vermitteln, wie es der Fall wäre, wenn sie den Kindern neue Gegenstände in die Hand geben würde, sondern *Eigenschaften*, deren Anzahl sehr begrenzt ist. Die Kinder können die Eigenschaften so lernen wie das Alphabet. Dabei lernen sie zu klassifizieren und zu graduieren und bauen mit Hilfe des Sinnesmaterials eine geistige Ordnung auf. Das Material erschließt dadurch Wege, die sonst im kindlichen Alter nicht gangbar wären.

Für den Schulbereich müsste die Sinnesschulung mit weiterführenden Übungen fortgesetzt werden.

Das Material ist, worauf Montessori immer wieder hinweist, nur *materialisierte Abstraktion*[31], durch die aus der Fülle der Erscheinungen das geistige Eigentliche, das Wesen bzw. der Begriff sichtbar werden soll. Die Materialien sind kein Ersatz für die Eindrücke der Umgebung, sondern Schlüssel für sie. Montessori versteht daher ihre Arbeitsmittel als ein Bindeglied zwischen den konkreten Dingen und dem Begreifen.[32] Nach dem Erlernen der Farben, Abstufungen und Tönungen mit den Farbtäfelchen muss in jedem Fall der Weg in Park, Wiese, Wald oder auch in ein Museum folgen mit Gesprächen über die Farben, die gesehen werden, und auch ein entsprechender Kunstunterricht muss die gewonnenen Sensibilitäten der Kinder aufgreifen.

In jedem Material wird eine Eigenschaft besonders hervorgehoben und gleichsam isoliert und abgestuft dargeboten, um das Kind auf sie aufmerksam zu machen. In einem Zylinderblock nimmt z. B. der Durchmesser der Zylinder zu, in einem anderen die Höhe. Kontraste, anfangs große, später kleine, machen die Unterschiede deutlich und interessieren das Kind. Dadurch, dass die Kontraste benannt und die Kinder auf grundlegende elementare Eigenschaften der Dinge aufmerksam gemacht werden, werden sie auch mitteilbar. Wichtig ist, dass die angestrebte Ordnung vielfältiger Sinneseindrücke nicht auf dem Weg der direkten Belehrung verwirklicht, sondern durch das Material indirekt erfahren wird. Jede Übung mit dem Sinnesmaterial ist gleichzeitig Vorübung für einen höheren Schwierigkeitsgrad. So bedeutet das Herausnehmen und Reinstecken der *Einsatzzylinder* mit dem *Pfötchengriff* auch eine Vorübung zum Schreiben, die *Tastbretter* bereiten indirekt auf die *Sandpapierbuchstaben* und somit ebenfalls auf das Schreiben vor und das Erlernen der Begriffe wie groß/klein, rau/glatt ... fördert die sprachliche Ausdrucksfähigkeit.

2.5 Bewegung: Fundamentaler Aspekt in der menschlichen Entwicklung

In ihrem Vortrag *Der Aufbau der Person durch die Organisation der Bewegungen* weist Maria Montessori auf die grundlegende Bedeutung der Bewegung für die Entwicklung der Persönlichkeit hin. Die Frage der Bewegung ist für sie die fundamentale Frage, „[...] der Schlüssel zur gesamten Formung der Persönlichkeit, die sich durch praktisches Tun aufbaut [...]".[33] „Die Bewegung", sagt Montessori, „ist mit der Persönlichkeit selbst verknüpft und kann durch nichts ersetzt werden." Etwas pathetisch fährt sie fort: „Der Mensch, der sich nicht bewegt, verletzt sich selbst in seinem tiefsten Wesen, verzichtet auf sein Leben, stürzt in einen ausweglosen Abgrund, verwandelt sich lebenslang in einen Gefangenen..."[34] So stellt Montessori immer wieder heraus, dass das Kind sich bewegen *muss*, weil es nur dann auch aufpassen oder denken kann.[35]

Montessori, die eine Ausbildung der Bewegungen als integrativen Bestandteil des Menschen ansieht, misst insbesondere der Bewegung mit der Hand eine besondere Bedeutung bei. Der Mensch *ergreift* und *begreift* mit seiner Hand die Umwelt. Das hat entsprechende Auswirkungen auf die Intelligenzentwicklung.

---

[29] vgl. M. M., Das kreative Kind, S. 162
[30] vgl. M. M., Entdeckung des Kindes, S. 87 f.; Das kreative Kind, S. 126 f., 134 f.
[31] vgl. M. M., Entdeckung des Kindes, S. 197
[32] vgl. a. a. O., S. 193

[33] Böhm, 1971, S. 77
[34] M. M., Kinder sind anders, S. 141
[35] vgl. a. a. O., S. 136; vgl. Oswald, S. 13

2. Existentials der Montessori-Pädagogik

Neben der Bedeutung der Bewegung für die Intelligenzentwicklung sieht Montessori noch einen weiteren Faktor: Sie fasst Bewegung als ein Relationssystem auf, das den Menschen in Beziehung zur unbelebten und belebten Welt und damit zu den anderen Individuen bringt. Ohne Bewegung sagt sie, „[...] bestünden keine Beziehungen zwischen Individuum, Umwelt und Gesellschaft [...]"[36].
Hier wird Bewegung also verstanden als zentrale menschliche Verhaltensweise, die zwischen dem *Ich des Kindes* und *der Umwelt* vermittelt. Und es ist so, dass das Kind eine Art Hunger verspürt, sich in diese zentrale Verhaltensweise hineinzubegeben, und wir müssen dem Rechnung tragen.[37]
Damit das Kind in eine tätige Beziehung zu den Dingen treten kann, ist eine entsprechend vorbereitete Umgebung zu schaffen, in der dem Kind zielsicheres Handeln ermöglicht wird. Neben den wichtigen, bereitstehenden Lern- bzw. Entwicklungsmaterialien muss der Raum eben auch Bewegung zulassen. Das *psychische Klassenzimmer* sollte im Idealfall doppelt so groß sein wie das *physische*. „Uns allen gibt ein Raum, der zu seiner größeren Hälfte leer ist, ein Gefühl der Erleichterung; er scheint uns die erbauliche Möglichkeit zu vermitteln, dass wir uns ‚bewegen' können."[38]
Bewegung sollte aber nicht nur beim Lernen möglich sein, sondern auch innerhalb der Gruppe und sogar zwischen den einzelnen Klassen. Deshalb plädiert Montessori für eine Arbeit mit offenen Türen. Und nicht zuletzt sind altersgemischte Klassen wichtig, ebenfalls ein Zeichen von Bewegung.[39]
ALBERT HELLER fragt nach dem Verhältnis von Wirklichkeitserfahrung, Bewegung und Sprachentwicklung im pädagogischen Konzept Maria Montessoris auf dem Hintergrund aktueller psychologischer und hirnphysiologischer Forschung und analysiert dabei primär die Forschungsergebnisse von JEAN ARIES, FELICE AFFOLTER und MARIALA KOLZOWA.

Kurzgefasst ergeben sich folgende Ergebnisse:
- Sprach- und Bewegungsstörungen, soweit sie nicht auf organischen Mängeln beruhen, haben häufig ihre Ursache im Bereich der sensomotorischen Entwicklung der ersten zwei, drei Lebensjahre eines Kindes, weil zumeist grundlegende taktil-kinästhetische Spürerfahrungen wie rau und glatt, heiß und kalt, eckig und rund, glitschig und fest usw. nicht gemacht worden sind.
- Diese grundsätzlichen sensomotorischen, vorsprachlichen Erfahrungen stellen auch eine wesentliche Grundlage für die Sprachentwicklung dar, die in späteren Lebensphasen im Rahmen therapeutischer Übungen noch nachgeholt werden können, oft auch müssen.
- Durch diese Spürerfahrungen entstehen innere Bilder der Wirklichkeit. Affolter nennt die *gespürte Interaktion* zwischen Kind und Umwelt die Wurzel und den Stamm der gesamten Entwicklung, auch der der Sprache.
- Diesen Grunderfahrungen kommt eine fundamentale Bedeutung für die Entwicklung der Sprache, der harmonischen Bewegungen und der alltäglichen Handlungsfähigkeit zu.

Der Hintergrund dieser Ergebnisse ist im Folgenden zu sehen:
- Bis zum Alter von sieben Jahren kann das Gehirn primär als eine *Verarbeitungsmaschine* sinnlicher Wahrnehmungen aufgefasst werden. Ein kleines Kind fühlt Dinge und erfasst deren Bedeutung direkt über die Empfindungen.
- Bewegung und sinnliche Erfahrung sowie deren Integration stellen die Basis aller höheren kognitiven Lernprozesse dar, auch für die, die nötig sind für Lesen, Schreiben und gutes Verhalten.
- Alle Impulse, auch die bewussten sinnlichen Erfahrungen, die erst in der Großhirnrinde endgültig verarbeitet werden, laufen durch Hirnstamm und Kleinhirn hindurch und sind dort auf gebahnte Wege angewiesen. Wenn aber die Struktur der Nervenzentren in Hirnstamm und Kleinhirn gestört oder noch gar nicht aufgebaut worden ist, können höhere Sinneserfahrungen diese Teile des Gehirns auch nicht (oder nur schlecht) passieren und dementsprechend nicht in der Großhirnrinde verarbeitet werden.
- Interessant ist, dass die Hirnrinde besonders wichtig für das Fühlen und exakte Dirigieren komplexer Hand- und Fingeraktionen und gleichzeitig auch für die Sprache ist.
- Deshalb lässt sich feststellen: Alle höheren kognitiven Leistungen wie Lesen, Schreiben, Rechnen usw. bauen auf der Integration sinnlicher Erfahrungen auf, die wir weitgehend unbewusst machen. Dabei spielt die gelungene sensorische Integration von Bewegungserfahrungen eine zentrale Rolle.
- Die Leistungen der verschiedenen Entwicklungsstufen scheinen aber nicht direkt voneinander abhängig zu sein. Sie sind direkt von der Wurzel abhängig, ähnlich wie bei einem Baum ein Ast nicht direkt mit dem anderen, sondern jeweils über Stamm und Wurzel zusammenhängt.
- Mit der Ausweitung und Verinnerlichung der gespürten Erfahrungen und der damit verbundenen größeren Bewegungs- und Handlungsmöglichkeiten entwickelt sich eine semiotische Funktion

---
36 M. M., Das kreative Kind, S. 126 f.
37 vgl. M. M., Die Entdeckung des Kindes, S. 91
38 M. M., Schule des Kindes, S. 137
39 vgl. a. a. O., S. 135

unseres Denkens, nämlich vergangene oder erwartete Ereignisse symbolisch darstellen zu können (z. B. durch Sprache, Musik, Tanz …).
- Die herausragende Bedeutung des taktilen Systems in Verbindung mit der Bewegung für die Entwicklung der Sprache wird durch diese Ergebnisse ins helle Bewusstsein der Erzieherin/ Lehrerin gerückt. Wir erinnern uns jetzt plötzlich, dass HELEN KELLER[40] nur über das Spüren zur Sprache gefunden hat – über das Spüren mit der Hand.

Deshalb überrascht das Ergebnis Kolzowas schon nicht mehr: Die motorische Sprachentwicklung hängt von der motorischen Gesamtentwicklung ab.

Aber interessant ist: Das Training und die Bewegung der Finger haben einen größeren Einfluss auf die aktive Sprachentwicklung des Kindes als das Training der allgemeinen Bewegung.[41]

Es ergibt sich auch ein bedenkenswerter Zusammenhang zur *Polarisation der Aufmerksamkeit*, wobei schon Montessori herausgefunden hat, dass für deren Zustandekommen vor allem Aufgabenstellungen erforderlich sind, die u. a. Bewegung ermöglichen: Der Hirnstamm ist nicht nur zuständig für den Herzschlag, die Atmung und die Verdauung, sondern auch dafür, dass wir unsere Aufmerksamkeit längere Zeit auf einen Gegenstand konzentrieren können. Er ist für die *Polarisation der Aufmerksamkeit* zuständig. Bei einer ungünstigen Gliederung der retikulären Prozesse kann die betreffende Person ihre Aufmerksamkeit nicht auf einen bestimmten Punkt richten und schon die kleinen Alltagsereignisse bergen die Gefahr, sie zu überfordern.[42]

Auch hier wird wieder deutlich: Zentrale Aussagen Montessoris, in diesem Fall die Bedeutung der Sinnesschulung und der Bewegung, werden durch neuere Forschungsergebnisse eindrucksvoll bestätigt.

2.6 Normalisation und Deviation

Damit das Kind Meister seiner selbst sein bzw. werden kann, ist ein *körperlich und psychisch befriedigender Entwicklungsverlauf* notwendig. Montessori gebraucht den Begriff *Normalisation* und meint damit zum einen psychische Gesundheit und zum anderen die Fähigkeit und den Willen, in Übereinstimmung mit sich selbst, sittliche Entscheidungen treffen zu können. Die *Normalisation* steht in enger Wechselbeziehung zur Konzentration, zu einer ungestörten psychischen Entwicklung und zur koordinierten Bewegung.

Die *Normalisation* gelingt am ehesten, wenn das Kind sich ungestört, seinen immanenten Gesetzlichkeiten und Bedürfnissen entsprechend, entwickeln kann und in seiner Umgebung den notwendigen Spielraum und die erforderliche Nahrung findet.[43]

Montessori beschäftigt sich auch intensiv mit der Thematik *Störungen und Verstörungen* von Kindern, die sie öfter als *Deviationen* (Abweichungen) bezeichnet. Häufig durchaus als normal angesehene kindliche Verhaltensweisen wie Trägheit, Besitzgier, ausschweifende Fantasie, Abhängigkeit oder Zerstörungswut gelten bei Montessori als Fehlentwicklungen bzw. *Deviationen*. Sie deuten ihrer Überzeugung nach auf eine zerrissene Persönlichkeit hin, deren Einzelentwicklungen nicht in Richtung auf funktionelle Einheit organisiert sind.[44]

Montessoris Ansicht nach kann man solche Fehlentwicklungen anhalten und sogar rückgängig machen, wenn man das Kind in eine ihm gemäße Umgebung versetzt und ihm die Möglichkeit zu freier Betätigung gibt. Die *Normalisation* kann allerdings nicht von außen herbeigeführt werden, sondern vollzieht sich durch das Kind selbst. Die entscheidende Rolle spielt bei der *Genesung* die *Polarisation der Aufmerksamkeit*, weil damit verschüttete Energien und Aktivitäten freigesetzt werden.[45]

Bei stärkeren Störungen brauchen die Kinder aber Hilfe. Nur Freiräume gewähren würde bedeuten, wie schon dargestellt, dass sich die Störungen vergrößern.[46]

Versucht der Erwachsene, die eigene Anstrengung an die Stelle der kindlichen Bemühungen zu setzen oder das Kind zu zwingen, nach seinem Erwachsenenwillen zu handeln, stellt sich oft eine Verteidigungshaltung des Kindes gegen den Erwachse-

---

40 Anm. d. Verf.: HELEN KELLER (1880–1968) wurde im Alter von 19 Monaten durch eine Krankheit blind und taub. Ihre Lehrerin ANNE SULLIVAN begann ihr im Alter von etwa sieben Jahren mit Hilfe von Fingerspielen und eines *Fingeralphabets* das Lesen beizubringen. Später lernte Helen Keller auch zu sprechen, indem sie die Hand auf das Gesicht und auf den Hals der Sprachheillehrerin legte.
41 vgl. Heller, 2000, S. 10–16
42 vgl. a. a. O., S. 7

43 vgl. Böhm, 1971, S. 32
44 vgl. Holtstiege, 1991[6], S. 61 f., 184
45 vgl. Berg, 1994, S. 49
46 Anm. d. Verf.: Der Teufel steckt im Detail: Was ist die ihnen gemäße Umgebung? Was ist eine stärkere Störung? Die Beantwortung dieser Fragen setzt natürlich intensives Nachdenken und Beobachten des Kindes voraus.

nen ein, gekennzeichnet durch Lüge, Trotz, Aggressivität, „[...] weil dieser es überwältigen wollte [...]"⁴⁷.

Das diffizile Problem, dass das Kind einerseits den Erwachsenen braucht und auf dessen Hilfe angewiesen ist, andererseits aber genau diese Hilfestellung bewirken kann, dass das Kind von *seinem* Weg abgebracht wird und Konzentration und *Normalisation* verhindert werden, löst Montessori im Grunde genial, indem sie versucht, möglichst wenig direkt und möglichst viel indirekt zu belehren. Sie schlägt vor, Dinge peripher zu geben, selbstbildende Arbeitsmittel beispielsweise, an denen das Kind sich selbst üben kann, um die Inhalte selbst aufzunehmen. Montessori hält dieses *Prinzip der peripheren, indirekten Belehrung* für eines der leitenden Prinzipien, durch das sich ihre Methode grundlegend von anderen unterscheidet und dem das breit ausgearbeitete didaktische Material dient.⁴⁸

Neben dieser Überlagerung der kindlichen Kräfte durch den Erwachsenen sind weitere Faktoren für das Entstehen von Hemmungen verantwortlich: geistige Unterernährung und Mangel an Aktivitäten und Erziehungsforderungen, die den Entwicklungsbedürfnissen entgegengerichtet sind.⁴⁹

Den einzigen Weg zum Erfolg sieht Montessori darin, den Kindern ein normaleres Leben zu ermöglichen, in einer Umgebung, welche ihre schöpferische Aktivität nicht hemmt und die viele Aktivitätsmomente enthält, sodass sie ohne beständige Leitung durch Erwachsene körperlich und geistig aktiv sein und auf diese Weise auch lernen können. „So geben wir ihnen die rechte Umgebung, Erholung und Freiheit von Befehlen. Das ist eine indirekte Behandlung; es ist nicht die Korrektur des Individuums, sondern die Vorbereitung für ein neues Leben."⁵⁰

2.7 Konzentration – Polarisation der Aufmerksamkeit

Montessori hatte die *Polarisierung der Aufmerksamkeit*, so nennt sie eine starke Konzentrationsfähigkeit, zum ersten Mal bei einem dreijährigen Kind beobachtet, das sich trotz Störungsversuchen nicht hindern ließ, 44-mal die Einsatzzylinder ineinander zu stecken.⁵¹ Man hat dies später das *Montessori-Phänomen* genannt.

Diese tiefe Konzentration trägt außerordentlich zum inneren Wachstum bei. Montessori verspricht sich durch diese *Meditation am Detail* einen entscheidenden Beitrag zur *Normalisation* – besonders durch die sich am Ende der Konzentrationsphase einstellende Befriedigung, Offenheit, innere Heiterkeit und dadurch, dass die Kinder dann freudiger, mitteilsamer und ausgeglichener werden. Sie geht davon aus, dass *Normalisation* durch intensive Aktivität und wirkliche Konzentration erreicht wird⁵² und sieht in der *Polarisation der Aufmerksamkeit* den *Schlüssel der Pädagogik*⁵³, der ihr als Ansatzpunkt gilt, von dem aus man die kindliche Entwicklung wirksam fördern kann.

Die *Polarisation der Aufmerksamkeit* lässt sich in verschiedene Phasen (= Aktivitätszyklen) unterteilen:

- *Phase der Vorbereitung oder Einübung:* Hier geht es um die Motivation für die Kontaktaufnahme mit einem Material oder Lerngegenstand.
- *Phase der ‚großen Arbeit':* Sie ist gekennzeichnet durch die beginnende tiefe Versenkung in eine Sache. Diese hat nicht nur eine kognitive, sondern auch eine intuitiv-schöpferische Seite. Das Kind vertieft sich fast leidenschaftlich in den Gegenstand.
- *Phase der Ruhe, Periode der Entdeckung:* Das Kind löst sich aus der Versenkung, betrachtet sein Werk, assimiliert gleichzeitig die neuen Erkenntnisse, ordnet sie in Wissenszusammenhänge ein und macht sie sich damit verfügbar.

Der gesamte Zyklus ist wichtig und darf nicht unterbrochen werden. Deshalb hat die Konzentration des Kindes absolute Priorität und muss geschützt werden vor übereifrigen Erzieherinnen/Lehrerinnen und vor anderen, lauten Kindern. Selbst durch Lob oder Fehlerkorrektur darf nicht in den Konzentrationsprozess eingegriffen werden. Eine Korrektur von Fehlern erfolgt erst später, am besten anhand von Aufgaben, bei denen das Kind den Fehler allein

---

47 Anm. d. Verf.: Maria Montessori gebraucht als Analogie das Bild des Kräfteparallelogramms zur Erklärung des Gemeinten: Wenn die Kraft des stärkeren Erwachsenen mit der des Kindes zusammenstößt, so ist die Folge, dass die resultierende Kraft den Weg der Diagonalen einschlägt und so von der direkten, geraden Linie abweicht, d. h. von dem normalen Weg der Entwicklung. Montessori bezeichnet „jenen Charakter, der dadurch entsteht, dass der zu starke Erwachsene unbewusst und zur unrechten Zeit auf die Anstrengung des Kindes, die eigentlich fast unantastbar sein sollte, einwirkt und sie dadurch vom normalen Weg abbringt, mit *psychischer Deviation*". (M. M., Deviation und Normalisation, S. 38, 40).

48 vgl. M. M., Das Zentrum und die Peripherie, S. 44; Die vier Stufen der Erziehung, S. 28

49 vgl. M. M., Spannungsfeld Kind – Gesellschaft – Welt, S. 98

50 a. a. O., S. 99

---

51 vgl. M. M., Schule des Kindes, S. 69

52 vgl. M. M., Spannungsfeld Kind – Gesellschaft – Welt, S. 89 f.

53 M. M., Dem Leben helfen, S. 45

finden und die entsprechenden Lernprozesse üben kann.

Es zeigt sich, dass die *Polarisation der Aufmerksamkeit* nicht durch beliebige äußere Reize auslösbar ist, sondern durch eine innere Aktivität entsteht,

- wenn diese auf Gegenstände trifft, die der *sensiblen Phase* bzw. dem augenblicklichen Interessenstand entsprechen,
- wenn die Aufgaben einen Schwierigkeitsgrad haben, der vom Kind bewältigt werden kann, und jeweils eine Fehlerkontrolle vorhanden ist,
- wenn Bewegung möglich ist
- und wenn für die Bearbeitung der Lernmaterialien und für die Lernsituation klare Spielregeln gelten.

Dieses wird durch neuere Befunde MIHALY CSIKZENTMIHALYIS bestätigt, der dieses Phänomen der tiefen Konzentration *Flow* nennt, man ist sozusagen im Fluss des Lebens befindlich, und der es fast mit den gleichen Worten beschreibt wie Montessori.[54]

Eine gute Pädagogik muss deshalb möglichst oft solche Anlässe und Gelegenheiten zu tiefer Konzentration bieten. Auch die Qualität des didaktischen Materials misst sich daran, ob es die *Polarisation der Aufmerksamkeit* zulässt und fördert. Deshalb war Montessori bestrebt „[...] Übungsgegenstände zu suchen, die die Konzentration ermöglichen", und sie studierte „gewissenhaft, welche Umgebung die günstigsten äußeren Bedingungen für diese Konzentration bietet [...]"[55]. Auf diese Weise begann Montessori sich ihre Methode aufzubauen.

Hans-Dietrich Raapke berichtet von einer Hospitation: „Manche könnten geneigt sein, jene Geschichte für eine schöne pädagogische Legende zu halten. Aber ich habe selbst beobachtet, wie zwei etwa fünfjährige Jungen unentwegt eine Kerze anzündeten und die Flamme wieder löschten, was zu den ,Übungen des praktischen Lebens' zählt, ohne sich im Geringsten stören zu lassen. Die Leiterin hat ihnen allerdings zwischendurch eine neue Schachtel Streichhölzer hingeschoben; Dauer etwa 50 Minuten und deutliche Zufriedenheit bei den beiden. Würden nicht einige von uns denken, bei Kindern, die eine Tätigkeit so oft wiederholen, stimmt etwas nicht so ganz? Und was machen wir Erwachsenen? Wenn ein Kind gerade eben etwas kann, nehmen wir das gern als Signal, schnell weiterzugehen zur nächsten Aufgabe, zu Hause kaum anders als im Kindergarten oder der Schule."[56]

2.8 Soziale Erziehung, Kosmische Erziehung, Friedenserziehung

Im Rahmen der Montessori-Pädagogik hat die *Soziale Erziehung* einen hohen Stellenwert. Sie wird begründet durch Montessoris Sicht vom Menschen, von seiner Entwicklung und seinen Aufgaben in der Welt. Ihr Ansatz bietet ein verschiedene Dimensionen umfassendes Konzept der *Sozialen Erziehung*, das nicht nur bezogen ist auf den direkten Umgang im *face-to-face-Kontakt*, sondern auch auf das gesellschaftliche Leben, um den Kindern zu helfen, sich dort zurechtzufinden und später Verantwortung für ihre eigene und zukünftige Generationen übernehmen zu können. Darüber hinaus bietet Montessoris *Soziale Erziehung* in Verbindung mit der *Kosmischen Erziehung* einen Ansatz für interkulturelle Erziehung, um Voraussetzungen für das Leben in einer Welt zu schaffen, in der Frieden herrscht.

Es geht Montessori primär um drei Zielbereiche: „Die fortschreitende Entwicklung und Festigung

- der Selbstständigkeit durch Selbsttätigkeit im Umgang mit den Personen und ,Sachen' unserer natürlichen und kulturellen Umwelt;
- der ,sozialen Handlungsfähigkeit' in wechselnden Situationen, im Rahmen einer Gesellschaft, die durch Anerkennung der Menschenrechte geprägt sein soll; dies fordert besonders die Fähigkeit mitzubestimmen und mit zu verantworten;
- der Fähigkeit zur solidarischen Hilfestellung an allem Schwachen."[57]

Damit ist Montessoris Perspektive sehr umfassend und soziale Erziehung bildet dabei einen integralen Bestandteil ihres Ansatzes. Sie sieht die Förderung der Individualität wegen der großen Bedeutung für die personale Entwicklung des Kindes als grundlegend an. Aber ohne die Entwicklung des Einzelwesens kann es auch keine Entwicklung der Gesellschaft geben. Deshalb ist das Eingebundensein in die Gesellschaft für sie ebenfalls grundlegend. Zudem können die Menschen nicht als „[...] einsame, in einer Berghöhle isolierte Eremiten [...]"[58] existieren. Die individuellen Aktivitäten müssen sich deshalb immer auch auf das soziale Leben beziehen. Jedoch geschieht dies in den verschiedenen Lebensperioden unterschiedlich. Dieses Entwicklungsphänomen muss entsprechend berücksichtigt werden.[59]

---

54 vgl. Csikzentmihalyi, 1991³, S. 58 f.
55 M. M., Dem Leben helfen, S. 12
56 Raapke, 2001, S. 180

57 Tilmann, 1992, S. 44
58 M. M., Die Macht der Schwachen, 1989, S. 173
59 vgl. M. M., Erziehung für den Frieden, S. 95 f.

2.8.1 Soziale Erziehung als Vorbereitung auf das gesellschaftliche Leben – entsprechend der jeweiligen Altersstufen

Neben der Förderung der individuellen Entwicklung hält Montessori „[...] das soziale Empfinden des Kindes zu entwickeln und in ihm die Neigung zu erwecken, mit seinesgleichen gesellig zu leben [...]"[60] für die wichtigste Erziehungsaufgabe. Je nach Altersstufe ist dabei die individuelle oder die soziale Dimension stärker zu akzentuieren.[61] In jedem Fall müssen die Kinder „[...] soziales Leben durch Leben erfahren [...]"[62], durch Erfahrung in der notwendigen Intensität und Breite, also nicht durch Belehren und Reden, sondern durch das Leben!

Im Kinderhaus geschieht dies z. B. durch die *Übungen des praktischen Lebens* als Mitarbeit etwa bei der Zubereitung des Essens, bei der Säuberung der Räume, bei dem selbstständigen An- und Ausziehen sowie bei der eigenen Körperpflege. Dieses ist nicht weniger wichtig als die Arbeit mit dem didaktischen Material.

Bei Sechs- bis Zwölfjährigen tritt die Bedeutung von Gruppen in den Vordergrund. Dabei gilt das besondere Interesse den Prinzipien und Gesetzen des Zusammenlebens in Gruppen.[63]

Für die Jugendlichen führt Montessori Analoges auf einer qualitativ anderen Niveaustufe in ihrem *Erdkinderplan* aus, der inhaltlich bezogen auf die heutige Lebenssituation von Jugendlichen natürlich modifiziert werden müsste. Grundsätzlich müssen die Kinder und Jugendlichen „die Gegenwart verstehen, sowohl die technischen als auch die wirtschaftlichen und politischen Faktoren, die die Welt regulieren"[64], und sich den ergebenden Interdependenzen und sittlichen Bezügen entsprechend verhalten können.

Die hier angesprochenen Inhalte erfordern vorgängig bereitgestellte Informationen, von denen aus selbstständig weitergearbeitet werden kann. Dabei hält Montessori die Geschichte von Vergangenheit und Gegenwart, besonders aber auch die Kultur- und technische Entwicklungsgeschichte bei der *Sozialen Erziehung* für besonders wichtig.[65] Jedoch reicht Wissen alleine nicht aus, es müssen auch adäquate Verhaltensweisen erlernt werden.

2.8.2 Soziale Erziehung als Beitrag zur Kosmischen Erziehung und zur Friedenserziehung

Maria Montessori sieht die Welt nicht als ein Nebeneinander oder ein Gegeneinander von allem an, sondern als ein Miteinander, Zueinander und Füreinander, in der alles Miteinander seine Funktion ausübt.[66] Für sie ist die Welt ein Kosmos, „[...] ein von ‚kosmischen Gesetzen' durchwaltetes Ganzes, in das auch der Mensch gemäß den ewigen Gesetzen des ‚psychischen Aufbaus' eingeordnet ist [...]"[67].

Dabei kommt dem Menschen aufgrund seiner biologischen Sonderstellung im Kosmos eine besondere Funktion zu: Einerseits unterliegt er den *kosmischen Gesetzen*, andererseits ist ihm eine Mitverwaltung und -gestaltung möglich[68] und damit übernimmt er eine besondere Verantwortung für die Welt, für sich selbst, für die anderen Menschen, auch für die in Zukunft lebenden.[69] Ein Vergessen oder Verleugnen der Verantwortung kann bis zur Selbstvernichtung führen.[70]

Um dieser Verantwortung gerecht werden zu können, ist ein *universaler Lehrplan* erforderlich, in welchem die Kinder lernen, sich all die Einzelheiten der Bildung anzueignen, welche die Verbindung der verschiedenen Aspekte des Wissens von der Welt und vom Kosmos aufzeigt. „Astronomie, Geographie, Geologie, Biologie, Physik, Chemie sind nur Details eines Ganzen. Ihr Bezug untereinander ist das, was das Interesse von einem Zentrum bis zu seinen Ausläufern hintreibt."[71]

Daneben gibt es den anderen Teil, der die Lenkung des Bewusstseins auf die Menschheit hin betrifft. Die neuen Generationen müssen verstehen, dass jeder Mensch abhängig ist von anderen Menschen und jeder zur Existenz aller beitragen muss.[72]

Paul Oswald weist auf drei miteinander verflochtene Ebenen der *Kosmischen Erziehung* hin, die in der Montessori-Rezeption recht bekannt geworden sind: *Kosmische Erziehung* als Gegenstands-, Sach- oder Wertorientiertheit aller Erziehung, als Ganzheitsorientierung und als Erziehung zu Weltverantwortung und Weltfrieden.[73] Es handelt sich um Aspekte, die ganz besonders auch im Sprachunterricht relevant sind.

Bei der *Friedenserziehung* sind für Montessori zwei miteinander verknüpfte Analyseebenen wichtig: Es

---

60 M. M., Dem Leben helfen, S. 55
61 vgl. Klein-Landeck, 1997, S. 99
62 M. M., Spannungsfeld Kind – Gesellschaft – Welt, S. 131
63 vgl. M. M., Das kreative Kind, S. 211
64 M. M., Spannungsfeld Kind – Gesellschaft – Welt, S. 132
65 vgl. a. a. O., S. 132

66 vgl. M. M., Kosmische Erziehung, S. 19 f.
67 Oswald, 1970, S. 40
68 vgl. Missmahl-Maurer, 1994, S. 148 f.
69 vgl. M. M., Kosmische Erziehung, S. 21
70 vgl. Berg, 1994, S. 23
71 M. M., Kosmische Erziehung, S. 27
72 vgl. M. M., Erziehung für den Frieden, S. 28, 49, 71
73 vgl. Oswald, 1989, S. 35

geht um Lösung struktureller Probleme und um Einstellungs- und Handlungsprobleme. Für den ersten Bereich betrachtet Montessori die Politik als zuständig, für den zweiten in ganz besonderem Maße die Erziehung. Zu den strukturellen Problemen zählt sie primär den Rassenwahn, soziale Ungleichheiten, einen unterschiedlichen Zugang zu wichtigen Ressourcen sowie den noch weit verbreiteten Analphabetismus auf der Welt.[74] In der Bekämpfung dieser strukturellen Probleme, insbesondere im Abbau des Analphabetismus, erblickt sie eine zentrale Aufgabe zur Schaffung von mehr sozialer Gerechtigkeit, Demokratie und Frieden. Frieden meint für Montessori nicht nur das Aufhören von Krieg, das wäre ihr zu wenig, weil das Unterwerfen unter einen Sieger häufig zur erneuten Kriegsursache wird, sondern Frieden bedeutet für sie das Schaffen einer Welt, in der Harmonie auf der Basis von Gerechtigkeit und Liebe herrscht.[75] Der Weg dahin kann nach Maria Montessori nur über die Erziehung führen. Frieden und Krieg beginnen jeweils in den Köpfen. Deshalb sieht sie die Erziehung sogar als Waffe des Friedens an. Die Erziehung soll den Menschen für das Problem der sozialen Ungerechtigkeit sensibilisieren und sich bemühen, Vorurteile und kollektive Aggressivität abzubauen und gleichzeitig Achtung und Verständnis gegenüber allen Völkern aufzubauen. Es gilt das Bewusstsein für die Gemeinsamkeiten der Nationen mit dem Endziel, eine universale Harmonie zu entwickeln.[76]

Bei dem Lernen sich zu verständigen, Interessen auszugleichen usw. kommt der sprachlichen Arbeit eine wesentliche Rolle zu.

Außerdem weist Montessori auf die psychische Gesundheit, die *Normalisation* des Menschen, als Grundvoraussetzungen für den Aufbau einer besseren Gesellschaft hin, die zu solidarischer Verantwortung für das Weltgeschehen sowie zu Kommunikations- und Kooperationsbereitschaft fähig ist.

Wenn Krieg in den Köpfen beginnt, leistet eine Erziehung,

- welche die *Normalisation* der Kinder fördert und
- welche die mitmenschlichen Dimensionen thematisiert sowie die Vernetzungen und Bezüge der in der *Kosmischen Erziehung* angesprochenen Inhalte zu konkret erfahrbaren Themen macht,

einen erheblichen Beitrag zur *Friedenserziehung*. Diese Dimensionen erfordern neben Sachinhalten im Wesentlichen auch sprachliche Kompetenz.

2.8.3 Konkrete Maßnahmen zur Sozialen Erziehung im Gruppen- bzw. Klassenraum: Soziale Kompetenz durch Üben

Neben diesen grundsätzlichen Überlegungen legt Montessori Wert darauf, dass, wie bereits erwähnt, *Soziale Erziehung* durch das Leben gelernt werden kann. In Montessori-Einrichtungen geschieht dies auf mehreren Wegen:

Soziales Lernen durch altersheterogene Gruppen bzw. Klassen

Montessori fordert eine Altersmischung innerhalb der Gruppen bzw. Klassen und fasst jeweils drei Jahrgänge zusammen. Sie sieht eine altersgemäße Ghettoisierung sowohl aus sozialpädagogischen als auch aus lernpsychologischen Gründen für sehr problematisch und belastend an. Die Häufung von Gleichaltrigen stellt eine Arbeitserschwernis dar, weil alle das Gleiche zur selben Zeit benötigen und die geballten gleichartigen Forderungen ungemein belasten können. In der Hauptsache jedoch beklagt Montessori die künstliche Isolierung, welche die Entwicklung des sozialen Gefühls verhindert. Zudem lernen jüngere Kinder von älteren besser als von der Erzieherin/Lehrerin, denn zwischen Kindern besteht ein natürlicher geistiger Austausch: Das dreijährige Kind interessiert sich dafür, was das fünfjährige tut, weil das nicht weit außerhalb des Bereichs seiner Möglichkeiten liegt. Die Kleineren lassen sich von den Größeren inspirieren und arbeiten dann allein. So entstehen weniger Neid, Konkurrenzdruck, Überlegenheits- oder Unterlegenheitsgefühle, als wenn gleichaltrige Kinder den Schwächeren helfen würden: Es kränkt die kleineren Kinder nicht, dass die großen mehr wissen als sie, denn sie fühlen, wenn sie einmal gewachsen sind, wird die Reihe an ihnen sein.[77] Gleichzeitig lernen die älteren zu helfen und zu erklären.

Auch die Eingliederung von Neulingen in die Gruppe wird, etwa durch die Übernahme von Patenschaften durch ältere Kinder, erheblich erleichtert. In jedem Fall ist die Altersmischung in sozialerzieherischer und sozialintegrativer Hinsicht außerordentlich wirksam. In Deutschland ist seit der Grundschulreform Ende der 60er Jahre an den Montessori-Grundschulen die Einrichtung von zwei bzw. vier Jahrgängen umfassenden Lerngruppen zur Regel geworden, allerdings wird teilweise auch die Jahrgangsklasse beibehalten. Die Altersmischung von drei Jahrgängen findet sich vor allem in den Niederlanden und Italien, d. h. in Ländern mit einer sechsjährigen Primarstufe.[78]

---

74 vgl. M. M., Weltanalphabetismus, S. 143–243
75 vgl. M. M., Frieden und Erziehung, S. 2, 4
76 vgl. a. a. O., S. 66, 74

77 vgl. M. M., Das kreative Kind, S. 203
78 vgl. R. Fischer, 1982, S. 56 f.; vgl. Klein-Landeck, 1997, S. 80 f.

2. Existentials der Montessori-Pädagogik

Soziales Lernen durch Größe und Zusammensetzung der Klasse/Gruppe

Die Klassen- bzw. Gruppengröße und deren Zusammensetzung hat ihren nicht zu unterschätzenden Einfluss auf die *Soziale Erziehung*. Keineswegs gelingt *Soziale Erziehung* umso besser, je kleiner die Klassen bzw. Kindergartengruppen sind. „Die größte Vervollkommnung der Kinder wird durch die sozialen Erfahrungen erreicht [...]"[79] – und das setzt eine gewisse Größe voraus.

Die optimale Gruppen- bzw. Klassengröße hängt allerdings auch davon ab, wie problembelastet die Kinder sind, denn Lebens- und Verhaltensprobleme nehmen aufgrund der veränderten Bedingungen, unter denen Kinder aufwachsen, leider dramatisch zu.

Soziales Lernen durch das ‚Prinzip der offenen Tür'

Zwischen den Arbeitsgruppen bestehen auch außerhalb der eigenen Gruppe bzw. Klasse Kommunikations- und Kooperationsmöglichkeiten. Es gilt das *Prinzip der offenen Tür* – die einzelnen Klassenstufen sind nicht streng voneinander getrennt, sodass z. B. die sechsjährigen Kinder in die darauffolgende Klasse gehen und sich von dort Anregungen holen können. Es besteht die Gelegenheit zu einem *geistigen Spaziergang*.[80]

Anzumerken ist, dass gestörte Kinder dieses *Prinzip der offenen Tür* auch als Fluchtmöglichkeit missbrauchen können und damit die Erzieherin/Lehrerin zum Handeln auffordern.

Soziales Lernen durch Konzentration und Zusammenarbeit

Für Maria Montessori ist eine glückende Kooperation zwischen den Kindern häufig eine Folge gelingender Konzentrationsvorgänge. Davon unabhängig erlaubt die vorbereitete Umgebung mit den vielen Lernmaterialien eine freie Wahl des Arbeitspartners. Kooperieren wird dabei gelernt, helfen, sich helfen lassen, sich durchsetzen, aber auch nachgeben, sich arrangieren, sich verbal verständigen usw.

Es gibt hierzu viele Gruppenübungen, und auch viele Materialien fordern eine Zusammenarbeit, weil sie nur in Gruppen optimal gebraucht werden können. Inzwischen liegen zahlreiche empirische Ergebnisse vor, welche die Zusammenarbeit näher analysieren.[81] Manche Kinder wählen eine Einzelarbeit, setzen sich aber zusammen und haben dabei durchaus das Gefühl der Zusammengehörigkeit. Eine umfangreiche empirische Arbeit ergab bei einer Befragung in einem vierten Schuljahr, dass die Kinder ihre Zusammenarbeit als ausgesprochen positiv einschätzen – obwohl sie gleichzeitig angaben, allein gearbeitet zu haben.[82]

Da der Materialsatz begrenzt ist, muss man sich gegebenenfalls einigen, wer wann womit dran ist. Falls jahrgangsübergreifend gearbeitet wird, ist jedes Material nur einmal vorhanden. Ansonsten müssen einzelne Materialien jedoch mehrfach vorhanden sein, weil zu viele Kinder zur gleichen Zeit vor den gleichen Lernnotwendigkeiten stehen.[83]

Soziales Lernen durch Regeln für die Zusammenarbeit

Es gibt Regeln für das Zusammenarbeiten:

- Ich muss mich so verhalten, dass kein anderer in seiner Arbeit gestört wird.
- Das Material, das ein anderer hat, kann ich nicht haben.
- Ich muss mit dem Material so umgehen, dass der Nächste es sofort wieder benutzen kann.[84]

Das Beachten dieser Regeln, sozusagen ein Basissatz, ist wichtig, um eine arbeitsfähige Gruppe zu erhalten. In der aktuellen gesellschaftspolitischen Situation tritt ein neues Problem auf: Wenn die Beobachtungen stimmen, dass immer mehr Kinder in die Schule kommen, die gar nicht oder falsch sozialisiert sind, bekommt die *Soziale Erziehung* einen noch höheren Stellenwert. Sie muss dann zusätzlich Möglichkeiten finden, vorhandene Defizite auszugleichen. Diese Möglichkeiten wurden konkret bei Montessori noch nicht mitgedacht, sind aber vom Ansatz bereits immanent enthalten. So können z. B. Kooperationsspiele, Spiele zum Vertrautwerden mit dem eigenen Körper und den Gefühlen den Unterricht problemlos ergänzen und als vorbereitende Vorstufe zu jener Arbeitshaltung aufgefasst werden, die *Normalisation* durch Konzentration ermöglicht.

Zunehmend wird die Fähigkeit wichtig, Situationen aktiv sozial und auch kompensatorisch zu gestalten. THEODOR HELLBRÜGGE, der beispielsweise Entwicklungsrückstände bei behinderten Kindern durch ausreichenden Sozialkontakt mit gesunden Kindern zu therapieren versucht und dabei mit der Montessori-Methode arbeitet, legt großen Wert auf Feiern, Musik- und Kunsterziehung. Er ist der Auffassung, dass dies ursprünglich auch bei Montessori angelegt sei, jedoch oft in den Hintergrund geriet, weil man fasziniert auf das Material schaute.[85]

---

79 M. M., Das kreative Kind, S. 202
80 vgl. M. M., Das kreative Kind, S. 204, 208; vgl. Missmahl-Maurer, 1994, S. 156 f.
81 vgl. R. Fischer, 1982, S. 142 ff.; R. Fischer, 1999, S. 177 ff.; vgl. Fähmel, 1981, S. 161 ff.; vgl. Suffenplan, 1977, S. 25–44
82 vgl. R. Fischer, 1999, Empirische Ergebnisse der Montessori-Pädagogik, S. 182
83 vgl. R. Fischer, 1982, S. 57
84 vgl. M. M., Spannungsfeld Kind – Gesellschaft – Welt, S. 33
85 vgl. Hellbrügge, 1977, S. 120 f.

3. Die pädagogische Grundhaltung des Erwachsenen

Im Verhältnis Erwachsener/Kind sieht Montessori zwei besondere Problembereiche: Zum einen kritisiert sie, dass Kinder in der Gesellschaft und häufig auch in den Familien als Störenfriede gelten, dass sie „[...] eine Unbekannte in der Gleichung des Lebens geblieben [...]"[86] sind.[87] Zum anderen bedeuten Kinder oft eine schwere Last für die Sorge und das Verantwortungsgefühl des Erwachsenen, der davon überzeugt ist, „[...] dass er im Kind den Menschen ‚erschaffen‘ muss [...]"[88] und dass dessen Intelligenzentwicklung ausschließlich sein Werk ist. Aufgrund dieser beiden Faktoren – das Kind wird als ein die Kreise der Erwachsenen störendes Wesen angesehen und der Erwachsene fühlt sich genötigt, den zukünftigen Menschen zu erschaffen – entstehen oft Hochmut zusammen mit ängstlichem Verantwortungsgefühl.

Hinter diesen Tatbeständen sieht Montessori ein bislang übersehenes Problem: „Das Kind und der Erwachsene sind zwei vollkommen verschiedene Wesen."[89] Und sie fordert nicht nur, dass die sozialen Rechte des Kindes respektiert werden, sondern auch, dass der Erwachsene die beiden verschiedenen Lebensrhythmen ordnet, ausgleicht, die Grenzen begreift, innerhalb derer er pädagogisch handeln darf, und dass er sich dem Kind gegenüber beherrschen lernt.[90] Ganz besonders fordert Montessori von allen Erzieherinnen/Lehrerinnen Bescheidenheit, innere Einkehr und Achtung vor dem Kind vom ersten Tag seines Lebens an.[91]

Der erste Schritt für eine Montessori-Lehrkraft ist die Selbstvorbereitung, um eine harmonische Beziehung herzustellen. Sie soll sich neben das Kind und nicht vor das Kind stellen, bereit sein zurückzutreten, den zweiten Platz einzunehmen[92] und selbstkritisch zu reflektieren, ob da möglicherweise Fehler vorhanden sind, die einer Betreuung der Kinder im Wege stehen und diese behindern. Als Hauptprobleme sieht Montessori Ärger und Hochmut an, die sich „[...] zu einer komplexen Masse verbinden [...]"[93] können, die eine Art Tyrannei ergibt. Statt dessen sind Geduld und Wertschätzung notwendig. Montessori formuliert *12 Gebote* für die Erzieherin des jungen Kindes im Kinderhaus, die das Gesagte programmmäßig zusammenfassen und auch für die Lehrerin in der Schule oder für die Eltern zu Hause gelten.[94]

1. *Die Erzieherin hat die Umgebung vorzubereiten und zu pflegen.*
2. *Die Erzieherin muss den Gebrauch der Materialien selber beherrschen und somit den Kindern die genaue Handhabung schrittweise vermitteln können.*
3. *Die Erzieherin ist ‚aktiv‘, wenn sie das Kind mit der Umgebung in Beziehung bringt; sie ist ‚passiv‘, wenn diese Beziehung erfolgt ist.*
4. *Sie muss die Kinder beobachten, um dann, wenn es notwendig wird, weiterhelfen zu können.*
5. *Die Erzieherin muss und darf nur dann Hilfestellung geben, wenn sie gerufen wird.*
6. *Sie muss zuhören können und nur dann antworten, wenn dies erwartet wird.*
7. *Sie muss das arbeitende Kind respektieren, ohne es zu unterbrechen.*
8. *Sie muss das Kind, das Fehler macht, respektieren, ohne es zu korrigieren.*[95]
9. *Sie muss das Kind, welches sich ausruht und den anderen bei der Arbeit zusieht, ohne es zu stören, ohne es anzurufen, ohne es zur Arbeit zu zwingen, respektieren.*
10. *Sie muss unermüdlich versuchen, die Kinder für die Materialien in der Umgebung zu begeistern.*
11. *Die Erzieherin muss die Kinder spüren lassen, dass sie sich jederzeit auf ihre Hilfe verlassen können. Sie darf aber niemals den Kindern ihre Hilfe aufdrängen.*
12. *Die Erzieherin erscheint dem Kind, das seine Arbeit vollendet und frei seine eigene Kraft erschöpft hat, und bietet ihm schweigend seine Seele an wie einen geistigen Gegenstand.*[96]

---

86 Oswald/Schulz-Benesch, 1991, S. 12
87 Anm. d. Verf.: Eigentlich sollte es anders sein: „Es bedarf keines Hinweises, dass die Gesellschaft den Kindern die vollkommenste und weiseste Fürsorge angedeihen lassen müsste – denn sie sind es doch, von denen wir mehr Energie und größere Möglichkeiten für die Menschheit von morgen erhoffen" (Oswald/Schulz-Benesch, 1991, S. 11)
88 Oswald/Schulz-Benesch, 1991, S. 13
89 a. a. O., S. 26
90 vgl. a. a. O., S. 27
91 vgl. a. a. O., S. 44
92 vgl. M. M., Kinder sind anders, S. 109; Grundlagen meiner Pädagogik, S. 736
93 M. M., Die geistige Erziehung eines Lehrers, S. 3
94 Anm. d. Verf.: Teilweise sind diese Gebote in einer Sprache abgefasst, die nicht mehr die unsrige ist und vielleicht auch die Denk- und Sprachstrukturen von Montessoris Heimatland spiegelt. Deshalb sind Übersetzungen in ein modernes Idiom notwendig. (Das gilt besonders für Punkt 12.)
95 Anm. d. Verf.: Dieser Punkt gilt primär für normalisierte Kinder, die konzentriert arbeiten. Es wurde schon darauf hingewiesen: Selbstverständlich sollen die Kinder nichts Falsches lernen. Werden Fehler registriert, sollten dem Kind Arbeitsmittel angeboten werden, an denen genau das geübt werden kann, was vorher falsch war. Zeigt sich z. B. bei komplexeren Rechenaufgaben, dass der Zehnerübergang nicht beherrscht wird, sollten dem Kind Materialien zum Üben des Zehnerüberganges angeboten und ihm ausreichend Zeit zum selbstständigen Üben gelassen werden.
96 Anm. d. Verf.: Nach einer Rede M. Montessoris 1933 in Barcelona; vgl. M. M., Spannungsfeld Kind – Gesellschaft – Welt, S. 28 f.

4. Zur Bedeutung der teilnehmenden Beobachtung

MARIA MONTESSORI betrachtet die Beobachtungsfähigkeit der Pädagogen als berufliche Schlüsselqualifikation.
Die Bedeutung der wesentlichen Grundprinzipien der Montessori-Pädagogik wurde ja auch durch oft zufällige Beobachtungen (und durch anschließendes Nachdenken, Suchen, Ausprobieren und Verbessern) gefunden: z. B. die Bedeutung

- *des physiologisch orientierten Lernens,*
- *der freien Arbeit,*
- *der Polarisation der Aufmerksamkeit.*

Zur Beobachtung, die natürlich so objektiv wie möglich erfolgen soll, gehört vorausgehend eine Theorie, welche die Auswahl der Beobachtungspunkte lenkt. Besonderes Augenmerk richtet Montessori auf Konzentrationsvorgänge und Phänomene, die mit psychischer Gesundheit/Störungen *(Normalisation/ Deviation)* zu tun haben. Und dabei verdienen nicht nur die großen und nicht zu übersehenden Dinge Beachtung, sondern vor allem die kleinen, wenig auffallenden.
Nach der objektiven Beobachtung wird eine Interpretation notwendig. Die Leitfrage für Montessori ist dabei: Was bedeutet das beobachtete Phänomen für das Leben der Kinder? Die sich hieraus ergebende Antwort, eine erste Arbeitshypothese, verlangt entsprechendes Handeln, das auf einer theoretischen Durchdringung des Problems und einer Grundhaltung beruhen muss, die bereit ist, Neues auszuprobieren, um die Hypothese zu bestätigen oder zu verwerfen und um das eigene Verhalten im Hinblick auf die grundlegenden Ziele zu verbessern.
Montessori nennt ihre Pädagogik eine *experimentelle Pädagogik*. Experimentell in dem Sinn, dass an erster Stelle die Beobachtung der Kinder steht. Aus den Beobachtungsergebnissen folgernd sollen die Lern-, Spiel- und Lebenssituation der Kinder durch entsprechende Versuche verbessert werden. Sie betrachtet ihre Arbeit als einen praktischen Beitrag „[...] zur Erforschung der Pflege, deren die kindliche Seele bedarf und die der Pflege analog ist, welche die Hygiene für den kindlichen Körper verlangt."[97]
Nach ihrer Beobachtung des außerordentlich konzentriert arbeitenden Kindes in St. Lorenzo treten Zahlen, statistische Grafiken usw. in ihren Büchern allerdings zugunsten einer teilnehmend verstehenden Beobachtung und der verarbeitenden Erfahrung mit Kindern zurück.[98]

---

97 Oswald/Schulz-Benesch, 1991, S. 17
98 vgl. Schulz-Benesch, 1980, S. 24

5. Didaktische Umsetzung

5.1 Die Freiarbeit

An den einzelnen Montessori-Schulen wird die *Freiarbeit* durchaus unterschiedlich organisiert. Üblicherweise sind die Klassen ca. 10 Minuten vor dem Unterricht bereits geöffnet und die Kinder haben einen Zeitkorridor von 15–20 Minuten bis zur Aufnahme der Arbeit. Die Arbeitszeit wird von den Kindern meistens recht gut genutzt[99], wobei einige Tätigkeiten durchaus mehrere Stunden bzw. Tage umfassen können.[100]
Nach dem Beenden seiner Arbeit bringt das Kind sein Arbeitsmaterial in ordnungsgemäßem Zustand wieder an seinen Platz zurück, sodass das nächste Kind es sofort wieder benutzen kann. Die Kinder arbeiten allein, partner- oder gruppenweise. Haben sie Schwierigkeiten in den übrigen Unterrichtsfächern (z. B. Lesen/Schreiben/Rechnen), können während der *Freiarbeit* diese Probleme effektiv aufgearbeitet werden. *Freies Arbeiten* ist also eine offene Unterrichtsorganisation, die den Lernfähigkeiten des Kindes und seinem Lernrhythmus durch weitgehende Differenzierung und Individualisierung Rechnung trägt. So bietet die *Freiarbeit*, die täglich zwei und mehr Stunden des Unterrichts einnimmt, die wichtigste Voraussetzung dafür, dass alle Kinder entsprechend ihrem Leistungs- und Entwicklungsstand individuell gefördert werden. In gewisser Weise kann man überhaupt dieses Arbeiten als einen durchgängigen Förderunterricht verstehen.
Die Erzieherin/Lehrerin hat während dieser Zeit eine weitgehend helfende, anregende und beratende Funktion, erteilt aber auch Lektionen an einzelne Kinder oder Gruppen zur Einführung in neue Sachgebiete oder Materialien. Während im Klassenunterricht Lektionen nur von der Erzieherin/Lehrerin erteilt werden, weil dies der Stoffplan vorschreibt, werden Lektionen in der *Freiarbeit* dann gegeben, wenn Kinder selbst entsprechende Wünsche äußern oder die Erzieherin/Lehrerin aufgrund ihrer Beobachtungen eine Lektion zur Einführung oder Vertiefung eines bestimmten Sachverhaltes für angebracht hält. Entsprechend Montessoris Vorstellungen sind solche Lektionen möglichst kurz gefasst.[101]
Neben der *Freiarbeit*, die in der Regel in den ersten beiden Stunden stattfindet (manchmal auch länger), gibt es auch gebundenen Unterricht, weil es Bereiche gibt, in denen gemeinsames Arbeiten wichtig ist.[102]

---

99 vgl. R. Fischer, Empirische Ergebnisse der Montessori-Pädagogik, 1999, S. 192
100 vgl. a. a. O., S. 197 f.; vgl. Suffenplan, 1977, S. 31 f., 40
101 vgl. Fähmel, 1981, S. 72 f.
102 vgl. Stein, 1998, S. 103

Freiarbeit ist wegen des beträchtlichen Stundenanteils das Kernelement und der restliche Unterricht hat sich daran zu orientieren. Eine der Konsequenzen ist darin zu sehen, dass alle Lernbereiche von entsprechenden Lernmaterialien quantitativ und qualitativ abgedeckt sein müssen.

5.2 Die vorbereitete Umgebung

Das Konzept der *vorbereiteten Umgebung* besagt, dass Kinder zum Lernen häufig keine direkte Belehrung brauchen, sondern eine Lernumgebung, die sie anregt, ihnen Orientierung bietet und ihnen psychologisch angemessen sein muss. Dazu gehören natürlich die Lernmaterialien, aber auch die kindgerechte Ausstattung der Räume.[103]

Die *vorbereitete Umgebung* wird von Maria Montessori als dritter Faktor aufgefasst, der gleichwertig neben Kind und Erzieherin/Lehrerin steht.

Mit diesem Ansatz ändert sich die Rolle der Erzieherin/Lehrerin grundlegend: Ihre Hauptaufgabe ist nicht länger die *direkte* Einflussnahme auf Wachsen und Lernen des Kindes, sondern die *indirekte Erziehung* durch die Zubereitung der vorbereiteten Umgebung. Sie muss sich von dem Grundsatz leiten lassen, den Montessori einem Kind in den Mund legt: „Hilf mir, es selbst zu tun."[104] In anderer Version lautet der Satz vielleicht noch treffender: „Hilf mir, mir selbst zu helfen."[105] Diese Sätze weisen darauf hin, dass diese Zurücknahme der Aktivität des Erwachsenen keineswegs ein passives Verhalten nach sich zieht. Programmatisch formuliert Montessori:

„Die Freiheit des Kindes kann nicht darin bestehen, dass wir es sich selbst überlassen, oder es gar vernachlässigen. Nicht durch gleichgültige Untätigkeit helfen wir der kindlichen Seele bei allen Schwierigkeiten ihrer Entwicklung, sondern wir müssen ihr mit Umsicht und liebevoller Sorge beistehen."[106]

Das Wichtige ist, zu „[...] verstehen, dass die Umgebung den Kindern gehört. Die Umgebung ist nicht die ihre, weil sie die Erzieherin ist. Es ist die Umgebung, in welcher sie dem kleinen Kinde hilft, Herr dieser Umgebung zu werden. Das, was in der Gesellschaft fehlt, ist ein Platz für die Kinder, wo sie nicht unterdrückt werden, sondern Mittel zur Entwicklung finden."[107] Es ist ferner ihre Aufgabe, „[...] alles in der Umgebung in Ordnung zu bringen. Sie muss darauf achten, dass das Material im vollkommenen Zustand ist. Sie muss dafür sorgen, dass alles anziehend ist, sodass die Kinder die Umgebung mögen, sobald sie hereinkommen."[108]

Das gilt übrigens auch für die Erzieherin/Lehrerin selbst. Das, was sie von den Kindern erwartet, muss sie auch selbst leisten.

Die *vorbereitete Umgebung* dient also der Selbstständigkeit, sie sollte eine behütende und anregende Umgebung sein, den Geist freisetzen, einen vorbereiteten Weg zur Kultur weisen und für Ordnung in der Umgebung sorgen, denn Ordnung schafft Sicherheit, spart Kräfte und hilft bei der Ordnung im geistigen Bereich.

In einer Übersicht könnte man die wesentlichen Aspekte der vorbereiteten Umgebung folgendermaßen zusammenfassen:

Vorbereitete Umgebung bezogen auf:

Inhalte	Materialien und ihre psych.-didaktischen Prinzipien	Raumgestaltung	Zeitrahmen	Erzieherin/Lehrerin
• alle wichtigen Lern- bzw. Wirklichkeitsbereiche • gemäß den sensiblen Phasen • kontinuierlicher Aufbau • staunenswert, interessant • aktuelle Ereignisse/Dinge • ...	• alle körperlichen und seelischen Kräfte berücksichtigen • ästhetische Gestaltung • Isolierung der Eigenschaften bzw. der Schwierigkeiten • Ordnungsstrukturen berücksichtigen • jedes Material ist nur einmal vorhanden • ...	• Nischen, Nebenräume • Teppiche, Räume für Stille • offene Regale • Einzel-, Gruppentische • ...	• genügend Zeit/Tag zur Freiarbeit (mind. 2 Std.) • lernpsycholog. günstige Zeit (nicht am Ende des Schultages) • ...	• Einstellung/Haltung • Verhältnis Aktivität/Passivität • indirekte Hilfestellung • Durchdenken von Inhalten, psych.-didakt. Prinzipien, Raumgestaltung, Zeitrahmen • ...

5.3 Spezifische Anforderungen an die Lernmaterialien

Montessoris wichtigstes Ziel besteht darin, dem Kind mit Hilfe des Materials einen *geordneten Neuzugang zur Welt* zu ermöglichen. Das Material soll dabei helfen die in den ersten Lebensjahren erworbenen Sinneseindrücke zu ordnen und geistige Kategorien zu erstellen. Bekannt ist der auf JEAN PIAGET zurückgehende Begriff des kognitiven Schemas bzw. der Denkschemata. Der Erwerb solcher Schemata soll durch die Materialien begünstigt werden.

Allen Materialien ist gemeinsam, dass sie wesentlichen Entwicklungsbedürfnissen des Kindes entsprechen, zur Konzentration führen, weiterführende Interessen wecken, kulturspezifische Bildungsfortschritte ermöglichen und dem Kind helfen, selbstständig zu werden.[109]

Das Material ist kein Selbstzweck und soll „[...] kein Ersatz für die Welt sein, soll nicht allein die Kenntnis der Welt vermitteln, sondern soll Helfer und Führer sein für die innere Arbeit des Kindes. Wir isolieren das Kind nicht von der Welt, sondern wir geben ihm ein Rüstzeug, die ganze Welt und ihre Kultur zu erobern. Es ist wie ein *Schlüssel zur Welt* und ist nicht mit der Welt selbst zu verwechseln."[110]

Die Konsequenz: Nach dem Schulen der Sinne muss der Weg hinaus in die Welt führen; Schlüssel sein zur Welt gilt für alle Materialien. Und wenn die *Schlüssel zur Welt* benutzt wurden, ist die Welt für das Kind kein Chaos mehr. Sein Geist kann etwa mit den wohlgeordneten Fächern einer Bibliothek oder mit denen eines reichhaltigen Museums verglichen werden, jeder Gegenstand ist an seinem Platz, in seiner Kategorie und jeder neue Erwerb wird nicht nur *aufgespeichert*, sondern *an seinen Platz gestellt*. Diese ursprüngliche Ordnung wird nicht mehr gestört, sondern durch neues Material nur bereichert.[111]

Die Benutzung des Begriffs *Schlüssel* oder auch der Vergleich des kindlichen Verstandes mit den gut geordneten Regalen einer Bibliothek macht deutlich, welche Bedeutung den Materialien für die kognitive Entwicklung des Kindes zukommt.[112]

In ihrem Buch *Die Entdeckung des Kindes* hat Montessori wesentliche Kriterien für Auswahl und Gestaltung der Materialien genannt. Übergeordnetes Kriterium war dabei, ob und in welchem Umfang die Materialien zur *Polarisation der Aufmerksamkeit* beitragen konnten.

Sie sagt: „Wie die Kinder diese verschiedenen Mittel benutzen, *welche Reaktionen* sie in ihnen hervorriefen, *wie häufig* sie diese Gegenstände gebrauchten und vor allem, *welche Entwicklung* dadurch ermöglicht wurde, all dies gab uns mit der Zeit vertrauenswürdige Kriterien für die *Ausschaltung, Abänderung und Annahme* dieser Mittel als Material in unseren Schulen. Farbe, Abmessungen, Form, kurz: all ihre Eigenschaften wurden durch *Versuche* festgelegt."[113]

Um dieses Ziel zu erreichen, müssen jedoch bestimmte Kriterien erfüllt sein, von denen Montessori folgende grundlegende pädagogisch-didaktische Eigenschaften besonders anspricht:

- *Selbsttätigkeit und Bewegung müssen möglich sein*: Jedes Material muss Selbsttätigkeit ermöglichen und zur Aktivität auffordern, besonders zum Tun mit den Händen.
- *Entwicklungsstufe* bzw. *sensible Periode*: Jedes Material ist einer bestimmten Stufe bzw. Periode zugeordnet.[114]
- *Quantitative Begrenzung*: Montessori sucht nach dem Erforderlichen und dem Ausreichenden. Alle Materialien sind bei altersheterogenen Gruppierungen oder Klassen nur einmal vorhanden.
- *Aufbau von Ordnungsstrukturen*: Die Materialien müssen so strukturiert sein, dass geistige Ordnungsstrukturen aufgebaut werden können. Diesem Prinzip dienen (fast) alle Sprachmaterialien, insbesondere die Arbeiten zu den Wortarten und zur Satzanalyse.
- *Isolation der Schwierigkeit als ein zentrales Auswahlprinzip und aufbauender Schwierigkeitsgrad*: Die Zahl der Einzelheiten, die an einem Montessori-Lernmittel zu unterscheiden sind, ist

---

103 vgl. Berg, 1994, S. 15 f.
104 M. M., Kosmische Erziehung, S. 139
105 M. M., Die Macht der Schwachen, S. 127
106 M. M., Dem Leben helfen, S. 37; Berg, 1994, S. 15 f.
107 M. M., Spannungsfeld Kind – Gesellschaft – Welt, S. 23
108 a. a. O., S. 23
109 vgl. Klein-Landeck, 1997, S. 51
110 M. M., Grundlagen meiner Pädagogik, S. 274
111 vgl. a. a. O., S. 202–204; Anm. d. Verf.: FREDERIC VESTER weist in seinem Buch Denken, Lernen, Vergessen von neurophysiologischen Gesichtspunkten ausgehend und dabei traditionelle Schulbücher auf das Heftigste kritisierend, auf die Notwendigkeit von *Aufhängemöglichkeiten* bzw. *Ankerpunkten* hin, die dem Gehirn helfen Neues einzuordnen. Es ist Anspruch der Montessori-Materialien, solche Ankerpunkte zu bieten.

112 vgl. M. M., Schule des Kindes, S. 194
113 M. M., Die Entdeckung des Kindes, S. 112
114 Anm. d. Verf.: Das gilt auch für die einzelnen Fächer. Ein Überspringen von Lernstufen erweist sich meistens als problematisch. So beruhen LRS-Probleme oft darauf, dass aufgrund didaktischer Fehler einzelne Entwicklungsstufen übersprungen bzw. viel zu kurz angesprochen wurden.

bewusst begrenzt. Das Lernmittel lenkt die Aufmerksamkeit auf das, was es zeigen will. Was nicht unmittelbar zur Sache gehört, wird ausgeblendet. Dieses Prinzip ist für das Erarbeiten neuer Gebiete und insbesondere für Einführungslektionen ein außerordentlich wichtiges Prinzip, das nicht durchbrochen werden sollte.
- *Selbstkontrolle*: Ein wichtiges Merkmal eines Montessori-Materials ist die Selbstkontrolle. Im Umgang mit dem Arbeitsmittel können die Kinder selbst feststellen, ob sie auf dem richtigen Wege sind. Das Material macht auf falsche oder ungenaue Arbeitsergebnisse aufmerksam, entweder durch eine direkte wie bei den Zylindern (es bleibt einer übrig, es steht einer heraus usw.) oder durch eine von einer Erzieherin/Lehrerin bereitgestellte indirekte Selbstkontrolle (z. B. Taschenrechner bei Mathematikaufgaben, Lösungskarten usw.).
Selbstkontrolle wird häufig auch durch eine Kodierung möglich, die auf der Rückseite der Aufgabenkarte angebracht ist. Die Kontrolle erfolgt durch einfaches Umdrehen und Vergleichen. Häufig werden auch Kontrollkarten bereitgestellt.
- *Wiederholbarkeit*: Alle Lernmaterialien müssen so beschaffen sein, dass das Kind die mit ihnen verbundenen Aufgaben so oft wiederholen kann, wie es das möchte.
- *Einführungen mit Hilfe der Dreistufenlektion*: Es ist notwendig, dass Einführungen mit der Dreistufenlektion (vgl. S. 55) erfolgen können.
- *Ästhetische und funktionale Gestaltung*: Montessori-Lernmittel lassen von der Formgebung her auf ihren didaktischen Gehalt schließen (materialisierte Abstraktion) und zu welchen Einsichten sie dem Kind verhelfen sollen.
Montessori-Material hat den Ruf gut auszusehen und sehr solide gefertigt zu sein. So muss es den einen oder anderen Stoß aushalten können.
Neben der Haltbarkeit ist auch die ästhetische Komponente herauszustellen, d. h. ansprechende Form und Größe, angemessene Bildauswahl, attraktive Kombination der verarbeiteten Materialien sowie reizvolle Farbgestaltung. Montessori legt großen Wert auf künstlerisch-ästhetische Gestaltung. Bezogen auf Funktionalität und Ästhetik gilt indes die Regel: Erst kommt die Funktionalität bezogen auf das Kind, dann die Ästhetik. Ein Stuhl, auf dem ein Kind nicht sitzen kann, ist ungeeignet, selbst wenn er noch so ästhetisch wäre.
Ein wesentlicher Aspekt der Funktionalität ist die proportionale Angepasstheit: Die Materialien müssen gut in der Kinderhand liegen – sie dürfen deshalb nicht zu klein sein – und müssen ausreichend Platz auf dem Tisch haben – dürfen also auch nicht zu groß sein.

NICO VAN EWIJK ergänzt Montessoris Kriterienkatalog durch folgende Charakteristika:

- *Autonomer Charakter*: Das Material ist so konzipiert, dass es die Rolle der Erzieherin/Lehrerin nahezu vollständig übernehmen kann.
- *Wissenschaftlicher Charakter*: Das Lernmaterial versetzt das Kind in die Lage seine Annahmen über die Wirklichkeit zu testen. Es ist ein Hilfsmittel für die wissenschaftlich exakte Erkundung seiner Lebenswelt. So liegt häufig die Betonung auf vergleichen, in Beziehung setzen, verifizieren und differenzieren.
- *Schlüsselfunktion*: Das Lern- und Entwicklungsmaterial verschafft Zugang zur abstrakten Welt. Es ermöglicht dem Kind bereits erworbenes Wissen zu objektivieren, zu betrachten, zu bearbeiten, zu ordnen und zu bewerten. Es bereichert das Kind um eine neue Dimension seines Kenntnisstandes. Global-ganzheitlich aufgenommene Eindrücke werden systematisch geklärt, geordnet und so zu reflektierter Erfahrung gemacht. Das Material hat zudem diagnostische Bedeutung. Mit seiner Hilfe kann die Erzieherin/Lehrerin erkennen, auf welchem Lernniveau ein Kind arbeitet und welche weiterführenden Arbeiten möglich und sinnvoll sind.
- *Position auf einem Kreuzpunkt bzw. Anschlussmöglichkeiten an andere Niveaustufen und Inhalte (insbesondere bei Materialien zur Kosmischen Erziehung)*: Ein Entwicklungsmaterial kann niemals völlig losgelöst aus seinem Kontext gesehen werden. Innerhalb eines Netzwerkes von Materialien in der vorbereiteten Umgebung steht es in systematischer Beziehung zu anderen Lernmitteln und Lernbereichen. Es schließt an andere Materialien an und nimmt eine Position auf einem Kreuzpunkt innerhalb des gesamten Material-Systems ein.

Unter Anschlussmöglichkeiten wird Folgendes verstanden. Die ersten Übungen der Klassifizierungskarten zum Beispiel dienen der Erweiterung des Wortschatzes, eine anschließende, aufbauende Stufe dient dem Erstlesen, kann danach über entsprechende Definitionskarten in weitere sprachliche, sachkundliche oder mathematische Zusammenhänge einführen. Im optimalen Fall ermöglicht ein Lern- und Spielmaterial gut abgestufte Übungen vom Kindergarten bis zum Sekundarbereich. Auf bereits Bekanntem aufbauend lernt das Kind Neues und umgekehrt: Treten Probleme auf, kann das Kind schrittweise zurückgehen, bis es auf Bekanntes und Gekonntes stößt.
Positionen auf einem Kreuz- bzw. Knotenpunkt meint, dass an bestimmten Stellen Verzweigungen in andere Lernbereiche vorhanden sind, die

ein interessiertes Kind nutzen kann: Beispielsweise kann es von Spielen zur Erweiterung und Präzisierung des Wortschatzes zur Bearbeitung lyrischer und dramatischer Gedichte gelangen oder eine weitere Kartenserie führt bei entsprechendem Interesse des Kindes von einer Sachebene in einen anderen, wiederum ausbaufähigen Themenbereich, z. B. von einem geografischen (wie verschiedene Länder) in einen humankulturellen (z. B. wie lösen Menschen verschiedener Regionen das Problem, sich vor den Unbilden der Natur zu schützen) oder in einen biologischen (wie die Abhängigkeit der Pflanzen und Tiere von bestimmten klimatischen Gegebenheiten).

An diesen Prinzipien müssen sich auch Ergänzungsmaterialien orientieren.

Zu wenig berücksichtigt oder nicht abgedeckt sind Lernbereiche, die erst in den letzten Jahren besonders akzentuiert wurden wie z. B. Verkehrs- oder Sexualerziehung. Hier muss ergänzt werden. Musik und Rhythmus, Bildnerisches Gestalten (in vielfältigen Formen), Soziales Spiel (kooperatives und konfliktbewältigendes Verhalten) sind ebenfalls angemessen zu berücksichtigen.

Die Grafik, eine Ergänzung zu einer Übersicht von NIKO VAN EWIJK[115], gibt zusammenfassend die relevanten Materialeigenschaften wieder:

Montessori fordert, dass das Material nur in dem Sinne gebraucht wird, für den es geschaffen wurde. Dies hat vielfach Kritik erregt, weil das als eine Einschränkung der Kreativität gewertet wird. Diese Kritik ist jedoch nur begrenzt berechtigt. Welche Physik-, Chemie-, Biologielehrerin ... würde die Kinder mit den Experimentiergeräten frei walten und schalten lassen und – wenn sie es nicht tut – sich den Vorwurf anhören, sie fördere nicht genügend die Kreativität? Für Kreativität gibt es andere und bessere Möglichkeiten.

Ein wesentlich ernster zu nehmender Ansatzpunkt für Kritik liegt darin, dass einige Dogmatiker die Montessori-Methode auf das Montessori-Material festnageln wollen. Das ist aber weder sinnvoll noch im Sinne Montessoris. So erwähnt WINFRIED BÖHM, dass Montessori in einem ihrer letzten Vorträge (1950) mit allem Nachdruck betont hat, dass das Material in völliger Verkennung ihrer pädagogischen Intentionen immer wieder mit der Methode im Ganzen verwechselt worden sei, und sie hat dies in dem von SOKRATES entlehnten Bild ausgedrückt, dass sie zeitlebens auf das Kind hingedeutet habe, ihr Publikum aber stets, statt auf das Kind zu sehen, nur immer auf ihren Finger gestarrt habe.[116]

---

115 Nico van Ewijk, 1999, S. 176
116 vgl. Böhm, 1976, S. 358

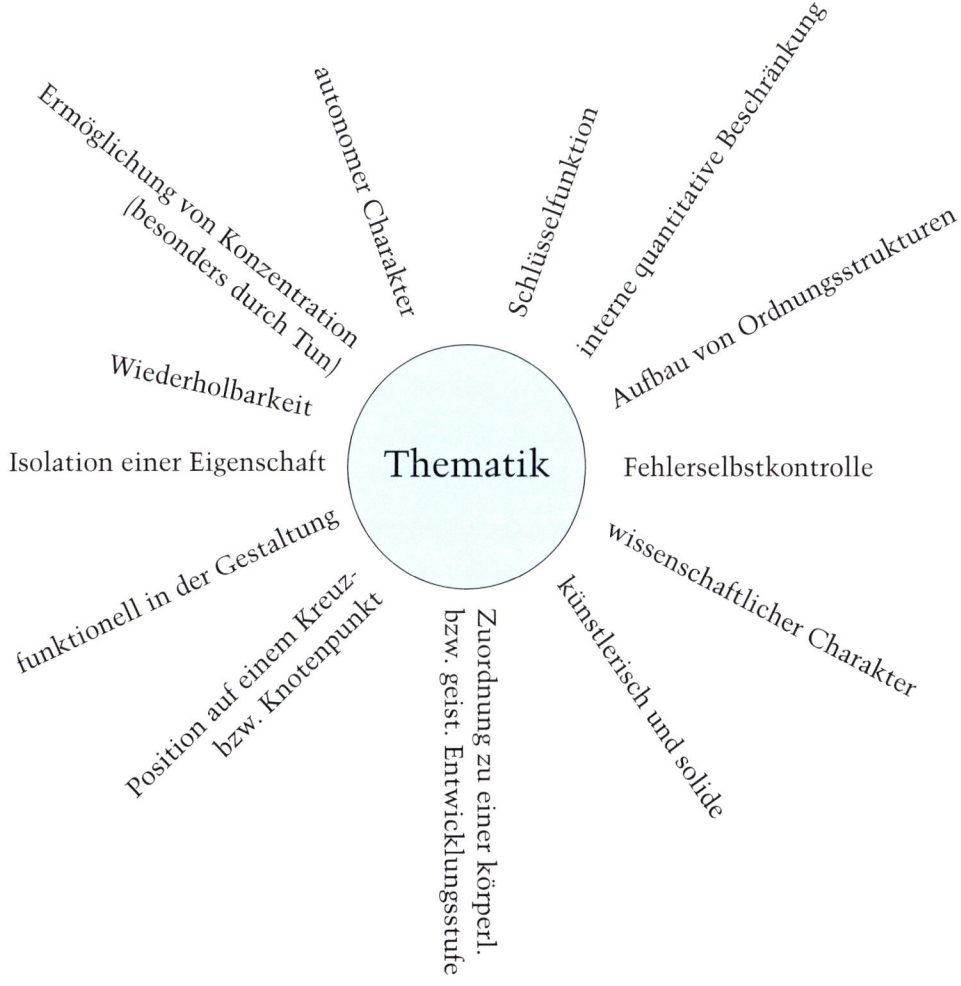

Kapitel 2: Entwicklung der Sprache und sprachliche Erziehung

REINHARD FISCHER

1. Dimensionen der Spracherziehung in der Montessori-Pädagogik

MARIA MONTESSORI räumt in ihrer Konzeption der Sprachentwicklung und Sprachförderung sowie dem Erlernen von Lesen und Schreiben einen hohen Stellenwert ein. Ihre Überlegungen umfassen verschiedene Dimensionen, insbesondere eine anthropologische, eine sozialpolitische, eine soziale und eine pragmatische. Dabei gilt ihr primäres Interesse den Fragen der Erziehung.

1.1 Anthropologische Dimension

Montessoris Sicht ist anthropologisch orientiert. Sie betrachtet Sprache als ein wesentliches Element menschlicher Personalität. Der Mensch konstituiert und entwickelt sich durch Sprache. Sprachförderung bedeutet Förderung menschlicher Personalität. Gesprochene und geschriebene Sprache haben gleichermaßen ihren Anteil daran.
Der Mensch ist, wenn man die Hilflosigkeit des Kleinkindes und das Fehlen jeglicher artspezifischer Verhaltensweisen betrachtet, auf das Erlernen von Kulturtechniken existenziell angewiesen. Diese *Kulturverhaltensweisen* und die Fähigkeit sie zu tradieren und zu übernehmen, betrachtet Montessori geradezu als die artspezifische Verhaltensweise des Menschen. Vorhanden sind beim Kind die genetisch gegebenen Rahmenveranlagungen sowie die Impulse zur geistigen Entfaltung. Die *geistigen Organe*[1] bilden sich erst in der *postnatalen Embryonalzeit* in einer menschlichen Bezugsgruppe heraus. Dies ist sinnvoll, da erst dies ein Hineinwachsen in verschiedene Kulturen bzw. Sprachräume ermöglicht. Ergebnisse moderner Gehirnforschung scheinen diese Sicht eindrucksvoll zu bestätigen.[2]

1.2 Sozialpolitische Dimension

Montessoris Sprachkonzeption beinhaltet eine sozialpolitische Dimension. Besonders deutlich wird dies an ihrer Haltung zum Weltanalphabetismus, bei der sie deutlich den komplexen Zusammenhang von Politik, sozialer Frage und Bildung erfasst. In der Bekämpfung des Weltanalphabetismus erblickt sie eine zentrale Aufgabe zur Schaffung von mehr sozialer Gerechtigkeit, Demokratie und Frieden. „Dass es in der Welt immer noch Hunderttausende, ja sogar Millionen von Analphabeten gibt, während sich schon auf allen Erdteilen die Produkte und die Apparate der mechanischen Zivilisation verbreiten, stellt einen krassen Gegensatz zwischen materiellem und moralischem Fortschritt der Menschen dar und schafft ein weltweites Ungleichgewicht. In der Tat steht für die UNESCO, welche die Erziehung auch als ein notwendiges praktisches Mittel betrachtet um eine größere Eintracht unter den Völkern herzustellen, der Kampf gegen den Analphabetismus an vorderster Stelle."[3]
Im Rahmen einer weit gespannten Analyse versucht Montessori durch Vorschläge zu einer verbesserten Alphabetisierung kleiner Kinder einerseits und erwachsener Analphabeten andererseits einen Beitrag zur Lösung dieses Problems zu leisten.[4]

1.3 Soziale Dimension

Sprache ist nicht angeboren, sondern vom Menschen geschaffen und Ausdruck eines Übereinkommens, das in einer Gruppe von Menschen besteht und diese Gruppe vereinigt. Sprache ist damit ein soziales Phänomen und eine *supra-natürliche Schöpfung* der Menschen, eine Schöpfung, welche die individuelle Ebene weit übersteigt. Montessori sieht Sprache geradezu als Basis des sozialen Lebens an.[5] Die soziale Funktion stellt für sie die wesentliche Dimension dar, die sich in Jahrhunderten vervollkommnet hat. Das gilt im besonderen Maß auch für das Lesen und Schreiben. Hierdurch kann der Mensch „[...] seine Gedanken fernen Menschen übermitteln; er kann sie für seine Nachkommen

---

1 M. M., Das kreative Kind, S. 47
2 Anm. d. Verf.: Die Hirnforschung stellte fest, dass die neuronale Vernetzung zu komplexen Schaltkreisen, die das emotionale, soziale und kognitive Erleben des Kindes bestimmt, bei Kindern primär in der nachgeburtlichen Phase erfolgt. Für die Art und Weise der Vernetzung sind die Umweltreize und damit ganz besonders die Interaktionen verantwortlich (vgl. Vester, 1991[18], S. 32).

3 M. M., Erziehung für eine neue Welt, S. 150 f.
4 vgl. a. a. O., S. 150 f.
5 vgl. M. M., Das kreative Kind, S. 102

festhalten, er kann sich durch Zeit und Raum hindurch die intellektuellen Früchte der ganzen Menschheit zunutze machen."⁶

Lesen- und Schreibenlernen ist das Fundament, auf das sich die gesamte Erziehung in der Schule und darüber hinaus gründet, wird aber meistens nur als ein Unterrichtsgegenstand unter anderen gesehen. Das ist für Montessori viel zu wenig, denn die Beherrschung der Schreib- und Lesekunst betrachtet sie nicht als eine bloße Geschicklichkeit, sondern als die Kenntnis einer höheren Form von Sprache, die zu der natürlichen hinzukommt und diese vervollständigt, indem sie sich mit ihr verbindet.⁷ Sie fordert: „Dieser große Schatz, das Alphabet, welches ein Produkt des Menschen selbst darstellt, muss in der Erziehung Berücksichtigung finden und geschätzt werden; denn es hat ein größeres Wunder geschaffen, als die Fähigkeit, in die Höhen der Atmosphäre zu fliegen. Es hat einen neuen Weg zum Geist des Menschen eröffnet."⁸ Deshalb ist es so bedeutsam, den Kindern deutlich zu machen, welchen geistigen Schatz sie durch Lesen- und Schreibenkönnen gewonnen haben und auch welchen Meilenstein der menschlichen Entwicklung die Erfindung des Alphabets markiert.

Im Übrigen muss man dem Erlernen der Schriftsprache, ebenso wie dem Erlernen der gesprochenen Sprache, eine unabhängige *Entwicklungsperiode* einräumen. Montessori sieht jedoch ein Problem darin, dass wir diesen *Zeitsprung* häufig viel zu schnell aufholen wollen und den Kindern zu wenig Zeit lassen die Schwierigkeiten, die in der geschriebenen Sprache vor allem zu Beginn vorhanden sind, ausreichend zu bearbeiten.⁹

Die Konsequenzen hieraus: Ein möglichst schneller Spurt durch den Lese-Schreiblehrgang wird der sozialen Funktion nicht gerecht. Abgesehen davon, dass die Kinder schon aus lernpsychologischen Gründen hinreichend Zeit zum Lernen brauchen, benötigen sie auch Zeit, um immer wieder auf die soziale Seite verwiesen zu werden: Was wir dadurch für unser Zusammenleben gewinnen, dass wir Schreiben und Lesen können und welch langer und beschwerlicher Weg es war, bis zu dem Punkt zu gelangen, an dem wir uns heute befinden. Hierfür eignet sich besonders die „Große Erzählung" über das Entstehen des Alphabets (vgl. S. 162 ff.).

1.4 Pragmatische Dimension

Montessoris Konzeption beinhaltet auch eine sehr pragmatische Dimension: Ihre Fragestellung geht in die Richtung, wie man Kindern lernpsychologisch optimal Sprache und insbesondere die Kulturtechniken Lesen und Schreiben vermitteln kann.

Die gesprochene Sprache mit ihren auditiven, zerebralen, motorischen, vor allem sprechmotorischen, Anteilen nimmt dabei eine hervorgehobene Stellung ein. Die geschriebene Sprache basiert in Montessoris Konzeption „[...] im Wesentlichen auf der artikulierten Sprache [...]"¹⁰.

Montessori fordert für die konkrete Sprachförderung und die Gestaltung des Schreib-Leselehrganges Kriterien, die sich primär an der psychischen Verfasstheit der Kinder und ihren Lebensbedürfnissen orientieren, und zwar speziell an den in den *sensiblen Phasen* deutlich werdenden Sensibilitäten für bestimmte Interessenbereiche. Das bedeutet insbesondere

- die Berücksichtigung der entwicklungs- und lernpsychologischen Anforderungen,
- die Berücksichtigung und Aufarbeitung derjenigen Probleme, die sich ergeben, wenn Maßnahmen getroffen werden, welche die Entwicklungsbedürfnisse nicht nur blockieren (z. B. Mangel an geeigneten Angeboten), sondern ihnen sogar entgegengerichtet sind (z. B. Verbote, das zu tun, was im Rahmen der jeweiligen *sensiblen Phase* notwendig wäre),
- die konkrete Sprachförderung durch das Montessorisystem.

2. Entwicklungspsychologische Aspekte

In den ersten Lebenswochen und -monaten beginnt eine irreversible Formung bzw. Vernetzung der neuronalen Strukturen, die durch Sinneseindrücke und Interaktionen hervorgerufen werden. Mit großem Nachdruck betont Montessori, dass die Sprache im nachgeburtlichen Zustand gemäß der in einer Gruppe vorhandenen und gebrauchten Sprache erlernt bzw. aufgebaut werden muss, das Kind jedoch bereits vor der Geburt im Mutterleib die Sprache der Mutter hören und diese von anderen unterscheiden kann. Die Muttersprache als ersterworbene Sprache nimmt eine Sonderstellung ein. In ihrem Übernehmen bilden sich zugleich die *geistigen Organe* der Sprache überhaupt aus und werden damit in ihrer Ausprägung gemäß den Strukturen der übernommenen Sprache fixiert. Deshalb kann keine weitere Sprache in gleicher Weise in den Tiefen der menschlichen Seele verankert werden, vor allem hinsichtlich ihrer unbewussten Einschlüsse und ihrer emotionalen Gehalte.

---

6 M. M., Erziehung für eine neue Welt, S. 164
7 vgl. a. a. O, S. 156 f.
8 a. a. O., S. 156 f.
9 vgl. M. M., Die Entdeckung des Kindes, S. 270

---

10 vgl. a. a. O., S. 269

Das kleine Kind sammelt mit einem ganzheitlich aufnehmenden Geist, den Montessori *absorbierenden* Geist nennt und mit einem wasseraufsaugenden Schwamm vergleicht, Eindrücke aus seiner Umgebung gemäß seiner Lebensenergie, die sich in seinen Potentialitäten differenziert.[11]

Montessori spricht hierbei sogar von einer *geistigen Chemie*, um die innige Verschmelzung von Potentialität und aufgenommenem Kulturinhalt zu kennzeichnen, bzw. vom *Inkarnieren der geistig-kulturellen Inhalte*.

Ein anderer von Montessori verwendeter Vergleich soll den Vorgang des Erstspracherwerbs verdeutlichen. Mit einem Fotoapparat wird in einem einzigen Augenblick ein ganzes Bild aufgenommen, gleichgültig wie komplex es ist. Wesentlich schwieriger ist es, mit der Hand eine entsprechende Zeichnung zu machen. In diesem Vergleich steckt außer dem Hinweis auf die Funktionsweise des absorbierenden Geistes die Erkenntnis, dass der Schwierigkeitsgrad der ersterlernten Sprache unbedeutsam ist und dass die Sprache wie beim Foto in der Dunkelkammer nicht sofort da ist, sondern sich erst entwickeln muss. Ferner wird klar, dass der spätere Erwerb einer Sprache, dem Malen eines Bildes vergleichbar, mühsamer und aufwendiger ist.

Auch diese Sichtweise wird durchaus von den Ergebnissen der Gehirnforschung gestützt.[12]

Da Montessori Erziehung als Hilfeleistung versteht, die dem Kind bei seinem selbst zu leistenden, aber von ihm selbst auch erstrebten Aufbauwerk geboten werden muss, hat sie auch auf dem sprachlichen Gebiet mit der Geburt zu beginnen.[13] Für Montessori resultiert hieraus eine große Verantwortung des Erwachsenen dem Kind gegenüber.

---

11 vgl. Oswald, 1985, S. 84; vgl. M. M., Das kreative Kind, S. 102 f.

12 Anm. d. Verf.: Funktionelle Magnetresonanz-Tomographieaufnahmen machen Folgendes deutlich: Im Frontallappen (Broca-Region) fügen die Nervenzellen Wörter zu fertigen Sätzen zusammen. Bei Testpersonen, die schon in früher Kindheit zwei Sprachen gelernt hatten, leuchtete auf dem Bildschirm nur ein einziger Bereich auf. Bei Menschen hingegen, die eine zweite Sprache erst im Jugendalter erworben hatten, wurde die Sprache in zwei voneinander getrennten Hirnregionen fixiert (vgl. Geo Sprachzentrum: „Englisch? – Kinderleicht"; In: Geo-Wissen, 1999, H. 1, S. 176).

FREDERIC VESTER macht z. B. in seinem Buch *Denken, Lernen, Vergessen* deutlich, dass Lernen umso leichter fällt, je näher das zu Lernende dem Vernetzungsmuster der Nerven im Gehirn entspricht, und umso schwerer fällt, je weniger Entsprechungen vorhanden sind. Das bedeutet, je größer die Unterschiede zwischen Erst- und Zweitsprache sind, umso schwerer ist später das Erlernen. Möglicherweise sind wir sogar nicht einmal in der Lage die fremde Sprache phonetisch hinreichend zu differenzieren und hören demnach relevante Laute nicht heraus (vgl. Vester, 1991[18], S. 35 ff.; Geo-Wissen, 1993, H. 2, S. 68–70).

13 vgl. M. M., Das Kind in der Familie, S. 47

2.1 Sprachliche Entwicklung und Förderung in Familie, Kindergarten und Grundschule

Die einzelnen Stationen der sprachlichen Entwicklung folgen nicht willkürlich aufeinander, sondern nach *bestimmten Gesetzen*, die für alle Kinder gleich sind, wie Montessori betont.[14] Das Kind lernt erst Silben, dann ganze Wörter, dann Syntax und Grammatik ... Gehörsinn und Sprachzentrum sind zuerst zwei voneinander getrennte Regionen im Gehirn, die erst mit Begegnung der konkreten Sprache ihre fertige Ausbildung erfahren. „Es scheint, dass während dieses Lebensabschnittes durch geheimnisvolle Bindungen zwischen den auditiven und den motorischen Organen der gesprochenen Sprache die auditiven Wahrnehmungen die Kraft haben, die komplizierten Bewegungen der artikulierten Sprache hervorzurufen, die sich instinktiv aufgrund solcher Reize entwickeln."[15] Das Gehörzentrum, das für die menschliche Stimme besonders sensibel zu sein scheint, bildet sich vor dem Sprachzentrum aus. Den tieferen Sinn sieht Montessori darin, dass eine Konzentration, ein tiefes Sammeln auf das Gehörte der Sensibilität für den Spracherwerb auch vorausgehen muss.[16] Später in der Entwicklung entsteht dann eine so genannte Funktionssymbiose, worauf die Legasthenikerforschung hinweist. Diese Funktionssymbiose zeigt die enge Verflechtung der beiden Zentren auf. Dort, wo sie gestört ist, ergeben sich später vor allem LRS-Probleme.

Sobald ein Kind geboren wird, wird es mit der Sprache konfrontiert und in ihren Bann gezogen: Die Mutter spricht zu ihm, wenn sie ihm zu essen gibt oder es ankleidet, sie beruhigt es, indem sie sanft zu ihm spricht, sie singt ihm etwas vor usw. Dabei sind kleine Kinder besonders für einfache Sprachlaute empfänglich. Das Kind reagiert auf die Laute, es beobachtet den Mund, aus dem die Worte kommen, es beginnt zu lallen, es liebt Wiederholungen, obwohl die Sprache als solche noch keine besondere Bedeutung für das Kind hat. Ungefähr mit dem ersten Lebensjahr wird es sich der Tatsache bewusst, dass Sprache und die einzelnen Laute eine bestimmte Bedeutung haben und dass man Wünsche und Gedan-

---

14 vgl. M. M., Das kreative Kind. S. 102
Anm. d. Verf.: In den Worten der modernen Entwicklungspsychologie: „Der eine spricht erst mit drei, die andere steht schon mit zehn Monaten auf eigenen Füßen – doch reden und laufen lernen sie alle. In immer gleichen Entwicklungsschritten reift das Kind heran. Nirgendwo spiegeln sich die typischen Phasen – von der Wiege bis zur Pubertät – so wie in der eigenen Kinderstube" (Geo: „Entwicklungsphasen – Kind, was bist du groß geworden." In: Geo-Wissen, 1999, H. 1, S. 6).

15 M. M., Die Entdeckung des Kindes, S. 274

16 vgl. M. M., Das kreative Kind, S. 108 f.

ken mit Worten kenntlich machen kann. Es lernt viele Wörter, erst ein- und zweisilbige mit diffuser Bedeutung, spricht zwar immer noch stockend, aber schon mit Sinn unterlegt, lernt dann Namen und beginnt Sätze zu stammeln und beherrscht, wenn es zwei Jahre alt wird, einen erheblichen Wortschatz mit einer durchaus brauchbaren Syntax.[17] „Die sich später entwickelnde ‚höhere Sprache‘ [...] hat ihren Ursprung nicht mehr in den Sprachmechanismen, sondern in der intellektuellen Entwicklung, die sich der mechanischen Sprache bedient [...]"[18] und in der intellektuellen Bildung.

Montessori betrachtet die Altersgrenze von $2^{1}/_{2}$ Jahren als eine Grenzlinie der Intelligenz. Nach dem Überschreiten dieser Grenzlinie beginnt eine neue Periode in der Gestaltung der Sprache: ohne Explosion, aber in großer Lebendigkeit und Spontaneität. Ferner findet ein Übergang von der Unbewusstheit der Frühphase zu mehr und mehr aufbrechender Bewusstheit statt. Hierbei ist die Hilfestellung des Erwachsenen notwendig: Weder sollte er lediglich die Wortschöpfungen des Kindes gebrauchen, noch reicht es aus, nur mit dem Kind zu reden. Dem Kind muss Sprache in seiner Umgebung ausreichend begegnen. Es muss dabei sein, wenn Erwachsene sich miteinander unterhalten, weil ihm dabei Sprache in einem viel komplexeren Sinn begegnet, sodass das Kind einen inneren Drang hat, auf diese Weise von den Erwachsenen zu lernen. Montessori spricht von einem *inneren Lehrmeister*, der das Kind direkt zu den Erwachsenen treibt, „[...] die unter sich sprechen und sich nicht an das Kind wenden. Er treibt es an, sich der Sprache zu bemächtigen mit derselben Genauigkeit, wie wir sie ihm bieten [...]"[19]. Würden wir also nur in der Kindersprache mit dem Kind stammeln und lallen, könnte das Kind nichts lernen und wir würden es unbefriedigt lassen. Zudem muss uns klar werden, dass das Kind von allein die grammatikalischen Zusammenhänge erfasst. Es besteht also kein Grund, nicht grammatikalisch richtig mit ihm zu sprechen und ihm nicht bei der Satzanalyse zu helfen.[20]

Häufig haben die Kinder mehr mitzuteilen, als sie sprachlich ausdrücken können. Missverständnisse sind deshalb leicht möglich. Montessori sagt: „Die Periode, in der seine Intelligenz viele Ideen hat und sich bewusst ist, diese mitteilen zu können, es aber nicht kann, weil ihm die Sprache fehlt, ist eine dramatische Periode im Leben des Kindes und sie bringt die ersten Enttäuschungen des Lebens."[21] Die Reaktionen sind dann oft Trotzen und Weinen. In dieser Situation braucht das Kind den Erwachsenen besonders als verständigen Interpreten seiner unzulänglich ausgesprochenen Mitteilungen sowie als Partner einer alles begründenden Kommunikation.

Die eigentliche Spracherziehung ist erst nach dem Überschreiten der Bewusstheitsschwelle möglich. Alle ausdrücklichen erzieherischen Maßnahmen setzen dieses Fundament voraus und dienen eigentlich nur der Festigung und Vervollkommnung. „Wir müssen", so betont Montessori, „den doppelten Weg, der verfolgt wurde, gut beachten: einmal die unbewusste Aktivität, die die Sprache vorbereitet, und dann die des Bewusstseins, das allmählich erwacht und vom Unterbewussten übernimmt, was dieses ihm bieten kann."[22] Das Resultat ist dann das sechsjährige Kind, das gut seine Sprache spricht, ihre Regeln kennt und mit ihnen umzugehen weiß.

In der Montessori-Tradition hat das Lesen und Schreiben bereits im Kindergartenbereich einen Stellenwert, da die Kinder für die Kulturtechniken sowie für die Möglichkeiten, dass es Sprache gibt, die man nicht hört, dass man etwas mitteilen kann ohne zu sprechen, dass man Laute sichtbar machen kann, besonders empfänglich sind. Zudem erfahren die Kinder die Fertigkeiten des Lesens und Schreibens als einen weiteren Schritt auf dem Weg zur erstrebten Selbstständigkeit. Die geschriebene Sprache ist wie ein *zweites Zahnen*. „Es ist die Sprache, die es erlaubt, dem bereits logisch gegliederten Denken Ausdruck zu verleihen und aus Büchern die Gedanken entfernter und unsichtbarer Menschen zu entnehmen, die sogar in vergangenen Zeiten gelebt haben können."[23] Um dieses *zweite Zahnen* zu erleichtern, sind geeignete Arbeitsmittel notwendig, die bereitgestellt werden müssen. Montessoris Geschicklichkeit besteht darin, dass sie die Explorationslust der Kinder nicht unterdrückt, sondern zum Motor der angestrebten Entwicklung macht.

Im Alter von 7–9 Jahren liegt eine zweite *sensible Periode für Sprache*, die *sensible Periode für Grammatik*: Der Lehrgegenstand wird mit dem Lernmaterial jedoch in einer mehr psychologischen als intellektuell-sprachwissenschaftlichen Weise aufgeschlüsselt, indem viele Kenntnisse durch die Sinne und durch sinnvoll ausgeübte Bewegungen eindringen.

Ein Beispiel sind die Wortsymbole. Hierbei werden Sätze in Handlungen umgesetzt (vgl. S. 104 ff.). Ein weiteres Beispiel ist die Sammlung von Satzgefügen aus Haupt- und Nebensätzen, welche die Kinder gliedern und wieder neu zusammenfügen können, wobei der ursprüngliche Satz als Fehlerkontrolle dient (vgl. S. 125 ff.).

Bei den Grammatik-Übungen in der Montessori-Primarschule handelt es sich um einen neuen Beitrag Montessoris zur Spracherziehung.

---

17 vgl. M. M., Das kreative Kind, S. 113 f., 118 f.
18 M. M., Die Entdeckung des Kindes, S. 274
19 M. M., Das kreative Kind, S. 114
20 vgl. a. a. O., S. 114
21 a. a. O., S. 114 f.

---

22 a. a. O., S. 107
23 M. M., Die Entdeckung des Kindes, S. 207

2.2 Spracherziehung in der Sekundarschule

Bei Montessori umfasst die Grundschule sechs Jahre. Für die Zeit danach gibt es wenig konkrete didaktisch-methodische Anweisungen. Im *Erdkinderplan* werden lediglich einige allgemeine Punkte angesprochen, die über eine Aufzählung nicht hinausgehen (z. B. Spracherziehung durch Üben von Vortrag, Ausdrucksweise ...). „Die besten Methoden sind diejenigen, die beim Schüler ein Maximum an Interesse wachrufen, die ihm die Möglichkeit geben, allein zu arbeiten, selbst seine Erfahrungen zu machen, und die erlauben, die Studien mit dem praktischen Leben abzuwechseln."[24]

Notwendig wird ein beträchtlicher persönlicher Einsatz einer qualifizierten Sekundarlehrerin, die analog zu den Vorschlägen der *Psico-Aritmetica* die Lehrgänge nicht gemäß ihrer sachlogischen Systematik, sondern gemäß der psychischen Fassungskraft und der Aktivitätsstruktur der Heranwachsenden strukturiert. Dies gilt für Dramaturgie, Grammatik, Poetik, Rhetorik usw., wobei Arbeitsmittel wie Bibliothek, technische Medien (Rekorder, Film, Fernseher ...) notwendig sind.

Auch hier muss gesehen werden, dass die Sprachentwicklung ein Teil der Personalität selbst ist und dass Spracherziehung die Entwicklung der inneren Personalität fördern kann und soll.[25]

3. Sprachstörungen

MARIA MONTESSORI spricht das Problem von Sprachstörungen unter dem Aspekt der Hemmungen und Regressionen (Rückfall in eine frühere Entwicklungsstufe) an, wobei sie psychoanalytische Erkenntnisse in ihre Überlegungen einbezieht.[26] „Diese Regressionen stehen in Verbindung mit der Sensitivität des Kindes. Auf die gleiche Weise, wie es sensibel ist zum Zwecke des Schaffens und des Erweiterns seiner Fähigkeiten, ist es auch sensibel für zu große Hindernisse, die sich ihm entgegenstellen. Die Ergebnisse dieser gehemmten Sensitivität prägen sich dann als Fehler für den Rest des Lebens ein. Daher muss stets beachtet werden, dass die Sensitivität des Kindes erheblich größer ist, als wir es uns vorstellen können."[27] Es gibt verschiedene Aneignungsperioden und entsprechende Regressionsperioden: In der *ersten Periode* bildet sich der Wortmechanismus aus. Entsprechende Regressionsmerkmale sind Sigmatismus und Stottern. In der *zweiten Periode* bildet sich der Satzmechanismus als Ausdruck des Gedankens aus. Eine entsprechende Regression stellt z. B. das beständige Zögern bei der Satzformulierung dar. Sicherlich kann man später Problembereiche wieder aufarbeiten. Besser wäre es aber, sie gar nicht erst entstehen zu lassen.

Montessori fordert dementsprechend, dass z. B. der ausbrechende Wortschwall des kleinen Kindes die Freiheit des Ausdrucks haben muss und ebenso etwas später auch die Explosion der Sätze, wenn es seinen Gedanken eine passende Form verleiht. Dieser Ausdrucksfreiheit wird große Bedeutung beigemessen, denn sie hat nicht nur Auswirkungen auf die unmittelbare Gegenwart des sich in der Entwicklung befindlichen Kindes, sondern auch auf dessen zukünftiges Leben.

„Auch einige Erwachsene haben Schwierigkeiten beim Sprechen. Sie müssen eine große Anstrengung vollbringen und scheinen unsicher zu sein über das, was sie sagen sollen. Ein gewisses Zögern äußert sich bei ihnen auf verschiedene Art:

a) ihnen fehlt der Mut zum Sprechen;
b) ihnen fehlt der Mut, die Worte auszusprechen;
c) sie haben Schwierigkeiten beim Gebrauch der Sätze;
d) sie sprechen langsamer als andere Menschen und unterbrechen sich mit ‚äh', ‚um', ‚man', ‚ah' usw. Es handelt sich häufig um sog. „Wortfindungsstörungen" oder „Aufschiebhilfen". Ziel ist es, sich beim Suchen eines Wortes Luft und Zeit zu verschaffen.

Sie haben in sich unüberwindliche Schwierigkeiten, die sie fürs ganze Leben begleiten; damit befinden sie sich in einer ständigen Unterlegenheit."[28]

Es gibt auch psychische Hindernisse, die dem Erwachsenen die Möglichkeit nehmen, die Worte deutlich auszusprechen. Diese Fehler können ihre Ursache also durchaus in der Periode haben, in der sich die Sprachmechanismen bilden.

Damit Sensibilitäten nicht durch unser Verschulden blockiert werden und sich in den Kindern jene Abweichungen und Fehler festsetzen, die sie später sehr belasten, fordert Montessori, dass das Kind so mild wie möglich und ohne jegliche Gewalt behandelt werden muss, wobei wir uns oft unserer Härte und Gewalt gar nicht bewusst sind. Wir sollten deshalb sehr auf uns Acht geben.[29]

---

24 M. M., Von der Kindheit zur Jugend, S. 118
25 vgl. a. a. O., S. 112
26 Anm. d. Verf.: Selbstverständlich können sich Störungen auch später entwickeln und nicht jede kann deshalb auf frühkindliche Schädigungen zurückgeführt werden. Aber dennoch ist es wichtig, den Anforderungen der sensiblen Phasen besonderes Gewicht beizumessen.
27 M. M., Das kreative Kind, S. 120

---

28 a. a. O., S. 120
29 vgl. a. a. O., S. 121

4. Die Förderung der Sprachentwicklung im Montessorisystem

MARIA MONTESSORI geht bei ihren Überlegungen zur Förderung des Lesens primär von einer psychologisch-technischen Fragestellung aus, wie eigentlich die Vermittlung erfolgen müsse, damit die Eroberung dieses Kulturgutes leicht und effizient erfolgen könne. Die inhaltliche Frage der Stoffauswahl wird weniger angesprochen, lässt sich aber, wie eingangs erwähnt, indirekt über die Konzeption der *Sozialen Erziehung*, der *Friedenserziehung* und der *Kosmischen Erziehung* erschließen.

Montessori betrachtet die Schriftsprache unter einem mehrfachen Aspekt:

- Es geht um die bereits angesprochene soziale Dimension mit der zwischenmenschlichen kommunikativen Ebene sowie der Möglichkeit, an den Gedanken anderer Menschen, auch über große Zeiträume, geographische und kulturelle Distanzen hinweg, teilzuhaben.
- Die Schriftsprache kann zur Vervollkommnung der gesprochenen Sprache verwendet werden und erhält unter dieser Perspektive eine physiologische Bedeutung[30].
- Über die Möglichkeit, die eigenen Gedanken schriftlich auszudrücken, gewinnt das Kind Klarheit über sich selbst und über die Dinge und ihre Zusammenhänge.

Analog dem Sprechenlernen sieht Montessori beim Erwerb der Schriftsprache zwei Phasen: Die erste dient der Ausgestaltung und Koordination von Nervenbahnen und Motorik, die zweite wird von hoch stehenden psychischen Aktivitäten bestimmt, die sich durch die „[...] vorgeformten Mechanismen der Sprache [...]"[31] vergegenständlichen. Beiden Phasen muss entsprechende Aufmerksamkeit gewidmet werden. Folgende Punkte betont Montessori besonders:

Die erste Entwicklung der Sprache, die Förderung der ‚Explosion der Sprache' und eine allgemeine Sprachförderung geschieht durch

- die Erweiterung des Wortschatzes und Erarbeitung der Wortbedeutungen (durch vielseitige Erfahrungen: das Lernen von Wörtern verbunden mit dem Sinnesmaterial; das Lernen von Wörtern verbunden mit Gegenständen der Umgebung und mit Modellen sowie durch Bild- und Wortkarten),
- Geschichten und Gedichte, die dem Kind erzählt werden,

- den Aufbau von Geschichten um ein zentrales Thema,
- Erziehung zur Liebe und Achtung für Bücher, z. B. über schöne Bilderbücher, eine Buchecke usw.,
- selbstbewusstes Sprechen, Ermutigung zum Sprechen, Berichten eigener Erfahrungen ...

Besonders wichtig sieht Montessori Hilfen bei der Koordination von Ohr und Mund an, später brauchen die Kinder Hilfen zur Koordination von Ohr, Sprechmotorik, Handmotorik und visuellem Gedächtnis.

Der Weg zum Schreiben erfolgt durch

- eine indirekte Vorbereitung der Hand durch das Sinnesmaterial,
- die Kontrolle des Stiftes und der Leichtigkeit des Griffes/der Handhabung,
- die metallenen Einsatzfiguren,
- die direkte Vorbereitung der Hand, z. B. durch Nachfahren der Sandpapierbuchstaben,
- das Entdecken der Laute, aus denen sich die Wörter zusammensetzen, z. B. durch das bewegliche Alphabet,
- den Ausdruck von Gedanken in Symbolen mit Hilfe des beweglichen Alphabets.

Montessori räumt der akustischen und sprechmotorischen Analyse einen außerordentlich hohen Stellenwert ein. Ziel ist ferner das Verständnis dafür, dass Gedanken durch alphabetische Symbole vermittelt werden können und dass daher auch die Möglichkeit besteht, Gedanken empfangen, aufnehmen und mitteilen zu können, ohne dass gesprochen wird und ohne dass jemand anwesend sein muss.

Die Tür zum Lesen soll sich öffnen durch

- ein möglichst gutes Beherrschen des mechanischen Leseprozesses, z. B. durch Buchstabenkästen, Phonogramme, Rätselspiele, Wortkarten, Leseröllchen, kleine Texte, kurze Definitionen usw.,
- die Pflege eines reichen Wortschatzes und ein klares Verständnis von der Bedeutung der Worte, z. B. durch Klassifizierungskarten, Definitionskarten, Angebote zur Begriffs- und Sachbildung,
- Hilfen zum sinnverstehenden Lesen durch einfache und komplexe Auftragskarten sowie durch das Lesen kleiner Bücher,
- das Kennenlernen der Wortarten, ihrer Funktion und der Beziehungen zwischen ihnen, z. B. durch Übungen mit den farbigen Symbolen zur Kennzeichnung der einzelnen Wortarten, Überlegungen zur Bedeutung der Position der Wörter in einem Sinnzusammenhang ..., Auftrags- und Fächerkästen,
- die Satzlehre, z. B. Sterntabelle, vorbereitete Lesestreifen, Jagd nach dem Prädikat, Satzzerlegungspfeile usw.

---

30 M. M., Die Entdeckung des Kindes, S. 269
31 a. a. O., S. 271

Umfassendes Lesen (Montessori nennt dies *Totales Lesen*) wird gefördert durch

- die Fähigkeit, die Gedanken und Gefühle eines Autors zu interpretieren, z. B. Funktion der Worte, Bedeutung der Position von Wörtern und Satzteilen, Lesen, Analysieren und Interpretieren,
- ein allgemeines Bewusstsein für Worte, durch das Studium an Wörtern, z. B. durch Übungen mit Prä-/Suffixen, Singular-/Pluralbildungen, Maskulin-/Feminbildungen, Wortfamilien/Homonyme/Synonyme,
- freien schriftlichen Ausdruck, z. B. geschriebenes Fragespiel, vollständig freie Arbeit an Texten,
- Verstehen der Zeichensetzung,
- die Benutzung einer Bibliothek, den Umgang mit Büchern, u. a. auch durch den Gebrauch von Inhaltsverzeichnissen, Wörterbüchern, Lexika,
- den Weg zur Literatur, z. B. Geschichten und Gedichte hören, lesen, vortragen und schreiben.

Die Kinder sollten größtmöglichen Nutzen aus dem Lesen ziehen und ihre Gedanken, so gut wie es in der jeweiligen Altersstufe möglich ist, formulieren und niederschreiben können.[32]

Da Sprache lebt und es regionale Unterschiede gibt, sind einige Materialien vorgefertigt, viele müssen und können aber von der Erzieherin/Lehrerin, den allgemeinen Kriterien für Montessori-Materialien entsprechend, selbst erstellt werden. Grundsätzliches Ziel ist, dem Kind auf seinem Weg von der *mechanischen zur geistigen Entfaltung der Sprache* behilflich zu sein.[33] Montessori gibt in ihrem Buch *The Advanced Montessori Method* ein Übersichtsschema an, um die aufeinander folgenden Schritte beim Lernen des Lesens zu verdeutlichen. Dabei hält Montessori zwei Dinge für besonders wichtig: das *interpretierende Lesen* als wirkliches Lesen und lautes Lesen als *Kombination von interpretativem und ausdrucksstarkem Lesen*. Beides erfordert gut durchdachte Hilfestellungen.[34] Besonders bei expressivem Lesen reicht es nicht aus, den Kindern zu sagen: „Nun lest mal laut!", sondern es sind vorbereitende und unterstützende Hilfen notwendig.

Weiterhin unterbreitet Montessori sehr ausführlich Vorschläge zur Behandlung von Gedichten in der Grundschule. Die Schwerpunkte sind mehr formaler Art: Strophe und Zeile, Reime, Hebungen, gleichsilbige und ungleichsilbige Zeilen, Zäsuren und die Frage nach der Metrik. Es handelt sich um Punkte, die an unseren Schulen häufig vernachlässigt werden, die aber berücksichtigt werden sollten, indem man mit ihnen spielt und kreativ umgeht. Über die inhaltliche Seite sagt Montessori nichts aus, über sie muss deshalb im Kindergarten und in der Schule intensiv nachgedacht werden. Ergänzend sollten einige Elemente hinzukommen, deren Wichtigkeit Montessori an anderer Stelle betont: z. B. die Förderung der Begriffsbildung anhand von Sachinhalten und deren Erforschung.

Die folgende Grafik bietet ein Analyseinstrumentarium zum Prüfen, ob zum einen im täglichen Unterricht für alle relevanten Bereiche Angebote vorhanden sind und ob zum anderen einige wichtige Bereiche ergänzt werden müssen.

---

32 Anm. d. Verf.: Zusammengestellt und vom Verfasser ergänzt in Anlehnung an ein unveröffentlichtes AMI-Paper, basierend auf M. M., Das kreative Kind.
33 vgl. M. M., The Advanced Montessori Method, S. 3
34 vgl. a. a. O., S. 161

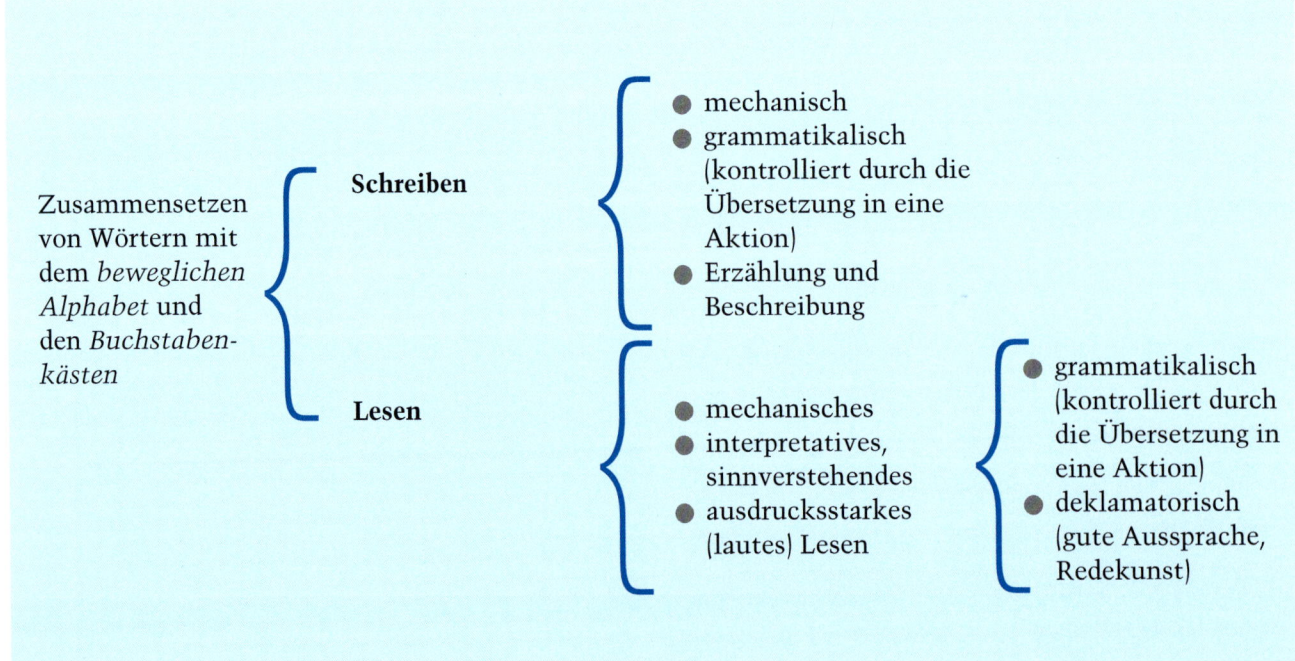

4. Die Förderung der Sprachentwicklung im Montessorisystem

Entsprechend dem Motto *The child leads the way – Das Kind zeigt den Weg*, ist dieses Schema und die in den nächsten Kapiteln vorgestellte Gliederung der Materialarbeit nicht so zu verstehen, dass alles in der angegebenen Reihenfolge vom Kind *abzuarbeiten* ist. Im Gegenteil: Das Kind lernt individuell und sucht sich seinen Weg. Jedes Kind hat einen unterschiedlichen Zugang und darf ihn sich auch wählen. Wenn ein Kind zuerst zu den Lesedosen greift, wäre es verfehlt, ihm zu sagen: „Du musst aber erst mit den Sandpapierbuchstaben arbeiten."

Im Übrigen legt dies die folgende Darstellung der einzelnen Sachgebiete auch nahe: So werden die in den nächsten Kapiteln vorgestellten Klassifizierungs- und Definitionskarten unter verschiedenen Gesichtspunkten an unterschiedlichen Stellen thematisiert, und es bleibt dem Kind überlassen, wo es einsetzt. Es muss noch einmal deutlich darauf hingewiesen werden, dass die vorgestellten Übungen nicht für frontales Arbeiten gedacht sind, sondern individuell vom Kind gewählt werden: Das Kind soll seine Thematik entdecken, aber dabei sind manchmal durchaus Hilfestellungen notwendig, sonst bestünde sehr schnell die Gefahr von Vernachlässigung oder Überforderung, bei der keine Balance vorhanden ist zwischen der – möglicherweise individuell eng begrenzten – Fähigkeit sich zu entscheiden und den umfangreichen Wahlmöglichkeiten.

Kapitel 3: Sprachförderung im Kinderhaus

Heribert Bäcker, Marlene Cleven, Reinhard Fischer, Elke Steffens

1. Einleitende Gedanken

Wir wissen, dass die Sprachentwicklung der Kinder unterschiedlich verläuft. Dieses ist zu respektieren, ebenso wie deren unterschiedliche Fähigkeiten Sprache zu sprechen, sie zu verstehen und gar vernünftig anwenden zu können. Sprachentwicklung setzt ein ganzes Bündel verschiedener, zwar zusammenhängender, aber nicht ineinander aufgehender Faktoren voraus, die beim einzelnen Kind ganz unterschiedlich entwickelt sein können. Ein Kind mit großen Mängeln in der Artikulationsfähigkeit kann durchaus über einen großen Wortschatz verfügen. Ein großer Wortschatz ist aber keine Garantie dafür, dass ein Kind sicher und genau in der Satzbildung ist. Korrekte Sätze bilden zu können bedeutet noch lange nicht, sich sprachlich verständigen zu können, und schon gar nicht, Sprache richtig oder sogar gut zu gebrauchen.

Sprachliche Kompetenz basiert auf einem vielschichtigen Regelsystem, das in den ersten Lebensjahren auf der Basis des angeborenen Potentials durch die Interaktionen mit der Umwelt und ganz besonders durch deren Förderungsimpulse einschließlich der persönlichen Verarbeitung der Lernerfahrungen erworben wird. Deshalb kommt der ganz frühen Sprachförderung und anschließend der in Kinderhaus und Grundschule eine große Bedeutung zu, weil da das Fundament gelegt wird.

Zudem hat die Sprachentwicklung eine entscheidende Bedeutung für die Persönlichkeitsentwicklung. Das Kind muss deshalb vielschichtige Möglichkeiten vorfinden mit Sprache in Kontakt zu kommen, sie anzuwenden und zu trainieren. In Abwandlung der Maxime *Hilf mir, es selbst zu tun!* hat es hier zu heißen: *Hilf mir, Sprache gründlich und umfassend selbst zu lernen!*

In der Montessori-Pädagogik bringen wir die Dinge zu den Kindern *oder* die Kinder zu den Dingen. Adjektive und Adverbien prägen sich am besten ein, wenn über die persönliche, sinnliche Erfahrung gelernt wird (vgl. S. 103 f.). Verben werden am leichtesten erfahren, gelernt und behalten, wenn man die entsprechende Tätigkeit *selbst* ausführen kann (vgl. S. 109). Bei Präpositionen können die Kinder durch Bewegungen im Raum die Bedeutung der Wörter mit dem eigenen Körper erfahren (vgl. S. 114).

In keinem Fall wird mit der Abstraktion begonnen. Abstraktion braucht ein tragfähiges Fundament durch konkretes *Begreifen*, *Erfassen* und *Erfahren*. Erst nach realen Erfahrungen darf und kann ein Transfer in abstraktere Bereiche stattfinden. Neue Wörter und neue Sprachstrukturen sind dann im Bewusstsein des Kindes mit persönlichen Erlebnissen gekoppelt und damit dauerhafter Besitz.

Es versteht sich von selbst, dass Sachbegegnung kein Selbstzweck ist, und nicht nur um der Erweiterung des Wortschatzes willen vermittelt wird, sondern als *Schlüssel zur Welt*. Die Umwelt besser kennen zu lernen, Zusammenhänge zu verstehen, beobachten zu lernen, zu messen, vergleichen, ordnen und andere Tätigkeiten durchführen zu können, die intelligentes Verhalten ermöglichen, und vor allem zu lernen, sich mündlich und schriftlich mitzuteilen und die Mitteilungen anderer aufzunehmen, zu verarbeiten und darauf angemessen zu reagieren, sind dabei ebenso wichtig wie Erfahrungen im sozialen Bereich.

In der Gruppe durchgeführte Spiele fördern die Kommunikation und den geistigen Austausch, helfen den Kindern andere Meinungen zu akzeptieren sowie Kommunikations- und Lernstrategien zu entwickeln und einzuüben. In jedem Fall muss der Schwierigkeitsgrad dem Können der Kinder angepasst sein, also eine Herausforderung darstellen, die bewältigt werden kann.

Sprache soll dem Kind aber nicht nur in der Zukunft, sondern schon in der Gegenwart nützen. Dabei sind im Kinderhaus einige Bereiche besonders wichtig:

Sprache hilft Kindern mit sich selbst zurechtzukommen.

Dazu gehört u. a.:

- den eigenen Standort erkennen,
- die eigene Meinung formulieren,
- Angst, Wut, Enttäuschung, Wünsche, Zuwendung äußern und damit umzugehen lernen,
- Vorurteile korrigieren.

Sprache hilft Kindern mit anderen Menschen zurechtzukommen.

Dazu gehört u. a.:

- andere ansprechen,
- zuhören,
- Gestik und Mimik deuten,
- sich in andere hineindenken,
- fragen, bitten, erzählen, berichten und Dinge erklären,
- die eigene Meinung begründen,

- Gegenargumente berücksichtigen,
- telefonieren,
- wissen, wen man anspricht, wenn man um Hilfe bitten will,
- Konflikte verbal lösen.

Sprache hilft Kindern, mit Sachen und Sachverhalten zurechtzukommen.

Dazu gehört u. a.:
- Dinge sehen, einordnen und benennen,
- Begriffe lernen und die entsprechenden Dinge/Tätigkeiten/Eigenschaften usw. wiedererkennen,
- beschreiben, vergleichen und Sachverhalte darlegen,
- die einzelnen Schritte einer Handlungsfolge erkennen und beschreiben,
- (durchschaubare) Zusammenhänge, Verhältnisse, Beziehungen, Ursachen und Wirkungen verstehen, benennen und darlegen.

Sprache hilft Kindern Fantasie zu entwickeln, ihre innere Erlebniswelt zu artikulieren und Zugang zu fremden Erlebniswelten zu bekommen,

indem sie u. a.

- Kinderbücher anschauen, lesen und sich darüber unterhalten,
- Fantasiespiele mit Sprache durchführen,
- Gespräche und Diskussionen über Bilderbücher führen, die von vergangenen Zeiten, fremden Kulturen usw. berichten.

Wenn die Kinder Sprache verstehen lernen als einen Bereich,

- in welchem man Kontakt mit sich selbst aufnehmen und sich über sich selbst vergewissern kann,
- in welchem man Kontakte zu anderen aufnehmen und sich mit ihnen verständigen kann,
- der bei der Durchdringung der Sachwelt hilft,
- der zum Austausch von Sachinhalten und bei der Verständigung über Sachinhalte notwendig ist,
- in dem man seine persönlichen Eindrücke und Gefühle in einer adäquaten Form darstellen kann, sei es in einem Gedicht oder in einem Text,
- über den nachzudenken sich lohnt, wie es die Wissenschaftler tun,
- in dem Dichter und Schriftsteller ihre Gedanken, ihre Gefühle und ihr Wissen zu künstlerischem Ausdruck bringen,
- der ähnlich der Musik zur Gestaltung, zum Ausdruck und zu Spielereien anregt,

dann haben sich die Tore zur Welt aufgeschlossen und die Kinder können ihre Wege gehen, jedes Kind *seinen* Weg.

2. Elementare Übungen zur Spracherziehung

Wenn das Kind in die Kindergartengruppe kommt, ist es noch mitten in der *sensiblen Phase* für Sprache. Es hat einen großen Worthunger und will seinen Wortschatz vergrößern. Deshalb erzählen die Erzieherinnen ihm Geschichten und kleine Erlebnisse aus dem täglichen Leben, lassen es mit Puppen spielen, singen mit ihnen, machen Rollenspiele (z. B. „Beim Frisör", „Im Supermarkt", „Bei der Polizei"), bringen ihm Kinderreime bei usw. Außerdem spielt es mit *Klassifikationskarten*, bei denen es die richtige Bezeichnung der Gegenstände seiner Umgebung erfährt. Die Worte sollen für das Kind nicht bloße Worthülsen sein, sondern müssen sinnhafte Erfahrungen und Gefühle beinhalten. Deshalb sind konkrete Erfahrungen so wichtig. Insbesondere das Sprechen während der *Übungen zu den praktischen Lebensanforderungen* und während *des Arbeitens mit dem Sinnesmaterial*.

Dabei ist Folgendes zu berücksichtigen:

„Das drei- oder vierjährige Kind hat […] schon seit längerer Zeit mit der artikulierten Sprache begonnen. Es durchläuft […] gerade die Periode, in der sich der Mechanismus der artikulierten Sprache vervollkommnet, und gleichzeitig die Periode, in der es Sprachinhalte aufnimmt […].
Es wäre gut, wenn das Kind den motorischen Teil der artikulierten Sprache übt, bevor sich Fehler festsetzen, nachdem sich falsche Mechanismen fixiert haben und das Alter einer leichten motorischen Anpassung vorbei ist."[1] Deshalb sollte auf die Sprechmotorik geachtet werden. Dabei ist die auditive Wahrnehmung und Differenzierung wichtig, der Worthunger der Kinder muss gestillt werden und die sprachliche Kommunikation sollte möglichst intensiv sein.

Dabei ist Folgendes zu berücksichtigen:

Bei allen Spielen im Bereich Sprache ist klare Aussprache und genaueres Hin-/Zuhören notwendig, um sich zu verstehen und die Aufträge ausführen zu können. Es gibt verschiedene Möglichkeiten, dies in spielerischer Form zu üben.

Bei den im Folgenden vorgestellten Spielmöglichkeiten ist zu beachten:

- Normalerweise wählen sich die Kinder ihre Tätigkeiten selbst aus. In Anfangsphasen sind sie jedoch verstärkt auf Impulse der Erzieherin angewiesen.
- Wettkampfspiele fördern die Konkurrenz und haben häufig negative Folgen. Sie sollten, wenn

---

1 M.M, Entdeckung des Kindes, S. 276 f.

überhaupt, nur sehr dosiert und zurückhaltend eingesetzt werden.
- Spiele, bei denen es auf Schnelligkeit ankommt, kommen eher wendigen Kindern zugute, welche die Anfangsschwierigkeiten überwunden haben. Lernschwache Kinder scheiden meistens schnell aus und haben damit weniger Lernchancen. Grundsätzlich ist zu reflektieren inwieweit Schnelligkeit Trumpf sein darf, provoziert sie doch Flüchtigkeitsfehler, Ungenauigkeiten usw. Deshalb ist langsames, reflektiertes und genaues Arbeiten häufig besser und sollte entsprechend geübt und gefördert werden. Vergleichbares gilt für Kinder, die zu Überimpulsivität und verringerter Impulskontrolle neigen. Dies ist besonders bei hyperaktiven Kindern der Fall, für die vielfach sogar ein *Reiz-Reaktions-Verzögerungstraining* ratsam ist.[2]
- Die hier vorgestellten Sprachspiele werden zwar jeweils einem Schwerpunkt zugeordnet, sprechen aber durchaus auch andere an. Der jeweilige Schwerpunkt ist dabei abhängig von der Gewichtung durch die Erzieherin. Selbstverständlich wird kein Anspruch auf Vollständigkeit erhoben. Es werden lediglich relevante Bereiche aufgezeigt, die zum eigenen weiteren Ausschauen anregen sollen.
- Bei der Fülle von Sprachspielen scheint es ratsam zu sein, dass sich die Erzieherin eine Kartei anlegt, um die Spiele stichwortartig zu erfassen, einzuordnen und der Situation entsprechend bereitzuhalten.
- Da die meisten Kinder im Kinderhaus noch nicht lesen können, werden viele Sprachspiele primär unter Anleitung der Erzieherin in Kleingruppen gespielt. Sinnvoll ist es, besondere, fruchtbare Situationen im Tagesablauf zu nutzen. Beispielsweise könnten die Kinder ihren gemeinsamen Morgenkreis mit einem Sprachspiel beginnen oder sie könnten mit einem Abzählreim oder Zungenbrecher zum Spiel in den Kindergartenhof aufbrechen. In vielen Montessori-Kinderhäusern wird der Vormittag relativ offen gestaltet, sodass ein für alle verbindlicher Morgenkreis nicht stattfindet. Die Erzieherin wendet sich dann sinnvollerweise an einzelne Arbeits-/Spielgruppen.

Mit Hilfe von Sprachspielen (z. B. Fragespielen) lernt das Kind eigene Geschichten auszubauen, seine Gedanken zu ordnen und Antworten in logischer Weise zu formulieren. In einer warmen und liebevollen Umgebung soll das Kind sich geborgen fühlen und die Gelegenheit haben sich natürlich und spontan zu äußern, seine Erfahrungen mitzuteilen und eigene Geschichten zu ersinnen. Zwischen Sprache und Denken besteht eine Wechselbeziehung: Sie bedingen und beeinflussen sich gegenseitig.

---

2 vgl. Lauth/Schlottke, S. 56–163

2.1 Sensibilisierung der Sinne und Verbalisierung der Eindrücke anhand von Spielen

Im Kap. 2.4 wurde deutlich, dass Montessori der Sinneserziehung einen außerordentlich hohen Stellenwert beimisst, weil sie die Sinne als „Greiforgane des Geistes" versteht und die Sinneserziehung als eine Art geistige Gymnastik. Verfeinerte Sinne lassen die Kinder aufmerksamer, wacher und sensibler werden und führen zu einer besseren Beobachtung der Umwelt. Die Bedeutung für die sprachliche Entwicklung liegt auf der Hand: Der Sprachschatz wird größer und die Mitteilungsfähigkeit (auch über eigene Befindlichkeiten) präziser und differenzierter. Folgende Spiele helfen, die Sinne zu sensibilisieren und die Eindrücke zu verbalisieren. Sie haben hier allerdings primär einen exemplarischen Charakter: Jede Erzieherin oder Lehrerin kann und sollte sich Variationen und Weiterführungen überlegen.

Zu Beginn eines Spieles sollte das Kind aufgefordert werden zu reden. Beim folgenden Spiel z. B.: „Welche Schuhe kennst du?", „Wann ziehst du sie an?", „Worin unterscheiden sie sich / Was ist bei ihnen anders?", „Welche Farben haben sie?", „Wie fühlt sich das ... an?" ...

Schuhe tasten

Material: Verschiedene Schuharten (Hausschuh, Tennis-, Turn-, Lack-, Stiefel, Sandale ...), Tuch
Handhabung: Die verschiedenen Schuharten werden benannt.
Anschließend werden die Schuhe gemischt und mit einem Tuch bedeckt. Ein Kind soll durch Tasten die Schuhart erkennen und benennen.
Variation: Alte Schuhe können mit entsprechenden Werkzeugen auseinander genommen werden.

Anschließend werden die Einzelteile ertastet und benannt. Absatz, Zunge, Sohle …
Förderziel: Tastsinn
Kontrollmöglichkeit: durch die Erzieherin
Tipp: Eine abschließende Schuhausstellung planen und durchführen.
Analoge Übungen lassen sich mit Löffeln, Obstsorten, Stoffen … durchführen.

Platzwechsel

Material: ein beliebiger kleinerer Gegenstand
Handhabung: Dem Kind werden nacheinander verschiedene Anweisungen gegeben:
Lege den Gegenstand von der linken in die rechte Hand. Hebe den Gegenstand hinter den Rücken …
Förderziel: Tast-/Sehsinn, Kennenlernen von Orts- und Lagebezeichnungen
Kontrollmöglichkeit: durch die Erzieherin
Hinweis: Die Begriffe „links" und „rechts" müssen bekannt sein.

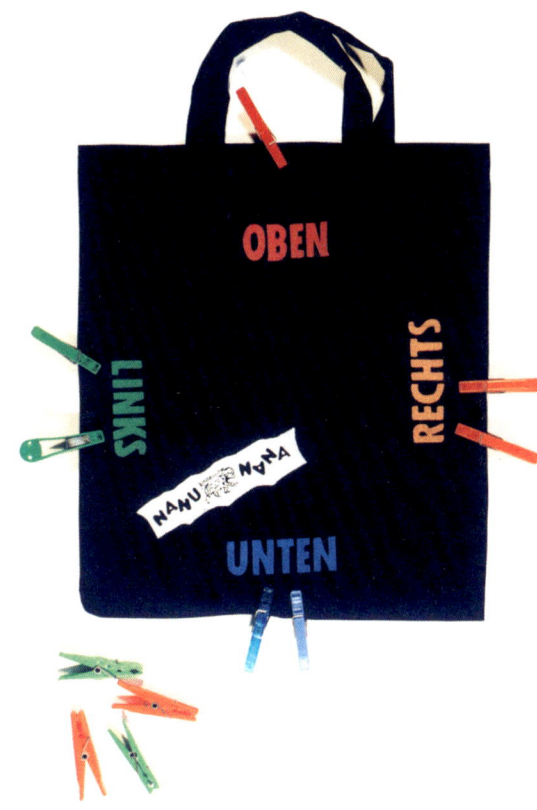

Oben, unten, rechts und links

Material: Tasche, farblich passende Klammern
Handhabung: Farblich passende Klammern werden an die „richtigen" Farben der Tasche geklammert, die Farben werden benannt (bei kleinen Kindern). Später werden zusätzlich die Namen gelesen und evtl. mit den Buchstaben eines Buchstabenkastens gelegt.
Variation: Entsprechende Spiele können zum Thema „oben", „unten", „rechts" und „links", „drinnen", „draußen", „vor", „hinter",. „gegenüber", „neben"

… durchgeführt werden. In jedem Fall geschieht das Lernen durch Tun (z. B.: *Lege die roten Klammern **in** die Tasche.*).
Förderziel: Farben bzw. Raumlagebezeichnungen erkennen und benennen

Bild-Wort-Memory

Material: Bild-, Wortkärtchen
Handhabung: Alle Kärtchen werden verdeckt ausgelegt. Reihum werden jeweils zwei Kärtchen aufgedeckt. Richtige Paare werden benannt und dürfen behalten werden, falsche Paare werden wieder umgedreht.
Variation: Für später, wenn das Kind bereits schreiben kann:

● Wörter aufschreiben
● Wortkärtchen nach dem Abc ordnen

Förderziel: Sehsinn, Zusammenhänge erkennen
Tipp: Von den Kindern ein Memory selbst erstellen lassen.
Hinweis: Da Wettkampfspiele meistens mehr Schaden als nutzen, ist es nicht besonders günstig zu fragen, wer die meisten Paare hat.

Ich sehe etwas, was du nicht siehst

Handhabung: Ein Kind beginnt, sucht sich im Stillen einen Gegenstand im Raum und nennt die Farbe: „Ich sehe was, was du nicht siehst, und das ist …"
Findet ein Kind den gesuchten Gegenstand durch Fragen heraus, setzt es das Spiel fort. Wird der Gegenstand nicht gefunden, kann eine weitere Beschreibung (Form, Funktion) erfolgen.
Förderziel: Sehsinn

Höre wie ein Luchs

Bei Hörübungen, dem Klassifizieren verschiedener Geräusche usw. ist es sinnvoll, vorher über das Hören zu sprechen, über das Ohr, über unterschiedliche Geräusche, woran man erkennen kann, dass ein Geräusch von einer Uhr kommt, ein anderes aus dem Wasserhahn usw., Geräusche nachmachen (Lautmalerei), laute/leise Geräusche …

Handhabung: Ein Luchs, eine Wildkatzenart, hat außerordentlich empfindliche Ohren, ihm entgeht nichts. Die Kinder versuchen genauso zu lauschen: Ein Kind wird von der Erzieherin flüsternd beim Namen gerufen. Es geht zu ihr hin und darf dann den Namen eines anderen Kindes flüstern.
Förderziel: Hörsinn

Der versteckte Wecker

Material: Wecker
Handhabung: Der Wecker wird von der Erzieherin gestellt und versteckt. Wenn der Wecker klingelt, soll er anhand des Geräusches gefunden werden. Später nennt das Kind zunächst den Ort und schaut anschließend nach.
Förderziel: Hörsinn

Mit geschlossenen Augen hören

Handhabung: Die Kinder schließen die Augen, die Erzieherin sagt leise, wohin die Kinder zeigen sollen, ohne dabei die Augen zu öffnen: „Zeigt auf den Fußboden (die Decke, die Schule, den Mund …)."
Förderziel: Hörsinn

Wo ist die Katze?

Handhabung: Die Kinder schließen die Augen. Leise schleicht ein Kind als Katze durch den Raum und miaut. Immer wenn die Katze miaut, zeigen die Kinder in die Richtung der Katze.
Förderziel: Hörsinn

Hören wie eine Katze

Handhabung: Selbst wenn eine Katze schläft, hört sie alle Geräusche und kann genau unterscheiden, ob sie eine Maus rascheln hört oder etwas anderes. Man einigt sich auf ein ‚Mäusegeräusch', z. B. Fingerschnipsen.
Nun spielen alle Kinder schlafende Katzen. Sie rollen sich zusammen und schließen die Augen. Manche Geräusche wie Türe öffnen, klopfen usw. stören sie nicht. Sobald jedoch das ‚Mäusegeräusch' kommt, springen die Katzen auf und rufen: „Miau!"
Förderziel: Hörsinn

Duft-Memory

Sprachförderung setzt mit dem Benennen ein. Für das Benennen (duftet wie Vanille, Zimt, Lavendel, Heu, Erde, Gras, Apfel, Apfelsine, Deostift …) wiederum sind vorgängig primäre Erfahrungen notwendig. Konkret: Zuerst müssen die Kinder den Duft von Heu, Gras, Erde … erschnuppern, um ihn dann zu benennen.
Material: Geruchsdosen: Zwei Kästen mit je 6 Dosen, deren Inhalte einander entsprechen
Handhabung: Das Kind riecht an einem Döschen des ersten Kästchens und sucht den entsprechenden Duft in dem zweiten Kästchen. Wenn alle Dosen einander zugeordnet wurden, erfolgt die Kontrolle.
Förderziel: Geruchssinn, Erkennen von gleichen Düften, Benennen der Duftstoffe
Kontrollmöglichkeit: Selbstkontrolle durch Kodierung am Boden der Dosen
Tipp: Man kann die Geruchsdosen auch leicht selber herstellen. Hierzu benötigt man 2 Kisten, 12 Filmdöschen, Watte zum Beträufeln, sechs verschiedene Duftstoffe.

Schnüffeltour

Handhabung: Die Kinder erhalten den Auftrag, auf dem Gelände Duftspuren zu untersuchen, d. h., sie sollen auf Gerüche achten, die auf dem Gelände liegen. Wie riechen welche Stellen (Schulgarten, Schulküche …)?
Förderziel: Geruchssinn
Tipp: Es sollte ein Austausch über die verschiedenen ‚Duftorte' erfolgen.

Duftstellen

Material: Duftöl
Handhabung: Im Raum sind bis zu drei Stellen mit einem Duft markiert. Die Kinder gehen durch den Raum und versuchen, diese Stellen zu entdecken.
Förderziel: Geruchssinn

Was ist das für ein Früchtchen?

Zuerst sprechen die Kinder über das Obst: „Wie heißt die Frucht?", „Wie fühlt sie sich an?", „Wie schmeckt sie?" (probieren), „Magst du sie?" …

Material: verschiedene Obstsorten
Handhabung: Ein Kind schließt die Augen und wird gebeten zu raten, welche Sorte es gerade in den Händen hält. Durch Anfassen, Schmecken, Hören und Riechen kann man etwas über das Obst herausfinden.
Variation: Diese Übung kann selbstverständlich auch mit Gemüse gemacht werden.
Tipp: Die Kommunikationsfähigkeit wird gefördert, indem das Kind das jeweilige Obst beschreibt.
Förderziel: verschiedene Sinne

2.2 Spiele zum Erlernen und Üben von Begriffen und Namen[3]

Üblich sind in Montessori-Gruppen z. B. *Namenlektionen* anhand der Sinnesmaterialien wie die Übungen mit den *Geräuschdosen, geometrischen Körpern*, Übungen mit dem *Rosa Turm* oder die *Lektion der Stille*. Neben primär individuellen Spielen, die in der Übungsphase nach einer Lektion der Vertiefung des Gelernten dienen, gibt es auch viele Spiele für die Gruppe.

Sinnesmaterialien

---
3 Anm. d. Verf.: Falls spezielle Begriffe benötigt werden, geht deren Erarbeitung in der so genannten Dreistufenlektion jeweils voraus (vgl. S. 55). Im Prinzip geht es um Folgendes:
  1. Bekannt machen mit den neuen Begriffen (normalerweise drei) und damit hantieren,
  2. in Spielsituationen den gewünschten Gegenstand nach Benennung geben und
  3. die Begriffe benennen können.

Material: geometrische Körper
Handhabung:
- Das Kind bildet Gruppen:
  Alles, was rollen kann.
  Alles, was kippen kann.
  Alles, was beides kann: kippen und rollen.
- Das Kind lernt die Namen der geometrischen Körper (Kugel, Ei, Zylinder, Würfel ...) sowie relevante Begriffe wie Spitze, Kante, Ecke, Punkt, Fläche, Grundfläche in der *Dreistufenlektion*.
- Es erkennt und benennt die Körper auch mit verschlossenen Augen bzw. in einem mit einem Tuch abgedeckten Körbchen: Das Kind fasst hinein und sagt, ob der Körper rollen oder/und kippen kann, holt ihn heraus, probiert es aus und benennt den Körper.
- Später, wenn das Kind die ersten Leseversuche unternimmt, legt es vorbereitete Wortstreifen zu den Körpern. Hilfe bei der Zuordnung erfolgt durch die *Dreistufenlektion* oder durch Bildkarten, auf denen Gegenstand und Wort zu sehen sind.

Variation: Analog zu diesem Beispiel wird mit den anderen Sinnesmaterialien verfahren. So werden z. B. an den *roten Stangen* die Begriffe kurz, lang, kürzer, der längste/kürzeste eingeführt.
Förderziel: Tätigkeitswörter *rollen* und *kippen* durch Tun begreifen, geometrische Körper kennen lernen
Kontrollmöglichkeit: durch Erzieherin, Bildkarten

Tischlein deck dich

Material: alles für einen Frühstückstisch
Handhabung: Was gehört dazu? – Tasse, Teller, Messer, Gabel, Löffel, ... und den Tisch decken lassen
Förderziel: Wortschatzerweiterung

Verschiedene Stifte

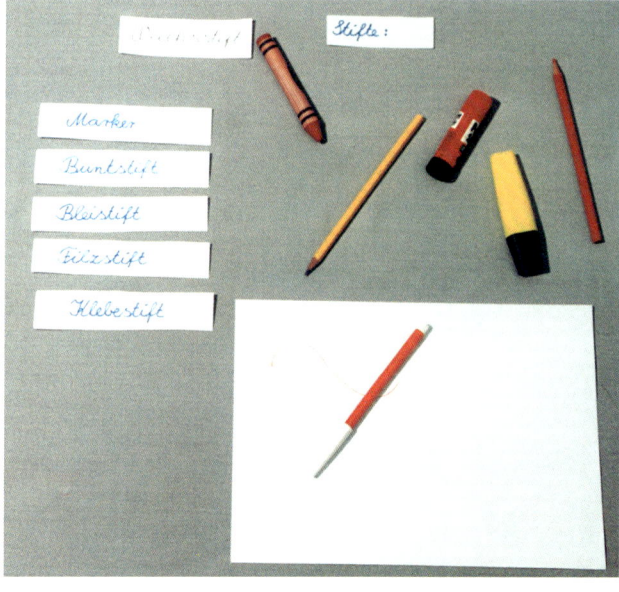

Material: unterschiedliche Stifte
Handhabung:
- Kennenlernen der verschiedenen Stifte anhand der Dreistufenlektion. Das Kind lernt anhand von Aufträgen: „Male ein Bild mit dem Wachsmalstift (Bleistift …)."
- Das Kind legt die einzelnen Stifte zu den vorbereiteten Wortstreifen.

Förderziel: Namen von Stiften kennen lernen

Geschichte mit der Maus

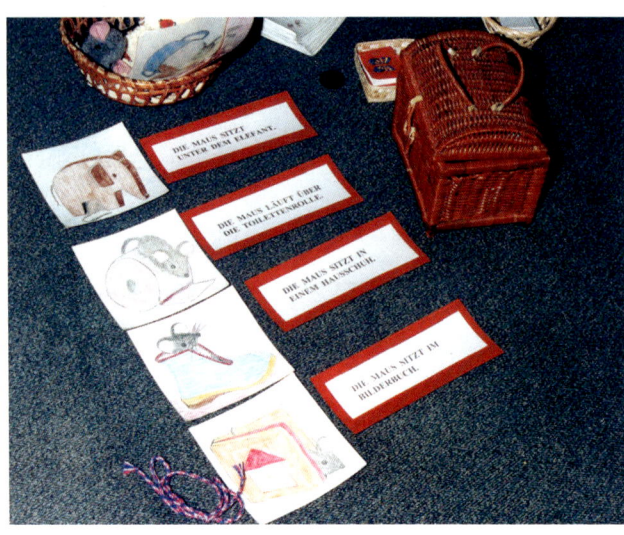

Material: Maus, Gegenstände aus der Umgebung des Kindes, Bild-, Textkarten
Handhabung:
- Konkretes Spiel mit passenden Gegenständen: Stelle die Maus vor, hinter …
- Arbeit mit den Bildkarten: Die Kinder erzählen, was sie sehen. „Die Maus sitzt im Schuh." …
- Wenn die Kinder etwas lesen können, können sie Textkarten nehmen, sie erlesen und den Bildern zuordnen.

Kontrollmöglichkeit: durch die Erzieherin, Selbstkontrolle durch farbige Punkte auf den Wortkarten und den Rückseiten der Bildkarten.
Förderziel: Die Kinder erwerben bzw. festigen dabei Begriffe wie unter, vor, in …

2.3 Zuordnungsspiele

Gegenstand – Bildkarte – Wortkarte

(Prinzip: Vom Konkreten zum Abstrakten)
Material: Gegenstände, Bild-, Wortkarten
Handhabung: Wenn das Kind noch jung ist, legt es lediglich den gewünschten Gegenstand auf das Bild (das Holzschaf auf das Bild vom Schaf). Natürlich wird das Tun verbalisiert.
Später: Das Kind legt die Wortkärtchen zu den Bildern.
Variation: Die Erzieherin (oder ein Kind, das bereits lesen kann) hat den Stapel mit Wortkarten, liest das Wort der oberen Karte, reicht die Karte an ein Kind weiter, das diese dann einem Bild zuordnet.
Förderziel: Gegenstand-Bild-Zuordnung, Bild-Wort-Zuordnung
Kontrollmöglichkeit: Zur Fehlerkontrolle sollten Karten mit Bild und aufgedrucktem/aufgeklebtem Wort vorhanden sein oder Wortkärtchen, die ebenso wie die Rückseiten der Bilder durch einen farbigen Punkt gekennzeichnet sind.
Tipp: Das Zuordnungsspiel kann thematisch sein, z. B. Tiere vom Bauernhof, Gemüse, Obst … Zu jedem Thema können die Materialien leicht selbst hergestellt werden.

Weitere Möglichkeiten

- Fotos/Wortkarten von Kindern (Namen, Geschlecht usw.), Gegenständen … einander zuordnen.
- Paare bilden/Gegenwörter nennen wie z. B.: gleich: Memory, Tierfamilie vom Bauernhof (z. B. alle weißen Hühner), Buchstaben, Schriftarten usw.; ungleich: laut/leise, grob/fein …

2.4 Gedächtnisspiele

Der geheimnisvolle Beutel

Material: Beutel mit verschiedenen Gegenständen
Handhabung: Gegenstände werden betastet, dabei benannt und nach einer Minute in einen Beutel gelegt. Anschließend werden andere Aufgaben erledigt. Danach soll durch Tasten am Beutel der Inhalt wiedererkannt werden. Gespräch: „Wie fühlt sich der Gegenstand an?" …

Variation: Es befindet sich ein Ding im Beutel, das vorher nicht bekannt war. Es soll beim Abtasten sofort erkannt werden.
Förderziel: Gedächtnis (haptisch)
Kontrollmöglichkeit: Als Kontrolle wird der Gegenstand vom Kind herausgenommen.

Das Tablett

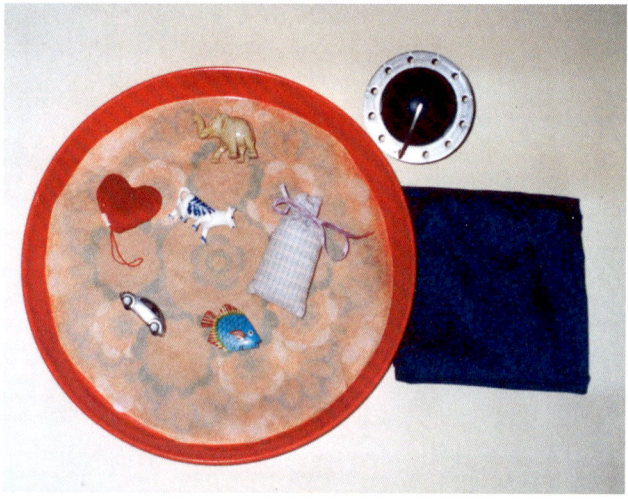

Material: Tablett, 6 bis 12 (später mehr) Gegenstände, Tuch, Eieruhr
Handhabung: Gegenstände – zueinander passend oder nicht – liegen auf einem Tablett und dürfen eine Minute lang (Eieruhr stellen!) betrachtet und gemerkt werden. Das Tablett wird anschließend zugedeckt. 15 Minuten Zwischenzeit verbleiben, dann sollen so viele Namen der Dinge aufgesagt werden wie möglich. (Die Zwischenzeit kann auch verringert werden, dann wird es leichter.)
Förderziel: Gedächtnis (optisch)
Kontrollmöglichkeit: Als Kontrolle wird der Gegenstand vom Tablett hervorgenommen.

Der Bote

Handhabung: Ein Kind aus dem Spielkreis bekommt einen Auftrag mit einem schwierigen Wort oder einem komplizierten Satz gesagt und soll jemanden außerhalb der Spielgruppe bitten den Auftrag auszuführen. Der Beauftragte hat anschließend im Kreis zu berichten.
Förderziel: Gedächtnis (akustisch), gute Artikulation, genaues Hinhören, Umsetzen einer gehörten Nachricht in eine Handlung.

Info-Zentrum

Handhabung: Ein Wort oder ein Satz wird einem Kind ins Ohr geflüstert. Dieses flüstert das Gehörte einem Nachbarkind weiter und schickt es so „auf die Reise" – bis zum Ende des Stuhlkreises. Der Letzte ist Empfänger der Botschaft und verrät sie. Die Frage ist, stimmt sie mit der ursprünglichen Nachricht überein?
Hinweis: Gut hinhören und richtig weitersagen.
Förderziel: Gedächtnis (akustisch), genaues Hinhören sowie gute Artikulation.

Koffer packen

Material: verschiedene Gegenstände, Koffer
Handhabung: Im Stuhlkreis sitzend nennt jeder ein Ding, das er mitnehmen will, nimmt es und steckt es konkret in den Koffer. Der nachfolgende Mitspieler nennt alles, was schon im Koffer ist, was die anderen also schon genannt haben, nennt einen neuen Gegenstand und legt ihn dazu.
Tipp: Wichtig: Erst tun! Das gilt ganz besonders für junge oder lernschwache Kinder. Größere Kinder können die Aufgabe später rein verbal lösen.
Förderziel: Gedächtnis (akustisch)
Variationen:
- mit/ohne Hilfe
- Inhalt thematisch ordnen …
- Bei jedem Gegenstand stellt der linke Partner die Frage „Wozu?", worauf das Kind, das den Gegenstand genannt hat, eine Rückantwort geben muss.
- Kofferpacken mit zwei Koffern: Ein zweites Kind packt immer das Gegenteil von dem ein, was das erste Kind sagt. Dabei sitzen sich die Kinder als Partner in zwei Reihen gegenüber.

2.5 Erweiterung und Festigung des Wortschatzes durch „Klassifikationskarten"

Es werden Kartenserien mit jeweils zwei gleichen Bildern bereitgestellt, die zunächst Gegenstände aus der direkten Umgebung des Kinds zeigen und später solche, die sein besonderes Interesse finden. Sofern möglich, sollten die Gegenstände zuerst real erfahren werden.

Diese *Klassifikationskarten* dienen der Bereicherung des Wortschatzes, später dem Lesenlernen, können über entsprechende *Definitionskarten* aber auch in sachkundliche, mathematische oder sprachliche Zusammenhänge einführen. Im optimalen Fall ermöglicht ein Lern- und Spielmaterial gut abgestufte Übungen vom Kindergarten bis zum Sekundarbereich. Auf bereits Bekanntem aufbauend kann das Kind Neues lernen und umgekehrt: Treten Probleme auf, kann das Kind schrittweise zurückgehen, bis es auf Bekanntes und Gekonntes stößt.[4]

Dabei sind die *Anschlussmöglichkeiten* und die *Positionen auf einem Kreuzpunkt* bzw. die *Knotenpunkte* besonders wichtig:

Anschlussmöglichkeit meint, die Klassifikationskarten können durch neue Elemente (z. B. durch einen Definitionstext) bereichert auf einer höheren (Lese-)Stufe wieder eingesetzt werden. So lernt das Kind das Neue an bereits Bekanntem.

Position auf einem *Kreuzpunkt* meint, dass an bestimmten Stellen Verzweigungen in andere Lernbereiche möglich sind, die ein interessiertes Kind nutzen kann: Beispielsweise kann es von Spielen zur Erweiterung und Präzisierung des Wortschatzes zur Bearbeitung lyrischer und dramatischer Gedichte oder zu spannenden Fragen des Sachunterrichts, Mathematikunterrichts usw. gelangen (vgl. S. 24).

Klassifikationskarten

- vom Kindergarten: Flur, Puppenecke, Puppe, *Rosa Turm*, einzelne Materialien ...
- von der Wohnung: Spielzimmer, Schlafzimmer, Küche, Badezimmer, Wohnzimmer ...
- von Geschäften: Lebensmittelgeschäft, Metzgerei, Gemüsegeschäft, Bäckerei, Supermarkt ...
- von Tieren: auf dem Bauernhof, in Wald und Feld, in der Stadt und im Wasser, wilde Tiere, Haustiere; ganz speziell: Hunderassen, Pferderassen ...
- von Pflanzen: Gemüse, Kräuter ...
- von Blumen: Gartenblumen, Sträucher, Wiesenblumen, wild wachsende Blumen und Pflanzen, Alpenblumen ...
- von Bäumen: Laub-, Nadel-, Obstbäume ...
- vom Verkehr: Bahnhof, Hafen, Flugplatz, Bushaltestelle ...
- von Völkern: Aussehen der Menschen, Kleidung, ihre Wohnungen/Häuser, Speisen, Musikinstrumente ...
- von Autotypen: ...

---

4 Anm. d. Verf.: Zu ganz ähnlichen Forderungen kommt FREDERIC VESTER in seinem Buch *Denken, Lernen, Vergessen*, 1991[18]

Die Liste kann beliebig fortgesetzt werden, immer ausgehend von dem Interesse des Kindes. Jede Serie enthält anfangs ca. sechs Kartenpaare (nicht mehr, um die Übersicht zu wahren). Das Kind soll sich mit den verschiedenen Gegenständen und Themen bekannt machen und seinen Wortschatz erweitern. Dies ist besonders bei kleinen Kindern und bei ausländischen, die noch kein Deutsch können, wichtig. Indirekt wird auch das Lesen und Schreiben vorbereitet. Grundsätzlich sollte versucht werden, möglichst viele Dinge konkret zu geben.

Beispiel: Hunderassen

Material: Wort- und Bildkarten zum Thema
Handhabung: Das Wortkärtchen wird mit dem Wort auf der großen Karte verglichen. Anschließend wird die große Karte umgedreht. Auf dessen Rückseite befindet sich das Bild der entsprechenden Hunderasse.
Förderziel: Wortschatzerweiterung
Kontrollmöglichkeit: durch die Erzieherin, Selbstkontrolle durch farbige Punkte auf den Wortkarten und den Rückseiten der Bildkarten
Tipp: Zu jedem anderen Themenbereich kann das Material analog hergestellt werden.

Arbeiten mit den Klassifikationskarten

Handhabung: Die Erzieherin geht zusammen mit dem Kind eine Kartenserie durch und lehrt in der *Dreistufenlektion* alle Namen, die das Kind noch nicht kennt. Anschließend kann es allein mit den bekannten Karten arbeiten.

Weiterführende Übung:

- Die Erzieherin geht mit einem einzelnen Kind oder einer Gruppe alle Karten durch. Die Karten, die das Kind benennen kann, erhält es, die anderen behält die Erzieherin und bietet sie ihm später in einer *Dreistufenlektion* an.

- Verschiedene Kartenserien werden gemischt. Das Kind ordnet sie wieder.

Kontrollmöglichkeit: durch die Erzieherin, Kodierung auf der Rückseite der Karten o. Ä.

Förderziel: Wortschatzerweiterung, Lesen, Sachzusammenhänge

Bei der Arbeit mit den *Klassifikationskarten* wird auf Anschlussmöglichkeiten wie folgt eingegangen: Die ersten Übungen dienen der Erweiterung des Wortschatzes, eine aufbauende Stufe dient dem Erstlesen und eine weitere führt in Sachzusammenhänge ein mit dem Ziel der *Kosmischen Erziehung*, und zwar so, dass an so genannten *Knotenpunkten* bei entsprechendem Interesse von einer Sachebene in eine andere gewechselt werden kann: z. B. von einer geografischen, in eine human-kulturelle oder in eine biologische.

3. Förderung der sprachlichen Ausdrucksfähigkeit

Im Kapitel „Entwicklung der Sprache und sprachliche Erziehung" (vgl. S. 26 ff.) wurde aufgezeigt, dass Maria Montessori der sprachlichen Ausdrucksfähigkeit einen großen Stellenwert einräumt, damit die Kinder zu ausdrucksstarkem lauten Lesen, evtl. sogar zur Redekunst gelangen. Aber bereits auf einer „unteren" Ebene ist eine gute Ausdrucksfähigkeit wichtig, ermöglicht sie doch ein befriedigenderes Sich-Mitteilen und das bessere Gelingen von Kommunikation.

Folgende Spiele für den Kindergarten, die aber auch in der Grundschule interessant sind und Spaß machen, dort aber evtl. auf einer etwas höheren Niveaustufe angesiedelt sein müssen, dienen diesem Zweck. Die meisten dieser Spiele können zudem auch zum Bewusstmachen von Lauten, zur Lautanalyse usw. eingesetzt werden.

Wichtig ist in jedem Fall, im Kindergarten ganz besonders, dass die Atmosphäre locker und gemütlich ist und die Kinder relativ eng beieinander sind.

3.1 Artikulationsübungen

Zungengymnastik

Handhabung: Erzieherin: „Sag bitte *Hypolagus*."
Kind: „Hypolagus."
Erzieherin: „So hieß mal ein alter Hase."

Archäopterix – Urvogel
Climatius – Haifisch
Opossum – Beutelratte
Brontosaurus – Dinosaurier, so lang wie drei Omnibusse
Tylosaurus – Urtier mit scharfen Zähnen
Triceratops – Dinosaurier mit zwei Stirnhörnern und einem Nasenhorn
Stegosaurus – Urtier mit 60 cm langen Stacheln am Schwanz
Dimetroden – Drache

Zungenbrecher

Handhabung: „Zungenbrecher" gibt es für sehr viele Laute. Man nennt sie deshalb Zungenbrecher, weil sie (nicht nur Kinder) vor erhebliche Artikulationsprobleme stellen. Manche Erzieherinnen benutzen Zungenbrecher als Schnellsprechübungen. Das ist leider nur selten gut, weil dies zum ungenauen Sprechen verführt und Sprachfehler verfestigen kann. In den meisten Fällen ist langsames, präzises Sprechen für die Kinder weitaus besser. Die Erzieherin, aber auch die Eltern sollten gerade bei Zungenbrechern auf Sprechfehler achten und entsprechende Hilfestellungen geben, evtl. auch einen Sprachtherapeuten konsultieren.

Also nicht: Wer spricht ganz schnell? Sondern: Wer spricht langsam und ganz richtig?

Zweiundzwanzig zahme Zwergziegen zwängen sich in den Zwergziegenzwinger.

Oder für größere Kinder:

Zweiundzwanzig zahme Zwergziegen zwängten sich zwischen zwei zersplitterte Zaunstützen durch die Umzäunung des Zwergziegenzwingers.

Neun Nähnadeln nähen neun neue Nachthemden.

In Ulm, um Ulm und um Ulm herum.

Schippen sieben Schneeschipper sieben Schippen Schnee?
Sieben Schneeschipper schippen sieben Schippen Schnee.
Sieben Schippen Schnee schippen sieben Schneeschipper.

Schüttelreime

Handhabung: vgl. „Zungenbrecher"

Es klapperten die Klapperschlangen, bis ihre Klappern schlapper klangen.

Als Zoologen tappen wir ratlos um ein Wappentier.

Im Hotel „Zur Seerose" isst man die beste Rehsoße.

Die Wirtin mit dem Bänderriss in alle Tellerränder biss.

Beim Zahnarzt in den Wartezimmern hört man häufig zartes Wimmern.

Weitere Spiele zur Verbesserung der Artikulation

Schnell – langsam:
Ein Satz wird schnell gesprochen, der andere langsam.

Ein Beispielsatz für schnell:
Das Auto fährt schnell den Berg hinunter.

Ein Beispielsatz für langsam:
Das Auto fährt langsam den Berg hinauf.

Hoch – tief:
Ein Satz wird mit hoher Stimme gesprochen, der andere mit tiefer.

Ein Beispielsatz für hoch:
Ganz oben auf dem Dach sitzen Tauben.

Ein Beispielsatz für tief:
Ganz unten im Keller liegen Kartoffeln.

Breiter – dünner:
Ein Beispielsatz für breit:
Der dicke Herr setzt sich gleich in den Sessel der ersten Reihe.

Ein Beispielsatz für dünn:
Das dünne Männchen sitzt ganz hinten und wartet.

Fröhlich – weinerlich:
Ein Beispielsatz für fröhlich:
Ich habe eine Tafel Schokolade bekommen.

Ein Beispielsatz für weinerlich:
Ich habe keine Tafel Schokolade bekommen.

Ärgerlich – freundlich:
Ein Beispielsatz für ärgerlich:
Wer hat von meinen Himbeeren gegessen?

Ein Beispielsatz für freundlich:
Möchtest du ein paar Himbeeren?

Lauter – leiser:
Ein Kind nennt ein Wort in beliebiger Lautstärke, deutet dabei auf ein anderes Kind, das das gleiche Wort in der gleichen Lautstärke wiederholen soll. Wer findet andere Möglichkeiten der Mitteilung? Wer findet eigene Sätze?

3.2 Phonetische Spiele, Sprechreime, Rhythmen und rhythmische Lieder[5]

Abzählreime

Ene, mene, mink, mank, pink, pank, use, puse, wackle nicht, eija, peia, weg.

---
5 Anm. d. Verf.: An dieser Stelle können lediglich einige wenige Spiele, Lieder und rhythmische Reime exemplarisch vorgestellt werden.

*Sch – sch – sch – die Eisenbahn.
Sch – sch – sch – da kommt sie an.
Fährt nach hier,
fährt nach dort,
Sch – sch – sch – schon ist sie fort!*

Reimwörter

Handhabung: Die Erzieherin gibt ein Reimwort vor, z. B. „Haus". Die Kinder reimen je ein Wort, wie: Laus, Maus, Klaus, Schmaus …
Variation 1: Wem gelingt ein kleiner Vers mit diesen Wörtern? Zum Beispiel: „In diesem Haus läuft eine Maus."
Variation 2: „Wo halten sich die Tiere auf?" Tiere mit Dingen reimen wie Laus – Haus, Reh – See …
Die Erzieherin fragt: „Wo ist die Schnecke?" Ein Kind antwortet: „In einer Hecke."

Frage:	Mögliche Antwort:
Wo ist der Strauß?	*In seinem Haus!*
Wo ist das Schwein?	*Auf dem Stein!*
Wo ist der Schwan?	*In einem Kahn!*
Wo ist das Ross?	*In seinem Schloss!*
Wo ist die Fliege?	*Auf einer Ziege!*
Wo ist der Wurm?	*Auf einem Turm!*
Wo ist der Fisch?	*Auf einem Tisch!*
Wo ist der Hahn?	*In einem Kahn!*
Wo ist der Spatz?	*Auf seinem Platz!*
Wo ist der Floh?	*In einem Zoo!*
Wo ist die Laus?	*Auf einer Maus!*

Reime mit einzelnen Buchstaben (Lauten)

G: *Ga – ge – gi – go – gu
Die Gans trägt keine Schuh.*
K: *Ka – ke – ki – ko – ku
Die Kuh, die macht muh-muh.*
T: *Ta – te – ti – to – tu
Die Türe geht nicht zu.*
Z: *Za – ze – zi – zo – zu
Die Ziege geht zur Ruh.*
M: *Ma – me – mi – mo – mu
Die Mutter ruft Juhu.*

Wer findet einen anderen Reim?

Ein Reimgedicht

*Abends schleicht auf leiser Tatze
zu dem Kirschbaum Nachbars …
auf dem allerhöchsten Aste.
Denn bekanntlich fressen Katzen
am allerliebsten …
Vater Spatz piept laut im Dustern
und beginnt sich aufzupl …
Augen glühen, Krallen wetzen.
Vater Spatz hört's mit …*

Doch die Spätzin, (wolln wir wetten)
wird schon ihre Kinder ...
kämpft so lange um ihr Nest,
bis die Katz den Baum ver ...

Lied/Rhythmus/Sprechen

Wozu sind die Füße da,
Füße da, Füße da?
Wozu sind die Füße da,
Wozu sind sie da?
Die Füße sind zum Stampfen da ...
Wozu sind die Hände da ...
Die Hände sind zum Klatschen da ...
Wozu sind die Beine da ...
Die Beine sind zum Hopsen da ...
Wozu sind die Arme da ...
Die Arme sind zum Schwingen da ...

Die angegebene Tätigkeit wird jeweils durchgeführt. Anschließend können die Kinder eigene Strophen erfinden.

Reimwörter-Memory

Material: Kästchen mit Bildkarten und/oder Gegenständen; immer zwei reimen sich
Handhabung: In einem Kästchen liegen Gegenstände oder Bildkarten. Davon reimen sich immer mindestens zwei (z. B. Rose/Dose). Die Erzieherin oder ein Kind wählt einen Gegenstand und benennt ihn. Das passende Reimwort kann nun von den Kindern herausgesucht werden.
Variation: Dieses Spiel kann als verbales Sprachspiel eingesetzt, aber auf einer weiteren Entwicklungsstufe mit Schreiben kombiniert werden.
Hinweis: Um Schwierigkeiten zu vermeiden, sollten nur echte Reime verwendet werden.

3.3 Wortschatzübungen und sprachliche Kombinationsfähigkeit

Teekesselchen

Handhabung: Mehrdeutige Wörter suchen: Bube: Karte im Kartenspiel/Junge; Birne: Glühbirne/Obst ...
Hinweis: Die Teekesselchen können auf einer recht frühen Altersstufe mit den Kindern erarbeitet werden, selbstverständlich dem Wortschatz, Leistungsstand und Sprachverständnis der Kinder entsprechend, z. B. als Rätsel: Wer kennt verschiedene Bedeutungen des Teekesselchens ...?

Später können schwierige Beispiele auch schriftlich gegeben werden. Dieses Sprachspiel lässt sich auch als Gruppenspiel durchführen: Einer liest vor, die anderen überlegen. Wer die richtige Lösung weiß, bekommt die Karte.
Es gibt auch anspruchsvollere Möglichkeiten, die allerdings das Können der Kinder im Kindergarten überschreiten und eher in einer höheren Klasse der Grundschule angebracht sind. Zum Beispiel: „Wer findet das Teekesselchen und was ist gemeint?"

Die Elfe denkt
es ist gemein,
was wolln die alle bloß
mit meinem Bein?
(Elfenbein)

Der Begriff „Teekesselchen" ist normalerweise den Nomen vorbehalten. Es gibt aber auch in anderen Wortarten Doppeldeutigkeiten, z. B.:

Ist es nicht seltsam, wenn ein Konditor sich verkrümelt?

Der Milchmann ist sauer.

Der Zahnarzt stellt bohrende Fragen.

Treffen sich zwei Eier in der Bratpfanne. „Na, wie geht's?", fragt das eine. „Ach", seufzt das andere, „ich fühle mich heute so zerschlagen!"

In der Nähe der Teekesselchen sind Sprachspiele etwa folgender Art angesiedelt (z. B. Spiel mit Gegensätzen/Ergänzungen) – und wer findet ähnliche?

Meine Uhr geht vor. Ich komme nach.

Habe ein Drehbuch gelesen. Ist mir schwindelig.

Der Beleuchter erinnert sich dunkel.

Suchrätsel

Auf einem Arbeitsblatt mit 10 mal 10 Quadraten sind Zeichnungen: Abbildungen von Montessori-Materialien oder anderen Dingen.
Was ist rechts von den Spindeln zu sehen? ...
Der, der richtig geantwortet hat, stellt die nächste Aufgabe.

Der Grübler

Was könnte man: verschließen, zumachen, öffnen, verstecken, einpacken ...?

Mehr als eins

Einzahl-/Mehrzahlbildungen

3.4 Wort-/Satzergänzungen

Lückenfüller – Was fehlt hier?

Die Reihen sollen von den Kindern vervollständigt werden:
- *A, C, ...*
- *1, 2, 3, 6, 7, 8, ...*
- *Hund und ... (Hündin)*
- *Hänsel und ...*
- *... und Schwesterchen*
- *Ali Baba und die ...*
- *Jeden Morgen geht die ... auf.*
- *...*

Auslass-Spiel

Die Erzieherin spricht einen Satz aus, bei dem bewusst ein Wort ausgelassen wird. Die Kinder vervollständigen den Satz.

Schnellmerker gesucht – Was ist hier falsch?

Rotkäppchen auf der Erbse.
London ist die spanische Hauptstadt.
Die dreiseitige Pyramide mit quadratischem Boden.

-esser und -abel

Die Erzieherin erzählt: „Es war einmal ein Mann, der konnte nicht richtig sprechen. Bei jedem Ding nannte er den ersten Laut nicht. Es klang ganz lustig, aber wir wollen dem Mann zeigen, wie es richtig heißt. Ich bin der Mann und ihr macht es richtig.
Wie heißt es richtig? Manchmal gibt es mehrere Wörter, die ähnlich klingen. Da muss man raten, was er gemeint hat."

-ule / Schule, Spule
-eere / Beere, Leere, Speere
-eise / Meise, Reise, Weise
-eller / Keller, Teller
-utter / Mutter, Butter, Kutter
-and / Sand, Rand, Land
-ind / Wind, Kind, Rind
-ater / Vater, Kater, Pater
-uft / Luft, Duft, Schuft
-eine / Beine, Leine

3.5 Mitteilungsübungen

Wo ich wohne

Hilfsmittel: Liste mit Namen und Telefonnummern von jedem Kind, Verkleidung (Jacke, Mantel, Polizeimütze), Informationsschilder, Namensschilder zum Anheften und ein Telefon.

Handhabung: Die Kinder sollen sich vorstellen, sie hätten sich verlaufen.
Gespräche: Wie fühlt man sich da? Was macht man, was nicht? Wie kann man sich helfen? Wer kann helfen?
Zum Beispiel kann ein Polizist helfen, aber wie erklärst du ihm, wo du wohnst? Rollenspiele sollten in das Spiel einführen.

Variation 1: Wir wohnen in einer Märchenstadt, die eine gute Fee hat. Einmal im Jahr wünscht sich ein Kind, was es möchte und gibt dann Namen, Adresse und Telefonnummer an, damit die Sachen zugeschickt werden können.

Variation 2: Ein Bote soll das Eingekaufte bringen und fragt nach der genauen Adresse.

Was ist das?

Material: echte Gegenstände oder hinreichend große Bilder
Handhabung: Die Kinder dürfen die Gegenstände nicht sehen, anfangs gibt die Erzieherin, später gibt ein Kind Hinweise über Aussehen, Gruppenzugehörigkeit (Tier, Fahrzeug usw.), Art der Verwendung o. Ä.
Das Kind, das die Lösung gefunden hat, bekommt den Gegenstand oder die Bildkarte.
Förderziel: Die Kinder sollen lernen, Gegenstände zu erkennen und zu beschreiben.
Variation: Jedes Kind bekommt eine Karte und sagt im ganzen Satz, was darauf abgebildet ist.

Fundbüro

„Ich habe gestern ... verloren." (oder: „Gestern verlor ich ...")
Ein Kind beschreibt den verlorenen Gegenstand, ohne ihn beim Namen zu nennen. Die anderen müssen raten.

Tätigkeiten

Material: Vorhanden sind Bilder mit verschiedenen Tätigkeiten.
Handhabung: Gespräch: „Was tut ...", evtl. was hat er/sie/es vorher getan, wird nachher tun? Was wird gleich passieren?
Die Antworten können gemalt und anschließend ausgestellt werden.
Hinweis: Die Kinder führen die auf den Bildern vorgestellten Tätigkeiten immer zuerst durch.

Steckbrief

Material: Bild- oder Wortkarten mit Personen, Tieren, Pflanzen oder Gegenständen
Handhabung: Ein Kind zieht eine Karte, hält sie aber verdeckt, damit die anderen Kinder nicht sehen, was darauf ist und fragt: „Wer oder was bin ich?" Durch geschicktes Fragen – Mensch, Tier, Pflanze oder Ding – soll es herausgefunden werden.

Versteckspiel – Wo bin ich?

Die Erzieherin oder ein Kind gibt eine Ortsbeschreibung, der betreffende Ortsname ist zu erraten (z. B. Turnhalle).

Wer hat den Ball …?

Handhabung: Der Rater versucht durch geschicktes Fragen herauszufinden, wer den Ball (Kubus, Einsatzzylinder …) auf dem Rücken verborgen hält. Er erfährt zwar vorher, was zu raten ist, darf aber beim Befragen nicht den Namen benutzen.
Variation: Der Ratende sagt jemandem auf den Kopf zu, der gesuchte Gegenstand befände sich hinter dessen Rücken. Wenn nicht, bekommt er Hilfe angeboten durch die Worte ‚kalt', ‚warm', ‚wärmer', ‚heiß' – je nachdem, wie weit der Gegenstand sich vom Befragten befindet.

Quiz

Zwei Gruppen spielen miteinander.
Ein Kind bzw. die Erzieherin sucht sich aus einer Menge von fünf (bereitgestellten) Gegenständen eines Montessori-Materials (z. B. aus der „geometrischen/biologischen Kommode") einen aus.

Eine Gruppe stellt Fragen nach diesem Gegenstand. Die Fragen müssen einengender Natur sein. Doppelfragen sind nicht erlaubt. Bei der Zwischenantwort „nein" hat die andere Gruppe das ‚Fragerecht'.
Variation 1: Ein Tier aus einer Gruppe von fünf bekannten Tieren (Wasser, Land, Luft) aussuchen.
Variation 2: Ein Kind oder eine Erzieherin schaut sich eine Memory-Karte an und legt sie verdeckt auf den Tisch. Sie wird befragt, was auf dieser Karte zu sehen ist.

3.6 Ausdrucksspiele, Spiele zur sprachlichen Wendigkeit und zum Wortverständnis

Mein linker Platz ist frei

Es wird ein Begriff/Name genannt und wer herbeigewünscht wird, hat eine Ergänzung zu sagen – als Wort oder im Satz, z. B.:

Kugel – rund, Sie kann rollen,
Hund – Hündin, Der Hund hat lange Ohren,

oder als zweiten Teil eines zusammengesetzten Wortes, z. B.:

Tür – Klinke, Kinder – Schuhe

Wortmonster – akustisch

Donau
Donaudampfschiff
Donaudampfschifffahrt
Donaudampfschifffahrtsverein
Donaudampfschifffahrtsvereinsfahne
Donaudampfschifffahrtsvereinsfahnenmast …

Vorausgegangenes muss stets wiederholt werden. Wer kann einen neuen Teil hinzufügen?

Bandwurmsatz – akustisch

Ein einfacher Satz wird vorgegeben, z. B. *Katzen fressen*. Nun soll durch Satzergänzungen und Bindewörter der Satz erweitert werden: *Katzen fressen gerne. Kleine Katzen fressen gerne …*

Pantomime – optisch

Was wird dargestellt (Tätigkeit, Instrument, Werkzeug, Empfindung, Gefühl)?
Ein Kind zieht einen Zettel mit der Aufgabe, die ihm evtl. von der Erzieherin ins Ohr geflüstert wird (falls es noch nicht lesen kann) und führt sie pantomimisch vor. Die anderen Kinder raten.

Meisterdetektiv

Wie heißt der Vorgänger/Nachfolger in einer Reihung von Buchstaben, Zahlen, Wochen, Monaten, Jahreszeiten …?

Peng-Gesang

Erzieherin singt Kinderlieder an. An einer Stelle singt die Erzieherin anstelle des Textes „Peng". Das ausgetauschte Wort muss erraten werden.

Summen eines Liedes

Ein Kind (eine Gruppe von Kindern) summt ein Lied. Die andren erraten es.

Wortbündeln

Wie heißt der Ober-/Unterbegriff? – Welchen gemeinsamen Namen könnte man den Gegenständen geben?

Kubus, Kugel, Pyramide (Oberbegriff: geometrische Körper)
Rosen, Tulpen, Nelken (Oberbegriff: Blumen)
China, Schweiz, Peru (Oberbegriff: Länder)
Ziffer (Unterbegriffe: eins, zwei, null ...)
Möbel (Unterbegriffe: Stuhl, Regal, Tisch ...)
Europa (Unterbegriffe: Deutschland, Ungarn ...; Oberbegriff: Kontinent)
usw.

Bau auf – bau ab!

An diesem Spiel sind zwei Gruppen beteiligt.
Der *Rosa Turm* soll aufgebaut werden. Jeder Spieler, der einen Kubus setzt, muss zu einem vorgegebenen Thema einen Satz sagen. Schafft er es nicht während die zweite Gruppe bis 5 zählt, darf einer dieser Gruppe fortfahren. Wer den Abschluss macht, sollte die Geschichte beenden.
Besonders bei Kindern mit Sprachschwierigkeiten ist von einem Wettkampf dringend abzuraten.

Wörter bauen

Ein Wort wird Buchstabe für Buchstabe aufgebaut: Ein Spieler nennt einen Laut, der nächste Spieler einen weiteren ..., sodass ein Wort entsteht.

Wortfragmente

Welches Wort (hinsichtlich der vorhandenen Buchstaben) hat sich in einem vorgegebenen Wort versteckt bzw. welche anderen Wörter kann ich aus den Buchstaben eines Wortes „zaubern"? Hier wird der Akzent auf die akustische Analyse gelegt.
Zum Beispiel: Miami (Mami, Mia, Mimi, ia); Leiter (leite, Teer, Liter, reite ...)

Wörter reparieren

- falsch zusammengesetzte Wörter wie z. B. Bahneisen, Ballfuß, Mannschnee, Wagenpuppen, Stangeturn, Buchbilder, Schuheschlitt, Schirmregen, Samenblumen ...
- Wörter mit Fehlern wie z. B. Fuschball, Schusebär, Schlidden, Bildebuch ...

Fragespiele – Sterntabelle[6]

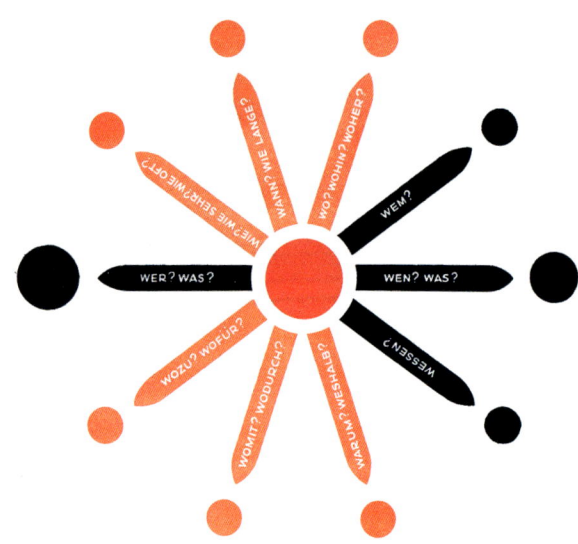

Material: Die *Sterntabelle*, die später der Satzanalyse dient.
Handhabung: Die Erzieherin gibt einen Satz vor, z. B.: Die Mutter kocht.
Die Erzieherin liest die Fragen von der Sterntabelle vor und das Kind sucht eine passende Antwort.
Die Erzieherin wiederholt bei jeder Frage den erweiterten Satz.

Kreiselspiel

Auf einer großen Scheibe stehen Fragewörter (Wer?, Was?, Wie?, Wohin? ...).
Ein drehbarer Pfeil in der Mitte zeigt nach dem Drehen jeweils ein Fragewort an.
Die Erzieherin (oder ein Kind) beginnt einen Satz, ein anderes dreht den Fragewörterpfeil und vervollständigt mit ihren (seinen) Ergänzungen den Satz.
Ein Beispiel: „Ein schwarzer Hund läuft."
Wohin?, Wie?, Warum? ...
Dieses Fragewort muss beantwortet werden.

---

6 vgl. S. 126

Wie können Dinge sein?

Die Kinder suchen Namen von Dingen und Eigenschaften mit gleichem Anfangsbuchstaben.

*Haus – **h**och; Ball – **b**lau; Wolle – **w**eich; Höhle – **h**ohl; Bluse – **b**unt; Wolke – **w**eiß; Himmel – **h**ell; Schere – **sch**arf; Schnecke – **sch**leimig; Glas – **g**latt* usw.

3.7 Spiele für einen guten Umgang mit der Sprache

Reise in die Vergangenheit

Erzieherin stellt die Aufgabe, etwas zu holen, zuzumachen o. Ä.: Ein Kind führt die Handlung aus und berichtet: Zuerst stand ich auf, dann ... anschließend ... zuletzt ...
Die Aufforderung lautet, etwas zu tun und schließlich so zu erzählen, als hätte man dies gestern getan.

Wer ist Deutschprofessor? – Artikel

Dinge des Umfeldes, Sinnesmaterial usw. werden von einem Mitspieler oder Erzieherin mit falschem Artikel genannt. Dieses Spiel ist aber erst dann sinnvoll, wenn die Kinder Sicherheit beim Gebrauch des Artikels haben. Jüngere Kinder sollten in jedem Fall den Artikel (auf einer großen Karte geschrieben) zum Gegenstand stellen, ihn anhängen usw., damit sich Gegenstand und Artikel einprägen.

Lange Sätze

Die Erzieherin beginnt: „Heute."
Ein Kind fährt fort: „Heute bin."
Das nächste Kind: „Heute bin ich." usw.

Kurze Sätze

Welchem Kind gelingt es, einen längeren Satz in mehrere kürzere zu zerlegen?

Der höfliche Kasper

Material: Handpuppen
Der Kasper bringt einem unhöflichen Kerl Manieren bei und die Kinder helfen ihm. Der unhöfliche Kerl wird von den Kindern in die „höfliche Sprache" eingeführt.
Ziel: Neben dem Erwerb sprachlicher Kompetenzen ist dieses Spiel auch für den Erwerb sozial angemessener Umgangsformen wichtig.

3.8 Geschichten hören und erzählen

Vortragen

Gedichte und Verse werden von der Erzieherin und den Kindern (evtl. abwechselnd) vorgetragen.

Flüstern

Die Erzieherin erzählt im Flüsterton (mit oder ohne Buch) eine kleine Geschichte (deutlich sprechen!). Anschließend wiederholen die Kinder die Geschichte im normalen Sprechton.

Vorlesen/Nacherzählen

Die Erzieherin liest eine (kurze) Geschichte vor, ein Kind erzählt sie den anderen. Später, wenn die Kinder lesen können, liest sich ein Kind eine Geschichte durch und erzählt sie den anderen.

Bildergeschichten erzählen

Anhand von Bildergeschichten (z. B. Ali Mitgutsch, Vater und Sohn) erzählen die Kinder das Geschehen.

3.9 Spiele zum verbalen Einfallsreichtum und zur Assoziationsflüssigkeit

Tom der Reimer – kleiner Poet

Welches Wort passt dazu?
End-, Anfangs- bzw. Binnenreim finden lassen (vgl. S. 47).

Wenn-Spiel

Ein Kind in der Mitte des Kreises fängt einen Satz mit „Wenn du ..." an und wirft den Ball einem anderen Kind zu, das passend antworten muss.
Zum Beispiel: „Wenn du krank bist ..." „Dann gehe ich zum Arzt."

Zettelspiel

Jedes Kind hat zehn Zettel mit Fragen. Immer wenn ein Kind die richtige Antwort weiß, legt es einen Zettel zur Seite. Wer ist zuerst fertig?
Beispiele: Was braucht man zur Gartenarbeit? Zum Kofferpacken? usw.

Werkzeugkasten

Wir räumen einen Werkzeugkasten aus. Die Kinder nehmen jeweils ein Werkzeug und sagen dazu einen Satz wie: „Das ist ein Hammer, damit kann man ..." oder „Obwohl ...", „Wenn ..." usw.

Alle hier aufgeführten Spiele sollten zur Fortführung reizen, können durch Veränderung des Schwierigkeitsgrades auf verschiedenen Niveaustufen eingesetzt werden und die meisten von ihnen lassen sich nach dem Erlernen der Lese- und/oder Schreibtechnik mit vorgefertigten Satzstreifen, fertigen Texten usw. in schriftlicher Form wiederholen.

Kapitel 4: Hinführung zum Schreiben

REINHARD FISCHER

1. Feinmotorik und Analyse der Bewegung

Wenn sich die Feinmotorik der Hand hinreichend entwickelt hat, etwa ab dem vierten Lebensjahr, stellt sich eine außerordentliche Funktionslust ein: Das Kind liebt es nicht nur, etwas mit der Hand zu tun, es wiederholt dieselbe Übung immer wieder und immer wieder. Dieses ist eine *sensible Phase* für die Bewegung der Hand und aufgrund dessen eine außerordentlich günstige Zeit, dem Kind etwas zu geben, was die Handmotorik schult. Ist diese Periode vorüber, so wird die Übung der Hand eine Last.
Deshalb bereitete MARIA MONTESSORI das Schreiben- und Lesenlernen vor, indem sie das Material so zu gestalten versuchte, dass es zum einen den großen Hunger des Kindes nach Buchstaben, Lauten und Worten und zum anderen sein Bedürfnis, alles anzufassen und motorisch beschäftigt zu sein, befriedigt. Allerdings ist das Vorbereiten auf das Schreiben- und Lesenlernen dabei nicht das primäre Ziel, sondern, dem Kind Gelegenheit zu bieten, die Sprache auf die Laute hin zu untersuchen, um selbst Laute auszuwählen und zu legen (z. B. mit dem beweglichen Alphabet) und um durch dieses Tun zum Schreiben und Lesen zu gelangen.

1.1 Zur Bedeutung indirekter Vorbereitung

Besonderen Wert legte Montessori auf die Möglichkeiten einer *indirekten Vorbereitung*, weil ein direktes Üben der schwierigen Stellen oft langwierig, ermüdend und frustrierend ist. Bei der *indirekten Vorbereitung* werden die relevanten Faktoren bereits im Vorfeld in anderen Zusammenhängen so geübt, dass das anschließende direkte Lernen keine großen Schwierigkeiten mehr macht. Sie berichtete:
„Zu der Zeit, als ich schwachsinnige Kinder unterrichtete, hatte ich gelegentlich dies beobachtet: Einem elfjährigen geistig behinderten Mädchen, bei dem Beweglichkeit und Kraft der Hand normal waren, gelang es nicht, nähen zu lernen, noch nicht einmal, den ersten Stich zu machen, nämlich zu ‚reihen', das darin besteht, die Nadel zunächst unter, dann über dem Schuss einzustecken, wobei jeweils ganz wenige Fäden aufgenommen werden. Ich setzte dann das Mädchen vor einen Webrahmen von FRÖBEL. Dabei muss ein Streifen aus Papier quer durch senkrecht stehende, oben und unten befestigte Streifen, ebenfalls aus Papier, geschoben werden. Ich dachte daran, wie gleichartig doch die beiden Arbeiten waren und beobachtete das Mädchen voller Interesse. Als sie die Webarbeiten von Fröbel beherrschte, gab ich ihr wieder das Nähzeug und war sehr erfreut, dass es ihr nun gelang, zu reihen.
Ich überlegte mir, dass die für das Nähen erforderliche Bewegung der Hand ohne Nähen vorbereitet worden war und dass man tatsächlich erst die Unterrichtsmethode finden muss, bevor man etwas durchführen lässt [...].
Ich überlegte mir, dass man gerade das Schreiben so vorbereiten könne. Dieser Gedanke interessierte mich ungemein. Ich wunderte mich über seine Einfachheit und war erstaunt darüber, dass ich nicht vorher an ein solches Vorgehen gedacht hatte, auf das ich durch die Beobachtung des Mädchens, das nicht nähen konnte, gekommen war.
So könnte man an eine Arbeit herangehen, für deren Ausführung man bereits die Geschicklichkeit erworben hat und sie schon beim ersten Versuch fast perfekt machen, ohne vorher direkt Hand dabei angelegt zu haben."[1]
„Wir schicken uns nun an, eine Analyse der Faktoren des Schreibens zu machen [...]. Das Schreiben enthält ein Gewirr von Schwierigkeiten, die sich trennen und Stück für Stück überwinden lassen, und zwar nicht nur durch unterschiedliche Übungen, sondern auch zu verschiedenen Zeitpunkten oder Lebensabschnitten. Die auf jeden Faktor bezogenen Übungen dürfen also nicht vom Schreiben abhängig sein. [...] Wenn wir also von der Analyse von Faktoren sprechen, beabsichtigen wir, die das Schreiben bildenden Elemente in interessante Übungen abzutrennen, von denen jede für sich allein ein Tätigkeitsmotiv beim Kind bilden kann."[2]
Montessoris Ansicht nach muss ein Kind folgende Schwierigkeiten meistern, um ein Wort schreiben zu können: den Stift richtig halten können und eine leichte Schreibbewegung haben, die richtigen Buchstabenformen kennen und schreiben können, die richtige Reihenfolge der Buchstaben einhalten usw. Zu erfassen, dass durch einen bestimmten Zusammenhang der Buchstaben ein sinnvolles Wort entsteht, ist dann primär eine Frage der Intelligenz

---
1 M. M., Die Entdeckung des Kindes, S. 216 ff.
2 a. a. O., S. 230 f.

und steht nur noch in einem lockeren Zusammenhang mit der mechanischen Handlung des Schreibens.

Schreiben ist eine komplexe psychomotorische Beschäftigung, bei der Intelligenz und Hand zusammenarbeiten müssen. Montessori versuchte die besonderen Schwierigkeiten, die das Kind überwinden muss, aufzufangen und gibt dazu schon beim Kleinkind Tätigkeiten vor, die scheinbar nichts mit dem Schreiben zu tun haben, die aber die Handmotorik indirekt auf das Schreiben vorbereiten:

Bei den *Übungen des täglichen Lebens* wird die Koordination

- der *Grobmotorik*, z. B. durch Schrubben, Scheuern, Tragen, Aufrollen,
- der *Feinmotorik*, z. B. durch die Arbeit mit den Schleifenrahmen, Deckchen zusammenfalten, Wasser gießen

gefördert.

Bei den *Übungen mit dem Sinnesmaterial* findet neben der Sinnesschulung eine indirekte Vorbereitung auf das Schreiben statt, indem physiologische Voraussetzungen erworben werden, die sich auf Hand, Auge und Ohr beziehen:

- Die Feinmotorik der Finger wird beim Greifen geübt. Die Entwicklung der Hand, besonders der Schreibfinger, geschieht mit folgenden Materialien: den Einsatzzylindern, den metallenen Einsätzen, den biologischen und geometrischen Kommoden, den Tastbrettchen sowie durch die Übungen des täglichen Lebens: Sortieren von Samenkörnern und Perlen, Ordnen und Paaren von Stoffen, Erfühlen kleiner Gegenstände in einem Beutel.
- Formen erkennen am Beispiel der geometrischen und biologischen Kommode, der geometrischen Körper, verschiedener Dreiecke usw. Der optische Eindruck wird durch das Tasten intensiviert, die Figuren werden mit den Fingern umfahren.
- Das Konzentrationsvermögen, eine wichtige Voraussetzung für das Schreiben, wird durch Stilleübungen, durch das Hören von Musik und Dichtung, durch Gehen nach Musik (z. B. Glocken) usw. gefördert. Bei den Sprachspielen, besonders bei Spielen mit Lauten, erfährt das Kind Lautqualitäten, die Reihenfolge der Laute, Rhythmen usw.

1.2 Die leichte und die feste Hand

Montessori spricht davon, dass beim Schreibenlernen eine *leichte* und eine *feste Hand* wichtig seien, beides aber oft erst erlernt werden muss. So drücken Kinder mit ihrem Bleistift oft so fest auf, dass der Druck durch mehrere Seiten geht. Die Hand muss entsprechend leicht sein, damit dies nicht geschieht, aber wiederum so fest, dass weder der Stift aus der Hand fällt, noch die Buchstabenform zerfließt.

1.2.1 Übungen für die leichte Hand

Einige Materialien dienen einer *indirekten Vorbereitung* auf das Schreiben, indem sie die Koordination der Bewegung fördern, insbesondere die *leichte Hand*.

Um zum Beispiel den *Rosa Turm* gut aufzubauen, muss das Kind seine Fingermuskeln unter Kontrolle haben oder das Kind übt an *Tastbrettchen* Gegensätze und Abstufungen zu erfahren. Dabei wird eine leichte Bewegung auf dem Papier erreicht.

Der Rosa Turm

Material: Rosa Turm
Handhabung: Das Kind baut den Turm möglichst behutsam auf, damit dieser nicht zusammenstürzt. Wie muss man bauen, damit der Turm stehen bleibt? Wo sind Grenzen? ...
Förderziel: leichte Hand, Entwicklung des statischen Gefühls

Schatzsuche

Material: Schüssel mit (buntem) Granulat, kleine Gegenstände
Handhabung: In der Schüssel mit dem Granulat sind kleine Gegenstände versteckt. Die Kinder sollen sie im Granulat durch Tasten finden und benennen.
Förderziel: leichte Hand, Wortschatzerweiterung

Temperatur fühlen

Material: mehrere Gefäße, immer zwei davon sind mit gleich temperiertem Wasser gefüllt, z. B.: „kalt" (= Leitungswasser), „warm", „heiß" (aber aushaltbar); später können bei fortgeschrittener Sensibilität noch „eiskalt" (geschmolzenes Eis) „Zimmertemperatur" und „lauwarm" hinzukommen.
Handhabung: Ein Kind taucht die Fingerkuppen einer Hand vorsichtig in jeweils zwei Gefäße um herauszufinden, in welchen sich gleich warmes Wasser befindet. Diese Gefäße werden nebeneinander gestellt (Bilden von gleichen Temperaturpaaren) und zudem in die „richtige" Reihe gebracht (entsprechend der Abstufung von ganz kalt zu ganz warm bzw. umgekehrt).
Förderziel: leichte Hand, Erfühlen gleicher Temperaturen, Bilden einer Abstufungsreihe, Benennen von Temperaturqualitäten wie z. B. „eiskalt", „kalt", „lauwarm", „warm", „heiß".
Kontrollmöglichkeit: Kodierung an den Gefäßen

Hinweis:

- Wegen der Relativität von Temperaturempfindungen wird zunächst nur mit den Fingern einer Hand gearbeitet.
- Das Wasser in den Gläsern nimmt relativ schnell die Umgebungstemperatur an. Das wird noch beschleunigt, indem das Kind die Finger, die es vorher ins eiskalte Wasser getaucht hat, nun ins warme taucht und dies hierdurch zusätzlich abkühlt. Deshalb sollten die Fingerkuppen vor dem Eintauchen abgetrocknet werden

Weiterführende Übungen

- Um die Kinder auf die Relativität von Temperaturempfindungen hinzuweisen, wird das Kind gebeten einen Finger der linken Hand z. B. ins Eiswasser zu tauchen, einen der rechten Hand ins heiße Wasser und anschließend beide Finger ins lauwarme Wasser. Nun soll das Kind sagen, was es fühlt.
- Im Kunstunterricht stempeln die Kinder z. B. Bilder mit einem härteren Gummischwämmchen und Tusche: Ein kräftiger Druck ergibt einen Farbklecks, ein leichter Druck lässt die Schwammstruktur sichtbar bleiben. Man könnte auch mit der Pinselspitze Bilder tupfen ...

1.2.2 Übungen für die feste Hand

Zu dieser Gruppe von Übungen zählen alle, die ein festes Zupacken erforderlich machen, wie z. B. die Arbeit mit den *Zylinderblöcken* und insbesondere die Arbeit mit den *metallenen Einsatzfiguren*, die das Schreiben gezielt indirekt vorbereiten.

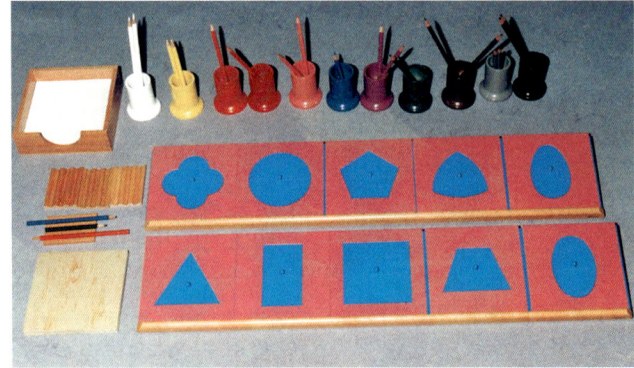

Zu den *metallenen Einsatzfiguren* gehören

- zwei Ständer mit je fünf quadratischen, roten Metallrahmen (Format 14 × 14 cm) und den einzupassenden blauen Einsätzen: fünf Figuren mit

1. Feinmotorik und Analyse der Bewegung

geraden Linien (Quadrat, Rechteck, Dreieck, Fünfeck, Trapez) und fünf Einsätze mit gebogenen Linien (Kreis, Ellipse, Eiform, Kreisbogendreieck und Vierpass);
- Buntstifte in verschiedenen Farben und Schattierungen, Ablagebrettchen für je 3 Buntstifte, Malunterlage und Zeichenpapier.

Mit den *metallenen Einsatzfiguren* soll die Feinmotorik der Finger geübt und der richtige Umgang mit Buntstiften sowie die leichte Bewegung auf dem Papier gelernt werden. Das indirekte Ziel ist, Schreiben vorzubereiten durch das Zeichnen paralleler Striche, geometrischer Muster, das Finden interessanter Farbkombinationen und einer optisch *angemessenen*, schönen und ästhetischen Verteilung von Flächen.

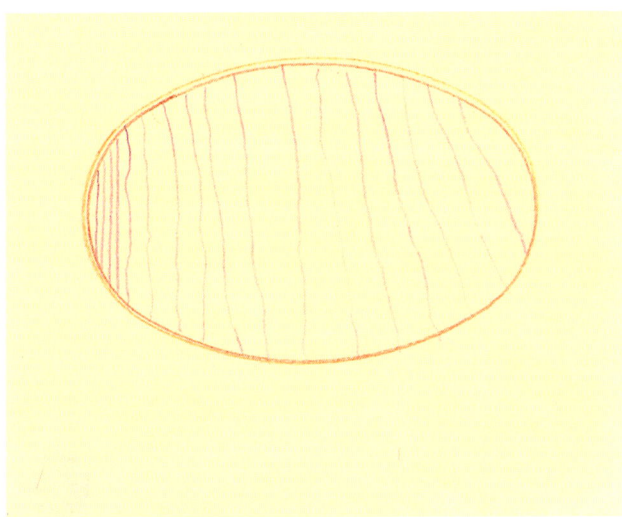

Arbeit eines fünfjährigen Kindes mit den metallenen Einsatzfiguren: Das Ziehen von parallelen Strichen bereitet noch Mühe.

Arbeit eines zehnjährigen Kindes mit den metallenen Einsatzfiguren: An der Zeichnung lässt sich die jetzt vorhandene gute motorische Geschicklichkeit, die Fantasie und das ästhetische Empfinden des Kindes ablesen.

Metallene Einsatzfiguren

Material: metallene Einsatzfiguren, Buntstifte, Ablagebrettchen für die Stifte, Malunterlage (z. B. Linoleum, Kork o. Ä.), Zeichenpapier (14 × 14 cm)

Handhabung: Das Kind holt einen Rahmen mit einer Einsatzfigur sowie eine Unterlage, Zeichenpapier und drei Buntstifte auf einem Ablagebrettchen zum Tisch.

Die Erzieherin/Lehrerin führt folgende Tätigkeit einmal – möglichst wortlos – vor:

1. Den Rahmen genau auf das Zeichenpapier legen.
2. Die Figur mit einem Buntstift *gegen* den Uhrzeigersinn umfahren.[3]
3. Den Rahmen zur Seite legen.
4. Die Einsatzfigur genau auf die gezeichnete Figur legen und mit einer anderen Farbe umfahren, sodass man eine doppelte Linie erhält.
5. Die Einsatzfigur zur Seite legen.
6. Mit einer dritten Farbe (oder mit allen drei Farben) parallele Linien ziehen und damit die Figur ausfüllen. Es sollte aber nicht über die Außenlinien der Einsätze gemalt werden. Diese Außenlinien stellen also gleichzeitig eine Fehlerkontrolle dar, weil man sofort merkt, wenn darüber hinaus gemalt wurde.

Ziel ist, dass das Kind die Striche möglichst leicht und mit lockerer Hand über das Papier zieht.

Variation:
- Die Kinder gebrauchen mehrere Einsatzfiguren für eine Aufgabe und können so zusammengesetzte Figuren gestalten.
- Es wird mit Farbnuancen gearbeitet.
- Auf einem 20 × 20 cm großen Blatt werden Kompositionen angefertigt. Das Kind entdeckt, dass es von der Mitte, vom Rand oder von den Ecken her eine Figur aufbauen kann.
- Das Kind kann ein Randmotiv entwerfen; es muss dann auf die Ecken achten.
- Die Figur kann mit einer fantasievollen Struktur ausgefüllt werden: Sternchen, Pünktchen, Streifen ...

Förderziel: feste Hand, Auge-Hand-Koordination
Tipp: Zuerst sollte das Kind mit einer Figur ohne Ecken arbeiten.

Wichtig ist, dass mit Hilfe einer *Namenlektion* die Bezeichnungen der Einsätze gelernt und besondere Namen anhand von Exkursionen, Bildmaterial usw. erklärt werden. Zum Beispiel: *Vierpass* ist die klassische Form der Fenster einer romanischen Kirche. Die Erzieherin/Lehrerin kann z. B. Bilder einer roma-

---

[3] Anm. d. Verf.: Diese Schreibrichtung haben die meisten runden Buchstaben.

nischen Kirche zeigen und auf die Form eines Fensters und die metallenen Einsatzfiguren hinweisen. Die passende Figur kann die Erzieherin/Lehrerin dann heraussuchen lassen und benennen: „Vierpass".

Ein historischer Beleg einer Arbeit mit den metallenen Einsatzfiguren[4]

Montessori hat beobachtet, dass Kinder gerne diese Figuren durch Striche mit Farbstiften ausfüllen, eigentlich ein Vorgang, der dem Zeichnen vorausgeht und ästhetisch sehr ansprechende Muster ergeben kann. Dieses dekorative Zeichnen, das keineswegs so aussieht, als wäre es eine direkte Vorbereitung auf das Schreiben, nannte Montessori „die Kunst der Einsatzfiguren".[5]

1.3 Die Sandpapierbuchstaben[6]

Montessori beschreibt die Arbeit mit den Sandpapierbuchstaben folgendermaßen: „Für die andere Gruppe von Bewegungen, also für die Aufzeichnung von Schriftzeichen, gebe ich dem Kind ein Material aus glatten Kartons[7], auf die Buchstaben aus Sandpapier geklebt sind, die in Schreibrichtung berührt werden. Dadurch fixiert sich die entsprechende Bewegung von Hand und Arm, die somit in der Lage sind, diese Zeichen wiederzugeben, die das Auge gleichzeitig lange betrachten kann; so wird das Schriftzeichen auf zweifache Weise im Gedächtnis festgehalten: durch Ansehen und Berühren.

Zusammenfassend lässt sich sagen, dass die beiden [...] Faktoren sich beim Schreiben in zwei selbstständigen Übungen entwickeln, nämlich:

1. das Zeichnen, das der Hand Geschicklichkeit für die Benutzung des Schreibgeräts verleiht,
2. und das Berühren der Buchstaben, das zur Fixierung des motorischen und gleichzeitig des visuellen Gedächtnisses der Buchstaben dient."[8]

Aus Sandpapier sind ca. 10 cm große Buchstaben ausgeschnitten und auf Holzbrettchen aufgeklebt: die Mitlaute auf rotem, die Selbstlaute auf blauem Grund. Wichtig: Am Anfang werden die Buchstaben immer phonetisch ausgesprochen.

Durch das Abtasten der Form, verbunden mit dem passenden Laut zum Symbol, lernt das Kind die Buchstaben kennen. Es ist eine direkte Vorbereitung auf das Schreiben. Der Unterschied von rau und glatt ist eine Kontrolle für das Kind. Außerdem kontrolliert die Erzieherin/Lehrerin durch Beobachtung, ob das Kind den Buchstaben richtig erfühlt bzw. abtastet.

Übung mit Sandpapierbuchstaben

Material: Sandpapierbuchstaben
Handhabung: Der Buchstabe wird mit den Zeige- und Mittelfingerkuppen nachgespürt. Dabei wird der entsprechende Laut genannt.

Vorbereitende Übungen:

● Zusammen mit der Erzieherin/Lehrerin sucht das Kind nach Wörtern mit gleichen Lauten.

---

4 Aus: Honnegger Fresco, S. 190
5 M. M., Die Entdeckung des Kindes, S. 231
6 Anm. d. Verf.: Die Sandpapierbuchstaben gibt es als Klein- und Großbuchstaben sowie in Druckschrift (DS), Lateinischer Schreibschrift (LA) und Vereinfachter Ausgangsschrift (VA); Groß- und Kleinbuchstaben in Druckschrift sind im Auer Verlag erhältlich.
7 Anm. d. Verf.: Heute bestehen sie aus Holz.

---

8 M. M., Die Entdeckung des Kindes, S. 231

- Mehrere Gegenstände liegen auf dem Tisch, mindestens zwei fangen mit dem gleichen Laut an.
- Erzieherin/Lehrerin: „Ich weiß ein Wort, das fängt mit ‚m' an." ...
- Die Erzieherin/Lehrerin zeigt einen Gegenstand (z. B. einen Hut) und fragt: „ist in diesem Wort ein ‚u' zu hören?" ...
- Danach kann die Erzieherin/Lehrerin andere Gegenstände nennen, die ebenfalls wenige Buchstaben haben und sich in *einer Dose voller Dinge* befinden. Sie spricht zuerst das Wort und danach die einzelnen Buchstaben deutlich aus.

Nachdem man eine Weile so gearbeitet hat, bietet die Erzieherin/Lehrerin die ersten Buchstaben mit der *Dreistufenlektion* an. Das wichtigste Ziel muss sein, das Kind für die Laute zu interessieren, sodass es selbst nach kleinen Wörtern sucht:

Einführung der Buchstaben in der Dreistufenlektion

Anmerkung: Die einzelnen Stufen müssen nicht zeitlich direkt aufeinander folgen, es können durchaus Tage dazwischen liegen. Sollte das Kind auf der zweiten oder dritten Stufe Probleme haben, geht die Erzieherin/Lehrerin jeweils eine Stufe zurück und gibt erneut Hilfestellungen.

1. Stufe: Die Erzieherin/Lehrerin gibt dem Kind drei Buchstaben, die sich sowohl in der Form als auch im Klang deutlich unterscheiden. Mit dem Zeige- und Mittelfinger spurt sie langsam den jeweiligen Buchstaben in Schreibrichtung nach, spricht dabei den Laut phonetisch aus und lässt das Kind den Laut wiederholen.

2. Stufe: Wenn das Kind diese Buchstaben mehrfach ausgesprochen hat, bittet die Erzieherin/Lehrerin das Kind, ihr einen bestimmten Buchstaben zu geben. Oder sie nennt ein Wort mit dem entsprechenden Anlaut und das Kind muss ihn aus der Menge der vor ihm liegenden Sandpapierbuchstaben heraussuchen.
Während der zweiten Stufe ist es wichtig, so viel wie möglich zu variieren: Die Buchstaben müssen immer wieder mit offenen oder geschlossenen Augen gefühlt in die Luft geschrieben, über den Tisch gezogen, an verschiedenen Stellen gelegt, Dingen, die mit dem gleichen Buchstaben beginnen, umgehängt werden usw.

3. Stufe: In der dritten Stufe wird das Wissen überprüft. Die Erzieherin/Lehrerin fragt: „Wie heißt dieser Buchstabe?" ... Das Kind muss ihn also benennen können.
Anschließend wird das Kind die Buchstaben häufiger nachfahren um sie sich dauerhaft einzuprägen. Beim Nachfahren wird der Buchstabe selbstverständlich immer gesprochen. Beliebt sind dabei passende Anlautspiele. Zum „A" passen z. B. „Acht Angler angeln acht Aale" oder „Alle Affen ahmen allen alles nach" ...[9]

Weiterführung:

- Alle Buchstaben werden ausgebreitet, und die Erzieherin/Lehrerin bittet das Kind, die Buchstaben herauszusuchen, die es kennt. Das Betasten und Benennen der Buchstaben ist dann der Beweis, ob das Kind die Buchstaben auch wirklich kennt.
- Das Kind soll mit verbundenen Augen die Buchstaben erfühlen, die es kennt. Oder: Die Buchstaben sind mit einem Tuch abgedeckt, und das Kind erfühlt die Buchstaben unter dem Tuch.
- Bei einer Gruppe von Kindern nimmt die Erzieherin/Lehrerin einen bekannten Buchstaben, zeigt ihn den Kindern und zusammen suchen sie nach Wörtern, worin der Buchstabe vorkommt.
- Gegenstände, die in einer Dose bereitgestellt sind, werden den Buchstaben zugeordnet nach: Anlaut, Endlaut usw.

Förderziel: Interesse an Lauten, Kennenlernen der Buchstaben, direkte Vorbereitung auf das Schreiben
Kontrollmöglichkeit: durch Erzieherin/Lehrerin, Selbstkontrolle – Unterschied zwischen rau (Buchstabe) und glatt (Untergrund)
Montessori merkt hierzu an: „Auf diese Weise, kann man sagen, prägen die Kinder die Form der Buchstaben ihrer Hand ein. Wenn sie spontan zu schreiben beginnen, ist ihre Handschrift perfekt und alle Kinder schreiben auf die gleiche Weise, weil alle dieselben Buchstaben berührt haben."[10]
Sicherlich ist diese Sicht überzeichnet, aber weil das Kind auf diese Weise nicht gedrängt wird, sich die schwierige Kunst des Schreibens anzueignen, aber indirekt die hierfür notwendigen Fähigkeiten entwickelt, kann es eines Tages selbst entdecken, dass es schreiben kann und wird es mit großem Spaß, spontan und mit viel Ausdauer tun. Maria Montessori beobachtete dies in ihren Gruppen und sprach von einer *Explosion des Schreibens*.
Für Montessori ist es wichtig, diesen Zeitpunkt zu erkennen, um ihn durch eine angemessene Förderung fruchtbar zu machen. Sie sagt hierzu: „Die Anzeichen, aus denen die Lehrerin eine ziemlich präzise Diagnose über die Reife zum spontanen Schreiben entnehmen kann, sind:

- Die Art und Weise, wie parallel und gradlinig die Füllstriche in den geometrischen Figuren gezeichnet werden können,

---

9 vgl. S. 59
10 M. M., Weltanalphabetismus, S. 176; Anm. d. Verf.: Sicherlich darf man diese Aussage nicht wörtlich nehmen, sie gibt aber die Tendenz an.

- ob die Sandpapierbuchstaben evtl. sogar mit geschlossenen Augen erkannt werden können
- sowie Sicherheit und Schnelligkeit bei der Zusammenstellung von Wörtern.

Bei Problemen bittet die Lehrerin das Kind, „die Sandpapierbuchstaben weiterhin zu berühren, ohne es aber jemals direkt anhand der ausgeführten Schrift zu korrigieren; das heißt also, dass sich das Kind nicht durch Wiederholung der Schreibvorgänge, sondern durch Wiederholung der vorbereitenden Übungen vervollkommnet. Ich erinnere mich an einen kleinen Anfänger", berichtet Montessori, „der, um auf der liniierten Tafel den Buchstaben in schöner Form zu schreiben, die dünnen Kartons neben sich legte, zwei- oder dreimal alle Buchstaben berührte, die er für die zu schreibenden Wörter benötigte und dann erst schrieb; kam ihm ein Buchstabe nicht schön genug vor, wischte er ihn aus, berührte nochmals den Buchstaben auf dem Karton und schrieb ihn dann."[11]

„Falls ich daran gedacht hätte, dieser neuen Schreibmethode einen Namen zu geben, als ich die Versuche an normalen Kindern unternahm, und zwar noch, bevor ich die Ergebnisse kannte, hätte ich sie in der Tat die ‚psychologische Methode' genannt, wegen der Richtung, von der sie inspiriert worden war. Doch die Erfahrung gab mir einen anderen Titel als Überraschung und wirkliches Geschenk der Natur, Methode des ‚spontanen Schreibens'."[12]

Montessori hält es nicht für zweckmäßig, beim Lehren der Konsonanten oder Vokale eine besondere Reihenfolge zu beachten. Sehr häufig führt die Neugier eines Kindes für einen Buchstaben dazu, zu lernen. Weckt zum Beispiel ein ausgesprochener Name im Kind das Interesse zu erfahren, welche Konsonanten und Vokale zu seiner Zusammensetzung erforderlich sind, ist dieses Interesse des Kindes viel wirksamer als jede Überlegung über die zu wählende Reihenfolge.[13]

Auch stellte Montessori fest, dass man bei analphabetischen Erwachsenen ebenso verfahren kann, weil jeder fähig ist, geführt durch den Tastsinn der Finger, *Sandpapierbuchstaben* nachzuspüren und auf diese Weise alle Einzelheiten der einfachen Zeichnungen nachvollziehen kann, die den Buchstaben des Alphabets entsprechen. Sie führt dazu aus:

„Ich weiß, dass vor ungefähr zwei Jahrhunderten ein Künstler, der im Vatikan arbeitete, auf diese Weise die kalligraphische Schrift für die Anwendung durch erwachsene Menschen vorbereitete. Zu dieser Zeit schrieb man noch mit der Hand Bücher und Pergamenthandschriften, erlesene Kunstwerke. Die Kalligraphie, also die Schönschreibkunst, war eine Notwendigkeit für Fachleute, aber es gelang nur sehr schwer, die allerkleinsten Feinheiten einer perfekten Schrift auszuführen. Jener Künstler überlegte sich, die Modelle nachspüren zu lassen, statt sie abzuschreiben, und er bildete erfolgreich Kalligraphen aus, die über eine Schnelligkeit und eine Genauigkeit verfügten, die ansonsten lange und nicht immer von Erfolg gekrönte Übung erfordert hätten."[14]

1.4 Das „bewegliche Alphabet"

Für Montessori liegt das günstigste Alter für die Entwicklung der „[...] geschriebenen Sprache bei etwa vier Jahren, wenn der natürliche Ablauf der Entwicklung der gesprochenen Sprache voll im Gange ist, also während der sensitiven Periode, in der sich die Sprache entfaltet und natürlich festigt. Aus der Sensibilität in der Entwicklung entsteht die Begeisterung für das Alphabet; sie fixiert spontan die phonetische Analyse der das Wort bildenden Laute. Später (etwa mit sechs oder sieben Jahren), nach Abschluss der schöpferischen Periode, ist das natürliche Interesse für diese Analyse, sowohl was das ausgesprochene wie das geschriebene Wort (das Alphabet) angeht, nicht mehr vorhanden. Hier ist der Grund dafür zu suchen, dass kleine Kinder bessere und schnellere Fortschritte machen als größere. Anstatt sich wie diese zu langweilen und zu ermüden, entfalten sie eine unerschöpfliche Aktivität, die sie zu stärken scheint."[15]

Das *bewegliche Alphabet* dient der Analyse von Wörtern und macht die Lautfolge durch Zeichen sichtbar. Es besteht aus drei Kästen:

- Zwei Kästen, die das gesamte Alphabet in gestanzten Buchstaben aus Kunststoff enthalten. Von jedem einzelnen Buchstaben sind nur wenige vorhanden. Sie entsprechen in der Größe den *Sandpapierbuchstaben*. Die Vokale sind blau, die Konsonanten rot. Der didaktische Unterschied zu den *Sandpapierbuchstaben* ist in Folgendem zu sehen:
  – Da mehr Buchstaben vorhanden sind, lassen sich ganze Wörter legen.
  – Gleichzeitig wird die Arbeit schwerer. Damit die Buchstaben nicht seitenverkehrt gelegt werden, müssen die Kinder deren Form sicher internalisiert haben.
- Einem dritten Kasten, der das gesamte Alphabet in mittlerer Größe und gleicher Farbe enthält.

---
11 M. M., Die Entdeckung des Kindes, S. 250
12 a. a. O., S. 216 ff.
13 vgl. a. a. O., S. 237

14 M. M., Weltanalphabetismus, S. 176 f.
15 M. M., Entdeckung des Kindes, S. 285

Der dritte Kasten verlangt eine weitere Abstraktionsleistung: Die Kinder lernen, dass es auf Größe und Farbe der Buchstaben nicht ankommt. Von jedem Buchstaben ist eine größere Anzahl vorhanden.

In allen Kästen sind nur die Kleinbuchstaben des Alphabets vorhanden.

Das Kind soll die Gelegenheit erhalten, seine Sprache akustisch zu entdecken und zu untersuchen, eine für das Schreiben wichtige Vorstufe. Montessori hält die *Isolierung der Schwierigkeiten* für eines ihrer wesentlichen didaktischen Prinzipien: Es darf jeweils nur eine Schwierigkeit neu hinzukommen. Bei einer akustischen Analyse kommt es deshalb nur auf das an, was gehört wird, nicht auf Groß- und Kleinschreibung und nicht auf den „richtigen" Buchstaben, falls zwei Buchstaben gleich klingen. Es geht also nicht um Rechtschreibung, die kommt später. Man hört den Laut (gehörrichtig) heraus und macht die Lautfolge durch Zeichen sichtbar, indem das Kind die Laute mit den Buchstaben des *beweglichen Alphabets* legt.[16] Montessori: „Je mehr das Kind sich intensiv mit dieser Arbeit beschäftigt, umso vollständiger wird ihm die gesamte Analyse der einzelnen Wörter in Laute und Buchstaben gelingen."[17]

Übungen mit dem „beweglichen Alphabet"

---

16 Anm. d. Verf.: Von vergleichbaren Forderungen geht die gegenwärtige Diskussion um das Problem der LRS aus. Groß- und Kleinbuchstaben in Druckschrift als bewegliches Alphabet sind im Auer Verlag erhältlich.
17 Montessori Material Teil 2, Materialien für den Bereich Sprache, S. 17

Material: bewegliches Alphabet
Handhabung: Das Kind legt einen Teppich auf den Boden und holt die Kästen. Die Erzieherin/Lehrerin sollte sich mit ihm vorher den ganzen Kasten anschauen und die Buchstaben suchen lassen, die es schon kennt, sodass das Kind weiß, wo die Buchstaben zu finden sind.

Die Erzieherin/Lehrerin nennt ein kurzes, lautgetreues Wort (Foto, Lama ...), lässt jeden Laut deutlich klingen und nimmt jeweils den entsprechenden Buchstaben aus dem Kasten.

Nach Beendigung der Übung legt das Kind jeden Buchstaben an seine Stelle in den Kasten zurück.

Variation:

- Die Erzieherin/Lehrerin fordert das Kind auf, ein Wort zu nennen und hilft ihm durch langsames Vorsprechen, das Wort zu analysieren, zu den einzelnen Lauten den passenden Buchstaben aus dem Kasten zu nehmen und das Wort gehörrichtig aufzubauen.
- Das Kind wird gebeten, die Laute eines kurzen, lautgetreu zu schreibenden Wortes zu benennen, die Buchstaben, die es schon kennt, herauszusuchen und in der gehörten Reihenfolge zu legen. Falls Buchstaben ausgelassen werden, kann die Erzieherin/Lehrerin behutsam versuchen, durch betontes Aussprechen auf die fehlenden Buchstaben aufmerksam zu machen. Diese Korrektur erfolgt erst nach einigen Übungen. Buchstabenverdrehungen jedoch werden mittels Sandpapierbuchstaben erklärt und dann sofort berichtet.

Förderziel: Worte und kleine Sätze auslegen
Kontrollmöglichkeit: durch die Erzieherin/Lehrerin
Tipp: Der passende Zeitpunkt für den Einsatz ist, wenn das Kind bereits ein paar Sandpapierbuchstaben kennt (am besten alle Vokale und ein paar Konsonanten).

Buchstabendeckchen

Material: Buchstabendecke, Gegenstände, später: Sandpapierbuchstaben
Handhabung: Auf die Buchstabenfelder werden Gegenstände mit dem entsprechenden Anlaut gestellt.
Zum Beispiel: E – Elefant, K – Kreisel … Später wird der passende Buchstabe dazugelegt.
Förderziel: Anlaute erkennen
Tipp: Die Buchstabendecke lässt sich leicht selbst herstellen. Diese entstand im Montessori-Kinderhaus in Kürten.

Buchstabenbuch

Material: Buchstabenbuch, Bildkarten, Buchstaben und Wortkarten
Handhabung: Die Bilder werden in der Reihenfolge der Bilder im Buch geordnet. Nachdem dann Bild und Anlaut genau angesehen wurden, werden die Wörter und Anlaute deutlich ausgesprochen. Danach legen die Kinder zum Bild den passenden Buchstaben und später die richtige Wortkarte.
Förderziel: Lautanalyse
Kontrollmöglichkeit: durch das Buchstabenbuch

Weitere Übungen:

- Lesedose mit Gegenständen (lautgetreue Wörter),[18] zu denen die Wörter mit dem beweglichen Alphabet gelegt werden.
- Bilder der einzelnen Kinder der Gruppe, Bilder von Tieren, Blumen, Farben …, zu denen die Wörter gelegt werden.
- Zwei Wörter, die zusammengehören, werden gelegt. Zum Beispiel: „rotes Heft". Arbeitet das

---

18 Anm. d. Verf.: Sinnvoll ist das Anfertigen einer Liste mit lautgetreu geschriebenen Wörtern, die ergänzt werden kann.

Kind mit einem weiteren Kasten, hat es mehr Buchstaben zum Legen von Wortgruppen oder Sätzen. Zum Beispiel: „Das rote Heft ist klein."

Hinweis: Da es nur um die akustische Analyse geht, muss jede Rechtschreibkontrolle unterblieben. Das Kind überträgt nur die Laute in Buchstaben, die es hört (Prinzip: *Isolierung der Schwierigkeiten*). Später kann es darauf aufmerksam gemacht werden, dass für einen Laut im Deutschen häufig verschiedene Buchstaben (z. B. s – ss – ß oder i – ii – ie – ih) gelegt werden könnten, dass aber nur eine Schreibung richtig ist (und die muss gelernt werden). Auf Sprechfehler der Kinder sollte sehr geachtet werden.
Für erwachsene Analphabeten schlägt Montessori ein vergleichbares Vorgehen vor, aber noch wichtiger als das Alphabet sind das Interesse, die geistige Arbeit in Gang zu setzen und zu halten und Lernmittel bereitzustellen, die Aktivitäten ermöglichen. Das aber betrifft eigentlich jeden Unterricht, gleichgültig, ob es sich um Unterricht für Kinder oder Erwachsene handelt, wie Montessori in ihren Überlegungen zu *Eine Methode für die erwachsenen Analphabeten* herausarbeitet.

Anlautspiel

Material: Anlautspiel mit Großbuchstaben und Tierbildern oder Figuren
Handhabung: Tieren sind die entsprechenden Buchstaben zuzuordnen (hier: W – Wal, G – Giraffe, H – Hund).
Förderziel: genaues Hinhören, Lautanalyse
Kontrollmöglichkeit: durch die Erzieherin/Lehrerin oder Buchstaben auf der Rückseite der Bilder

Geschichten mit Anlauten[19]

> **D**
>
> Drei dumme Dackel denken,
> dass dicke Dachse
> durch dünne, dunkle Durchgänge drängeln.

Material: Anlautgeschichten
Handhabung: Die Anlautgeschichten sind zum Lesen, Aufsagen, Abschreiben, Malen.
Wichtig sind hierbei intensive Übungen zur Artikulation, der Sprechmotorik sowie zum Transfer. Die Anlautspiele erfolgen zwar noch primär akustisch, da die Kinder jedoch schon Buchstaben können, erfolgt zudem die Phonem-/Graphem-Zuordnung.
Förderziel: Lautwert der einzelnen Buchstaben herausarbeiten, Morphem/Graphem-Zuordnung
Hinweis: Die ersten Arbeiten sollten an den Sandpapierbuchstaben und mit dem beweglichen Alphabet erfolgen, weil hier die Schwierigkeiten besonders gut isoliert sind und die Kinder besonders gut fühlen können. Erst danach folgen die weiteren Buchstabenspiele.

1.5 Zur Bedeutung der Lautanalyse

Lautgetreu geschriebene Wörter

Material: Gegenstände, bewegliches Alphabet, Unterlage, später Bild-Wort-Karte und Wortstreifen
Handhabung: Das Kind hört das Wort, analysiert es auf seine Laute hin, legt die entsprechende Buchstabenfolge auf die Unterlage und den Gegenstand dazu.
Später kommt eine Bild-Wort-Karte hinzu sowie der passende Wortstreifen in Druck- und Schreibschrift (oder kombiniert). Dabei sind aufsteigende Schwierigkeitsgrade vorhanden: Im einfachsten Fall wird der Wortstreifen „Telefon" der Bild-Wort-Karte zugeordnet. Eine größere Schwierigkeit liegt vor, wenn der Wortstreifen „Telefon" dem echten Telefon zugeordnet wird.
Förderziel: Lautanalyse
Kontrollmöglichkeit: durch Bild-Wort-Karte, Kodierung auf der Rückseite oder durch die Erzieherin/Lehrerin

Montessori räumt der Lautanalyse einen äußerst hohen Stellenwert ein. Sie verhilft zu präziserem und artikulierterem Sprechen und ist wichtig für das Schreiben.
Da der Klang der Wörter flüchtig ist, versucht Montessori eine *Materialisation* über die *Sandpapierbuchstaben* und über das *bewegliche Alphabet*.
Häufig, etwa im Alter von vier oder fünf Jahren, erfasst das Kind die „Mechanismen" der akustischen Analyse und benutzt sie bei der durchaus interessanten Tätigkeit, Wörter zusammenzusetzen. „Durch die vorhergehenden Übungen hat das Kind die Fähigkeit erworben, die Wörter deutlich Laut für Laut wahrzunehmen und die ihnen entsprechenden Schriftzeichen wiederzuerkennen. Das mit dem beweglichen Alphabet zusammengesetzte Wort gibt dann die Projektion des artikulierten Wortes „nach außen" wieder [...]" und die Erzieherin/Lehrerin kann den inneren Weg verfolgen, „[...] in denen die Worte endgültig Gestalt annehmen. Sie kann dabei durch ihre Hilfe in beide Sprachformen eingreifen und das Kind einerseits zum perfekt artikulierten Wort und andererseits zur genauen Klanganalyse des geschriebenen Wortes führen."[20] Montessori geht davon aus, dass dies auch zur perfekten Orthografie führt, aber da kommen noch ein paar Faktoren hinzu. Richtig ist, dass die akustische Analyse als wesentlicher Bereich für eine gute Rechtschreibung anzusehen ist. Montessori legt hierauf besonders Wert. Abschließend merkt Montessori an:
„Diese Assoziation zwischen der artikulierten und der geschriebenen Sprache hat größte Bedeutung; sie ist der Schlüssel, der den Weg für die ganze Entwicklung des Schreibens freigibt. Das Schreiben wird also zu einer mit der Muttersprache verknüpften zweiten Sprachform, die außerdem eine Verbindung zwi-

---

[19] Anm. d. Verf.: Folgende Übung sowie die entsprechenden im Anhang wurden von der Montessori AG-Mönchengladbach unter Leitung von Gretel Moskopp zur Verfügung gestellt. Es handelt sich hierbei um eine AG, die im Rahmen der Lehrerfortbildung der Bezirksregierung Düsseldorf stattfand.

[20] M. M., Die Entdeckung des Kindes, S. 280

schen beiden Sprachformen durch diese häufig wiederholten Übungen schafft [...].
Beachten wir hier die Vorteile der beschriebenen Methode. Die Buchstaben wirken auf die artikulierte Sprache ein und führen fast mechanisch zur Analyse des gesprochenen Wortes.
Gerade das gesprochene Wort wird bei der Analyse der Laute, die es bilden, hervorgehoben. Ist erst einmal die Assoziation der Schriftzeichen mit den Lauten hergestellt, kann das Kind mit Hilfe des Alphabetes alle existierenden Wörter, die es hört, im Geiste rekonstruieren.
Dann lässt sich durch einfache Assoziation der Zeichen mit den Lauten mit Hilfe von Schriftzeichen die gesamte artikulierte Sprache zusammenstellen, die in einem Zug im Schreiben mündet."[21]

Zusammengesetzte Wörter

Material: Großbuchstaben
Handhabung: Das Kind legt mit einem Buchstabenkasten nach Möglichkeit ein lautgetreu zu schreibendes Wort, liest es (oder es wird ihm vorgelesen), schiebt es zu dem Gegenstand und bildet das zusammengesetzte Wort. Nach dem Benennen wird das Wort zum nächsten Gegenstand geschoben.
Förderziel: Lautanalyse, Wortschatzerweiterung
Kontrollmöglichkeit: durch die Erzieherin/Lehrerin

1.6 Sprechfehler und Sprechgymnastik

Sprechfehler und Sprachmängel haben zum Teil organisch bedingte Ursachen, hängen aber auch mit dem Lernen zusammen. Ein Kind eignet sich diese Fehler an, wenn es Wörter mangelhaft ausgesprochen hört und entsprechend nachahmt oder wenn es die natürlichen Fehler der kindlichen Sprache beibehält.
Normale Fehler der kindlichen Sprache sind darauf zurückzuführen, dass die komplizierten Muskelvorrichtungen des Mundes, vor allem der Zunge und des Kehlkopfbereiches, noch nicht hinreichend funktionieren und folglich den Laut oft nicht richtig wiedergeben.
Einige Aussprachefehler beruhen jedoch darauf, dass das Kind Laute, die es mangelhaft ausgesprochen gehört hat, ganz genau, und damit falsch wiedergibt. Im ersten Fall handelt es sich um funktionelle Insuffizienz der Mund/Zungenmotorik, die Ursache ist beim Individuum zu suchen. Im zweiten Fall liegt die Ursache bei der Umwelt.
Solche Defekte bleiben oft, wenn auch abgeschwächt, bei Jugendlichen und Erwachsenen bestehen. Sie bewirken eine fehlerhafte Sprache, die dann beim Schreiben zu Rechtschreibfehlern führen können.
Montessori betont: „Denkt man an den vom menschlichen Wort ausgestrahlten Zauber, so tritt zweifellos die Unterlegenheit all derer hervor, die nicht korrekt sprechen. In der Erziehung ist keine ästhetische Konzeption denkbar, bei der nicht besondere Sorgfalt auf die Vervollkommnung der artikulierten Sprache verwendet wird [...].
Heute beginnt sich ganz langsam die Gewohnheit einzubürgern, mit pädagogischen Methoden schwere Sprachfehler wie Stottern zu korrigieren; doch der Gedanke an eine Sprechgymnastik fand bisher in unseren Schulen noch keinen Eingang. Diese Gymnastik soll versuchen, die Sprache zu vervollkommnen [...] im großen Werk der ästhetischen Vervollkommnung des Menschen."[22]
Montessori geht davon aus, dass ihre Methode alle Übungen zur Korrektur der Sprache enthält: „Sie nennt insbesondere:

a) *die Stille-Übungen*, welche die Nervenbahnen der Sprache darauf vorbereiten, neue Reize präzise zu empfangen;
b) *die Schritte der Lektionen*, die zunächst darin bestehen, dass die Erzieherin *wenige Wörter* klar und deutlich ausspricht. Damit werden perfekte *auditive Sprachreize* ausgesandt, Reize, welche die Erzieherin *wiederholt*, wenn das Kind die Vorstellung des Gegenstandes, den das Wort dar-

---

21 M. M., Die Entdeckung des Kindes, S. 281 f.

22 a. a. O., S. 283

stellt, bei Nennung des Namens wahrgenommen hat (Erkennen des Gegenstandes). Schließlich wird die artikulierte Sprache dadurch beim Kind ausgelöst, dass es nur *dieses eine Wort* wiederholen und dabei seine einzelnen Laute aussprechen muss.[23]

c) *die Übungen der geschriebenen Sprache*, welche die Laute des Wortes analysieren und sie einzeln auf mehrere Arten wiederholen lassen, und zwar dann, wenn das Kind die einzelnen Buchstaben lernt und Wörter zusammensetzt oder schreibt, wobei es die Laute wiederholt, die es einzeln in das zusammengesetzte oder geschriebene Wort umsetzt."[24]

Für viel wichtiger hält Montessori es aber, Sprechfehler durch die Pflege der Sprachentwicklung in den Grundschulen, vor allem aber in den Kinderhäusern gar nicht erst aufkommen zu lassen, und zwar genau in dem Alter, in dem sich die Sprache beim Kind verfestigt.

Im Folgenden einige Umsetzungsmöglichkeiten:

Mund-/Lautkoordination

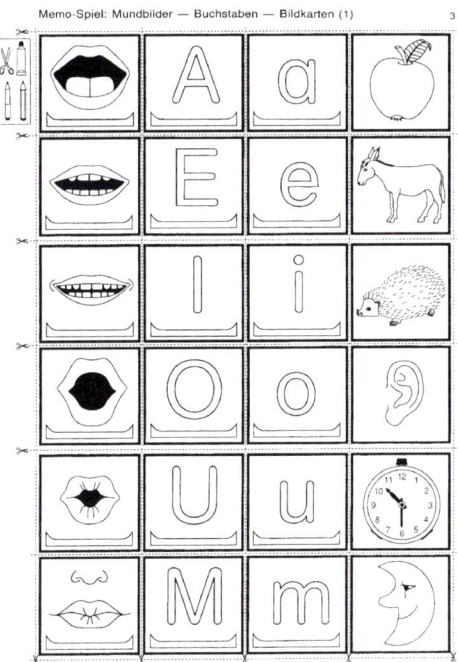

Lautbilder und Buchstabenkarten[25]

Material: Lautbilder, Buchstabenkarten, Kontrollkarten

---

23 Anm. d. Verf.: So enthalten die Klassifikationskarten nur den Namen des gezeigten Gegenstandes; analog dazu die geometrischen Körper (die Namen-/Wortlektionen sind z. B. „Kugel", „rollen" usw.)
24 M. M., Die Entdeckung des Kindes, S. 284
25 aus: Gunkel, Robert und Heiner Müller: *Lesenüben mit Mundbildern*, Bd. 134, Persen Verlag

Handhabung: Den Lautbildern werden die Buchstabenkarten zugeordnet – einmal direkt mit dem Bild verknüpft, einmal für die geübteren Kinder getrennt: Sie sprechen einen Laut, achten auf die Mundstellung, nehmen das Lautbild und legen den passenden Buchstaben dazu.

Förderziel: die Mund-/Zungenstellung aufmerksam betrachten

Kontrollmöglichkeit: mit Hilfe der Kontrollkarte

Hinweis: Die richtige Stellung von Mund und Zunge allein evtl. auch mit Hilfe eines Spiegels oder mit einem Partner üben.

Aus heutiger sprechtherapeutischer und logopädischer Sicht müssen diese Vorschläge Montessoris sicherlich ergänzt, erweitert und spezifiziert werden, zumal sich unter den Bedingungen einer veränderten Kindheit zahlreiche weitere Sprachdefizite ergeben, teils, weil Eltern den Kindern weniger vorlesen und weniger mit ihnen sprechen, teils, weil Videos als Babysitter missbraucht werden ...

Die reguläre Schule hat bislang versäumt, solche Übungen einer *Sprechgymnastik* für die Verbesserung der artikulierten Sprache in ihre Konzeption aufzunehmen. Lediglich in der LRS-Betreuung finden entsprechende Überlegungen (leider auch hier nur peripher) statt. Interessant ist, dass Montessori bereits zu einem sehr frühen Zeitpunkt auf die Relevanz dieser Aufgabe hingewiesen hat. Indes wurde bislang auch bei der Ausbildung der Montessori-Pädagogen diesem wichtigen Punkt häufig nicht die gebührende Aufmerksamkeit gewidmet.

1.7 Schreiben

Durch die Greif- und Tastübungen beim *Sinnesmaterial*, durch die geeignete Handhaltung des Stiftes bei den *metallenen Einsatzfiguren*, durch das Benennen und Abtasten der *Sandpapierbuchstaben* sowie durch den Aufbau von Wörtern mit dem *beweglichen Alphabet* wurden die Kinder indirekt und direkt umfassend auf das Schreiben vorbereitet. Dies führt meistens zu spontanem Schreiben von Wörtern, z. B. des eigenen Namens.

Für weitere Übungen werden Tafeln mit/ohne Linien, Kreide; Schreibpapier mit/ohne Linien, Heftchen, Stifte, eine Schüssel mit Sand, Bildkärtchen, Sandpapierbuchstaben usw. benötigt.

Die Erzieherin/Lehrerin vergewissert sich, dass die Buchstaben vom Kind in der richtigen Schreibweise geschrieben werden können. Fehler werden in besonderen Lektionen verbessert. Während des spontanen Schreibvorganges wird das Kind nicht auf Fehler aufmerksam gemacht.

Schreiben im Sand

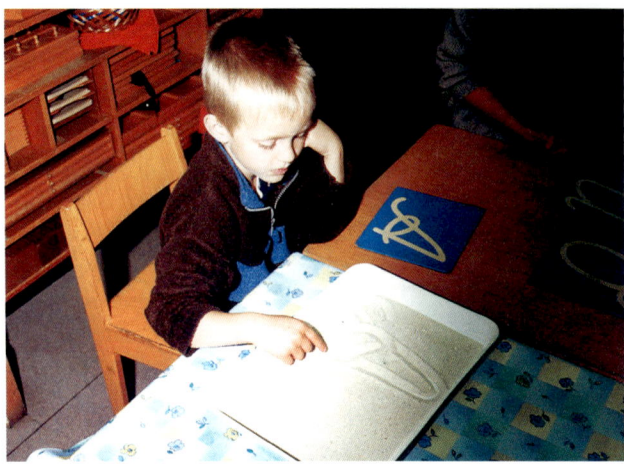

Material: Schüssel, Sand, Sandpapierbuchstaben, Kärtchen mit verschiedenen Motiven (Ball, Sonne ...)

Handhabung:
1. Einen Sandpapierbuchstaben oder ein Kärtchen nehmen
2. Den Sandpapierbuchstaben bzw. das Bild auf dem Kärtchen genau betrachten und den Gegenstand benennen.
3. Den Sandpapierbuchstaben bzw. den Anfangsbuchstaben des Gegenstandes mit dem Finger in den Sand schreiben.
4. Selbstkontrolle

Variation: Analog kann auch das ganze Wort geschrieben werden.

Förderziel: Einprägen der Buchstabenform und des Bewegungsablaufes

Kontrollmöglichkeit: Auf der Rückseite des Kärtchens steht der richtige Buchstabe

Tipp: Die Arbeitsanweisung für ein Kind, das bereits relativ flüssig und sinnverstehend lesen kann, könnte auf einem DIN-A5-Kärtchen stehen:
1. Nimm dir ein Kärtchen.
2. Betrachte das Bild auf dem Kärtchen. Wie heißt der Gegenstand?
3. Schreibe den Anfangsbuchstaben des Gegenstandes mit deinem Finger in den Sand.
4. Überprüfe mit der Rückseite des Kärtchens. Ist der Buchstabe richtig geschrieben?

Weitere Übungen

- Namenskarten für andere Kinder, Gegenstände, Tiere ... schreiben.
- Einen Buchstaben auf den Rücken eines anderen Kindes schreiben oder geschrieben bekommen und ihn benennen.
- Anlaute finden (z. B. eine Reihe von Gegenständen, die mit einem Tuch abgedeckt sind, den Gegenstand beschreiben und von einem anderen Kind das Wort erraten lassen).

1.8 Zur Frage nach der Schrift

In den deutschen Schulen lernen die Kinder anhand unterschiedlicher Schriften Schreiben und Lesen. Verwendet werden in der Regel die *Lateinische Ausgangsschrift* (LA), *Druckschrift* (DS) mit ausschließlich großen Buchstaben, Druckschrift mit großen und kleinen Buchstaben sowie die *Vereinfachte Ausgangsschrift* (VA).

Ursprünglich versprachen sich die Anhänger der einzelnen Schriften jeweils sehr viel von *ihrer* Methode, wurden dann aber relativ schnell auf den Boden der ernüchternden Realität zurückgeholt. Die Zeit der Glaubenskämpfe um die *richtige* Schrift scheint vorbei zu sein und man verfährt relativ pragmatisch. Wichtiger dürfte es sein, dass die ganze Schule einheitlich verfährt, weil dadurch die Bedeutung „ihrer Schrift" für die Kinder besonders hervorgehoben wird und zudem Klassen- bzw. Lehrerwechsel ohne Brüche möglich sind.

Aus diesem Grund finden sich im vorliegenden Buch auch Bildbeispiele mit den unterschiedlichen Schriften.

Montessori setzte sich bei der Konzeption ihres Schreib*lehrganges* intensiv mit EDOUARD SÉGUINS und JEAN ITARDS Methode auseinander, weil diese beiden französischen Nervenärzte, die zugleich Pädagogen waren, sich als erste mit der pädagogischen Betreuung behinderter Kinder befasst und entsprechende Materialien entwickelt hatten. Seguin und Itard bereiteten die Kinder durch Zeichenunterricht, speziell durch das Zeichnen geometrischer Muster – vornehmlich Quadrate und Kreise sowie gerader Linien, die in verschiedene Richtungen gehen – auf das Schreiben vor.[26] Jedoch kritisiert Maria Montessori hierbei, dass Itard und Seguín im Grunde Geometrie als Schreibvorbereitung unterrichteten, was sicherlich besser war als die damals üblichen Verfahren, aber noch keineswegs die beste Vorbereitung auf das Schreiben darstellt. Zudem begannen sie ihren Schreiblehrgang mit großen Druckschriftbuchstaben. Dies wiederum problematisierte Montessori, weil die Kinder ihrer Ansicht nach die mühsam gelernten Großbuchstaben für das Schreiben schnell wieder vergessen müssen, um dann die echte Schreibschrift zu lernen.[27] Zudem sind gerade Linien und Kreise für Kinder am schwierigsten und die herrschen bei der Druckschrift vor *(ball-and-stick-mode of writing)*.[28]

Montessori plädierte deshalb für einen Beginn mit kursiven Schreibschriftbuchstaben und mit dem Berühren bzw. Umfahren der Buchstabenform, um

---

26 M. M., Die Entdeckung des Kindes, S. 208 f.
27 vgl. a. a. O., S. 214
28 vgl. AMI, Questions and Answers, S. 54

die Bewegungsrichtung zu *begreifen*.²⁹ Ursprünglich wollte sie ausgekehlte Holzbuchstaben einsetzen, „[...] damit man mit einem Stäbchen die Rillen entlang fahren konnte [...]"³⁰. Doch da sich dies als zu schwierig in der Herstellung und zu langwierig für die Kürze der zur Verfügung stehenden Zeit erwies, kam sie auf die Idee, das Alphabet aus Sandpapier herzustellen und auf kleinere Holzplatten zu kleben. Im Nachhinein war sie mit dieser Lösung nicht nur sehr zufrieden, sondern betrachtete sie sogar als einen Glücksfall.

Ferner entsprach jedem Buchstaben des Alphabets ein handgemaltes Aquarellbild, auf dem der Kursivbuchstabe in der richtigen Farbe (blau für Vokale und rot für Konsonanten) und daneben etwas kleiner der entsprechende Druckbuchstabe geschrieben wurde. Die Figuren im Bild stellten Gegenstände dar, deren Name mit dem gezeichneten Buchstaben anfing. Zum Beispiel war neben **m** eine Hand (italienisch: **m**ano) und ein Hammer (italienisch: **m**artello) gemalt. Diese Bilder dienten dazu, das Lautgedächtnis für den Buchstaben zu fixieren.³¹

In einer kleinen Montessori-Landschule in Klixbüll (Schleswig-Holstein) hat der Künstler MEINOLF MANDELARTZ Montessoris Intention umgesetzt und für alle Buchstaben ein *Buchstabenbild* gemalt, das großformatig an den Wänden der Klasse hängt, durch Witz und Humor besticht und die Kinder immer wieder zum Hinsehen anregt. Bei dieser Gestaltung wurde der relevante Buchstabe durch die Schriftfarbe hervorgehoben. Dem Lese-/Schreiblehrgang der Schule entsprechend wurde Druckschrift verwendet.

Zusammengefasst:

Für Maria Montessori war wichtig, dass
● der Schreiblehrgang selber physiologisch richtig und ohne unnötige Umwege aufgebaut wird. Was als physiologisch richtig zu verstehen ist, entscheidet die Beobachtung der Kinder.
● dem Berühren und Nachfahren des Buchstabens großer Wert beigemessen wird.
● von Anfang an einprägsame optische, akustische und haptische Hilfen angeboten werden.

Oben wurde angedeutet, dass sich hinsichtlich des Schreiblehrganges inzwischen eine relativ pragmatische Position durchgesetzt hat, wobei die eben genannten drei Punkte Montessoris nach wie vor wichtig sind und umso bedeutsamer, je mehr Schwierigkeiten ein Kind hat. Auch ein Schreibbeginn in Druckschrift mit Großbuchstaben dürfte nicht mehr die von Montessori gesehene Problematik beinhalten, ist doch der Übergang zu den Großbuchstaben der *Vereinfachten Ausgangsschrift* (VA) relativ leicht, sofern die Schreibrichtung bei den Druckbuchstaben bereits diejenige ist, die auch bei der VA erforderlich ist. Ein *Vergessen* der alten Form beim Schreiben und ein völliges Neulernen entfallen somit.

Die AMI³² allerdings plädiert jedoch in der Zeitschrift *Communications* 1999/4 nach wie vor für einen Beginn mit der *Kursivschrift* (analog der *Lateinischen Ausgangsschrift*) und stellt lapidar fest, dass nur Sandpapierbuchstaben in *Kursivschrift* vom pädagogischen Komitee der AMI als *AMI-approved material* gelten.³³ Leider widerspricht die begründende Argumentation teilweise der Logik Montessoris: So wird zwar mit Recht betont, dass in unserer Zeit alles schnell geschehen muss, der Entwicklungsprozess der Kinder aber Zeit braucht, Zeit für die Wiederholung, die Verinnerlichung und auch für die Freude, wenn neue Fertigkeiten gelernt sind. Die mehr fließende und komplexe kursive Schrift soll eben dies ermöglichen.³⁴

Aber Montessori fordert generell Zeit, Ruhe und Muße, damit das Kind seinen Rhythmus entwickeln kann – und das gilt für alle Lernbereiche und jede Form des Schreibenlernens – und ansonsten muss, wie oben dargestellt, der Schreiblehrgang selber physiologisch richtig und ohne unnötige Umwege aufgebaut werden.

---

29 vgl. M. M., Die Entdeckung des Kindes, S. 218
30 a. a. O., S. 223
31 a. a. O., S. 218

32 Anm. d. Verf.: AMI = Association Montessori Internationale. Die AMI ist die internationale Dachorganisation mit Sitz in Amsterdam. Sie ist Anlaufstelle und Kommunikationszentrum für Montessori-Vereine aus aller Welt. Daneben bestehen zahlreiche nationale Montessori-Organisationen, die oft nur lose oder gar nicht mit der AMI verbunden sind. Die Ausbildung von Montessori-Pädagogen erfolgt zwar auch durch die AMI, primär aber durch die nationalen Organisationen.
33 vgl. AMI: „Question and Answer: Print vs Cursive." In: Communications 1999/4, S. 54
34 M. M., Die Entdeckung des Kindes, S. 208 f.

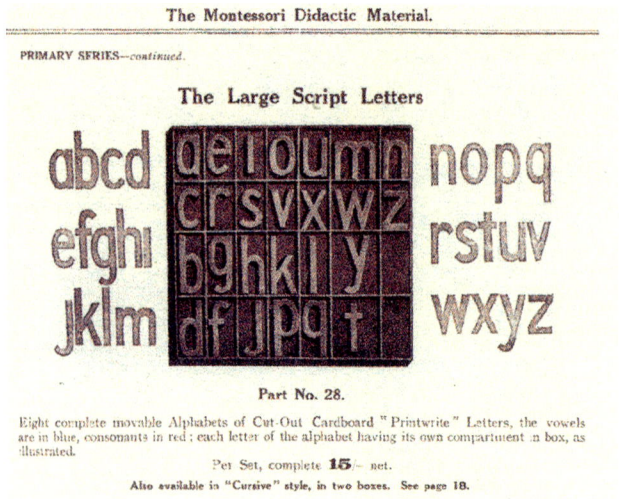

In einem historischen Katalog „Complete Illustrated and Annotated Catalogue of the Montessori Didactik Material – Issued with the authority of Dottoressa Maria Montessori" befinden sich bereits das bewegliche Alphabet und Sandpapierbuchstaben als Druckbuchstaben.[35]

1.9 Zum Zusammenhang von Lesen und Schreiben

Lesen und Schreiben basieren auf dem Zusammenspiel von Phonem und Graphem, erwachsen also aus der Notwendigkeit Laute in graphische Zeichen zu übersetzen bzw. umgekehrt. Durch das Schreiben kennt das Kind bereits die Laute und ihre Bedeutung. Beim Lesen aber muss das Kind das Wort aus den Zeichen heraus begreifen, aus denen das Wort zusammengesetzt ist; es muss nach etwas Unbekanntem suchen.

Für Kinder eines Kinderhauses ist das Lesen eine natürliche Folge des Schreibens. Es erfolgt etwa im Alter von 5 Jahren.

Montessori beginnt bei ihrer Methode mit Lese- und Schreibunterricht gleichzeitig. Sie stellt fest: „Wird dem Kind ein Buchstabe vorgelegt und dabei gleichzeitig sein Laut ausgesprochen, fixiert es dessen Bild mit dem visuellen sowie mit dem Tast-Muskelsinn und verknüpft im Wesentlichen den Laut mit dem entsprechenden Zeichen, nimmt also Kenntnis von Schriftsprache. Doch wenn es sieht und erkennt, dann liest es, und wenn es berührt, dann schreibt es. Das Kind beginnt also seine Erkenntnis mit zwei Handlungen, die sich in der Folge bei ihrer Weiterentwicklung trennen, um die beiden verschiedenartigen Vorgänge des Lesens und des Schreibens zu bilden. Die Gleichzeitigkeit des Unterrichts oder besser die Verschmelzung der beiden einführenden Vorgänge stellt also das Kind vor eine neue Sprachform, ohne dass dabei festgelegt wird, welcher der beiden sie bildenden Vorgänge […] beim Lesen überwiegt. Es soll uns nicht bekümmern, ob das Kind während der Entwicklung dieses Prozesses zuerst lesen oder schreiben lernt und ob ihm der eine oder andere Weg leichter fällt. Hierzu müssen wir die Erfahrungen abwarten [und] auf die Wahrscheinlichkeit individueller Unterschiede gefasst sein, je nachdem, ob der eine oder der andere Vorgang bei der Entwicklung vorherrscht."[36] Aber: „[…] wenn die Methode im normalen Alter – also unter 5 Jahren – angewandt wird, schreibt das ‚kleine Kind', bevor es liest, während das bereits zu weit entwickelte Kind (von 5 oder 6 Jahren) zuerst liest, jedoch dabei seine ungeschickte Handmotorik durch eine schwere Lehrzeit schleppt."[37] Aus dem Gesagten ergeben sich folgende Konsequenzen:

- Bei einem kindgerechten Vorgehen müssen die wesentlichen Elemente eines Schreib- und eines Leselehrganges gleichzeitig bereitgestellt werden.
- Es muss dem Kind überlassen bleiben, wonach es zuerst und hauptsächlich greift.
- Für das Erlernen des Schreibens sind vor allem Elemente wichtig, die Spür-, Artikulations- und Hörerfahrungen zulassen und diese systematisieren.
- Für das Erlernen des Lesens benötigt das Kind vor allem optische Hilfen.
- Versäumnisse haben weitreichende Folgen und erfordern später ungebührlich viel Zeit zum Aufarbeiten.

---

35 Anm. d. Verf.: Zu erwähnen ist, dass das Montessori-Lehrmittelhaus in Zelhem (Niederlande), welches das AMI-approved material herstellt, durchaus Druckschrift-Sandpapierbuchstaben im Programm hat. Quelle zu „The Large Script Letters": Grazia Honegger Fresco: Il Materialie Montessori, S. 93, 105, die hier angesprochenen Abbildungen beziehen sich auf „The Philipp Tacey London catalogues between the 20' and 30's. Anastatic reprint of the 13th edition". Der Katalog zeigt auch Sandpapierbuchstaben als Druckbuchstaben (S. 104), die jedoch wegen der schlechten Qualität der Vorlage hier nicht reproduzierbar waren.

36 M. M., Die Entdeckung des Kindes, S. 239 f.
37 a. a. O., S. 240

Kapitel 5: Lesen

HERIBERT BÄCKER, REINHARD FISCHER, GRETEL MOSKOPP

1. Was Kinder über das Lesen und seine Bedeutung sagen[1]

„Lesen ist, wenn einer etwas auf ein Blatt schreibt oder Buchstaben auf ein Blatt malt und ich binde sie aneinander. Dann gibt es ein Wort und das muss man dann laut oder leise sagen, das heißt Lesen."
Eileen, 2. Schuljahr

„Lesen ist sehr schön. Man kann einen nicht mehr anschmieren. Wenn ein Kind das noch nicht lesen kann und die Überschrift eines Buches wissen will, fragt es jemanden, und der kann einen anlügen."[2]
Kathrin, 2. Schuljahr

„Wenn man lesen kann, ist das wie als wenn man in ferne Länder reist.
Wenn man lesen kann, dann ist es, als wenn man mit der Person Abenteuer erlebt.
Lesen ist schön." *Isabell, 3. Schuljahr*

„Lesen ist ohne zu sprechen sich zu verständigen."
Boris, 3. Schuljahr

„Wenn man liest, weiß man, was in der Welt passiert." *Henning, 3. Schuljahr*

„Wenn du lesen und schreiben kannst, dann kannst du die tollsten Briefe lesen und schreiben. Wenn du Briefe lesen kannst, dann kannst du wissen, wie es dem anderen weit weg geht."
Christian, 4. Schuljahr

„Wenn ich lesen kann, stelle ich mir im Inneren selbst ein Bild vor. Ich sitze auf einem Stuhl oder stehe an einem Ort und bin doch irgendwo anders, als wo ich bin." *Lisa, 4. Schuljahr*

„Wenn man liest, wird es ganz ruhig und es malt neue Bilder in uns." *Karen, 4. Schuljahr*

In einer Montessori-Grundschulklasse, in der die Klassen 1–4 wegen der sinnvollen Altersmischung zusammen unterrichtet wurden, sollten die Kinder kurz aufschreiben, wie es kam, dass sie lesen lernten. Von den 28 Kindern vermerkten vier „durch Üben" und meinten damit sicherlich das Lernen des flüssigen Lesens. Zwei Kinder, die noch nicht lesen konnten, schrieben eine Reihe von Buchstaben auf, vermutlich als Hinweis: „Zum Lesenlernen muss man die Buchstaben kennen und folgende kann ich bereits." Neun Kinder erinnerten sich, dass sie zuerst Buchstaben lernten und meinten, „dann hat es auf einmal geklappt"; von diesen neun Kindern vermerken zwei noch „leichte Wörter", die zunächst das Lesen erleichterten, und dreizehn Kinder beschrieben ihre Leseerinnerung so:

- kam von allein;
- war da, als ich Bücher anguckte;
- war da, als ich einem anderen Kind vorlesen sollte;
- war da, als ich auf ein (lustiges) Plakat guckte.

Eins der dreizehn Kinder notierte eine Art Zusammenfassung: „Ich habe es gelernt, weil es auf einmal da war." Diese entspricht dem, was UTE ANDRESEN feststellt: „Für jedes einzelne Wort braucht es [...] [ein] ‚Aha!', nur kommt es mit der Zeit selbstverständlicher und schließlich unmerklich. Jedes Mal ist es eine Freude. Wer nicht abwarten kann, bis sich im Kopf des Lesekindes Zeichen-, Laut- und Erfahrungsgestalt zueinander fügen, wer ihm das fertige Wort vorsagt, betrügt es um diese Freude. [...] Lesenlernen ist eine große Erfahrung, die Kraft braucht und Ruhe, Mut und Geduld, bis man allmählich immer leichter den Weg aus dem Nebel in die Klarheit findet. Jeder muss seinen eigenen Weg finden. Und wie dies geschieht, [...] ist ein Geheimnis."[3]

2. Einführung in das Lesen

Lesen bedeutet, die Buchstaben eines unbekannten Wortes in die entsprechenden Laute umzusetzen, diese miteinander zu verbinden (Synthese) und den Sinn zu entschlüsseln. Die Beherrschung des An-

---

1 Anm. d. Verf.: Die Beispiele stammen aus einem unveröffentlichten Vortragsmanuskript von GRETEL MOSKOPP.
2 Anm. d. Verf.: In einem späteren Gespräch mit der Mutter war zu erfahren, dass es öfters Probleme mit der Fernsehprogrammzeitschrift gegeben hat.

3 Andresen, S. 4 f.

einanderreihens der Buchstaben zu einem Wort, besonders auch der Vorgang der Entschlüsselung des Wortes, fällt den Kindern, die bisher nur den einzelnen Buchstaben kennen, oft sehr schwer. Die Arbeit mit den *Sandpapierbuchstaben* und dem *beweglichen Alphabet* (vgl. S. 54 f.) sind wichtige Vorüberlegungen, um die *Explosion des Lesens*[4] vorzubereiten.

Mit Hilfe dieses Materials soll dem Kind eine Initialzündung für das Lesen gegeben werden: Es soll erfahren, dass ein geschriebenes Wort aus einer Gruppe von Zeichen (Buchstaben) besteht. Wenn diese in die entsprechenden Laute übertragen werden, ergibt die Verbindung dieser Laute einen Sinn. Ein geschriebenes Wort gibt auch dann eine Information, ohne dass gesprochen wird. Das Kind nimmt erstmalig teil an dem großartigen Wunder der geschriebenen Sprache.

Nachdem die Kinder Wörter auf ihre Laute hin analysiert haben und diese mit den Buchstaben des *beweglichen Alphabets* gelegt haben – ohne die Wörter anschließend zu erlesen –, erfolgt das Erlesen von Lauten nun bewusst.

Schon öfter in Laute zerlegte, kurze und lautgetreu zu schreibende Wörter werden von der Erzieherin/Lehrerin auf Zettel notiert (z. B. Puma, Dom). Gleichzeitig befinden sich entsprechende Gegenstände auf dem Tisch (in diesem Fall ein Puma). Es handelt sich also um bekannte Dinge, die auch greifbar vorhanden sein müssen.[5] Wenn das Kind das Wort gelesen hat, legt zuerst die Erzieherin/Lehrerin, dann das Kind den Zettel mit dem entsprechenden Wort zum Gegenstand und die Übung ist beendet. Nach zahlreichen Vorübungen dieser Art geht MARIA MONTESSORI einen Schritt weiter. Montessori: „Ich lasse die Kleinen langsam das geschriebene Wort in Laute übertragen. Ist die Interpretation richtig, beschränke ich mich darauf zu sagen: ‚Schneller'. Beim zweiten Mal liest das Kind schneller, wenn es dieselbe Ansammlung von Lauten wiederholt. [...] Dies ist die ganze Leseübung; sie verläuft sehr schnell und verursacht dem bereits durch Schreiben vorbereiteten Kind ganz geringe Schwierigkeit."[6]

Optimal ist es, wenn die Erzieherin/Lehrerin mit Lauten beginnt, die man lange klingen lassen kann und bei denen eine eindeutige, klare Phonem-Graphem-Zuordnung besteht, wie zum Beispiel bei den Vokalen. Verschlusslaute (z. B. /b/, /p/, /d/, /t/) sollten erst nach den einführenden Übungen gebraucht werden. Wegen möglicher Interferenzen sollten auch optisch oder akustisch leicht verwechselbare Buchstaben zu Beginn nicht verwendet werden. Für die Ersteinführung scheinen die Buchstaben i, o, l, m und s besonders geeignet zu sein, weil sie optisch, akustisch und sprechmotorisch gut unterscheidbar sind.

„Reine" Wörter, also weitgehend lautgetreue Wörter mit gleicher Klangqualität der Vokale wären z. B.: Dino, Dom, Foto, Hut, Kino, Lama, lila, Limo, Lineal, Lisa, Los, Mama, Mus, Oma, Papa, rosa, rot, Salami, Sofa, Tal, Uhu, Wal.

Später kämen dann lautgetreue Wörter, deren Vokale im Wort unterschiedlich ausgesprochen werden – z. B. das /a/ in Banane oder das /e/ in Esel oder Telefon – in Frage. Anschließend können dann lautgetreu geschriebene Wörter mit phonetischen Schwierigkeiten, z. B. das /kr/ in Krokodil oder das /br/ in Brot, näher betrachtet und geübt werden.

Allerdings ist die Reihenfolge der Buchstaben uninteressant, wenn eine entsprechende Neugierde des Kindes für einen bestimmten Buchstaben im Vordergrund steht.[7]

Anschließend schlägt Montessori folgendes Spiel vor: „Ich stelle die verschiedenartigsten und anziehendsten Spielsachen auf den großen Tisch. Zu jedem von ihnen gehört ein Zettel, auf dem der Name steht. Ich falte und rolle die Zettel, mische sie in einer Schachtel und lasse sie von den Kindern, die lesen können, wie ein Los herausziehen. Sie sollen mit dem Zettel zu ihrem Platz gehen, ihn ganz langsam aufrollen, still lesen, ohne ihn den Nachbarn zu zeigen, wieder zusammenfalten, sodass sein Geheimnis vollkommen bewahrt bleibt, und dann mit dem Zettel in der Hand zum Tisch gehen. Das Kind soll dann laut den Namen eines Spielzeuges aussprechen und der Leiterin den Zettel zur Überprüfung vorweisen [...]."[8] Stimmt es, kann das Kind den Gegenstand nehmen.

Auf diese Weise entdeckt das Kind das „Geheimnis der Symbole". Was folgt, ist die so genannte *Explosion des Lesens*. Das Kind liest und liest und liest ... Zuerst lesen die Kinder das ganze Wort, das bekannt, kurz und lautgetreu sein muss. Aber schon bald kann man ihm alle Wörter geben. Dabei ist es wichtig, dass das Gelesene wirklich Bedeutung für das Kind hat. Es soll zudem zunächst „begreifend" und später auch interpretierend lesen können.

Lesen und Schreiben stellt eine andere Form der Kommunikation dar. Es ist möglich, mit jemandem Gedanken auszutauschen, ohne dass er anwesend ist. Das ist etwas, was die Kinder fesselt. Wenn man lesen kann, eröffnet sich eine neue Welt. Man kann ein viel

---

4 Anm. d. Verf.: Montessori spricht hier auch oft von einem totalen Lesen und meint damit ein korrektes, sinnerfassendes, verstehendes Lesen.
5 vgl. M. M., Die Entdeckung des Kindes, S. 257; Weltanalphabetismus, S. 179
6 M. M., Die Entdeckung des Kindes, S. 257

---

7 vgl. a. a. O., S. 237
8 a. a. O., S. 258

größeres Gebiet studieren und etwas über andere Völker und andere Zeiten erfahren und Einblick in Gefühle und Gedanken anderer Menschen erhalten. Das Kind muss also das, was es liest, übersetzen und interpretieren, um es verstehen zu können.

Das Lesen eines Buches stellt Kinder vor ein neues Problem: Selbst wenn sie Wort für Wort erlesen und die Bedeutung der einzelnen Wörter verstehen, ist es nicht sicher, ob sie auch den Inhalt des Textes verstanden haben. Montessori bemerkte, dass Kinder, die mit Vergnügen Bücher zu lesen schienen, ihren Sinn nicht erfassten, sondern sich nur über die erworbene Technik freuten, Schriftzeichen in die Laute eines Wortes zu übertragen. Weil das Lesen eines Buches Kinder vor neue Anforderungen stellt, darf man nicht voraussetzen, dass alle Kinder diese Hürde ohne Hilfe nehmen. „Zwischen der Fähigkeit, Wörter zu lesen und den Sinn eines Buches zu erfassen, kann derselbe Unterschied bestehen wie zwischen dem Vermögen, ein Wort auszusprechen und eine Rede zu halten."[9]

Bei der Beobachtung, dass Kinder den Sinn eines Buchtextes nicht erfassten, brach Montessori das Lesen von Büchern ab und wartete. Ihre Hilfe bestand darin, dass sie erst einmal „einen Gedankenaustausch mit Hilfe der Schrift" versuchte, indem sie folgende Übung durchführte:

Sie schrieb auf ein Blatt Papier lange Sätze, in denen Handlungen beschrieben wurden, welche die Kinder ausführen sollten.

‚„Bitte freundlich acht deiner Kameraden, ihren Platz zu verlassen und sich in Zweierreihen in der Mitte des Raumes aufzustellen, lasse sie dann auf Zehenspitzen ganz leise, ohne das geringste Geräusch, vor- und rückwärts gehen.'

‚Sei so gut und bitte drei der größeren Kameraden, die gut singen können, in die Mitte des Zimmers zu kommen, lasse sie sich in einer Reihe aufstellen und sing mit ihnen ein schönes Lied deiner Wahl.' [...]

Kaum war ich mit dem Schreiben fertig, rissen mir die Kinder die Zettel aus der Hand, um sie zu lesen [...] Sie lasen spontan mit größter Aufmerksamkeit und in tiefstem Schweigen. Ich fragte sie: ‚Versteht Ihr?' ‚Ja, ja!' ‚Dann macht es.' [...] Dann verbreitete sich im Saal eine große Betriebsamkeit, eine neuartige Unruhe. Der eine schloss die Läden und machte sie wieder auf; andere ließen die Kameraden herumlaufen oder singen, noch einer ging schreiben oder holte etwas aus dem Schrank."[10]

Die Kinder verstanden die Bedeutung der langen Auftragssätze schnell und gut und führten sie voller Begeisterung aus. Danach konnten auch kleinere Bücher gelesen werden.

Auch auf ein weiteres Problem weist Montessori hin: Will man sinnerfassend laut lesen, muss man zuerst leise lesen, denn lautes Lesen enthält zwei Schwierigkeiten: Es verlangt die Beherrschung der artikulierten und der geschriebenen Sprache. Folglich wird die Arbeit komplizierter. „Wir wissen alle", sagt sie, „dass ein Erwachsener, der mit lauter Stimme etwas öffentlich vorlesen soll, sich dadurch darauf vorbereitet, [...] [indem er] damit anfängt, es beim leisen Lesen zu verstehen. Wir wissen auch, dass Lesen mit lauter Stimme zu den schwierigsten intellektuellen Handlungen gehört. Die Kinder, die also mit dem Lesen beginnen, um die Gedanken zu interpretieren, müssen still lesen. Die geschriebene muss sich von der artikulierten Sprache isolieren."[11]

Von größter Wichtigkeit ist natürlich, wie die Erzieherin/Lehrerin selbst zum Lesen steht. Sieht sie es als etwas Reizvolles, etwas Wertvolles an? Wenn sie es selbst so erlebt, wird sie das Wunder des Lesens auch den Kindern nahe bringen können.

3. Lesespiele zum ersten Lesen

3.1 Lesedose mit Gegenständen

Der ersten Einführung in das Lesen, speziell auch der Synthese von Buchstaben, dienen die Lesedosen mit Gegenständen, in der sich 5–6 Gegenstände befinden, deren Namen zunächst (Lesedose 1) lautgetreu geschrieben und möglichst einsilbig sind (z. B. Dom, Hut, Wal, Los), später jedoch auch „Schwierigkeiten" beinhalten können.

In der *Einzellektion* werden Papierstreifen und Bleistift benötigt.

Im ersten Arbeitsschritt werden die Namen der Gegenstände dem Kind vorgestellt und gegebenenfalls erklärt. Im zweiten Arbeitsschritt erfährt das Kind, dass es möglich ist, schweigend einen Wunsch zu äußern. „Ich schreibe dir auf, was mitspielen soll", sagt die Erzieherin/Lehrerin. Es ist wichtig, dass diese beim Schreiben der Wortkarten die gleichen Buchstabentypen gebraucht wie die dem Kind geläufigen *Sandpapierbuchstaben*. Das Kind soll gut beobachten können, wie das Wort entsteht. Es wird versuchen zu lesen, indem es die einzelnen Buchstaben liest. Die Erzieherin/Lehrerin fordert das Kind auf, die Buchstaben schneller zu lesen bzw. zusammenzuziehen, bis es den Zusammenhang erkennt und das ganze Wort nennt. Das Kind versucht also die Laute der einzelnen Buchstaben in der richtigen Reihenfolge zu verbinden. Hat es den Namen erlesen, dann legt es den Zettel zum Gegenstand. Ebenso wird mit den übrigen Dingen verfahren.

---

9 M. M., Die Entdeckung des Kindes, S. 264
10 a. a. O., S. 265 ff.

11 a. a. O., S. 267

Lauttreue Wörter lesen

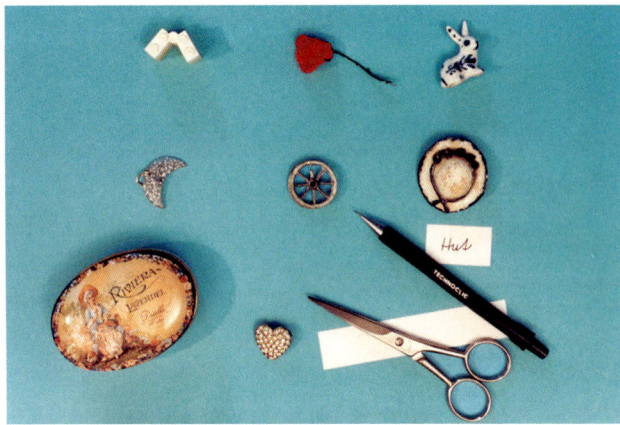

Material: Lesedose mit Gegenständen (bekannte, kurze, lautgetreue Wörter), Stift, leere Wortkärtchen
Handhabung: Die Lehrerin lässt die Kinder die Dinge beim Namen nennen, korrigiert bei groben Verstößen nicht, sondern sondert aus. Wird z. B. der Dom als Kirche bezeichnet, so stellt sie ihn hinten an und schreibt als letztes Wort „Dom". Ob sich hieraus eine Lektion entwickelt? Manchmal.
Die Lehrerin schreibt ein Wort auf einen Zettel (z. B. Rad), das Kind liest es und ordnet es dem entsprechenden Gegenstand zu. Anschließend kann das Kind die Wörter auch mit dem Phonogramm-Buchstabenkasten (s. S. 74) legen.

3.2 Zuordnungsübungen

Zuordnung von Wortkarten und Gegenständen

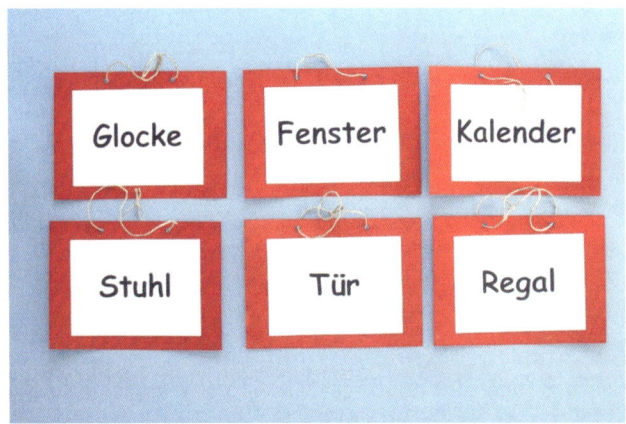

Material: Gegenstände, Wortkarten zum Anhängen
Handhabung: Zunächst werden die Karten von der Erzieherin/Lehrerin an die entsprechenden Gegenstände gehängt. Das Kind holt sie nach Auftrag (und sieht sie sich dabei natürlich an).
Später erliest das Kind die Wörter und hängt sie selbstständig an die Gegenstände. Anschließend kann das Kind die Wörter mit dem Buchstabenkasten nachlegen. Dabei sollte die Schrift von Karten und Buchstabenkasten übereinstimmen.

Weitere Übungen: Die Erzieherin/Lehrerin hat vorbereitete Kärtchen

- von Gegenständen aus dem Klassen-/Gruppenraum – das Kind legt die Karten zu den Gegenständen,
- mit den Namen zahlreicher weiterer vorhandener Gegenstände – das Kind ordnet die Namen den Gegenständen selbstständig zu,

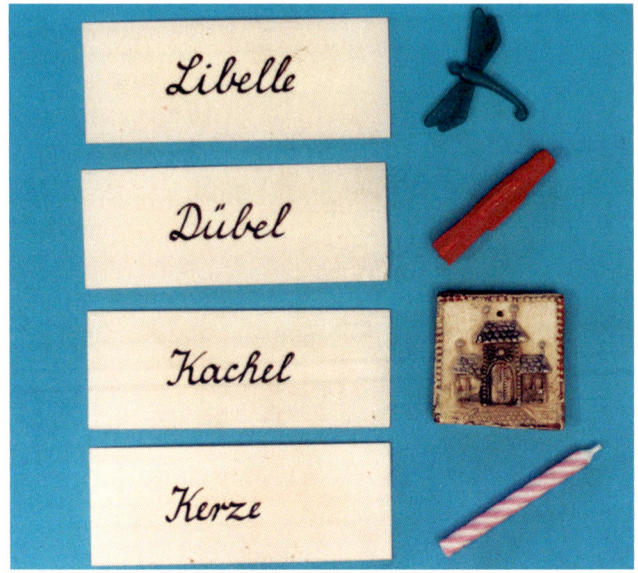

- mit den Namen von Gegenständen, deren Namen zusammengesetzte Wörter sind – das Kind zerlegt die Namen (z. B. Tischplatte, Taschentuch, Fingerspitze …)
- Es können auch Aufträge gestellt werden wie: „Hole (alle) Dinge, die mit einem /b/ anfangen (z. B. Ball, Besen, Bild) oder mit einem /b/ enden (z. B. Stab, Korb, Sieb), oder bei denen ein /b/ im Inneren versteckt ist (z. B. Rabe, Traube, Dübel)."

Zuordnung von Bild- und Textkarten: z. B. Gemüse zuordnen

Material: Auf dem Tablett liegt die Wortkarte „Gemüse", dazu Bilder verschiedener Gemüsearten sowie Definitionskarten mit einem kurzen Text zu dem jeweiligen Gemüse
Handhabung: Nach der Bild-Text-Zuordnung können sich die Kinder ein „Gemüseheft" anfertigen, indem sie die einzelnen Früchte aus einer Vorlage ausschneiden, ins Heft kleben, den Text dazu schreiben, evtl. ergänzen.

Zuordnung von Gegenständen und Zahlwörtern: Ordinalzahlen

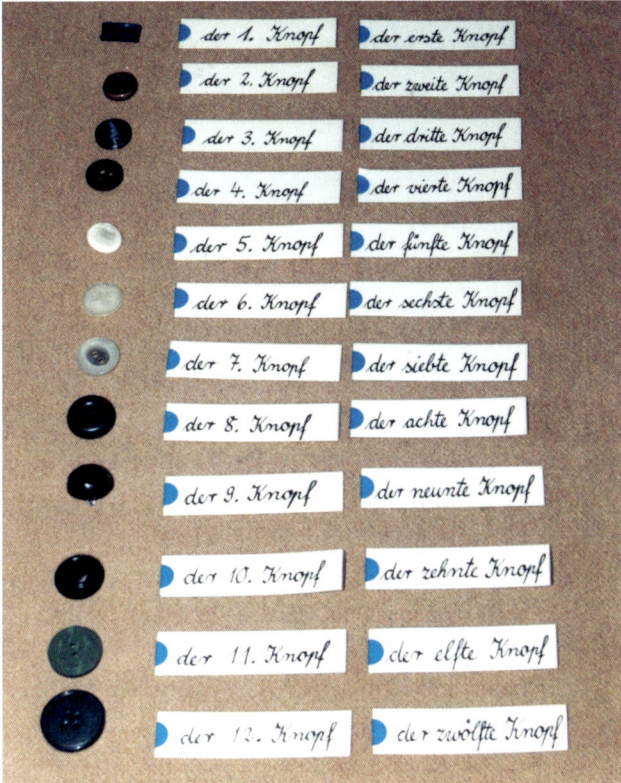

Material: Knöpfe, Karten mit entsprechenden Begriffen
Handhabung: Anhand der Lage des jeweiligen Knopfes erfasst das Kind die Begriffe „der erste", „der zweite"..., lernt sie lesen, schnell wiedererkennen und kann sie auch als Selbstdiktat schreiben.
Hinweis: Vergleichbares gilt für die Zahlwörter. Um aber Mengen erfahrbar zu machen, ist vorher die Arbeit mit dem *goldenen Perlenmaterial* erforderlich.

Zerschnittene Redensarten

Material: Redensarten werden in jeweils zwei Teile zerschnitten.
Handhabung: Der Arbeitsauftrag lautet:
● Füge die passenden Redensarten zusammen,
● schreibe sie auf und
● erkläre sie.

Zerschnittene Märchen

Material: auseinander geschnittene Märchen (Vorderseite – Textseite; Rückseite – Bildseite), dabei ist jedes Märchen auf einem farblich anderen Karton zu schreiben bzw. zu kopieren.
Handhabung: Das Märchen wird vom Kind in der richtigen Reihenfolge zusammengesetzt. Anschließend wird es erst leise gelesen, später liest das Kind den gesamten Text laut vor.
Kontrollmöglichkeit: Werden die Satzstreifen umgedreht, so entsteht bei der richtigen Reihenfolge das passende Märchenbild.

3.3 Spiele mit dem Alphabet

Zu den Spielen mit dem Alphabet gehören Abc-Bilder, -Bücher, -Karten Buchstabenkästen, Buchstaben-/Wortpuzzles.

Auf zwei Spiele wurde bereits hingewiesen, auf das *Buchstabendeckchen* und auf das *Buchstabenbuch* mit Bildkarten und Buchstaben.[12] Wie viele andere Spiele auch können sie zu unterschiedlichen Zwecken eingesetzt werden.

Das Buch *Das kleine Museum*[13] zeigt Bildausschnitte aus Kunstwerken passend zu jeweils einem Laut. Beim „A" ist z. B. ein Arm von Picassos Bild „Zwei am Strand laufende Frauen" abgebildet. Auf dem unteren Bildrand steht dann „Arm".

Im Schulkindergarten der Splittingschule in Papenburg hat die Leiterin dieses Buch auseinander genommen und einen Teppich so zugeschnitten, dass die ausgelegten Bilder des Alphabets einen Kreis ergeben. Dazu gehören Wortstreifen, die von der Leiterin selbst angefertigt wurden und den Bildern zugeordnet werden können. Eine Bild-Wort-Karten-Serie könnte als Fehlerkontrolle dienen.

Beim Bummeln durch Spielwarengeschäfte oder Buchläden sollte die Erzieherin/Lehrerin immer ein offenes Auge für didaktisch interessante und zudem oft noch sehr preisgünstige Fundstücke wie dieses haben.

3.4 Rätselumschläge

In einem Körbchen befinden sich Umschläge mit Wortstreifen bzw. Karten, auf denen Namen mit ungewöhnlicher Schreibweise stehen, z. B. Nougat, Baby, Vase, Clown, Chor, Toilette[14]. Diese schwierigen Wörter werden, wenn nötig, erklärt und in der *Dreistufenlektion* angeboten, um anschließend gelesen und geschrieben zu werden.

Ein Übungsspiel: Wer das Wort liest, bekommt die Karte.

Oder: Die Erzieherin/Lehrerin oder ein Kind diktiert die Wörter, die anderen legen sie mit Buchstaben des Phonogramm-/Buchstabenkastens usw.

3.5 Wortstudien

Die Wortstudien dienen u. a. der Wortschatzerweiterung und sollen Impulse zur Erforschung der Sprache geben.

Die Einführung der Begriffe Einzahl und Mehrzahl

Material: Aufbewahrungskästen mit Substantiven (Numerus)

Handhabung: Das Kind liest die Singular-Wörter des entsprechenden Kastens und legt sie untereinander. Darüber wird das Kärtchen „Einzahl" gelegt, zuerst von der Erzieherin/Lehrerin, später vom Kind. Anschließend legt die Erzieherin/Lehrerin das Kärtchen „Mehrzahl" neben das Kärtchen „Einzahl" und nimmt dann ein Wort in der Mehrzahlform, lässt das Kind sagen, zu welcher Einzahlform dieses Wort passt, lässt es dann in einer Reihe unter das Kärtchen „Mehrzahl" legen. Auf diese Weise kann das Kind später alleine weiterarbeiten.

Übung zu Genus/Sexus[15]

Material: Wortkarten mit Substantiven sowie die passende Anzahl von Wortkarten mit Artikeln, passend zum natürlichen bzw. grammatischen Geschlecht

Handhabung: Die erste Übung erfolgt analog zur Übung „Wortkarten zum Anhängen" (S. 68) mit dem Unterschied, dass die Erzieherin/Lehrerin auch den passenden Artikel bereits vorher an die Gegenstände gehängt hat Auf diese Weise prägen sich Gegenstand und Artikel ein.

Die zweite Übung: Das Kind hängt die Wortkarten einschließlich der Artikel selbstständig an die Gegenstände.

---

12 vgl. S. 57 f.
13 Das kleine Museum, Frankfurt a. M. 1999

14 Anm. d. Verf.: Beim Aussuchen der Wörter ist selbstverständlich die neue Rechtschreibung zu beachten.
15 Anm. d. Verf.: vgl. auch die Übungen in Montessori-Vereinigung e.V.: Auftragkästen und Sprachkästen

3. Lesespiele zum ersten Lesen

Hinweis: Diese Übungen sind äußerst wichtig und müssen durch eigene Beispiele ergänzt werden. Insbesondere bereitet ausländischen Kindern (verständlicherweise) die Zuordnung des richtigen Genus zum Substantiv erhebliche Schwierigkeiten.

Übungen analog zu den Sprachkästen

Material: Sprachkästen mit Wortkärtchen unterschiedlicher Farbe:

1. Männlich und weiblich

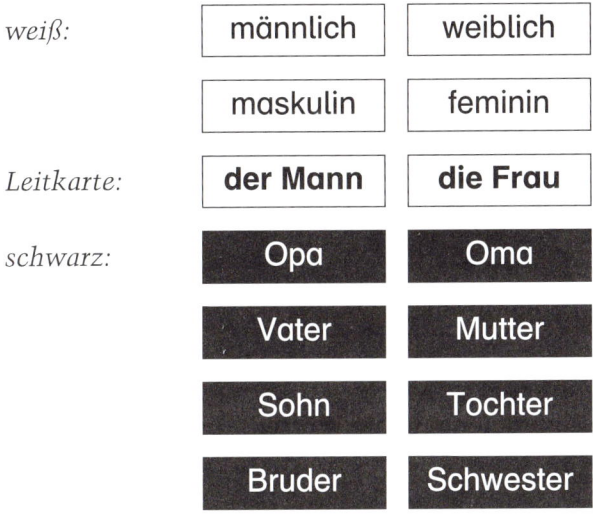

2. Natürliches Geschlecht
- *weiße Kärtchen* (analog zur vorhergehenden Übung) mit dem Aufdruck: männlich, maskulin, weiblich, feminin, sächlich, neutrum
- *Leitkarte* mit dem Aufdruck: der Mann/die Frau/das Kind (später auch: ein Mann/eine Frau/ein Kind)
- *schwarze Kärtchen* mit dem Aufdruck:
  Storch/Störchin/Storchenküken
  Mäuserich/Maus/Mäuslein
  Hahn/Huhn/Küken
  Kater/Katze/Kätzchen
  Bulle/Kuh/Kalb
- eine passende Anzahl *beiger Karten* mit den Artikeln: der, die, das

3. Grammatisches Geschlecht
- *weiße Kärtchen* (analog zur vorhergehenden Übung) mit dem Aufdruck: männlich, maskulin, weiblich, feminin, sachlich, neutrum
- *Leitkarte* mit dem Aufdruck:
  Begleiter/Namenwort
  Artikel/Substantiv
- *schwarze Kärtchen* mit dem Aufdruck:
  Teppich, Zeitung, Feld, Schuh, Glocke, Radio, Roller, Kerze, Auge ...
- eine ausreichende Zahl *beiger Karten* mit den Artikeln: der, die, das bzw. ein, eine, ein

Handhabung:
Zuerst sicher sein, dass das Kind die Begriffe kennt. Falls nicht, müssen sie gelernt werden. Dies ist besonders wichtig bei ausländischen Kindern.
- Die zu übenden Begriffe (männlich, weiblich, sächlich bzw. maskulin, feminin, neutrum) werden ausgelegt.
- Die Wortkärtchen werden gemischt und in die richtige Spalte gelegt.
- Einige Substantive werden vertauscht. Die Kinder ordnen neu.
- Jeweils eine Reihe/Spalte bleibt liegen, die übrigen Karten mischen und neu zuordnen (bei mindestens drei Reihen/Spalten).
- Übung zu zweit bzw. zu dritt: Das erste Kind erhält die Kärtchen mit den männlichen Namen, das zweite die mit den weiblichen ... Ein Kind legt eine Karte aus, das andere oder die beiden anderen ordnen die entsprechenden Kärtchen zu.

Weiterführung:
Zuordnungen der Artikel zu neu gelernten Substantiven werden gesammelt und analog den vorhergehenden Beispielen geübt.
Vergleichbares gilt für die Zuordnung von Artikeln/Substantiven, die schwer fallen.

3.6 Zusammengesetzte Wörter

Vorübung zur Bedeutung der Lautanalyse

Material: Großbuchstaben: H A N D, sowie (jeweils *konkret*) eine Handtasche, ein Handfeger, ein Handtuch, ein Handschuh (vgl. S. 60)

Handhabung: Das Kind legt die gehörten Laute des Wortes Hand und schiebt sie zur Handtasche, zum Handfeger ..., benennt das zusammengesetzte Wort und sagt, aus welchen Teilen es besteht.

Übung mit Wortkarten

Material: z. B. ein Apfel, sowie die Wortkärtchen „Baum", „Mus", „Ring", „Kuchen", „Saft"...

Oder: ein Telefon, sowie die Wortkärtchen „Apparat", „Hörer", „Nummer", „Rechnung", „Zelle" ...

Handhabung:

1. Der Apfel wird vor die einzelnen Wortkärtchen gelegt und das Kind liest das sich ergebende Wort (z. B. Apfelbaum, Apfelmus ...)
2. Der konkrete Apfel wird durch ein Wortkärtchen ersetzt, die Übung erfolgt wie oben.

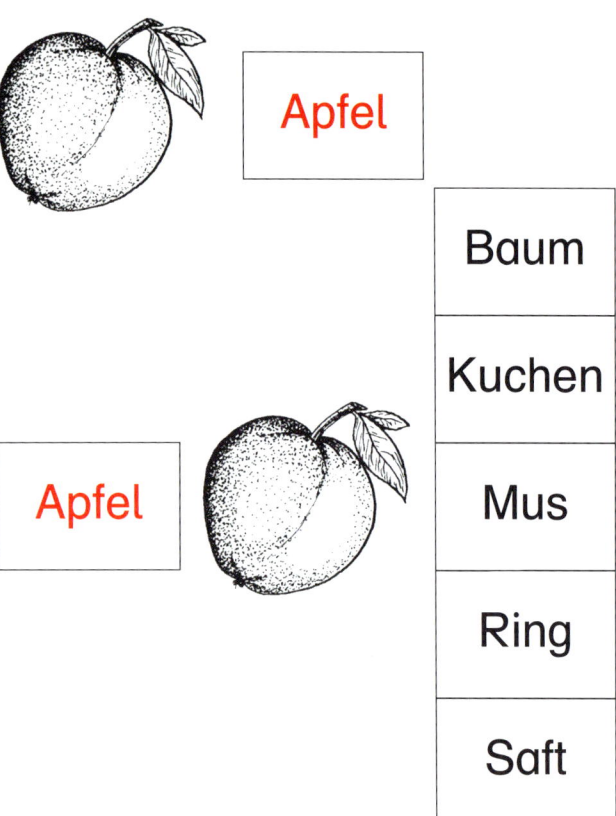

Hinweis: Die beiden Wortteile werden durch unterschiedliche Farben hervorgehoben. Auf dem zweiten Wortkärtchen befindet sich auf der Rückseite das Wort in Kleinschreibung (z. B. baum). Nach dem Zusammenschieben wird das zweite Kärtchen umgedreht, sodass das Wort „Apfelbaum" korrekt geschrieben ist.
Die Lehrerin muss darauf aufmerksam machen, dass das zweite Wort bei der Verschmelzung mit einem Kleinbuchstaben beginnt.

Übung mit Wortstreifen

Material: Wortstreifen, Stifte in zwei Farben
Handhabung: Die Erzieherin/Lehrerin schreibt in Anwesenheit des Kindes das zusammengesetzte Wort zweifarbig auf einem Wortstreifen auf. Der Wortstamm wird üblicherweise in roter Farbe gelegt.

> Apfelbaum

Das Kind erliest die Wörter und kann sie mit den Kärtchen der Phonogramm-/Buchstabenkästen zweifarbig legen und diese dann abschreiben.

Weiterführende Übung:

Die Kinder können auch die von der Erzieherin/Lehrerin geschriebenen Wortstreifen zerschneiden. Die Übung erfolgt analog der Vorübung, jetzt allerdings verbunden mit Lesen, Nachlegen mit den Buchstabenkästchen und Abschreiben. Vergleichbares gilt für die Arbeit mit Vor- und Nachsilben.
Ein Beispiel von Montessori: *casa* (Haus): *casona, caseta, casettina, casuccia, casaccia, casettaccia.*
Sie benutzt hierfür Wortlisten für die Hand der Kinder und vergrößerte Wortlisten, die an die Wand gehängt werden.[16]

Zusammengesetzte Wörter

Material: Bildkarten sowie (zerlegte) Wortkarten
Handhabung: Das Kind legt zum Wort „Schaukelstuhl", „Eierbecher" oder „Wasserhahn" das passende Bild, fragt anschließend nach den einzelnen Wortteilen (z. B. Wasser/Hahn) und legt auch hierzu entsprechende Bilder. Ein umgekehrtes Vorgehen ist natürlich auch möglich.

Übung mit dem Wörterbaum

---

[16] vgl. M. M.: The Montessori elementary Material, Part I, Grammer, S. 12 ff.; in: Montessori, Maria: The Advanced Montessori Method – Volume 22 Kalakshetra Publications, Adyar, Madras, 1965³. First published 1918

4. Phonogramm

Material: Wörterbaum, Wortsymbole für „Nomen", „Verb", „Adjektiv", Teppich als Arbeitsunterlage. Der Wörterbaum[17] wurde von der Erzieherin/Lehrerin aus Holz gesägt, für die Fähnchen sind kleine Bohrungen vorhanden.

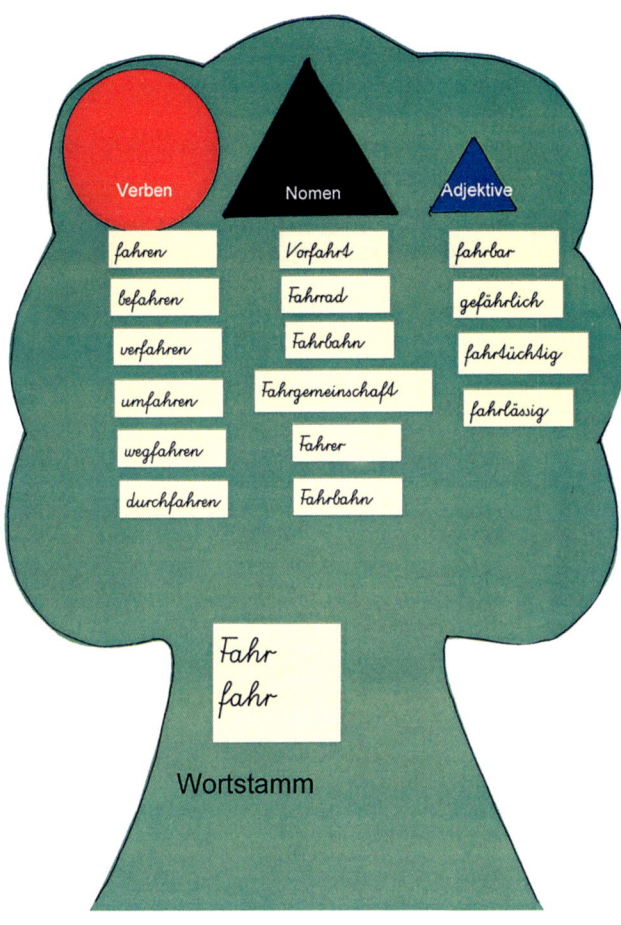

Handhabung: Fähnchen mit den Wörtern einer Wortfamilie werden in den „Wörterbaum" gesteckt: und den Wortsymbolen „Nomen", „Verb", „Adjektiv" zugeordnet (z. B. Fahrbahn, Fahrrad…, fahren, befahren, verfahren…, fahrbar, fahrtüchtig, fahrbereit…). Oder es werden Wortkärtchen den Begriffen „Verben", „Nomen", „Adjektive" richtig zugeordnet.

Phonogramm, ein Schlüsselwort bei MARIA MONTESSORI, meint eine schwierige Lautverbindung sichtbar zu machen. Die meisten Montessori-Fachleute zählen zu den Phonogrammen nur solche Buchstabenverbindungen, die einen neuen Laut ergeben (z. B. /a/ /u/ = /au/). Andere zählen zusätzlich alle akustisch „schweren" Buchstabenverbindungen hinzu.[18]

Das Kind soll die Sprache durch das Suchen von Wörtern mit bestimmten Buchstabenverbindungen erforschen, schwierige Buchstabenverbindungen erkennen und erlesen. Damit wird ihm ein weiterer *Schlüssel zum Lesen* gegeben.

Verschiedene Übungsmaterialien und Übungen zu Phonogrammen[19] werden im Folgenden beschrieben:

Phonogramm-Lesedose

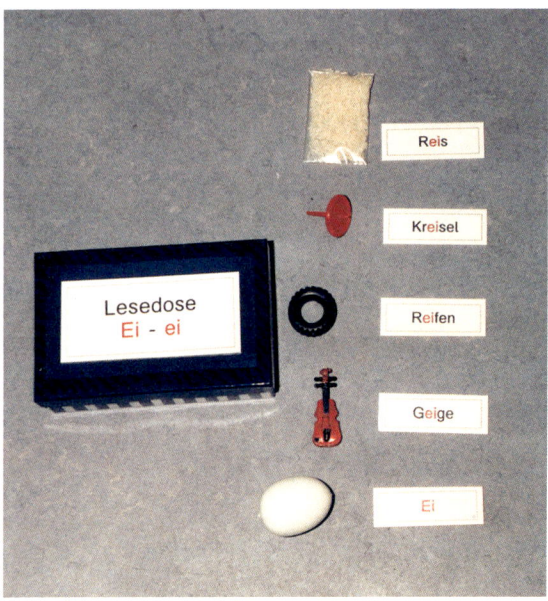

---

17 Anm. d. Verf.: Der „Wörterbaum" wurde von Elisabeth Stockmann, Montessorischule Bocholt, zur Verfügung gestellt.

18 Anm. d. Verf.: Die relevanten Wortteile werden rot geschrieben bzw. mit roten Buchstaben gelegt. Bei den Kolleginnen, die sich an der ersten, engeren Auffassung orientieren, werden die Phonogramme rot und die restlichen Buchstaben blau geschrieben bzw. gelegt. Bei Wörtern mit Rechtschreibproblemen wird meistens die Farbkombination grün/blau verwendet.

19 Anm. d. Verf.: Anfangs nie zwei Phonogramme in einem Wort anbieten! Deshalb darf sich auch nur ein bestimmtes Phonogramm in einer Dose oder in einem Heft befinden.

Material: In der Dose befinden sich die entsprechenden Gegenstände sowie Wortkärtchen, bei denen das Phonogramm farblich rot abgesetzt ist.
Handhabung: Gegenstand und Wortkärtchen werden einander zugeordnet.

Buchstabenkasten (Phonogrammkasten)

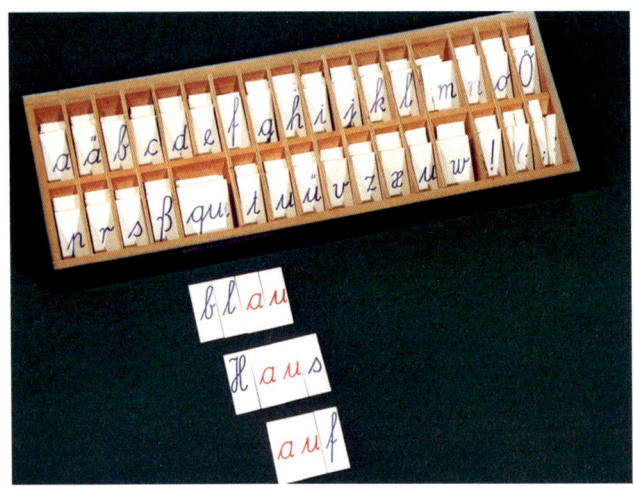

Material: Im Buchstabenkasten befinden sich alle Buchstaben in ca. 30facher Ausführung[20], auf der einen Seite jeder Karte ist der Großbuchstabe, auf der anderen Seite der Karte der entsprechende Kleinbuchstabe gedruckt. Die Buchstaben gibt es in unterschiedlichen Schriftarten und Farben. Die verschiedenen Farben sind wichtig, damit signifikante oder schwierige Lautgruppen farblich anders gelegt werden können und sich leichter einprägen. Zu den Übungen gehört weiterhin eine Schachtel mit Gegenständen, deren Name ein Phonogramm enthält, Papierstreifen und 2 Stifte (rot, blau). Einige Erzieherinnen/Lehrerinnen haben diese Übung durch entsprechende Bildkarten ergänzt.

Handhabung:
1. Das Kind ordnet dem Schal das Bild vom Schal zu und danach eine Karte mit dem kompletten Wort. Dabei spricht es das /sch/ sehr deutlich aus. Später legt es das Wort mit dem Buchstabenkasten.
Dass „s c h" ein /sch/ ergibt, muss natürlich besprochen worden sein. Hierzu können die Sandpapierbuchstaben offen auf den Tisch gelegt werden, die Buchstabenverbindung „sch" liegt verdeckt bereit. Die einzelnen Buchstaben werden zuerst einzeln benannt, dann der Laut. Eine Kollegin führte den Laut folgendermaßen ein: „Wenn alle drei zusammenkommen und sich anfassen (bei Schreibschrift), dann klingen sie so: sch." Dabei werden alle drei Buchstaben „in einem Rutsch" nachgespurt und die Erzieherin/Lehrerin bittet das Kind, einige passende Wörter zu suchen. Anschließend nimmt die Erzieherin/Lehrerin einen Gegenstand aus der Schachtel (Wörter mit „sch", die sich in der Dose befinden können: Schaf, Schal, Flasche, Tasche, Frosch, Fisch ...), z. B. ein Schal, und sagt: „Wir wollen das Wort ‚Schal' mit den Buchstabenkärtchen legen. Womit beginnt das Wort?" Das Kind sollte heraushören, dass das /sch/ am Anfang des Wortes steht. Die Erzieherin/Lehrerin schreibt das Wort auf einen Papierstreifen, das Phonogramm immer in Rot. Das Kind arbeitet anschließend allein mit Phonogrammkarten, zu dem es am besten anhand einer Bildvorlage gebeten wird, Wörter mit dem gleichen Phonogramm zu nennen (gleichgültig als An-, In- oder Auslaut, z. B. Schal, Flasche, Fisch). Die Erzieherin/Lehrerin legt das jeweilige Phonogramm mit roten, alle weiteren mit blauen Buchstaben.

| s | c | h |
| F | l | a | s | c | h | e |

Anschließend arbeitet das Kind allein weiter. Mit den Buchstabenkärtchen des Buchstabenkastens legt es die Wörter zu den Bild- bzw. Phonogrammkarten, das Phonogramm jeweils in Rot.

Weiterführende Übung: Mit den Buchstabenkärtchen können die Kinder einfache und schwierige Wörter, ganze Sätze und kleine Geschichten legen.

Hinweis: Berücksichtigt werden müssen bei allen Übungen die jeweiligen Abstraktionsstufen entsprechend Alter und Leistungsstand des Kindes:
Zuerst wird der konkrete Gegenstand benutzt, zu dem das Wort gelegt wird (z. B. ein realer Schal), danach ein Bild vom Schal, erst zuletzt wird das „sch" mit dem entsprechenden Wort ins Phonogrammheft eingetragen. Kann der konkrete Gegenstand nicht bereitgestellt werden, so greift man auf die erste Abstraktionsstufe zu: das Modell. Die zweite Stufe ist die Abbildung und die dritte dann das Wort.

Bei der Einführung des Phonogramms muss natürlich vorgängig erarbeitet werden, dass die einzelnen Buchstaben s, c, h bzw. S, c, h ein /sch/ ergeben, wenn sie im Wort direkt nebeneinander stehen.

---
[20] Anm. d. Verf.: Um die Handhabung zu erleichtern (besonders wenn der Kasten einmal herunterfällt), lassen viele Kolleginnen und Kollegen nur etwa zehn Buchstaben im Kasten und füllen bei Bedarf auf.

4. Phonogramm

Phonogramm-Karten

Material: Phonogramm-Karten; auf jeder Phonogramm-Karte stehen Wörter mit demselben Phonogramm bzw. mit derselben orthographischen Schwierigkeit. Phonogramm-Karten werden auch in Phonogramm-Büchern zusammengefasst.

Handhabung: Von einer Phonogramm-Karte liest das Kind ein Wort laut vor. Anschließend dreht das Kind die Karte um und versucht das Wort aus dem Gedächtnis heraus zu legen oder zu schreiben.

Anschließend bildet das Kind Sätze mit möglichst vielen Wörtern dieser Art, z. B.: „Klaus, in deinem Haus sind eine Maus und eine Laus."

Phonogramm-Heft

Material: Der Laut, der geübt werden soll, steht auf dem Umschlag des Heftchens. Auf jeder rechten Seite steht ein Wort, das das betreffende Phonogramm enthält, wobei das Phonogramm farblich hervorgehoben wird.

Handhabung: Das Kind liest die Wörter, schreibt sie auf oder legt sie mit den Buchstabenkärtchen nach.

Weiterführung: Später kommen noch Karten[21] mit orthographischen Schwierigkeiten hinzu.

---

21 Anm. d. Verf.: Zum Unterschied zwischen Karten und Heft: Die Karten dienen primär dem Abschreiben und dem Selbstdiktat, die Hefte dem Lesen und dem Gefühl, bereits ein ganzes Buch mit schwierigen Wörtern gelesen zu haben.

Mögliche Wörter für die Phonogramm-Hefte[22]

ie: Sieb, vier, Biene, Ziege, Fliege, Kiesel, Klavier, Flieder, Papier, Zwiebel, liegen, radieren, sieben, Brief

ch[23]: Becher, Blech, Brötchen, Dolch, Elch, Fächer, ich, mich, Poncho

ch[24]: acht, Bach, Buch, Dach, Docht, Fach, Kachel, lachen, Macht, Sachen, Tuch

st[25]: Stern, Stempel, Stift, Stoff, Stroh, stark, Ansturm

sp: Span, Spuk, Spur, Spaten, Spindel, Spinne, spinnen, spannend

äu[26]: Gebäude, Gehäuse, Räuber, Säule, säubern

tz: Klotz, Netz, Platz, Satz, Witz, Gesetz, Hitze, Katze, Mütze, blitzen, ritzen

pf: Zopf, Apfel, Dampfer, Zapfen, hüpfen, rupfen, pfeffern, Knopf, Pferd, Pflaster

ng: Ring, Angel, Anhänger, Enge, Finger, Känguru, Zange, Zunge, singen, ringen, bringen, Klingel

nk: Bank, Tank, Enkel, Funke, Gelenk, Henkel, Winkel, Onkel, denken, lenken

eu: Heu, Beutel, Eule, Teufel, Flugzeug, Kreuz

ck: Bock, Sack, Rock, Dackel, Decke, Deckel, Glocke, Socken, Zucker, Jacke, locker, recken, dreckig, Klecks

chs: Dachs, Flachs, Fuchs, Lachs, Wachs, sechs

sch: Busch, Fisch, Schaf, Fischer, Muschel, Schere, Schuhe, mischen, schlagen, Groschen, Frosch, Schirm

ei: Reis, fein, Eimer, Geige, Feile, Leine, Leinen, Leiter, Seide, eins, Kreis, drei

ai: Hai, Kai, Mai, Mais, Kaiser, Maikäfer, Saite, Waise

au: Sau, rau, grau, Baum, Haus, Maus, Auto, Nikolaus, Zaun, bauen, Traube, trauen

qu: Quarz, Quirl, quer, Quader, Quittung, Quartett, Quaste, Quadrat

mehrere in einem Wort: Eidechse, Pflaume, Schuhwichse, Schwein, Spitzer, Strumpf, Zwieback

---

22 Anm. d. Verf.: Sortierriegel bei nachfolgender Auflistung; einsilbige und mehrsilbige Wörter, Wörter mit Phonogramm und für viele Kinder ‚schwere' Konsonantenverbindungen.

23 Anm. d. Verf.: Der **ch**-Laut wird wie bei „ich" vorne im Mund gebildet. Um die Kinder nicht zu verwirren, sollten in einem Heft immer nur Phonogramme stehen, die in derselben Art und Weise gesprochen werden.

24 Anm. d. Verf.: Der **ch**-Laut wird bei Buch hinten im Hals gebildet.

25 Anm. d. Verf.: st wird als /scht/ gesprochen. In manchen Regionen Deutschlands und deutschsprachiger Länder werden ‚sp' und ‚st' wie ‚schp' oder ‚scht' ausgesprochen.

26 Anm. d. Verf.: Bei diesen Wörtern ist es wichtig, dass die Kinder zunächst lernen, welches Wort dem genannten zugrunde liegt. Zum Beispiel: Geb**äu**de – b**au**en, Geh**äu**se – H**au**s.

Kleine Sprachspiele, passende Reime und Verse können die Arbeit an den Phonogrammen noch abwechslungsreicher machen, z. B.:

ch: „Jetzt hast du eine Jacke, früher hattest du ein Jäckchen."
Hemd – Hemdchen, Hose – Höschen, Rock – Röckchen, Bluse – Blüschen, Schuhe – Schühchen, Strumpf – Strümpfchen, Pullover – Pullöverchen, Mütze – Mützchen usw.[27]

ch: Schnarchen: In der Nacht,
in der Nacht
hat der Opa Krach gemacht:
ch, ch, ch!

tz: Ich weiß 'nen Witz
vom Onkel Fritz.

sch: Sch – sch – sch – die Eisenbahn,
sch – sch – sch – schnell kommt sie an.
Fährt nach hier,
fährt nach dort,
sch – sch – sch – schon ist sie fort.

5. Übungen mit Morphemen, Prä- und Suffixen („Wortbildungsübungen")

Die Kärtchen der Buchstabenkästen eignen sich sehr gut dazu, Kindern Übungen zur Wortbildung anzubieten. Sie erfahren dabei, dass durch Vorsilben (Präfixe) oder/und Nachsilben (Suffixe) neue Wörter entstehen und dass sich dabei die Wortart ändern kann (vgl. auch S. 78 ff.). Manchem Kind wird bei dieser Arbeit bewusst, dass es beim Hinzufügen von Vor- und Nachsilben Gesetzmäßigkeiten gibt in Bezug auf den Sinn und auf die Wortart.
Dazu werden drei Buchstabenkästen mit jeweils farblich unterschiedlich gedruckten Buchstaben (rot, blau und grün) benötigt.
Es ist zu empfehlen die Farben festzulegen, z. B. blaue Buchstaben für den Wortstamm, grüne für die Vorsilbe (Präfix) und rote für die Nachsilbe (Suffix). Allerdings kann man auch zwei Kästen mit zwei Farben verwenden: Eine Farbe für den Wortstamm, die andere für Prä- und Suffix.[28]

Die folgenden Übungen[29] eignen sich nur zum Teil für Anfänger, vielfach stellen sie eine echte Herausforderung für sprachlich gute Kinder dar. Oft wird vergessen, dass die Erzieherin/Lehrerin auch für diese Kindergruppe Interessantes zu bieten haben sollte. Fortgeschrittene legen die Wörter selbstverständlich nicht mehr mit dem Buchstabenkasten, ebenso wenig wie gute Rechner für das 1×1 *Perlenmaterial* verwenden. Dies wäre ein nicht zu vertretender Rückschritt. Daher schreiben sie die Wörter sofort.

Nachsilben – und wie sie Wörter verändern

Die Erzieherin/Lehrerin schlägt dem Kind drei bis fünf Wörter (Adjektive) vor, die es mit Buchstaben aus dem blauen Kasten legen soll, z. B.:

Nun nimmt die Erzieherin/Lehrerin rot gedruckte Buchstaben, hängt an das erste Wort mit diesen die Endsilbe

und bittet das Kind zu lesen:

faulheit   Faulheit

Die Erzieherin/Lehrerin sagt „die Faulheit" und dreht den Anfangsbuchstaben um, sofern das Kind durch die Erwähnung des Artikels nicht von selbst aktiv wird, und erklärt: „Durch die Endung ist ein neues Wort entstanden. Beide Wörter gehören zur gleichen Familie."
Anschließend kann das Kind weitere, vorgegebene Wörter ergänzen und sich danach eigene Beispiele suchen.

---

27 Anm. d. Verf.: Dass in den Wörtern „Höschen", „Blüschen" das s c h nicht als /sch/ ausgesprochen wird, ist eine neue Schwierigkeit, die gesondert besprochen werden muss.

28 Anm. d. Verf.: Manche Lehrerinnen haben die Erfahrung gemacht, dass die Arbeit mit drei Farben die Kinder überfordert. Sie arbeiten deshalb nur mit zwei Farben, z. B. rot für die Prä- und Suffixe, blau für den Wortstamm.

29 Anm. d. Verf.: Die Übungen entstammen primär einem unveröffentlichten Skript von Elisabeth Stockmann, Montessori-Grundschule Bocholt, teilweise basierend auf einem Konzept von Ortrud Wichmann, Montessori-Grundschule Bonn und Ursula Esser, Neuss. Grundlagen sind Entwürfe und Kartensammlungen zum Thema „Wortbildungen" der Bocholter Montessori-Grundschule, ein Abschnitt aus dem holländischen Materialbuch sowie der „Word Study" aus M. M., The Advanced Montessori Method – Volume 2.

5. Wortbildungsübungen – Übungen mit und in Ergänzung zu den Buchstabenkästen

Arbeitskarte für die Hand des Kindes

> **Bilde Nomen aus folgenden Adjektiven:**
> faul, wahr, rein, dumm, schön, herrlich, dämlich, scheußlich, gemütlich, reinlich
>
> **Benutze die Endungen:**
> -heit, -keit …
>
> **Suche weitere Adjektive, die zum Substantiv werden,
> wenn du eine Endung anhängst.**

Ein Hinweis an die Kinder:

„Lass bitte zwischen dem Adjektiv (bzw. zwischen dem ersten Wort) (faul) und der Nachsilbe (-heit) eine Lücke, damit beide Teile deutlich getrennt sind und nicht der Eindruck entsteht, da sei ein Wort falsch geschrieben.
Die letzten Buchstaben der Adjektive sollen genau untereinander stehen (rechtsbündig), die Nachsilben ebenfalls (linksbündig)."

Entsprechend sind die Kontrollkarten gestaltet.

Kontrollkarte

> faul heit   Faulheit
> wahr heit   Wahrheit
> rein heit   Reinheit
> …

Vorsilben – und wie sie ein Wort verändern

Die Kinder suchen Wörter mit der gleichen Vorsilbe und überlegen, inwieweit die gemeinsame Vorsilbe die Bedeutung des folgenden Wortes verändert (etwas verkleinern, beenden …), z. B.:

Arbeitskarte für die Hand des Kindes

> **Bilde Wörter mit der Vorsilbe zer-**
> reden, stören, fallen, laufen, springen, fetzen
>
> **Wie verändert sich die Wortbedeutung durch die Vorsilbe?**

Kontrollkarte

> zerreden
> zerstören
> zerkleinern
> zerfallen
> …

Wortstamm mit verschiedenen Vorsilben

Es wird ein Wortstamm gesucht, der verschiedene Vorsilben haben kann.

Arbeitskarte für die Hand des Kindes

> **Bilde Wörter mit dem Wortstamm laufen und einer Vorsilbe:**
> herum-   weg-   ver-
> ab-   hin-   rauf-
> herunter-   her-   hinein-

Kontrollkarte

> herum laufen
> weg laufen
> ver laufen
> ab laufen
> …

Wortstämme mit gleichen Vor- und Nachsilben – ein Nomen entsteht

Es werden Wortstämme gesucht, die eine Vor- und Nachsilbe haben.

Arbeitskarte für die Hand des Kindes

> **Bilde Nomen aus folgenden Wörtern:**
> tief, loben, binden, heiraten
>
> **Nimm dazu die Vorsilbe ver- und die Nachsilbe -ung.**

Kontrollkarte

> Vertiefung
> Verlobung
> Verbindung
> …

Wortstamm mit verschiedenen Vor- und Nachsilben

Gesucht wird ein Wortstamm mit verschiedenen Vor- und Nachsilben:

Arbeitskarte für die Hand des Kindes

> **Bilde neue Wörter, indem du den Wortstamm durch eine Vor- oder Nachsilbe erweiterst. Manchmal kannst du auch eine Vor- und eine Nachsilbe anhängen.**
>
> Wortstamm: such

Kontrollkarte

> Gesuch
> suchen
> Versuchung
> Besucher
> …

Wortstamm mit Nachsilben – ein Nomen wird zum Adjektiv

Es werden Endungen angeboten, die zur Bildung von Adjektiven führen.

Arbeitskarte für die Hand des Kindes

> **Durch eine Endung kann ein Nomen zum Adjektiv werden.**
>
> **Bilde Adjektive aus folgenden Nomen:**
>
> Sand, Freund, Kind, Haus, König, Kaiser, Milch
>
> **Verwende die Endungen**
>
> -ig, -lich, -isch.
>
> **Findest du noch andere Möglichkeiten?**

Kontrollkarte

> Sand   sandig
> Freund   freundlich
> Kind   kindisch
> …

Wortstamm und Nachsilben – ein Nomen wird zum Verb

Es werden Endungen angeboten, die zur Bildung von Verben führen.

Arbeitskarte für die Hand des Kindes

> **Durch eine Endung kann ein Nomen zum Verb werden.**
>
> **Bilde Verben aus folgenden Nomen:**
>
> Zier, Schlaf, Koch, Salz, Respekt
>
> **Verwende die Endungen**
>
> -en, -ieren.
>
> **Findest du noch andere Möglichkeiten?**

Kontrollkarte

> Zier   zieren
> Schlaf   schlafen
> Koch   kochen
> …

Im Folgenden nun weitere Beispiele zu den gebräuchlichsten Vorsilben[30]:

Die Präfixe sind unbetont und untrennbar mit dem Verb verbunden:

be-: Es gibt eine Hinwendung, einen Kontakt an und meint manchmal auch ein zielgerichtetes Tun:
berühren, begreifen, bedienen[31] …

er-: Ein Zustand tritt ein:
erreichen, erleben …

ent-: Etwas entfernt sich oder wird entfernt:
entführen, entkommen, entreißen …

miss-: Es entsteht eine negative Bewertung und meint häufig eine Negation:
missachten, missglücken, missbrauchen …

re-: Eine Wiederholung, eine Erneuerung wird ausgedrückt:
reparieren, renovieren, rekonstruieren …

ver-: Eine Ausgangsmenge, ein Ausgangsziel o. Ä. wird verändert, verbraucht oder verschwindet:
verlaufen, verreiben, verteilen, verschenken …

zer-: Etwas wird im negativen Sinn kleiner oder getrennt:
zerreden, zerstören, zerkleinern …

Halbpräfixe sind Präfixe, die auch selbstständig vorkommen. Sie werden betont und trennen sich meist vom Verb, wenn es gebeugt wird[32]:

ab-: Eine Richtung nach außen, ein Hinausbefördern, Herausholen, Entfernen wird ausgedrückt:
abreisen, abwischen, ablegen …

---

30 Anm. d. Verf.: Die Übungen stammen primär aus einem unveröffentlichten Manuskript von Elisabeth Stockmann, Montessori-Grundschule Bocholt, teilweise basierend auf einem Konzept von Ortrud Wichmann, Montessori-Grundschule Bonn, und Ursula Esser, Neuss, und wurden modifiziert vom Verfasser. Grundlage sind Entwürfe und Kartensammlungen zum Thema Wortbildungen der Bocholter Montessori-Grundschule, ein Abschnitt aus einem holländischen Materialbuch sowie der „Word Study" aus Montessoris Buch „The Montessori Elementary Material II".

31 Anm. d. Verf.: Die jeweils angegebenen Beispiele werden für die Kinder auf den Wortkarten untereinander und nicht nebeneinander geschrieben (s. o.). Die Schreibweise hier wurde lediglich aus Platzgründen vorgenommen.

32 Anm. d. Verf.: Diese Erklärung ist lediglich für die Erzieherin/Lehrerin. Aber später kann man mit den Kindern durchaus darüber reden, wie eine Vorsilbe die Bedeutung eines Wortes verändert.

an-: Es zeigt eine Annäherung, eine Inbetriebnahme oder den Beginn einer Tätigkeit:
anbieten, ansehen, andrehen, anbraten …

aus-: Gibt eine Richtungsangabe nach außen an, etwas wird entfernt:
aussteigen, ausschalten, ausfegen …

ein-: Es gibt eine Richtung nach innen an, signalisiert ein Haltbarmachen, gibt eine Handlung an, durch die etwas erfasst wird, und gibt eine veränderte Aktionsart an:
einpacken, eintreten, einfrieren, einnehmen, einschlafen …

Feste, unbetonte wie auch unfeste, betonte Präfixe (z. B. *um*fahren, um*fahren*) wechseln dann in vielen Fällen ihre Bedeutung:

durch-: Gibt meistens eine Bewegungsrichtung in etwas hinein und wieder heraus an, oft durch etwas Trennendes hindurch, die Überwindung von Hindernissen, etwas bis zum Ziel erledigen oder die Möglichkeit, etwas die ganze Zeit zu tun:
durchbrechen, durchfahren, durchregnen, durchboxen, durchdiskutieren, durchkneten, durchschlafen …

hinter-: Etwas heimlich zum Schaden anderer tun oder etwas nach hinten bringen:
hintertreiben, hintergehen, hinterlegen …

unter-: Diese Vorsilbe hat oft eine räumliche Bedeutung, häufig auch die eines gewaltsamen Niederdrückens und meint etwas dazwischen zu tun:
unterhaken, untermauern, unterspülen, unterdrücken, untertauchen, unterwerfen unterrühren, untermischen …

wider-: Es gibt die Richtung zurück an und drückt häufig auch ein Entgegenwirken aus:
widerhallen, widerspiegeln, widersprechen, widerrufen …

Andere interessante Präfixmöglichkeiten:

auf-(schließen), bei-(stehen), entgegen-(kommen), fehl-(schlagen), ge-(brauchen), in-(haftieren), los-(binden), miss-(achten), mit-(gehen), nach-(denken), über-(treten), um-(gehen), unter-(legen), vor-(treten), wieder-(holen), zu-(geben), zer-(splittern), zurecht-(weisen), zurück-(kommen)

Viele Präfixe dienen auch der Bildung von Nomen:

Vorschau, Ansicht, Mitleid …

Mittels Präfixe/Halbpräfixe, Suffixe und deren Kombination ist eine Ausdruckserweiterung möglich. Der Inhalt des Wortes wird verändert:

unklar, uralt …

Es wird ein Wortstamm gewählt, der mit verschiedenen Präfixen verbunden werden kann:

Frage an die Kinder: „Welche Verbindungen sind möglich/nicht möglich?"

Hinweis: „Wenn du im Zweifel bist, schaue bitte im Wörterbuch nach."

ab-	daran-	entgegen-	herunter-	mit-	vorbei-	z. B.
abwärts-	darauf-	er-	herum-	miss-	vorher-	-legen
an-	darein-	fort-	herzu-	nach-	weg-	-kommen
auf-	dazu-	her-	hin-	nieder-	wider-	-nehmen
aufwärts-	dazwischen-	herab-	hinab-	über-	wieder-	…
aus-	durch-	heran-	hinauf-	um-	zu-	
bei-	durcheinander-	herauf-	hinaus-	unter-	zurecht-	
da(r)-	ein-	heraus-	hinein-	ver-	zurück-	
dabei-	einher-	herbei-	hinzu-	vor-	zusammen-	
daher-	empor-	herein-	hoch-	voran-		
dahin-	ent-	herüber-	los-	voraus-		

6. Leseübungen, die Begriffsbildung erleichtern und als „Knotenpunkte" dienen können

Das Material ähnelt den Bildkarten zur Erweiterung des Wortschatzes, beinhaltet jedoch weiterführende Übungen. Es umfasst

- Bildkarten,
- Bild-Wort-Karten,
- Wortstreifen,
- Definitionskarten oder -heftchen, die auch zur Selbstkontrolle dienen können.

Kriterien für die Auswahl der Themen:

Zum einen gehören Bilder und Begriffe in die Serien, die für die Kinder interessant und wichtig sind, die ihnen helfen sich in der Gruppe, im Raum und in der Umgebung zu orientieren (Gruppe: Bilder der Kinder, relevante Gegenstände des Gruppenraumes...; Verkehr: Ampel, Zebrastreifen...). An dieser Stelle muss besonders auch auf die Relevanz der Übungen für einen Unterricht mit ausländischen Kindern hingewiesen werden. Der Einstieg in die deutsche Sprache kann auf diese Weise besonders leicht gemacht werden.

Montessori weist auf ein weiteres Auswahlkriterium hin, indem sie feststellt, dass Fünfjährige häufig über eine umfassende Kenntnis der Außenwelt verfügen und das Bedürfnis haben, das Chaos der sie umgebenden Eindrücke zu ordnen. Ordnungsstrukturen, die wir ihnen geben, helfen dabei. Für Montessori ergibt sich daraus die Frage: „Warum sollte eine Lehrerin [...] den Kindern so viele wirr durcheinander gewürfelte Wörter vermitteln, anstatt diesen Lebensabschnitt zu benutzen, um vor allem Ordnung bei den Wörtern zu schaffen?"[33]

Diese Ordnung bezieht sich zum einen auf die Sprache selbst, „[...] nämlich die Grammatik, welche die Ordnung vorbereitet, in der die Wörter anzuordnen sind, um die Gedanken auszudrücken und folglich, um die Sprache zu konstruieren [...]"[34], zum anderen auf die Inhalte. Da geht es um „[...] die Notwendigkeit einer Ordnung, nach der sich die äußeren Eindrücke klassifizieren lassen."[35] Diese letztere Aufgabe wurde besonders von Montessoris Sohn Mario fortgesetzt.

„Anstatt Schachteln mit zufälligen Wörtern aller Art zu verwenden, nehmen wir Wortkomplexe, die sich auf eine bestimmte Gruppe von Dingen beziehen, wie die fünf Klassen der Wirbeltiere, in Gattungen unterteilte Tiere, Blätter, Blumen, Wurzeln usw. In diesem Fall sind Abbildungen erforderlich, die den neuen Wörtern eine Bedeutung verleihen."[36] Es wird dabei nicht nur auf Abbildungen zurückgegriffen, sondern nach Möglichkeit auf lebendige Dinge und auf den Forschergeist der Kinder in der Natur. Montessori stellt abschließend fest: „Das Ergebnis dieses Versuches übertraf unsere Erwartungen. Heute lernen die durch die Sprache geleiteten Kinder eine Fülle von präzisen Kenntnissen über Biologie, Geographie und Astronomie. Diese Kenntnisse gleichen einem auf fruchtbaren Boden gefallenen Saatkorn. Dank der Reize der Natur, die das Kind zur Erkenntnis der Welt aufruft, ist der Geist des Kindes ein solcher Boden, auf dem sich der Same auf natürliche Weise entwickelt."[37]

Die Bezüge zur *Kosmischen Erziehung* sind hier unverkennbar. Es handelt sich um Themen, die für die Kinder außerordentlich spannend sind. Es kann aber nicht oft genug darauf hingewiesen werden, dass diese Themen nicht abstrakt und nicht für alle Kinder gleichzeitig oder verpflichtend vermittelt werden, sondern dass es sich um freies, interessengeleitetes Arbeiten direkt in der Natur oder, falls dies nicht möglich ist, anhand möglichst konkreter Materialien handelt.

Für Montessori steht es außer Zweifel, dass Kinder das Verlangen haben, Kenntnisse aus der Umwelt aufzunehmen, ebenso wie durch das Lesen selbst – nicht quantitativ, sondern strukturiert, als „[...] Schlüssel, in eine vorher verschlossene Welt einzudringen [...]"[38].

„Kinder sind in Wirklichkeit nicht nur begierig nach Wörtern, sondern in erster Linie sind sie begierig nach Kenntnissen."[39]

In ihren Überlegungen zur Betreuung erwachsener Analphabeten betont Montessori mehrfach die Übertragungsmöglichkeiten ihrer Konzeption von Kindern auf Erwachsene. Sie berichtet z. B., dass an einem Ort in Indien, wo eine Schule für erwachsene Analphabeten errichtet werden sollte, sechs- bis siebenjährige Kinder diese Nachricht hörten und sich sofort zum Unterrichten und Helfen anboten. „Und sie taten dies mit Erfolg."[40]

---

33. M. M., Entdeckung des Kindes, S. 289 f.
34. a. a. O., S. 291
35. a. a. O., S. 291
36. a. a. O., S. 290 f.
37. a. a. O., S. 291
38. a. a. O., S. 227
39. a. a. O., S. 229
40. M. M., Eine Methode für die erwachsenen Analphabeten, S. 203

6.1 Übungen mit Bildkarten/ Bild-Wort-Karten

Material: Bildkarten, Bild-Wort-Karten

Handhabung:

1. Das Kind legt die Bildkarten in eine Reihe, daneben die Bild-Wort-Karten.

2. Das Kind legt die Bildkarten in eine Reihe. Zwischen den einzelnen Karten wird ein kleiner Zwischenraum gelassen, in den anschließend die passenden Wortkärtchen gelegt werden. Als Kontrolle dienen die Bild-Wort-Karten.

Hinweis: Die Bild- und Wortkarten sollten ein hinreichend großes Format haben. Auch für die Größe der Bild- und Wortkarten gilt das Prinzip der ergonomischen Angemessenheit. Zu kleine oder zu große Karten werden schnell unübersichtlich und schwer handhabbar.

Viele Erzieherinnen/Lehrerinnen bevorzugen deshalb das Karteikartenformat (DIN A6: 10,5 cm × 15 cm). Die Größe der Wortkarten ist dieser Größe angepasst, variiert aber.

Tipp: Mit den Bildkarten bzw. Bild-Wort-Karten kann man auch sehr gut Memory spielen.

Für besonders schwache Kinder könnte das Wort sogar auf die Rückseite einer der beiden Bildkarten geschrieben werden. Spielregel: Zuerst eine Bildkarte aufdecken, auf der kein Wort zu sehen ist.

Die einzelnen Übungen und Spiele sollen nicht isoliert für sich alleine stehen, sondern Anschlussmöglichkeiten an andere Schwierigkeitsgrade oder Inhalte haben, z. B.:

- eine Leseecke mit vielen Büchern ergänzt die Arbeit mit den Definitionskarten (Sachbüchlein mit wenig Text, Kinderlexika, Kinderbücher),
- die Namen der Kinder in der Klasse werden nach bestimmten Gesichtspunkten sortiert: Vornamen und Nachnamen, Jungen- und Mädchennamen, Namen von Obst nach Sorten oder Bestandteilen (Kern, Stein, Schale ...) sowie Spielzeug, Haustiere und Reimwörter,
- kurze Aufträge werden gelesen und ausgeführt,
- zerschnittene Sätze, Geschichten, Redensarten, zerschnittene Kinderreime, Abzählreime und Zungenbrecher werden einander zugeordnet.

Montessoris *Klassifikationskartensystem* in Verbindung mit realen Gegenständen hilft den Kindern auf einer einfachen Niveaustufe den Wortschatz zu erweitern und trägt zur Klärung relevanter Begriffe und damit zum Wissen und Verstehen bei. Für eine gute Verständigung und zur Erschließung der Umwelt ist eben dies – der reiche Wortschatz und die damit in Beziehung stehende Begriffsbildung – außerordentlich wichtig. Auf einer komplexeren Stufe wird den Kindern zusätzlich das Entwickeln von Ordnungskategorien als Hilfe zur Orientierung in der Sach- und Kulturwelt erleichtert. Gleichzeitig dienen diese Übungen als *Knotenpunkte* (vgl. S. 24), an denen Kinder in die sie interessierende Sachbereiche einsteigen können.

Montessori hat das große Interesse der Kinder am Neuerwerb unbekannter Wörter beobachtet und stellte zusammenfassend fest:

„Wir haben nämlich gesehen, dass sie begierig sind, aus eigenem Antrieb Wörter zu erwerben, auch wenn sie unbekannt sind. Der Erwerb von Wörtern richtet sich gerade auf unbekannte Wörter. [...] Jene Art Unersättlichkeit war bei unseren Kindern so groß, dass sie alle Wörter aufnahmen, die die Lehrerin [...] finden konnte. Nachdem die Namen aller möglichen Gegenstände erschöpft waren, griff sie zu Städtenamen, Namen von Flüssen, Tieren, Obst, Blumen; dennoch fragten die Kinder nach mehr [...]. Auf Grund dieses kindlichen Bedürfnisses dachte Prof. Mario M. Montessori[41] daran, zwischen den Gruppen der Wörter zu unterscheiden, indem er auch die wissenschaftlichen einführte, so die Klassifizierung von Tieren und Pflanzen und geographischen Bezeichnungen, sodass daraus eine kulturelle Bibliothek entstand [...].

Diese [...] Neigung des kindlichen Geistes, also das Verlangen, Kenntnisse aus der Umwelt aufzunehmen, hat schließlich zur Zubereitung der vielen Spielsachen geführt, die der Entwicklung der Sprache in grammatikalischer Form dienen. Und auch

---
41 Anm. d. Verf.: Sohn Maria Montessoris

dazu, die Schulen anstatt mit einfachen Gärten mit […] kleinen botanischen Gärten zu umgeben, in denen die Beete jede Pflanze derselben Art tragen, nach den wissenschaftlichen Klassifikationen geordnet: und die Kinder tragen ihre Zettel, die sich auf die betreffenden Pflanzen beziehen, in den Garten. Und das hat auch dazu geführt, viele Aquarien und Terrarien vorzubereiten und besondere Klassen von geographischen Karten auszufüllen, die die verschiedenen geographischen Besonderheiten zeigen, also entweder nur Inseln oder nur Berge oder nur Flüsse usw., und diese Art ‚Basis' stellt eine wunderbare Vorbereitung zum Eintritt in die Kultur dar."[42]

Das *Klassifikationssystem* besteht aus
- Gegenständen oder Modellen aus den Bereichen Biologie, Geographie, Geologie usw.,
- zwei Bilderserien mit entsprechenden Darstellungen (z. B. Insel, Inselgruppe), die eine mit Namen des Begriffs, die andere ohne
- Lückentexten, lose Namen- bzw. Wortkarten[43], Wortkarten, die man an die Gegenstände oder Modelle hängen kann (vgl. S. 68),
- Definitionskarten[44], Streifen mit Sinneinheiten der Definition, Lückentexte und ein Definitionsbüchlein.

6.2 Arbeiten mit dem Klassifikationskartensystem

Material: Klassifikationskartensystem
Handhabung: Das Kind (oder eine kleine Kindergruppe) wird vor dem selbstständigen Umgang in einem Gespräch in die jeweilige Materie eingeführt. Während der Freiarbeit verfährt das Kind dann wie folgt:

1. Es ordnet die Wortkarten den Gegenständen oder Modellen zu.
2. Das Kind nimmt die zwei Bildserien und paart die gleichen Darstellungen.
3. Es versucht, die Wortkarten zu lesen und ordnet sie den entsprechenden Bildkarten zu. Insbesondere Leseanfänger können sich dabei an der Bild-Wort-Karte orientieren.
4. Das Kind ordnet den Bildkarten die Wortkarten zu.
5. Es liest die Definitionskarten und ordnet sie den Bildkarten zu.
6. Es liest die Lückentexte, ergänzt sie mit den entsprechenden Wortkarten und ordnet beides den Bildkarten zu.

7. Das Kind liest die Streifen mit Sinneinheiten der Definition. Die einzelnen Definitionen werden zusammengefügt und der Bildkarte zugeordnet.
8. Das Kind kann als fortführende Übung die einzelnen Darstellungen abmalen, die Definitionen darunter schreiben und sich möglicherweise ein eigenes „Definitionsbuch" anfertigen. Eine schöne Idee ist auch die Anfertigung eines themenbezogenen Leporellos:

Wissenswertes zum Kreis in einem Mathematik-Leporello zusammengefasst[45]

Kontrollmöglichkeit: erfolgt selbstständig durch den Vergleich der einzelnen Arbeiten mit den beschrifteten Darstellungen bzw. den Definitionsbüchern.
Verschiedene Übungsmöglichkeiten werden im Folgenden noch einmal genauer anhand unterschiedlicher Themen dargestellt.
Natürlich kann den Kindern in dieser Form auch jedes weitere Thema angeboten werden. Zum Beispiel lässt die Frage nach den geometrischen Körpern viele Knotenpunkte erkennen, die analog aufgearbeitet werden können: Neben der Sprachkompetenz wird auch das Vorstellungs- und Abstraktionsvermögen gefördert. Die Kinder werden motiviert, entsprechende Rückschlüsse auf Zusammenhänge in der Welt zu ziehen.

Beispiel: „geometrische Körper":

Vorhanden sind eine Reihe von blauen geometrischen Körpern.

1. Zuerst nehmen die Kinder die geometrischen Körper in die Hand, lernen deren Namen und sprechen über Eigenschaften, Ähnlichkeiten und Unterschiede der einzelnen Körper.
2. Die Kinder können eine „Eigenschaftsmatrix" anfertigen.
3. Die Frage, wie viele Karten/Flächen … die einzelnen geometrischen Körper haben, führt zu den „Netzen" mit entsprechenden Faltmöglichkeiten und dies wiederum zu Oberflächen- und Raumberechnungen usw.

---

42 M. M., Eine Methode für die erwachsenen Analphabeten, S. 228 f.
43 Anm. d. Verf.: Es werden häufig beide Begriffe synonym verwendet.
44 Anm. d. Verf.: Der Begriff Definitionskarte hat sich eingebürgert. In vielen Fällen handelt es sich aber eher um Beschreibungen oder Informationen zum Begriff, als um Definitionen im engeren Sinn.
45 Anm. d. Verf.: Das Beispiel stammt von Heribert Bäcker.

6. Leseübungen, die Begriffsbildung erleichtern und als „Knotenpunkte" dienen können

Falls möglich, sollen Auftragskarten die Arbeit vertiefen, das Lernen durch vielfältiges Tun und Begreifen erleichtern und zudem anzeigen, ob das zu Lernende auch verstanden wurde.

Bei geometrischen Körpern könnten z. B. folgende Aufgabenkarten bereitgestellt werden:

- Lege zu jedem geometrischen Körper die passende Zeichnung (grüne Kärtchen) oder das richtige Foto sowie das Namenskärtchen.
- Stelle das Prisma auf den Quader.[46]
- Stelle den Kegel auf den Zylinder.
- Stelle die Pyramide auf den Würfel.[47]
- Stelle die Körper zusammen, die keine Ecken haben.
- Setze alle Körper auf die passende Grundfläche.
- Setze alle passenden Körper auf die quadratische Grundfläche.
- Setze alle passenden Körper auf die rechteckige Grundfläche.
- Setze alle Körper nebeneinander, die gleich hoch sind.
- Ordne die Körper nach folgenden Gesichtspunkten. Die Körper
  – können rollen,
  – können kippen,
  – können rollen und kippen.
- Lege zur Zeichnung das richtige Netz des Körpers.
- Zeichne Netze auf Kästchenpapier. Überlege, an welche Kanten Klebelaschen angebracht werden müssen, schneide aus und klebe den Körper zusammen.
- Suche im Regal unserer Klasse Körper, zu denen die Namen der blauen Körper passen und lege die passende Wortkarte dazu.
- Ordne jedem Körper die passende Anzahl von Merkmalkärtchen zu: Ecken, Flächen, Kanten.[48]

6.3 Beispiel: Tiergebisse: Bild-, Definitions- und Wortkarten Modellen zuordnen

Material: Tiergebisssammlung[49], Bild-, Definitions- und Wortkarten

Handhabung: Die Kinder ordnen den Modellen bzw. echten Gebissen Bild-, Definitions- und Wortkarten zu.

Auf der Definitionskarte zum Hundegebiss könnte z. B. stehen:

> **Der Hund hat**
> 12 stumpfmeißelförmige Schneidezähne zum Abbeißen und Abschaben,
> 4 lange, dolchartig zugespitzte Eckzähne zum Ergreifen sowie
> 26 spitzhöckerige Backenzähne (oben 12, unten 14), von denen die 4 größten auch scharfkantig sind. Alle Backenzähne zerkleinern das Fleisch und zermalmen die Knochen.
> Der Hund hat das Fleischfressergebiss eines Raubtieres.

---

46 Anm. d. Verf.: Erforderlich sind (grüne) Kärtchen mit Strichzeichnungen/Fotos usw. der geometrischen Körper sowie Wortkarten.

47 Anm. d. Verf.: Manchmal wird zum Würfel auch Kubus gesagt.

48 Anm. d. Verf.: Selbstverständlich müssen diese Merkmalkärtchen auch in der passenden Anzahl bereit stehen.

49 Anm. d. Verf.: Es soll Schulen mit mehr als 30 Gebissen geben (z. B. ein Gymnasium in Mönchengladbach).

In vereinfachter Ausführung:

> **Der Hund**
> Der Hund hat das Fleischfressergebiss eines Raubtieres.
> Die Eckzähne braucht er zum Fangen der Beute.
> Die Reißzähne dienen zum Zerkleinern des Fleisches.
> Die schmalen Schneidezähne und breiten Backenzähne helfen dem Hund beim Zerkauen und Zermahlen.
> Ein Welpe (= junger Hund) hat bis zum 4. Monat kleine spitze Milchzähne.
> Manchmal sieht das Gebiss eines Hundes sehr gefährlich aus.
> Wenn ein Hund die Zähne fletscht (= zeigt), darfst du ihn auf keinen Fall anfassen!

Dazu gehören:

Wortkarten wie z. B.

| Nagetiergebiss | Raubtiergebiss |

und zu ergänzende Satzstreifen wie z. B.

| Der Hund hat das Fleischfressergebiss eines | Raubtieres |

Weiterführung:

Es lassen sich weitere Vergleiche ziehen und Verbindungen herstellen:

- Wie entwickelt sich ein Gebiss?
  Die Kinder können das Milchgebiss eines fünfjährigen Kindes mit dem Gebiss eines Erwachsenen vergleichen (Passende Modelle sind beim Zahnarzt zu besorgen!). Dabei bietet es sich natürlich auch an, über die menschliche Entwicklung zu sprechen.
- Gibt es Analogien zum technischen Bereich?
  Die Zähne arbeiten wie Werkzeuge:
  Die Schere schneidet. Welche Zähne schneiden?
  Die Zange greift und reißt. Welche Zähne können greifen und reißen?
  Die Mühle mahlt und zerreibt. Welche Zähne mahlen und zerreiben?

Eine solche Fragestellung weist auf grundlegende neue Horizonte hin wie zum Beispiel:

- auf die unterschiedlichen Funktionen der Zähne und weshalb diese Funktionen für die jeweiligen Lebewesen so wichtig sind,
- auf Überlegungen, inwieweit das Vorbild der Natur Pate für technische Entwicklung gestanden hat (und zunehmend steht) – womit sich z. B. der Wissenschaftszweig der „Bionik" beschäftigt und
- auf den Bereich der Gesundheitserziehung.
  Eine solche Arbeit reicht aber bereits weit in den Bereich der *Kosmischen Erziehung* hinein, die an anderer Stelle noch ausführlicher thematisiert wird, die aber schon dann beginnt, wenn das Kind Pflanzen, Tiere, Gegenstände und Gefühle mit Namen kennzeichnen und Zusammenhänge sehen kann und zwar in dem Sinn, wie es im „Kleinen Prinzen" angesprochen wird: „Was ich mir vertraut gemacht habe, dafür muss ich Verantwortung tragen." Dieser Aspekt sollte den Unterricht wie ein roter Faden durchziehen.

Tipp: Erforderlich sind nach Möglichkeit echte Gebisse. Eventuell muss beim Schlachter, Förster oder Jäger nachgefragt werden. Vielleicht besitzen auch einige Eltern Anschauungsmaterial zu Tiergebissen.

6.4 Beispiel Tiere der Welt: Definitionskarten lesen und Bildern zuordnen

Steckbrief der Tiere

Material: Definitionskarten[50], Tierbilder
Handhabung: Die Kinder lesen Definitionskarten und ordnen diese den entsprechenden Bildern zu.

Weiterführung:

- Ein weiterer Satz „Definitionskarten" enthält Lücken für relevante Wörter, die als Wortkärtchen in die passenden Lücken gelegt werden. Die originalen Definitionskarten dienen nun der Fehlerkontrolle.
- Die Sätze der Definitionskarten werden auf Satzstreifen geschrieben und gemischt. Die Kinder ordnen diese Satzstreifen dem richtigen Tier zu. Auch hier dienen nun die originalen Definitionskarten der Fehlerkontrolle. Um die Übersicht nicht zu verlieren, sollten nicht zu viele Tiere im Spiel sein. Selbstverständlich ist es möglich, verschiedene Serien anzufertigen, die jeweils auf andersfarbigen Karton geklebt werden.
- Die Kinder können sich ein eigenes kleines Buch anfertigen, z. B. „Steckbrief der Tiere".

Sollten die Arbeiten zu umfangreich werden, um an einem Tag beendet zu werden, ist dafür Sorge zu tragen, dass die Materialien liegen bleiben können und von anderen Kindern nicht durcheinander gebracht werden.

In einigen Klassen wird dieses Problem gelöst, indem die Kinder ein großes Schild mit ihrem Namen zur Arbeit stellen. Die anderen Kinder betrachten dies als Signal: „Bitte Vorsicht, nicht zerstören, an dieser Aufgabe wird weiter gearbeitet."

Knotenpunkte: Sie können sich aufgrund unterschiedlicher Fragestellungen ergeben:

---

50 Anm. d. Verf.: Natürlich müssen Textlänge und Informationsdichte dem Fassungsvermögen der Kinder angepasst werden. Für die 2. Klasse sind z. B. drei kurze Sätze ausreichend.

- Die Frage nach den Lebensbedingungen der Tiere kann u. a. zu geographischen Problemstellungen führen und die wiederum zu Fragen, wie die Menschen in den jeweiligen Regionen leben …
- Vergleiche: Wie haben sich die Tiere den jeweiligen klimatischen Bedingungen angepasst und wie der Mensch (z. B. Eisbär, Eskimo[51])?
- Die Frage nach der Funktion des Tieres für den Menschen (z. B. Kamel als Reittier oder Lasttier in der Wüste) kann in spezifische Arbeitswelten mit ihren Arbeitsbedingungen einführen, aber auch in Richtung moralphilosophischer Fragen gehen, inwieweit ein Ausnutzen der Tiere für den Menschen eigentlich erlaubt ist, insbesondere dann, wenn die Tiere nicht mehr artgerecht leben können oder durch menschliche Eingriffe leiden (Massentierhaltung, Überzüchtung von Hunderassen usw.).

Von den Arbeitsbedingungen lassen sich leicht *Knotenpunkte* herstellen zu „Kindheit in verschiedenen Ländern", zur Kultur, zur Religion, zur Sprache (Kinderlieder in den thematisierten Ländern, vielleicht sogar die gleichen, die auch bei uns gesungen werden) usw.

Das Kamel

Das so genannte „Wüstenschiff" lebt in Nordafrika, Arabien und Vorderasien.
Es ist ein wiederkäuender Pflanzenfresser.
An das Leben in der Wüste ist es besonders gut angepasst, da die langen Wimpern an den Augen den Sand abweisen. Durch reichlich Tränenflüssigkeit kann selbst Sand leicht ausgespült werden.
Außerdem besitzt es zum Schutz gegen Sandstürme verschließbare Nasenlöcher.
Die extrabreiten Füße ermöglichen ihm das Laufen im Sand ohne einzusinken.
Die Höcker bestehen nicht – wie irrtümlich angenommen – aus Wasser, sondern aus Fett. Dieses Fett kann in Durstzeiten abgebaut werden und im Körper Wasser freisetzen. Das ermöglicht ihm, mehrere Tage ohne Wasseraufnahme auszukommen.
In Anpassung an Wasserknappheit in seinem Lebensraum hat es einen sehr niedrigen Wasserverlust: Schweißdrüsen, die den Schweiß zur Regulierung der Körpertemperatur absondern, besitzt es im Gegensatz zu den meisten anderen Säugern nicht.

6.5 Beispiel mit erdkundlichen Grundbegriffen[52] zu Wasser- und Landformen: Satzstreifen lesen und einem Bild zuordnen

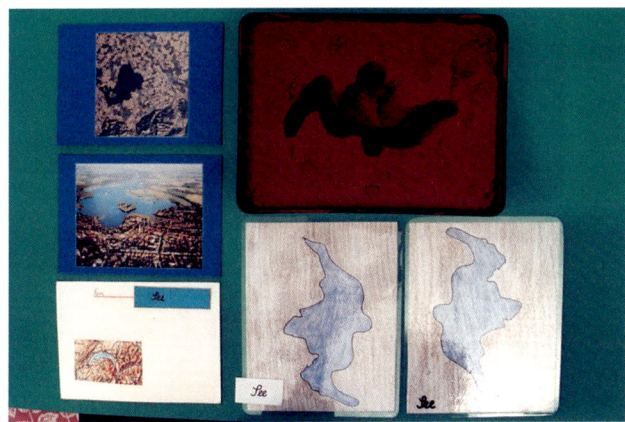

Material: Sandpapierglobus; Bild-, Wort- und Bild-Wort-Karten der Grundformen, Definitionskarten; Satzstreifen der Definitionen; passende Ansichtskarten, Satellitenbilder, Ausschnitt aus einem Atlas

Handhabung: Die Kinder werden gebeten, den Sandpapierglobus zu erfühlen, insbesondere die Stellen, an denen „Wasser" und „Land" zusammentreffen. Dabei können sie entdecken, dass ausschließlich die im Folgenden angegebenen Möglichkeitspaare vorhanden sind:

Landenge – Meerenge   *Insel – See*
Halbinsel – Bucht   *Inselgruppe – Seenplatte*

Das Kind liest die Definitionen und ordnet sie den entsprechenden Bildern zu.

Die Definitionskarten beinhalten folgende Aussagen:

Ein schmaler Landstreifen, der zwei andere Landflächen miteinander verbindet, ist eine *Landenge*.

Ein schmales Gewässer, das zwei große Gewässer miteinander verbindet, ist eine *Meerenge*.

Ein Stück Land, das rundherum von Wasser umgeben ist, heißt *Insel*.

Ein größeres Gewässer, das ringsherum von Land umgeben ist, ist ein *See*.

Eine Insel, die an einer Stelle mit dem Festland verbunden ist, nennt man *Halbinsel*.

Land, das an einer Stelle der Küste zurückweicht, lässt eine *Bucht* entstehen.

Mehrere Inseln, die dicht beieinander liegen, bilden eine *Inselgruppe*.

Mehrere Seen, die sich in einer Landschaft nahe beieinander befinden, bilden eine *Seenplatte*.

---

51 Anm. d. Verf.: Der Name „Eskimo" ist geläufig. Diese Menschen nennen sich aber selbst „Inuit" (= Mensch) und empfinden die Bezeichnung „Eskimo" (= Rohfleischesser) als Diskriminierung.

52 Anm. d. Verf.: „Grundbegriff" ist nicht primär fachwissenschaftlich zu interpretieren, sondern eher phänomenologisch/lernpsychologisch.

Definitionskarte

Wortkärtchen

| Seenplatte |

| Mehrere Seen, |

| die sich in einer Landschaft nahe beieinander befinden, |

| bilden eine *Seenplatte*. |

Weiterführung:

- *Hohlformen*: Um die geographischen Grundbegriffe „begreifbar" zu machen, gibt die Erzieherin/Lehrerin dem Kind Bildkarten und fordert es auf, eine Insel, einen See usw. zu bauen. Für späteres Arbeiten liegen Hohlformen, die mit Wasser aufgefüllt werden können, bereits fertig vor.
Das Kind ordnet (je nach Lesevermögen) die Definitionskarten, Wortkärtchen, Bildkarten, Satelliten-Bilder sowie die Ausschnitte aus dem Atlas und die Ansichtskarten, die zeigen, wie ein See, eine Insel ... wirklich aussehen, den Modellen zu (oder umgekehrt).
- *Karten mit Lückentexten*: Die Karten mit einem Lückentext werden nach folgendem Muster aufgebaut:

| Ein schmaler Landstreifen, der zwei andere Landflächen miteinander verbindet, ist eine ☐ |

| Landenge |

Die Wortkarten werden passend zugeordnet. Die Definitionskarten dienen zur Fehlerkontrolle.
- *Satzstreifen mit Sinneinheiten*: Wenn (zumindest ein paar) Definitionen bekannt sind, werden sie in Sinneinheiten zerschnitten. Das Kind liest diese Texte, fügt sie zusammen und ordnet sie (anfangs) den Modellen und/oder Bildern zu. Später werden die Texte nur zusammengefügt.
Fehlerkontrolle: Kontrollbuch, das aus den Definitionskarten besteht.

Knotenpunkte:

Die Arbeit mit den Grundbegriffen führt natürlich zu der Frage:

- Wo sind in einzelnen Ländern (größere Inseln, Seen ...) zu finden? Die Kinder könnten sich ein Buch darüber erstellen.
- Führt diese Arbeit zur Frage, welche Länder es eigentlich in Europa oder in den anderen Erdteilen gibt, bietet sich die Arbeit mit der „Landkarte" an, bei der Pfeile mit Fähnchen, auf denen die Länder- bzw. Hauptstädtenamen stehen, in die passenden Löcher der Länderkarte gesteckt werden. Neben den geographischen Inhalten, Lage vom Land und der jeweiligen Hauptstadt, lernen die Kinder auf der sprachlichen Ebene die Länder- und Hauptstädtenamen. Sie können sich damit differenzierter verständigen und das Gelesene einordnen, wenn sich in der Tageszeitung Berichte von fremden Ländern oder deren Hauptstädten finden.
- Eine interessante Arbeit wäre auch, aus einer aktuellen Tageszeitung alle erwähnten Länder- und Städtenamen zu notieren, im Atlas zu suchen und auf einem Globus[53] zu markieren.

6.6 Beispiel Pferd: Wortkarten einordnen

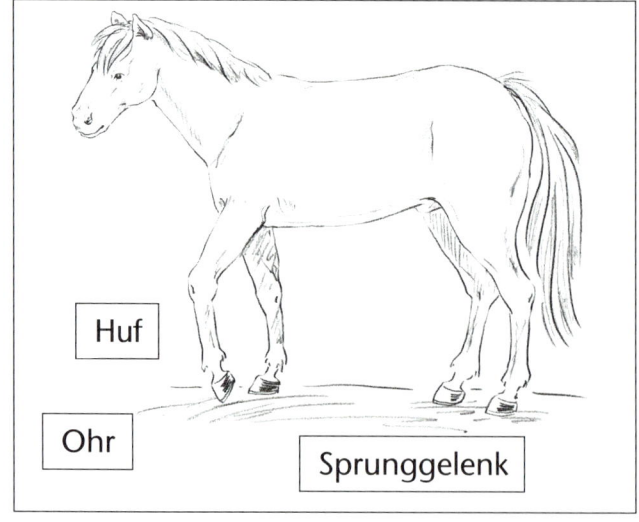

---

53 Anm. d. Verf.: Aus Kostengründen sollte für diese Aufgabe ein preiswerter Globus genommen werden, z. B. ein aufblasbarer, auf den man die relevanten Namen mit Etiketten kleben kann ...

Material: Bildkarte mit und ohne Begriffe, Wortkarten
Handhabung: Die Kinder lesen die Wortkarten und ordnen diese dem Bild zu. Leistungsschwächere Kinder und Leseanfänger können sich dabei am beschrifteten Bild orientieren.

Weiterführung:

- Definitionskarten bzw. Karten mit Beschreibungen und Informationen können die Arbeit an der Sachthematik „Pferd" ergänzen und Impulse für die sprachliche Durchdringung geben.
Mögliche Inhalte: „Die Körperteile des Pferdes", „Zur Familie des Pferdes", „Zum Alter des Pferdes", „Die spezifische Leistungsfähigkeit der einzelnen Pferderassen", „Pferde und Sport", „Artgerechte Haltung von Pferden", „Mensch und Pferd", „Das Pferd und seine Pflege".
Die Arbeit erfolgt analog der Arbeit mit den „geographischen Grundbegriffen" (s. S. 85).
- Die Kinder schreiben sich die Texte der „Definitionskarten" ab, ergänzen sie durch eigene Recherchen, legen besondere Schwerpunkte fest und fertigen sich ein eigenes „Pferdebuch" an.

Knotenpunkte ergeben sich analog der Thematik „geographische Grundbegriffe" bzw. „Tiere in aller Welt".

6.7 Beispiel Knöpfe: Arbeiten mit Kernsätzen

Hinweis: Dem Sammelbedürfnis der Kinder und ihrem Interesse für sachliche Hintergrundinformationen entsprechend lassen sich auch alltägliche Gegenstände gut in die Konzeption der sprachlichen und sachlichen Durchdringung einbauen.

Zum einen wurde am Beispiel „Knöpfe" (s. S. 68 f.) gezeigt, wie sich ein solches Material zum Lernen von Ordnungszahlen mit der dahinter stehenden Begrifflichkeit sowie als Lese- und Schreibübung einsetzen lässt (weitere Möglichkeiten böten sich an). Dieses Kapitel zeigt, dass ein Kind, sofern sich sein Interesse auf diesen Gegenstand fokussiert, beträchtliche weitere Kompetenzen im Bereich der Begriffsbildung und Sacherschließung erwerben kann – in diesem Beispiel über Materialien, aus denen Knöpfe bestehen.

Material: Definitionskarten, Wortkarten, Kernsätze, Knöpfe aus verschiedenen Materialien
Handhabung: Die Kinder lesen die Definitionskarten, ordnen dem Kernsatz aus der Definition die richtige Wortkarte zu und legen anschließend die richtigen Knöpfe hinzu.

Weiterführung:

- Knöpfe entsprechend den Materialien sortieren
- Verwendungszwecke bestimmen
- Knopfsammlung erstellen
- Definitionskarten anderen Gegenständen im Klassenraum zuordnen
- Anfertigen eines „Knopfbuches"

Definitionskarte

> **Leder**
> Ein weicher, widerstandsfähiger und haltbarer Werkstoff, der aus Tierhäuten hergestellt wird.
> Der Gerber befreit die Tierhäute von Haaren und legt sie in Gerberlohe.
> Gerberlohe ist Wasser mit Gerbsalz.
> Ein Zuschneider fertigt aus dem Leder bestimmte Knopfformen. Häufig wird das Leder dabei über einen Metallrahmen gespannt.

Kernsatz aus der Definitionskarte und Wortkarte

> Ein weicher, haltbarer Werkstoff, der aus Tierhäuten hergestellt wird.

> Leder

7. Leseübungen zum Festigen der Lesetechnik – vom mechanischen zum sinnverstehenden Lesen –, Sprachspiele sowie Hilfen zur Rechtschreibung

In Kapitel 2 „Entwicklung der Sprache und sprachliche Erziehung" wurde abschließend darauf verwiesen (vgl. S. 31), dass sich die Tür zum Lesen öffnen soll u. a. durch

- ein möglichst gutes Beherrschen des mechanischen Leseprozesses,
- die Pflege eines reichen Wortschatzes und ein klares Verständnis von der Bedeutung der Worte durch das Lesen kleiner Bücher,
- die Fähigkeit interpretierend zu lesen,
- freien schriftlichen Ausdruck und
- durch den Weg zur Literatur: Geschichten und Gedichte hören, lesen, vortragen und schreiben.

Ergänzt wird diese Leseförderung durch Rechtschreibübungen, die mit den Leseübungen verbunden sind.

In diesem Kapitel geht es um eine Konkretisierungsmöglichkeit dieser Aspekte. Die im Folgenden aufgeführten Möglichkeiten werden in der Montessori-Praxis häufig angewendet.

7.1 Leseröllchen

Auf längeren Streifen stehen kurze Aufträge. Die Kinder sollen gespannt darauf sein, was wohl auf ihnen steht. Deshalb sind die Texte zusammengerollt und sollen zum Aufrollen und Lesen reizen.

> Es war einmal ein Zauberer,
> der konnte Sachen verschwinden lassen.
> Schließe dein linkes Auge – und
> viele Sachen vor dir sind verschwunden.

Eine Kursteilnehmerin hatte die Textröllchen in schwarze Filmdöschen gesteckt, die in einem goldfarbenen Bastkörbchen lagen. Das war bereits ein optischer Genuss und verleitete natürlich zum Hineingreifen.

7.2 Aufträge auf Faltkarten

Die Aufträge der gefalteten Karten, z. B. „Stelle dich an die Tür.", haben die gleiche Funktion wie die Leseröllchen, jedoch ergibt die andere Form eine neue Motivation für die Kinder.
Die Arbeitsanweisung: „Lies die Faltkarte und führe den Auftrag durch."
Wichtig ist, dass das Kind am Beispiel der Faltkarten merkt, „Ich kann lesen!" und dies mit der Erfahrung verknüpft, dass Lesen (häufig) in Handlungen umgesetzt werden kann.

7.3 Tapetenbücher

Auch die Tapetenbücher sollen besonders die Kinder in ihrer ersten Lesephase auf ihre wachsende Kompetenz hinweisen, ihnen eine Freude bereiten und sie motivieren Bücher zu lesen. Um die Kinder nicht zu überfordern, enthalten diese zwei- bis dreiseitigen Bücher lediglich ein Minimum an Text.

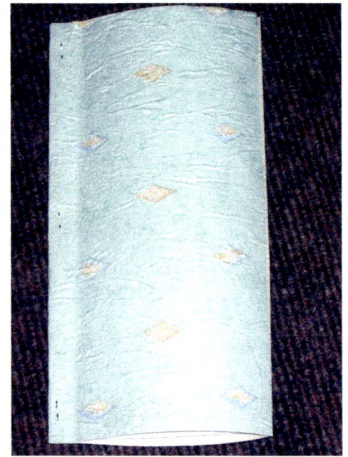

Ein DIN-A4-Blatt wird gedrittelt.
Die Seiten werden mit Tapete „eingebunden" und zusammengetackert.
Die eine verbliebene „Doppelseite" kann am Knick aufgetrennt werden. Dadurch entsteht eine Seite mehr.

Ausschließlich auf der rechten Buchseite steht ein Satz (Anfangsniveau) bzw. ein Teil einer kurzen Geschichte (erhöhter Schwierigkeitsgrad). Es wird immer nur die rechte Seite bedruckt, weil dies die auffälligere ist und der Text beim Aufschlagen bzw. Umblättern sofort in die Augen fällt.
Für verschiedene Schwierigkeitsgrade können unterschiedliche Tapetenfarben gewählt werden.

Ein Beispiel:

Seite 1

> Der Vogel flattert.
> Die Katze schnurrt.

Seite 2

> Der Ball rollt.
> Das Haus brennt.

Seite 3

> Christine schwimmt.
> Der Dackel bellt.

Die Kinder können die Tapetenbücher durchlesen, die Wörter und Sätze abschreiben und später, wenn sie so weit sind, Wortsymbole (s. S.104 ff.) einkleben oder mit einer Schablone über ihren abgeschriebenen Text zeichnen.

7.4 Kleine Bücher

Auch diese Geschichten sollen die Kinder motivieren, Bücher zu lesen und ihnen gleichzeitig möglichst schnell das Erfolgserlebnis vermitteln „Ich kann's". Der Text, ebenfalls nur eine ganz kurze Sinneinheit, befindet sich auch hier immer auf der rechten Seite des Büchleins, damit er beim Umschlagen sofort ins Auge fällt.
Als Format der kleinen Bücher hat sich ein halbes DIN-A5-Schreibheft (mit Korrekturrand) bewährt, das dem Umfang des Textes angepasst wird. Um das zu erreichen, wird das Heft längst der geknickten Seite aufgeschnitten und die überzähligen Blätter werden entfernt. Der Rand dient nun zum Klammern/Binden mit einer Schleife usw.

Seite 1

> **Die beiden Ziegen**
>
> Mitten auf einer Brücke trafen sich zwei Ziegen.

Seite 2

> Die Brücke war sehr schmal.
> Keine wollte ausweichen.

Seite 3

> Da stießen sich die beiden Ziegen.
> Sie fielen in das Wasser.

Seite 4

> Sie wurden über und über nass.

7.5 Karten mit Geschichten und (Tier-)Bildern[54]

Es handelt sich um mehrere Serien von jeweils vier bis sechs Tierbildern, denen Geschichten bzw. Gedichte zugeordnet werden. Die Texte sind kurz, damit auch Leseanfänger nicht überfordert sind. Aus demselben Grund bestehen die farblich unterschiedlichen Serien aus nur wenigen Karten.

Ein Beispiel:

---

54 Anm. d. Verf.: Materialien wurden von Heribert Bäcker bereitgestellt.

> **Die Libelle**
>
> Sie ist eine Fleischfresserin, ein Jäger.
> Sie kann, das ist zu sehen,
> in der Luft sogar stehen.
> Dadurch hat dieses Insekt
> stets sicher die Beute entdeckt.

Mögliche Aufgaben:

- Lies eine oder mehrere Geschichten leise.
- Lege die Tierbilder zu den Geschichten. Oder umgekehrt: Ordne die Geschichten den Tierbildern zu.
- Lies eine Geschichte zuerst leise und dann laut vor.
- Schreibe eine Geschichte ab und male das Tier dazu.
- Fertige dir dein „Tiergeschichten-Buch" an.
- Findest du noch andere Tiergeschichten?

7.6 Fabeln nach Aesop

Fabeln bieten eine weitere interessante Lektüre. Sie regen zum Lesen, Vorlesen und zum Nacherzählen an, wobei hier sogar die Rolle gewechselt werden kann. Ein Kind spielt z. B. erst Hund und anschließend Hahn.
Pro Fabel ist eine Arbeitskarte vorgesehen, die hinreichend groß und dem Aufbewahrungskasten angepasst sein soll.

> *Fabel nach Aesop*
>
> **Der Hund und der Hahn**
>
> Der Hahn befreundete sich mit dem Hund und schon bald gingen beide auf Wanderschaft. Als die Nacht nahte, flog der Hahn auf einen Baum und der Hund bereitete sich darunter ein Lager.
> Kaum hatte der Hahn am Morgen gekräht, kam der Fuchs und bat ihn listig vom Baum zu klettern. „Ich möchte dem schönen Sänger meinen Gruß anbieten!"
> „Wecke zuerst meinen Wächter", antwortete der Hahn schlau und zeigte dabei auf den schlafenden Hund. „Er soll die Tür öffnen und mich herunterlassen."
> Der Fuchs tat wie ihm geheißen. Der Hund erwachte, ergriff den Fuchs und zerriss ihn in tausend Stücke.
>
> **Wer anderen eine Grube gräbt, fällt selbst hinein.**
>
> **Auftrag:** Stelle dir vor, der Hund trifft einen guten Freund und erzählt ihm sein Erlebnis.
> **Oder:** Der Hahn trifft einen alten Freund und erzählt ihm das Erlebnis aus seiner Sicht.

7.7 Sprichwörter spielen

Bei dem Spielen von Sprichwörtern geht es um sprachliche Wendigkeit, sprachliche Analyse- und Synthesemöglichkeiten, Assoziations- und pantomimisches Ausdrucksvermögen.
Es sind drei Kartenserien vorhanden: Das Sprichwort, die Erklärung und ein Bild.
Das Kind hat die Aufgabe, die Sprichwörter zu lesen, sie der Erklärung und dem Bild zuzuordnen (oder umgekehrt) und das Sprichwort pantomimisch zu spielen. Wer errät es?

> jemandem einen Bären aufbinden

> 1. jemanden anlügen
> 2. jemanden veräppeln

7.8 Schreibimpuls – Bruchstück einer Geschichte

Das Mittelstück einer Geschichte ist gegeben. Die Kinder können einen passenden Anfang und ein geeignetes Ende suchen.

> *Ein Bruchstück einer Geschichte*
>
> Am Kinderbecken des Schwimmbades steht ein kleiner Junge auf der Rutschbahn und weint.
> Erwachsene sind nicht in der Nähe.
>
> **Aufgabe:** Erzähle die ganze Geschichte.

7.9 Schreibimpuls – Fortsetzen einer Geschichte

Eine Geschichte soll fortgesetzt werden, spannend und realistisch.

> **Auf Schatzsuche**
>
> Du bist mit deinem Freund auf Schatzsuche.
> Ihr glaubt an der richtigen Stelle zu graben.
> Plötzlich macht ihr eine unglaubliche Entdeckung!
>
> **Aufgabe:** Schreibe, was passiert, und zeichne die Entdeckung.

7.10 Rätsel

Auch Rätsel machen Kindern Spaß und fördern die Kreativität.

> Es hat vier Beine und kann
> doch nicht gehen.
> Es wird nicht müde
> und muss immer stehen.

7.11 Diktatübungen

Folgende Diktatübungen erfordern zunächst genau zu lesen (Vorlesen) und dabei präzise zu artikulieren, sich selbstständig einen größeren Satzteil anzusehen (oder anzuhören), zu entscheiden, ob er hinreichend eingeprägt ist, um ihn dann aus dem Kopf abzuschreiben und anschließend zu überprüfen.

Bei häufig auftretenden Fehlern sollte die Erzieherin/Lehrerin aufmerksam werden und überprüfen, ob Hören und Artikulieren in Ordnung sind.

Selbstverständlich spielen genaues Hinhören und gutes Artikulieren bei den meisten der bislang vorgestellten Übungen eine wichtige Rolle, dürfen sich also nicht nur auf das Diktatschreiben beschränken. In jedem Fall handelt es sich aber um eine Dimension der sprachlichen Erziehung, die oft sträflich vernachlässigt wurde und wird.

7.11.1 Wortdiktate

Bei der Arbeit mit dem „Diktatschornstein" oder mit ähnlichen Arbeitsmitteln – zum Beispiel „Lesedosen" – können die Kinder einzelne Wörter so oft üben, bis sie diese fehlerfrei schreiben können.

Der „Diktatschornstein"[55] nimmt Wortkärtchen auf, die nach Schwierigkeitsgrad geordnet in einer Aufbewahrungsdose liegen.

Zum Einlegen der Kärtchen hat der Turm zwei freie Wandseiten. Ein Stapel Kärtchen – bis zu 20 Stück –

---

[55] Anm. d. Verf.: Die Erstkonstruktion erfolgte schon in den sechziger Jahren durch Horst Kuklinski, Rektor a. D. der bischöflichen Maria-Montessori-Grundschule Krefeld, und seinem Hausmeister Franz Josef Redders an ihrer damaligen Schule in den Niederlanden.

wird mit der Schrift nach oben hineingelegt. Von dem eingesetzten Stapel mit Wortkärtchen kann jeweils die unterste Karte herausgezogen und gelesen werden. Danach wird die gelesene Karte wieder oben auf den Stapel gelegt.

Das Kind liest die Wortkärtchen anfangs halblaut (d. h. im Flüsterton) und gut artikuliert, später leise, dreht sie um und schreibt das Wort aus dem Gedächtnis heraus auf. Anschließend wird es mit dem Wort auf dem Plättchen verglichen. Das Wortplättchen wird dann mit der Schrift nach unten in den Schacht des „Schornsteins" gelegt. Es wird analog verfahren, bis in der Lade schließlich das erste umgekehrt liegende Plättchen erscheint.

Eine analoge Übung: Dose mit Schlitz im Deckel. Das Wort wird angesehen, geschrieben, verglichen und in die Dose gesteckt und dann geschrieben.

7.11.2 Wendediktate

Diese Diktatübung erfordert zunächst genaues Lesen, sich (selbstständig) einen größeren Satzteil anzusehen, zu entscheiden, ob er hinreichend eingeprägt ist, um ihn dann aus dem Gedächtnis heraus aufzuschreiben und anschließend selbstständig zu überprüfen.

Die Arbeitsanweisung lautet:

Der Fliegenpilz

Ich ging einmal mit meiner Mutter in den Wald.
Dort standen viele Bäume und Sträucher.
Als wir müde waren, ruhten wir uns auf einer Bank aus.
Dort sah ich einen roten Pilz mit weißen Punkten.
Es war ein Fliegenpilz.
Ich wollte ihn ausgraben, aber meine Mutter erlaubte es nicht, weil er giftig ist.

Aufgabe: Wenn du kannst, lese einen ganzen Satz (mindestens aber zwei bis drei Wörter).
Drehe dann die Karte um und schreibe den Text aus dem Gedächtnis heraus auf.
Vergleiche bitte deinen geschriebenen Text mit dem der Karte.
Du kannst dies sofort tun oder aber zum Schluss, wenn du das Diktat fertig geschrieben hast.

7.11.3 Fehlende Satzzeichen

Eine weitere Übungsmöglichkeit thematisiert die Satzzeichen, im Folgenden die Punkte, die das Kind setzen muss. Zugleich beginnt das nächste Wort natürlich groß.

Analoge Übungen sind mit den Satzzeichen möglich, die bereits erarbeitet wurden, wie z. B. die Redezeichen des anschließenden Diktates.

Am Briefkasten

Anne und Michael haben einen Brief geschrieben sie haben die Briefmarken auf den Umschlag geklebt und werfen ihn am Briefkasten ihrer Straße durch die Klappe Anne sagt der wird heute noch geleert auf dem weißen Schild steht 15 Uhr Michael meint das ist in fünf Minuten er möchte warten bis der Postbeamte kommt und ihm zusehen da fährt auch schon das gelbe Auto um die Ecke

Aufgabe: Im Text fehlen die Satzzeichen.
Schreibe den Text ab und setze die richtigen Satzzeichen.
Denke daran: Ein neuer Satz beginnt mit einer Großschreibung.
Lass dir anschließend den Text von jemandem diktieren.

7.11.4 Fehlende Anführungszeichen

Aufgabenkarte

> **Von dem Frosch und dem Ochsen**
>
> Ein Frosch sah einen Ochsen auf der Weide und dachte wenn ich meine gerunzelte Haut aufblähe, könnte ich doch auch so groß werden wie dieser Ochse! Er fing an, sich aufzublähen, so weit es ging.
> Dann fragte er seine Jungen was meint ihr, bin ich so groß wie der Ochse? Sie antworteten nein!
> Er blähte sich noch mehr auf und fragte habe ich es jetzt geschafft? Sie riefen noch lange nicht!
> Der Frosch versuchte es zum drittenmal. Da zerplatzte er und starb.
>
> **Aufgabe:** Im Text fehlen die Anführungszeichen. Schreibe den Text ab und setze die Anführungszeichen an die richtigen Stellen.
> Achte auf den **Doppelpunkt** und die **Großschreibung** danach.
> Denke daran: Zu Beginn der Rede werden die Anführungszeichen **unten**, am Ende **oben** gesetzt.
> Lass dir den Text von einem Freund diktieren.

Werden Regeln benötigt, stehen sie auf einer Karte[56] übersichtlich aufgelistet und griffgünstig bereit.

Regelkarte für Anführungszeichen

> *Anführungszeichen*
> *Wörtliche Rede – wörtliche Gedanken*
>
> Die **Anführungszeichen** kennzeichnen die wörtliche Rede. Sie schließen wörtlich Wiedergegebenes ein. Dabei gelten folgende Regeln:
> - Zu Beginn der Rede werden die Anführungszeichen **unten**, am Ende **oben** gesetzt.
> - Satzzeichen, die zum wörtlich Wiedergegebenen gehören, werden vor das abschließende Anführungszeichen gesetzt:
>   **Punkt:** Er erwidert: „Jeder hat seine eigene Meinung."
>   **Fragezeichen:** Er fragt: „Hast du eine eigene Meinung?"
>   aber:
>   **Ausrufezeichen:** Er fordert: „Sag deine eigene Meinung!"
>   aber:
>   **Komma:** „Jeder sagt seine eigene Meinung", erwidert er.
> - Einem Ausrufe- oder Fragezeichen, das eine wörtliche Rede abschließt, folgt ein Komma:
>   „Du kommst jetzt!", rief sie.
>   „Kommst du jetzt?", fragte sie.

---

[56] Anm. d. Verf.: Der Umfang der Regelkarte sollte dem Fassungsvermögen der Kinder angepasst sein. Die Regeln können nach und nach erweitert werden. Die Regeln selber sollten verständlich formuliert sein.

Kapitel 6: Wortartenanalyse und Übungen, die die Bedeutung der Wortarten erkennen lassen[1]

Heribert Bäcker, Reinhard Fischer, Gretel Moskopp

1. Zur Relevanz der Wortartenanalyse

„Die grammatikalische Erforschung der Sprache hilft nicht nur beim Lesen, sondern sorgt auch für Befriedigung, die anspornt, weil sie die Sprache bewusst macht, über die man bereits verfügt, während das Lesen von Büchern dazu führt, dass man sich auf Gedanken konzentriert, die von außen kommen."[2]

Eine Erzählung zu den Wortarten ist von dem Arzt und Pädagogen Janusz Korczak für die Kinder 1905 aufgeschrieben worden und verdeutlicht die Relevanz der Arbeit mit den Wortarten und anschließend auch mit der Satzanalyse.

Diese Geschichte vermittelt einen Ordnungsgedanken, dass es nämlich möglich und sinnvoll ist, die unzählbar erscheinenden Wörter einer Sprache nach wenigen unterschiedlichen Gesichtspunkten in Gruppen zusammenzufassen: „Stellt euch einen Laden vor", so beginnt Korczak, „wo die Heringe mit den Zigaretten in ein und demselben Karton liegen, die Holzkohle mit der Butter, das Petroleum mit dem Brot, die Bonbons mit der Seife. Du kommst und willst ein Heft für sechs Groschen kaufen. Da fängt das Suchen an. Der Krämer sagt, die Hefte sind hier, aber seine Frau sagt, sie sind dort. Er schreit sie an und sie ihn. ... Sie wissen nicht, was ihnen fehlt, was eingekauft werden muss, es ist ein Chaos.

Und die Menschen, das Volk, das muss auch wissen, über welche Wörter es verfügt, welche man noch braucht, welche man sich leihen muss und welche geborgten Wörter man zurückgeben kann. Jeder muss die Möglichkeit haben, in seiner Sprache vernünftig denken und sprechen zu können.

Je wichtiger etwas für uns ist, desto mehr halten wir es in Ordnung und desto mehr schätzen wir es.

Die Menschen haben beschlossen, das Gleiche für ihre Sprache zu tun. Es galt die Wörter in Gattungen einzuteilen, d.h. sie zu klassifizieren, jedes von ihnen in einer anderen Schublade unterzubringen und mit einer Aufschrift zu versehen. Was meint ihr: war das eine leichte oder schwere Arbeit? Sie war sehr schwer. Aber die Menschen schrecken auch vor schweren Aufgaben nicht zurück. ... Also zuerst stellten die Menschen so etwas wie Schubladen auf und begannen die Wörter zu sortieren."[3]

Bei den Übungen zur Spracherziehung nach Maria Montessori nehmen Wortarten-, Wortbildungs- und Satzanalyse einen breiten Raum ein. Interessierte Kinder sollen dadurch angeregt werden, die Struktur ihrer Sprache zu erforschen und deren Ausdrucksmöglichkeiten zu entdecken. Bei der Wortbildungs- und Wortartenanalyse werden z. B. durch die Lektionen die Zusammensetzung von Wörtern und auch die Funktionen und Leistungen der Wörter und Wortgruppen im Satz einsichtig gemacht. Die Wortsymbole unterstützen dies, ermöglichen einen besseren Überblick und erleichtern eine Zusammenschau.[4]

Durch Lese- und Wortartenübungen wird versucht, sinnverstehendes Lesen und ein verbessertes Sprachverständnis zu erreichen. Montessori betrachtet diese Übungen als den *Schlüssel zur Sprache*.

Wörter haben nicht nur Gewicht an sich, sondern auch Relevanz wegen ihrer grammatischen Bedeutung. Das Kind erkennt sehr schnell, dass nicht nur die Bedeutung eines Wortes wichtig ist, sondern auch seine Stellung in der Wortgruppe oder im Satz. Ein Beispiel: Die Wortgruppe „die schöne Dame und der alte Hund" hat eine andere Bedeutung als „die alte Dame und der schöne Hund". Die Aufmerksamkeit des Kindes wird hier auf die Funktion des Adjektivs gerichtet.[5] Wörter allein reichen also nicht aus, einem Satz Sinn zu verleihen. „Es bedarf auch einer Ordnung, in der man sie hintereinander stellt, um die Bedeutung des Gedankens klar zu machen, der ausgedrückt wird."[6]

Die Beschäftigung mit der Funktion der Wortarten lässt die Kinder „Sätze voller Bedeutung" entdecken, die sich nach und nach in der Spur des

---

1 Anm. d. Verf.: Verkürzt wird häufig nur von der „Wortanalyse" gesprochen, gemeint ist aber primär die „Wortartenanalyse". Was im Duden unter „Wortbildung" thematisiert wird, z.B. die Substantivierung von Verben/Adjektiven, wird unter der Berücksichtigung von Prä- und Suffixen (faul/Faulheit, tief/Vertiefung usw.) im Kapitel 5, Abschnitt 5 angesprochen.
2 M. M., Weltanalphabetismus, S. 181

3 Korczak, S. 15 ff.
4 vgl. Dernbach, 1995, S. 22 ff.
5 Anm. d. Verf.: Wir konfrontieren das Kind aber auf keinen Fall schon mit dem Namen der Wortart. Die Funktion wird später gefestigt, indem man ein Wortsymbol darüber legt, und erst sehr viel später wird die Wortart benannt.
6 M. M., Weltanalphabetismus, S. 180

grammatischen Satzbaus entwickeln.[7] Montessori betrachtet die Beschäftigung mit diesem Phänomenkreis als noch viel bedeutsamer als ihre Überlegungen zum Schreiben- und Lesenlernen.[8] Allerdings führt die Arbeit mit den Wortarten nicht immer zu eindeutigen Ergebnissen, da die grammatischen Normen oft keine klaren Abgrenzungen haben. So können z. B. einzelne Wörter in verschiedenen Wortarten wechseln (beim Thema „Adverb" wird es verdeutlicht; vgl. Kap. 6.5.4).

Sprache ist ständig in Bewegung. Deshalb lassen sich auch nicht für alle Zeiten eindeutige Regeln festlegen. Selbst die Sprachwissenschaftler sind nicht immer einer Meinung. Dies zeigt sich z. B. darin, dass unterschiedliche Grammatiken auf dem Markt sind und nebeneinander bestehen.

Wer in der Schule Sprachübungen zum Thema „Wortarten" anbietet, sollte nach Möglichkeit nur solche Texte auswählen, die eindeutig zu bestimmen sind[9] – zumindest bei den Einführungen und den ersten Übungen – oder man sollte sich bei fortgeschrittenen Kindern mit ihnen über die Problematik der Mehrdeutigkeit, der Bezugspunkte usw. unterhalten. Dies wird besonders dann der Fall sein, wenn die Kinder an selbst gewählten Beispielen arbeiten.

2. Sprachkästen[10]

Die Sprachkästen – bestehend aus den Auftrags- und Fächerkästen – sind ein Teil des Materials, das der Sprachentwicklung der Kinder dient. Die Struktur der Sprache wird mit ihnen noch deutlicher herausgearbeitet, die Namen der Wortarten werden eingeführt und ihre Funktion stärker ins Bewusstsein gerufen.

Wie bereits erwähnt, ist die Sprache ein lebendiges Gebilde. Die Grenzen zwischen einigen Wortarten sind fließend und verändern sich auch. Deshalb kann die Bestimmung eines Wortes mitunter nicht eindeutig erfolgen. Für die Übungen in den Auftrags- und Fächerkästen wurden aber möglichst eindeutige Beispiele ausgewählt, um die Kinder nicht zu verwirren.

Es geht Montessori, wie schon betont, nicht primär um Grammatik im engeren Sinne, sondern um die Sensibilisierung für Wörter und die Bedeutung ihrer Stellung im Satz. Wenn Grammatik, dann in Form einer „Psychogrammatik".

Montessori hat zwei Publikationen herausgebracht: „Psico-Geometrica" und „Psico-Aritmética". Das geplante dritte Buch „Psico-Grammatica" wurde jedoch nicht mehr beendet. Bezugspunkt ist jeweils nicht die Fachwissenschaft, sondern die „kinderpsychologische Erfahrung"[11], also die psychologische Aufbereitung des Stoffes für die Kinder. Geometrie, Mathematik und Sprache sollen zu einem spannenden Abenteuer werden, bei dem die Kinder die relevanten Strukturen entdecken, sich für die jeweiligen Inhalte sensibilisieren und den Bezug zu ihrem Leben entdecken können.

Das Entdecken der Bedeutung der verschiedenen Wortarten, deren sinnvolle, mögliche, aber auch unmögliche Platzierung im Satz führt zu größerer sprachlicher Sensibilität und besserer Ausdrucksfähigkeit.

Analoge Überlegungen gelten für das Kapitel „Satzzerlegung" (vgl. S. 126 ff.).

2.1 Auftragskästen

Beschreibung der Auftragskästen

Die Auftragskästen enthalten DIN-A6-Karten, die Auftragskarten sowie kleine Wörterkärtchen. Oberhalb der Aufträge stehen auf den Auftragskarten die relevanten Wörter, die auch auf den Wortkärtchen gedruckt sind.

Jede Wortart hat eine eigene Farbe: So befindet sich das Material für Verben in roten Kästen, die Verben sind auf rote Kärtchen gedruckt. Allerdings stimmen die Farben der Auftragskästen nicht mit denen der Wortsymbole überein, damit sich die Kinder nicht auf Farben fixieren.[11]

---

7 vgl. M. M., Entdeckung des Kindes, S. 267
8 vgl. a. a. O., S. 267
9 vgl. Dernbach, S. 22
10 vgl. „Montessori Material Teil 2", S. 40 ff., vgl. Montessori-Vereinigung e. V., S. 5 ff.

---

11 vgl. Baumann: Psychoarithmetik, S. 12

Übersicht über die Sprachkästen

10 Auftragskästen			9 Fächerkästen		
Die Kastenfarbe entspricht der Farbe der Wortsymbole	Auftragskarten (DIN-A6-Format)	kleine Wortkärtchen (die Farbe entspricht der Farbe der Wortsymbole) Im roten Kasten sind also alle in den Aufträgen verwendeten Verben (im Infinitiv) als Wortkärtchen vorhanden.	Die Kästen unterscheiden sich durch die Anzahl der Fächer für die Wortkärtchen und sind dementsprechend beschriftet und farbig markiert. In jedem Kasten kommt eine Wortart mehr hinzu. Kasten 1: Artikel, Substantiv Kasten 2: Artikel, Substantiv und Adjektiv Kasten 3: … Reihenfolge der Kästchen: – Artikel, Substantiv – Adjektiv – Numerale – Verb – Präposition – Adverb – Pronomen – Konjunktion – Interjektion	In jedem Kasten befindet sich ein großes Fach für die Leitkarte und kleine Fächer für die Wortkärtchen. Die Farbe der Leitkarte und des Aufbewahrungskastens entspricht der zu übenden Wortart.	Leitkarten und kleine Wortkärtchen befinden sich in Aufbewahrungskästen entsprechend der zu übenden Wortart.
Die wesentlichen Gemeinsamkeiten und Unterschiede zwischen den Kästen: In beiden Kästen befinden sich Karten mit Aufträgen. In den Auftragskästen sind nur die relevanten zu übenden Wörter vorhanden. Der Lesetext aber ist umfangreicher. Die Fächerkästen enthalten alle Wörter, die zur Bearbeitung der jeweiligen Leitkarte erforderlich sind. Bis auf die zu übende Wortart bleibt der Text bei allen Aufträgen gleich (z. B.: Fülle ein Blatt teilweise aus./Fülle ein Blatt ganz aus.).					

---

12 Anm. d. Verf.: Eichelberger unterläuft in seinem „Handbuch zur Montessori-Didaktik" an dieser Stelle ein Fehler. Er behauptet, dass die Farben der Auftragskästen den Farben der Wortsymbole entsprechen (S. 105).
Mit Ausnahme des Auftragskastens zu den Verben (rot) und den Substantiven (schwarz) haben die Kästen andere Farben als die Wortsymbole. Der dahinter stehende Gedanke ist folgender: Farben helfen beim Einprägen, können aber auch zu einer Fixierung führen. Auf einer ersten Abstraktionsstufe soll das Kind sich von den Farben lösen bzw. die Bedeutung der Farben als etwas relativiert ansehen.

2. Sprachkästen

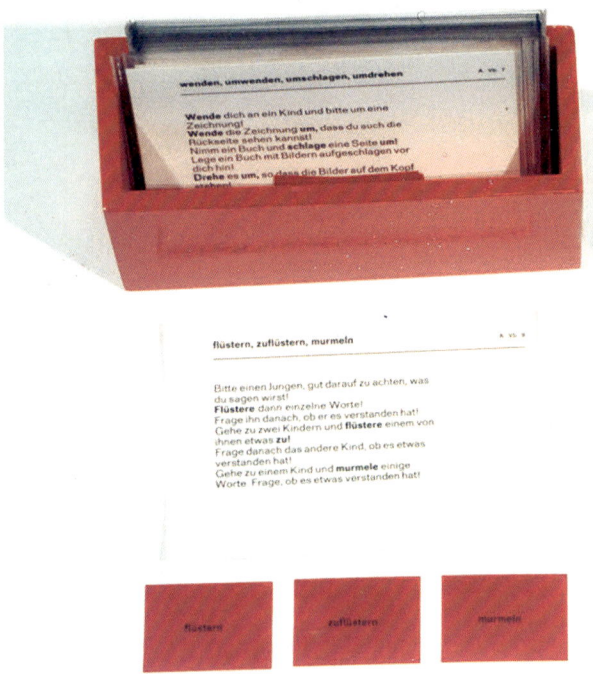

Auftragskasten mit Aufträgen zu „flüstern", „zuflüstern", „murmeln" oder zu „klatschen"

Arbeiten mit den Auftragskästen[13]

---
13 Anm. d. Verf.: Die Übungen in diesem Handbuch für die Fächerkästen stammen größtenteils aus der aktualisierten Fassung: Montessori-Vereinigung e. V.: Auftrags- und Sprachkästen.

Es gibt verschiedene Arten von Aufträgen:

● Aufträge, die das Kind mit einer Wortart in Berührung bringen, z. B. mit dem Adjektiv. Bei diesen Übungen erfährt es auch den Namen der Wortart.

> **Adjektiv (Eigenschaftswort)**
>
> *glatt, glatteste, rau, raueste*
>
> Nimm die Stoffe aus dem Stoffkasten, die zu den Adjektiven passen:
>
> glatt, glatteste, rau, raueste

● Aufträge, die den Wortschatz erweitern und differenzieren helfen. Bei diesen Aufträgen braucht das Kind manchmal eine Lektion, damit die Bedeutung erfasst wird.

> **Adjektiv (Eigenschaftswort)**
>
> *durchsichtig, durchscheinend, undurchsichtig*
>
> Nimm ein Stück klares Glas, ein Stück schwarzes Papier und ein Stück Mattglas.
>
> Untersuche sie, ob sie Licht durchlassen.
>
> Lege dazu die Adjektive durchsichtig, durchscheinend, undurchsichtig

● Aufträge zum Verb usw., bei denen das Kind aufgefordert wird zu experimentieren.

> **betasten, reiben, streichen, stoßen**
>
> Gehe zu einem Tisch und **betaste** ihn mit geschlossenen Augen, als ob du ihn auf diese Weise erkennen wolltest.
>
> **Reibe** mit deinen Fingern die Tischplatte so stark wie du kannst.
>
> **Streiche** sachte über die Tischplatte.
>
> **Stoße** mit deinem Ellenbogen auf einen Tisch.

Das jeweilige Wortkärtchen wird zu dem Auftrag gelegt, der gerade durchgeführt wird. Ein Kind nimmt zum Beispiel die Auftragskarte „betasten, reiben, streichen, stoßen" (s. o.) aus dem Kasten zum Thema „Verb". Dann legt es die Wortkärtchen, die dazu gehören, auf den Tisch. Es liest den Auftrag von der Auftragskarte, sucht das zum Auftrag passende Wortkärtchen heraus und führt den Auftrag selbstständig aus. Sollten mehrere Kinder für eine Übung gebraucht werden, so übernimmt ein Kind die Führung.

Durch die Ausführung der Aufträge erlebt das Kind wiederum auf eine andere Weise, was eine bestimmte Wortart bedeutet. Bei Verben ist dieses „Erleben" offensichtlich. Bei anderen Wortarten (z. B. Konjunktion) finden andere Übungen statt, um auch diese Wortart „begreifbar" zu machen (s. S. 99 ff.).

2.2 Fächerkästen

Beschreibung der Fächerkästen

Es gibt neun unterschiedliche Fächerkästen. Die Fächer dienen dazu, das Kartenmaterial übersichtlich aufzunehmen. In das große, längliche Fach kommen die Leitkarten[14], in die kleineren Fächer die für die jeweilige Übung benötigten Wortkärtchen.

Der erste Fächerkasten hat zwei kleine Fächer für die ersten beiden Wortarten (Artikel/Substantiv),
der nächstfolgende Kasten hat jeweils ein Fach mehr für die hinzukommende Wortart (Adjektiv, Numerale, Verb, Präposition, Adverb, Pronomen, Konjunktion, Interjektion). Die Farbe des Faches für die Leitkarte entspricht der Farbe der Wortart (Verben rot, Adjektive braun usw.), auf die die Aufmerksamkeit des Kindes gelenkt werden soll. So fällt die Orientierung leicht.

Die Fächer selber sind beschriftet mit dem Namen der jeweiligen Wortart und haben die gleiche Farbe wie die dazugehörigen Wortkärtchen.

In den Fächerkasten werden von der Lehrerin unter Mitarbeit des Kindes alle für die Übung des jeweiligen Kastens gebrauchten Wörter in die dafür vorgesehenen Fächer eingeordnet.

Auf den Leitkarten der Fächerkästen stehen Aufträge – ähnlich wie bei den Auftragskästen –, die sich auf die zu übende Wortart beziehen.

Die Leitkarten und die Wortkärtchen liegen in Aufbewahrungskästen, ebenfalls in der Farbe der zu übenden Wortart, bereit.

Arbeiten mit den Fächerkästen[15]

Dem Aufbewahrungskasten werden von der Lehrerin die benötigten Karten entnommen und in den Fächerkasten eingeordnet.

- *Arbeiten ohne Leitkarten:* Enthält der Fächerkasten nur lose Wortkärtchen, so muss das Kind diese lesen und ordnen. Die Lehrerin kontrolliert die Arbeit.

- *Arbeiten mit Leitkarten:* Meistens befinden sich Leitkarten in den Fächerkästen. Auf ihnen stehen gewöhnlich zwei Wortfolgen bzw. Sätze mit Gegensätzen oder Modifikationen einer Handlung.

Das Kind liest den ersten Satz, führt den Auftrag aus, sucht die entsprechenden Wortkärtchen aus den

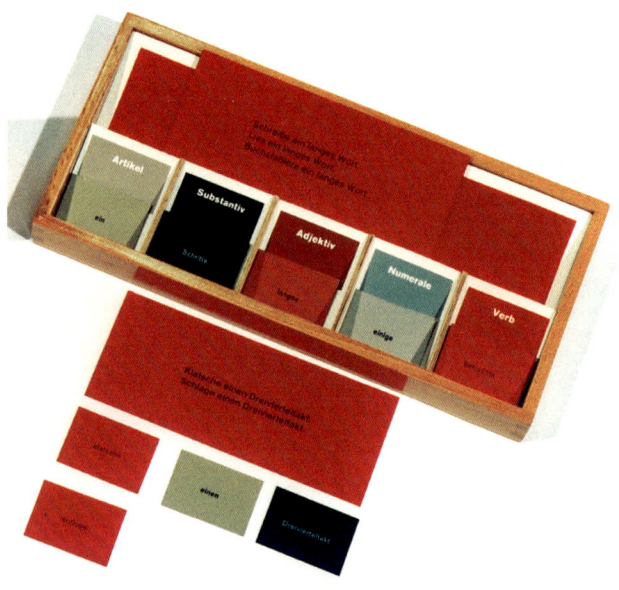

Fächerkasten

> Spiele eine Tonleiter aufwärts.
> Spiele eine Tonleiter abwärts.

Fächern heraus und legt sie auf den Tisch. Das Kind liest die zweite Reihe der Leitkarte, führt nun diesen Auftrag aus und ändert nun die Wortfolge oder den Satz mit den losen Karten. Anschließend werden die Wortsymbole (s. S.104 ff.) zugeordnet. Da die Namen für die Wortarten in den Fächern stehen, wird das Kind die Wortart irgendwann benennen können, auch wenn der Name nicht explizit geübt wird.

---

14 Anm. d. Verf.: Es hat sich eingebürgert, die DIN-A6-Karten im Auftragskasten als „Auftragskarten" zu bezeichnen und die langen Karten im Fächerkasten als „Leitkarten".

15 vgl. Montessori Lese- und Schreibmaterial, S. 43

Das Mädchen bearbeitet zusammen mit der Lehrerin eine Leitkarte aus dem Fächerkasten zur Interjektion. In diesem Fall stehen keine Aufträge auf der Karte, sondern passende Sätze aus der Literatur, wie: „O fänd ich doch zu meinem Glück ein riesengroßes Schinkenstück!"

Bei der Arbeit mit den Sprachkästen gilt immer die folgende Regel:

1. lesen
2. ausführen
3. Wortkärtchen ordnen
4. Wortsymbole legen

Im Folgenden werden jeweils ein oder zwei Übungen mit verschiedenen Sprachkästen vorgestellt.[16]

3. Übungen zur Verdeutlichung von Bedeutung und Funktion einer Wortart am Beispiel Bauernhof[17]

3.1 Der Bauernhof

Die hier aufgeführten Übungen sollen dem Kind die Bedeutung und Funktion einer Wortart deutlich machen und zeigen, dass die Position im Satz oft entscheidend für die Gesamtaussage ist. Natürlich können Sie sich auch andere Beispiele ausdenken oder die Kinder erfinden selbst welche.

Material: Auf einer Holzplatte, ca. 80 × 40 cm, die Wiese und Land darstellt, befinden sich ein Gehöft mit Stall und Scheune, Heuschober, Brunnen und Hundehütte, Bauer, Bäuerin, Knechten, Mägden und zahlreichen Tieren.[18]

Menschen:	1 Bauer, 1 Bäuerin, 1 Magd, 1 Knecht, 1 Schäfer, 1 Milchmann, 1 Jäger, 1 Tierärztin
Hoftiere:	1 brauner und 1 grauer Hund, 1 schwarze Katze
Geflügel:	1 schwarzes Huhn, 3 weiß-gelbe und 2 weiße Hähne, 1 Truthahn, 2 weiße Enten, 2 weiße Gänse, 3 Entenküken
Schweine:	1 säugendes Schwein, 3 schwarze Schweine, 3 schwarze Eber, 4 rosa Ferkel
Rinder:	2 braune, 2 weiß-braune und 1 weiß-graue Kuh, 1 brauner und 1 weißer Stier, 2 braune Kälber
Schafe:	3 graue Schafe und 4 beige Schafe
Esel:	2 graue Esel
Ziegen:	2 weiß-graue und 3 weiß-gelbe Ziegen, 1 schwarz-weißer und 1 brauner Ziegenbock
Pferde:	1 weißes Pferd, 3 braune und 3 schwarze Pferde, 1 braunes und 1 schwarzes Fohlen, 1 Pferd mit Frau, 1 Pferd mit Mädchen
Zubehör:	2 grüne Zäune, 6 braune und 6 graue Säcke, 6 gelbe Heuballen, 2 Heuhaufen, 9 Milchkannen

Für die schriftlichen Lektionen sind weiterhin nötig: Papierstreifen, verschiedenfarbige Stifte (insbesondere ein Rotstift), Schere, Kasten mit Wortsymbolen, vorbereitete Streifen für Leseübungen (den Wortarten entsprechend zugeordnet) und die Sprachkästen.

---

16 Anm. d. Verf.: Eine recht umfassende Zusammenstellung passender Aufträge zu den einzelnen Sprachkästen findet sich in: Montessori-Vereinigung e. V. : Auftragskästen und Sprachkästen.

17 Anm. d. Verf.: Für die einführenden Lektionen könnte man ebenso auch eine Küche, einen Laden oder ein Puppenhaus … nehmen. Dann müssten selbstverständlich die im Folgenden vorgestellten Übungen entsprechend abgewandelt werden.

18 vgl. Montessori-Material Teil 2, S. 27

3.2 Arbeiten mit den Wortarten

Das Vorgehen erfolgt jeweils nach folgendem Schema:

1. Vorbereitende Übungen
2. Durch entsprechende Einführungen, Lektionen und Übungen wird das Kind mit der jeweiligen Wortart und ihrer Funktion vertraut gemacht.
3. Einführung des Symbols für die jeweilige Wortart
4. Weitere Übungen: Zu den einzelnen Wortarten liegt Material für Leseübungen mit Auftragscharakter bereit, die die gesamte vorbereitete Umgebung mit einbeziehen. Das Kind liest die Aufträge durch, führt sie aus und ordnet die Wortsymbole zu.
5. Besonders für die Einzel- und Partnerarbeit bieten sich dann Auftragskästen mit ihren Auftragskarten und Wortkärtchen an.
6. Ergänzt wird die Arbeit anschließend durch Fächerkästen, in denen Aufträge auf Leitkarten samt Wortkärtchen enthalten sind – jede Wortart in einer anderen Farbe. Als neuer Impuls kommt hinzu, dass die Namen der Wortarten in den einzelnen Fächern der Kästen stehen. Auch wenn der Name nicht explizit geübt wird, prägt er sich durch das Hinsehen und das häufige Einordnen der Wortkarten in die passenden Fächer ein.

Die Übungen selber vollziehen sich meist in folgenden Schritten, je nach Wortart leicht modifiziert, hier: Beispiel „Adjektiv":

1. Schritt: Bereitstellen der Gegenstände, mindestens drei (z. B. 3 Ferkel oder 3 Pferde ...), höchstens aber sechs bis acht, da mehr die Gedächtniskapazität des Kindes meistens nicht zulässt.
2. Schritt: „Ich schreibe dir genau auf, wie es sein soll." (Adjektiv in roter Schrift auf ein Wortkärtchen)
3. Schritt: Falls möglich wird die gewünschte Handlung durchgeführt (z. B. „Hole ein schwarzes Pferd!").
4. Schritt: Die Wortkärtchen werden in die Lücken der vorbereiteten Satzstreifen gelegt.
5. Schritt: Übung zur Stellung in der Folge der Wörter. (Umstellprobe)
6. Schritt: Legen der Wortsymbole. Dabei wird immer mit dem Nomen begonnen.
7. Schritt: Abschreiben der Wortgruppen vom Streifen und Kleben/Malen der Wortsymbole über den abgeschriebenen Text.

3.3 Einführung von Wortarten ohne Wortsymbole

3.3.1 Substantiv[19]

Alle Materialien (Gegenstände, Bilder), die am Beginn des Leselernprozesses benutzt werden, machen dem Kind deutlich, dass alle Menschen, Tiere, Pflanzen und Gegenstände mit Namen benannt werden.
Zu einem späteren Zeitpunkt wird dem Kind gezeigt, dass auch abstrakte Sachverhalte wie Gefühle und Gedanken einen Namen haben. Dies kann man (ebenfalls später) durch ein besonderes Wortsymbol zum Ausdruck bringen.

Einführungslektion in die Wortart[20]

Material: Bauernhof, Stift, Kärtchen
Übung: Beim Bauernhof fragt die Lehrerin[21] das Kind nach den Namen von allem, was sich dort befindet. Eventuell sind entsprechende Namenslektionen nötig. Sobald das Kind lesen kann, wird der Name auf ein Kärtchen geschrieben. Anschließend wird das Kind gebeten zu geben, was aufgeschrieben wurde. Es erhält die vorbereitete Namenskarte, liest sie und ordnet sie zu.
Montessori hält es für wichtig, die Bedeutsamkeit des zu lernenden Sachverhaltes möglichst plastisch hervorzuheben, z. B. durch kleine dramatische Szenen. Um den Kindern die Bedeutung des Substantivs zu verdeutlichen, könnte etwa eine Übung folgender Art durchgeführt werden:
Die Lehrerin ruft den Namen eines Kindes. Das gerufene Kind kommt. Dann ruft sie den Namen eines zweiten und dritten Kindes. Jedes Kind erhält ein schwarzes Kärtchen, auf das die Lehrerin den jeweiligen Namen des Kindes geschrieben hat.
Dann werden unvollständige Rufe gespielt, z. B. „Blond!", „Lieb!", „Groß!"... – und keiner rührt sich. Das macht auf die Kinder großen Eindruck. Im

---

[19] Anm. d. Verf.: Die Wortsymbole für Artikel und Substantiv werden erst bei der Lektion zum Adjektiv eingeführt, da erst drei verschiedene Wortarten Fragen, die das Nachdenken anregen, ermöglichen.
[20] vgl. Montessori-Material Teil 2, S. 29
[21] Anm. d. Verf.: Abgesehen von einigen Einführungsübungen werden die meisten Übungen dieses Kapitels in der Grundschule stattfinden. Deshalb wird im Folgenden nicht mehr von Erzieherin/Lehrerin gesprochen, sondern nur noch von der Lehrerin. Das bedeutet aber nicht, dass ein besonders sprachinteressiertes Kind nicht bereits im Kindergarten die hier vorgestellten Übungen durchführen darf. Im Gegenteil: Hat ein Kind Interesse und kann es die Aufgabenart bewältigen, hat es auch das Recht, unabhängig von seinem Alter, an entsprechenden Aufgaben lernen zu dürfen.

3. Übungen zur Verdeutlichung von Bedeutung und Funktion einer Wortart zum Thema Bauernhof

Gespräch kommt die Lehrerin mit den Kindern zu der Erkenntnis, dass Namen wichtig sind.
Oder: Die Lehrerin ruft zuerst zögernd: „Komm, komm doch, gib mir deine Hand! Bitte komm doch!", und sagt dann endlich: „Ute, komm, gib mir deine Hand!"

Weitere Übungen:

- Namenskarten den entsprechenden Kindern bringen
- Gegenständen im Raum bzw. Abbildungen Wortkarten zuordnen
- Namen nach bestimmten Gesichtspunkten ordnen (s. S. 82 ff.)
- Arbeit mit dem Auftragskasten und den Fächerkästen zum Substantiv (s. S. 102)

3.3.2 Artikel[22]

Auch hier gilt: Es wird keine Grammatik gelehrt, sondern eine Übung durchgeführt!

| die Katze |
| eine Kuh |

Material: Kasten mit verschiedenen Gegenständen (evtl. vom Bauernhof), von denen einige mehrfach, andere nur einmal vorhanden sind, Papier und zwei Buntstifte; später: vorbereitete Lesekarten, Schere

Bestimmter Artikel

Das Kind erkennt, dass es in der Dingwelt den bestimmten Artikel gibt, ohne dass ein natürliches Geschlecht unterschieden wird. Es erfährt hier das grammatische Geschlecht, und dass die Reihenfolge Artikel, Substantiv wichtig ist.

Übungen:

- Die Lehrerin schreibt dem Kind die benötigten Gegenstände auf, das Kind liest und holt sie. Benötigt werden Gegenstände, die nur einmal vorhanden sind.
- Die Lehrerin schreibt Artikel und Namen auf (z. B. die Katze, das Pferd). Das Kind ordnet die Kärtchen den Dingen zu. Nun schneidet die Lehrerin die Karten zwischen Artikel und Substantiv auseinander und das Kind ordnet erneut die Substantive den Gegenständen zu. Wichtig ist an dieser Stelle, die abgeschnittenen Artikel im zweiten Arbeitsschritt den Substantiven zuzuordnen, um den richtigen Artikel zu üben.
- Anschließend bekommt das Kind vorbereitete Lesekarten (auf buntem Karton) mit Artikel und Substantiv. Das Kind liest und ordnet zu.[23]
- Anzumerken ist, dass alles neu zu übende mit rotem Stift geschrieben wird.

Unbestimmter Artikel[24]

Übungen:

- Im ersten Schritt werden wie üblich die erforderlichen Dinge bereitgestellt. Dem Kind wird gesagt: „Ich schreibe dir auf, was mitspielen soll." Das Kind liest die Worte und holt die Dinge.
- Die Lehrerin stellt einen der beiden Stiere auf die Weide und gibt Aufträge: „Auf der Weide steht der Stier, stelle eine Kuh dazu." „Auf dem Hof steht der Bauer, stelle einen Stier dazu."…
Es ist nur ein Stier hingestellt worden, der Stier steht nun dort. Eine Kuh von allen ist auszusuchen: „Neben dem Stier steht die Kuh."
- Die Lehrerin schreibt von den teilweise einfach, teilweise mehrfach vorhandenen Gegenständen Artikel und Namen auf.

| ein Schwein | das Pferd |

Das Kind holt ein beliebiges Schwein (von mehreren) sowie das (eine vorhandene) Pferd, liest die Karten und stellt die Tiere auf den Tisch.
Das Kind wird anschließend aufgefordert, die Karten zu zerschneiden.

| ein | Schwein |
| das | Pferd |

Alle Artikel und alle Substantive werden den Tieren zugeordnet. Die Frage: „Was passt?"

| das | Schwein |

---

22 Anm. d. Verf.: Laut Duden bezeichnet man als *Artikel* die beiden geläufigsten Begleiter des Nomens. Das sind:
1. der bestimmte Artikel *der, die, das* und
2. der unbestimmte Artikel *ein, eine, ein.*
Als Artikel sind *der, die, das* und *ein, eine, ein* nicht betont. Pronomen dagegen sind Stellvertreter des Nomens, z.B.: Meiers haben ein neues Auto, **das** ist ein Jahreswagen, und werden betont.

23 vgl. Montessori-Material Teil 2, S. 27, 30
24 Anm. d. Verf.: „eine" im Sinne von „irgendeine", nicht im Sinne von „eine einzige", also nicht im Sinne eines Zahlwortes

passt offensichtlich nicht, weil ja mehrere Schweine auf dem Tisch stehen.

Bei mehreren Schweinen muss dann mehrfach die Karte „ein Schwein" liegen, bei nur einem vorhandenen Pferd „das Pferd", und bei mehreren Hunden kann das Kind mehrfach „ein Hund" legen.

Am Schluss sieht das Kind, dass von den Wörtern, die einen bestimmten Artikel haben, nur ein Gegenstand vorhanden ist, während bei den Wörtern mit dem unbestimmten Artikel der Gegenstand mehrfach vorhanden ist.

Weitere Übungen:

- Vorbereitet ist eine passende Menge an Zetteln bzw. Karten mit bestimmten und unbestimmten Artikeln und die Namen von vorhandenen Gegenständen („Artikeldose" vom Bauernhof). Das Kind ordnet zunächst die Namen den Dingen zu und dann die entsprechenden Artikel.
- Wie bei der vorhergehenden Übung, die realen Gegenstände fehlen jedoch. Das Kind ordnet die Artikel den entsprechenden Nomen zu.
- Für die Einzel- und Gruppenarbeit stehen entsprechende Auftrags- bzw. Fächerkästen zur Verfügung (s. S. 98).
- Später können nach vorangegangener Besprechung Satzgefüge oder Teilsätze gegeben werden, z.B.: Meiers haben ein neues Auto, es ist ein Jahreswagen.

Übungen mit dem Fächerkasten: Artikel und Substantiv

In drei schwarzen Kästchen befinden sich z. B.:
- 4 weiße Kärtchen, auf denen jeweils eins von folgenden Wörtern steht:
  Artikel, Substantiv, Begleiter, Namenwort
- schwarze Kärtchen mit jeweils einem Substantiv:
  Baum, Blume, Buch, Dose, Fenster, Haus, Hund, Kirche, Koffer, Land, Pflanze, Quadrat, Ring, Stuhl, Uhr
- 12 beige Kärtchen: 4 × *der*, 4 × *die*, 4 × *das*

Übungen:

- Artikel den Substantiven richtig zuordnen
- nach verschiedenen Artikeln ordnen lassen
- die Bezeichnung „Artikel" und „Substantiv" erfragen[25]

---

25 vgl. Montessori-Vereinigung e. V.: Auftragskästen und Sprachkästen, S. 40

Übungen mit dem Fächerkasten: Einzahl/Mehrzahl

In fünf schwarzen Kästchen befinden sich z. B.:
- 4 weiße Kärtchen:
  Einzahl, Mehrzahl, Singular, Plural
- 20 schwarze Kärtchen:
  Buch, Bücher; Engländer, Engländer; Glas, Gläser; Groschen, Groschen; Gummi, Gummis; Hand, Hände, Kissen, Kissen; Liter, Liter; Maus, Mäuse; Schrank, Schränke
- 20 beige Kärtchen:
  5× *der*, 5× *die*, 5× *das*

Übungen:

- nach gleichen Endungen in der Mehrzahl ordnen lassen
- Zuordnung von gleicher Einzahl und Mehrzahl (z. B. der Tropfen – die Tropfen)
- Mehrzahlbildung durch Umlaut einander zuordnen
- nach Artikeln ordnen
- aufmerksam machen auf „die" als Artikel für die Mehrzahl

Übungen mit dem Fächerkasten: männlich/weiblich

In drei schwarzen Kästchen befinden sich z. B.:
- Leitkarte: *Opa/Oma*
- 4 weiße Kärtchen:
  männlich, weiblich, maskulin, feminin
- 20 schwarze Kärtchen:
  Großvater, Großmutter; Enkel, Enkelin; Vater, Mutter; Sohn, Tochter; Bruder, Schwester; Onkel, Tante; Neffe, Nichte; Vetter, Kusine; Schwager, Schwägerin; Schwiegervater, Schwiegermutter

Übungen:

- die schwarzen Kärtchen den weißen zuordnen,
- einige Karten wegnehmen und neu zuordnen lassen,
- einige Karten vertauschen und neu zuordnen lassen,
- eine Reihe bleibt liegen, die übrigen Karten mischen und neu zuordnen lassen,
- aufmerksam machen, dass die weibliche Form häufig ein -in als Endung hat,
- aufmerksam machen auf *die* als Artikel für die Mehrzahl.

Übungen mit dem Fächerkasten: bestimmter/unbestimmter Artikel

In fünf schwarzen Kästchen befinden sich z. B.:
- Leitkarte:
  der Ofen/die Flöte/das Kamel

- 6 weiße Kärtchen:
  männlich, weiblich, sächlich, maskulin, feminin, neutrum
- 30 beige Kärtchen:
  10× *der,* 10× *die,* 10× *das*
- 30 schwarze Kärtchen:
  Anemone, Bild, Buch, Buche, Dach, Eiche, Fluss, Hof, Hemd, Horn, Kanne, Kette, Krug, Land, Linde, Mohn, Regal, Rose, Schuh, Sessel, Sofa, Stadt, Strauch, Stuhl, Tablett, Triangel, Trommel, Turm, Vase, Veilchen

Übungen:

- Substantiv- und anschließend Artikelkärtchen ordnen und unter die Leitkarten legen lassen,
- einige Artikel und Substantive wegnehmen und neu ordnen lassen,
- nur Substantive vertauschen und neu ordnen lassen,
- jeweils eine Reihe bleibt liegen, die übrigen Karten mischen und neu zuordnen lassen.

Übungen mit dem Fächerkasten: Schwierige Mehrzahlbildung

Diese Übung wird den Kindern erst zu einem späteren Zeitpunkt angeboten. Das Material befindet sich in einem von den übrigen Aufbewahrungskästen farblich abgehobenen schwarzen Kasten mit hellem Deckel:

- 4 weiße Kärtchen:
  Einzahl, Mehrzahl, Singular, Plural
- 20 schwarze Kärtchen:
  Allee, Alleen; Aquarium, Aquarien; Globus, Globen; Kaktus, Kakteen; Knie, Knie; Kubus, Kuben; Melodie, Melodien; Museum, Museen; See, Seen; Terrarium, Terrarien

Häufig kann nicht erwartet werden, dass die Kinder diese vom Üblichen abweichende Pluralbildung bereits kennen. Hier kann die Lehrerin helfen, die Kinder können Eltern fragen oder aber auch in einem Wörterbuch nachschlagen.

Übung: Das Kind legt die weißen Kärtchen „Einzahl", „Mehrzahl" bzw. „Singular", „Plural" mit etwas Abstand nebeneinander und gruppiert darunter die schwarzen Kärtchen und zwar so, dass unter „Einzahl" das Wort „Allee" liegt und unter „Mehrzahl" das Wort „Alleen".

3.3.3 Adjektiv[26]

Material: Gegenstände, die Beziehungen zueinander haben, z. B. vom Bauernhof, vom Zoo, von einer Verkehrsübung usw.; Kasten mit Wortsymbolen, Papierstreifen, Bleistift, Rotstift, Schere

Übung: Das Kind hilft beim Aufstellen der Tiere des Bauernhofes und benennt die Tiere.
Die Lehrerin stellt z. B. verschiedenfarbige Pferde vor sich hin, schreibt auf einen Zettel „das Pferd" und fragt das Kind: „Kannst du erraten, welches Pferd ich haben möchte?" Das Kind gibt ihr ein beliebiges, aber die Lehrerin sagt: „Nein, das meine ich nicht. Ich werde dir aufschreiben, wie das Pferd ist, an das ich denke.", und schreibt auf einen weiteren Papierstreifen mit Rotstift das Wort „schwarze". Das Kind liest die Papierstreifen, bringt das erste Pferd fort, holt das schwarze Pferd und stellt es zum Streifen „das Pferd". (Evtl. moniert das Kind zu Beginn und sagt: „Sag genau, welches Pferd du haben möchtest." Dann wird dieser Impuls natürlich als Ausgangspunkt gewählt.)

---

26 Anm. d. Verf.: *Adjektive* sind Wörter mit folgenden grammatischen Eigenschaften: Sie können dekliniert werden, für die Flexion stehen bei jedem Adjektiv zwei Typen von Endungen zur Verfügung: *starke* und *schwache* (stark: ein heiß**er** Kaffee; schwach: der heiß**e** Kaffee), es können meistens Vergleichsformen (Komparationsformen) gebildet werden und Adjektive können *attributiv* (das *harte* Leben), *prädikativ* (das Leben ist *hart*) und *adverbial* (sie arbeiten *hart*) gebraucht werden. Unter den Adjektiven finden sich viele, die *inhaltlich eine Eigenschaft* bezeichnen *(Eigenschaftswörter)* oder einen Bezugspunkt *(staatliche Eingriffe)*. Die *bestimmten* (eins, zwei, drei…) und *unbestimmten* (viel, wenig, einzelne…) Zahladjektive werden hier eingeordnet.
Wie Adjektive werden Partizipien gebraucht, wenn sie nicht Teile zusammengesetzter Verbformen sind. Adjektivisch gebrauchtes Partizip: Der Vertreter stieg *keuchend* die Treppe hinauf. Partizip als Teil einer zusammengesetzten Verbform: Der Vertreter *hat* heftig *gekeucht*.

Danach folgt die Suche nach dem richtigen Platz des Adjektivs. Der Streifen wird in Stücke geschnitten, und die Wörter werden mehrmals vertauscht; z. B. schwarze das Pferd, Pferd das schwarze usw. Dadurch erfährt das Kind den festen Platz des Adjektivs, und dass nur eine Wortfolge richtig ist. Zudem erfährt das Kind, dass der Artikel sich nicht auf das Adjektiv bezieht. Dieses ist wiederum für die Rechtschreibung wichtig (das „Schwarze", aber „das schwarze Pferd").

Es werden so viele Übungen dieser Art mit dem Kind durchgeführt, bis das Kind vor dem Ausführen des Auftrags nach dem Adjektiv fragt und damit zeigt, dass ihm die Bedeutung dieser Wortart bewusst geworden ist.

Anschließend kann ein Gespräch darüber geführt werden, dass man ein weißes Pferd „Schimmel" nennt, ein schwarzes „Rappen" usw.

3.4 Einführung der Wortarten mit Wortsymbolen[27]

Ursprünglich hatte Montessori geometrische Körper als Symbole zur Einführung der Wortarten vorgesehen: Eine schwarze, gleichseitige Pyramide für das Substantiv und eine rote Kugel für das Verb.

Die rote Kugel steht für Bewegung, Dynamik und signalisiert, dass Bewegungen (zumindest diejenigen, die Kindern geläufig sind) einen Anfang und ein Ende haben. Während eine Pyramide steht und steht und steht und als Symbol für das Statische und die häufig sogar Jahrhunderte überdauernden Gegenstände dient. Die Wortsymbole für alle Wortarten, die sich auf das Verb beziehen, waren (kleinere) Kugeln, die sich auf das Substantiv beziehen (kleinere) Pyramiden. Für das Pronomen war z. B. ursprünglich eine lila Pyramide vorgesehen.

---
27 Anm. d. Verf.: Eine „Bauernhofmappe" enthält Musterbilder und -sätze zum Thema Bauernhof. Dabei werden die Wortlücken ausgefüllt und die Wortsymbole darüber geklebt bzw. gezeichnet. Mit dieser Mappe erhalten die Kinder eine Übersicht über **alle** Wortsymbole.
Bilder und Texte zu anderen Themen können analog gestaltet werden.
3D-Wortartensymbole sowie ein Materialpaket Wortartensymbole nach Montessori sind im Auer Verlag erhältlich, ebenso die Unterrichtshilfe „Wortarten – einfach märchenhaft".

Kasten mit Wortsymbolen: Die Kinder arbeiten mit Kreisen und Dreiecken aus (Glanz-)Papier, die natürlich leichter zu handhaben sind, da sie besser über die Wörter gelegt und aufgeklebt werden können.

3.4.1 Adjektiv

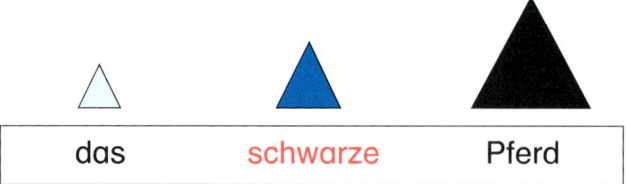

Die Lehrerin nimmt einen beschriebenen Papierstreifen und fordert das Kind auf diesen zu lesen und fragt: „Welches Wort sagt dir den Namen des Tieres?" „Pferd." „Wir legen das große schwarze Dreieck über dieses Wort." Die Lehrerin lässt das Kind das Symbol über das Substantiv legen. „Welches Wort sagt dir, wie das Pferd aussieht, das ich suche?" „Schwarze." „Über dieses Wort legen wir ein dunkelblaues Dreieck." Das Kind legt das Symbol über das Adjektiv. „Über ‚das' legen wir das kleine hellblaue Dreieck. Das Wort ‚das' begleitet das Wort *Pferd*." Das Kind sollte dies auch im ganzen Satz wiederholen: Über den Namen legen wir das große schwarze Dreieck." … „Über das Wort, das uns sagt, wie etwas aussieht, legen wir das dunkelblaue Dreieck." …

Danach arbeitet das Kind mit vorbereiteten Karten. Die Gegenstände werden dazugesetzt und die Symbole über die Wörter gelegt.

Sofort nach der Übung zum Adjektiv werden also die Symbole eingeführt.

Umstellprobe: Der Streifen wird zerschnitten und die Reihenfolge der Wörter wird verändert. Was ist richtig, falsch, witzig?

3. Übungen zur Verdeutlichung von Bedeutung und Funktion einer Wortart zum Thema Bauernhof

Übung zum Adjektiv: Der passende Gegenstand wird neben den Textstreifen gelegt und die Wortsymbole über den Textstreifen.

Das logische Adjektiv

Material: Vorbereitet sind Papierstreifen mit je einem Artikel und einem Substantiv. Der Platz für das Adjektiv ist ausgespart. Dazu gehört die gleiche Anzahl blauer Kärtchen mit je einem Adjektiv, das zu den aufgeschriebenen Substantiven passt sowie ein Kasten mit Wortsymbolen.

| der | Turm | hohe |

Übung: Das Kind legt die Streifen mit Artikel und Substantiv untereinander, ordnet ihnen die Adjektivkärtchen zu und legt die entsprechenden Wortsymbole darüber.

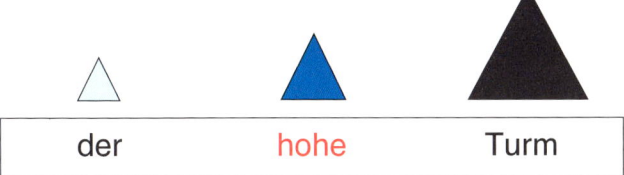

Weitere Übungen:

- Zu Beginn spielen die Kinder häufig in drei Formen:
  „Suche das Adjektiv, das am besten passt" (die spitze Schere).
  „Suche ein witziges Adjektiv" (die welke Schere).
  „Suche alle sinnvollen Kombinationen" (z. B.: die spitze, scharfe, metallene Schere).
- Die Lehrerin bzw. das Kind legt ein Substantiv auf den Tisch. Das Kind sucht alle Adjektive heraus, die nicht dazu passen.
- Die Lehrerin legt nur Symbole, z. B. 1× Artikel, 3× Adjektiv, 1× Substantiv, und bittet das Kind, sich hierzu passend etwas auszudenken (das große, blaue, kaputte Auto).
- Das Kind soll eine sinnvolle Zusammenstellung finden, die so lang wie möglich ist (der rostige, metallene, scharfe, eckige, zerkratzte Deckel).

Das Ziel ist also logische, unlogische, witzige, unpassende Kombinationen zu finden und natürlich die passendste, logischste, um dann darüber zu sprechen, weshalb eine Kombination gut, witzig oder unmöglich ist.

- Karten mit gegensätzlichen Eigenschaften von zusammengesetzten Adjektiven sind vorhanden (bretthart/kuschelweich). Die Aufgabe besteht darin, Sätze mit diesen Begriffen zu bilden, die Symbole darüber zu legen/kleben und nachzudenken (und Erklärungsversuche zu wagen), wie die einzelnen Begriffe zustande kommen, und ob „bretthart" mehr aussagt als z. B. nur „hart" und weshalb.
- Auftrag: Suche Gegenstände, die diese Farbe haben: „rosarot", „zitronengelb" …

Das aufschlussreiche Adjektiv

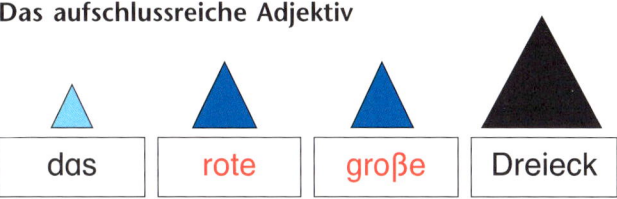

Material: 63 Dreiecke, aufgeteilt in 7 verschiedene Typen:

	gleich-schenklig	ungleich-seitig	gleichseitig
rechtwinklig	x	x	
stumpfwinklig	x	x	
spitzwinklig	x	x	x

Alle Dreiecke sind in drei Größen (groß, mittelgroß, klein) und in drei Farben (rot, gelb, blau) vorhanden, unterscheiden sich also in Größe, Farbe und Form. Benötigt werden weiterhin: Papierstreifen, Bleistift, Rotstift, Wortsymbole, Schere

Gelegt wurde: „das mittlere, gelbe, rechtwinklige, gleichschenklige Dreieck"

Übung: Die Übung kann mit einem Kind oder mit einer Gruppe von Kindern durchgeführt werden. Die Dreiecke werden auf einem Teppich ausgebreitet, vom Kind mehrfach sortiert: nach Farbe, Größe und Form und auch benannt.

Im Beisein des Kindes schreibt die Lehrerin mit dem Bleistift „das Dreieck" auf und sagt ihm, dass es ein (bestimmtes) Dreieck bringen soll, z. B. „gelbe". Neu einzuführende Wortarten werden generell mit einem Rotstift geschrieben. So auch hier.

Das Kind liest die Zettel und stellt fest, dass die Wortfolge nicht richtig ist. Der erste wird zerschnitten, der Zettel mit dem Adjektiv zwischen beide Abschnitte gelegt. So heißt die neue Aufforderung: „das gelbe Dreieck".

Das Kind gibt ein gelbes Dreieck, aber das war nicht gewünscht. Das Kind legt erst alle Dreiecke, die nicht gelb sind, in die Kiste, also die blauen und roten. Die Lehrerin beschreibt dann das gewünschte Dreieck etwas genauer und schreibt: „große", „das gelbe/große Dreieck". Jetzt scheiden die mittleren und kleinen Dreiecke aus, die ebenfalls fortgeräumt werden. „Das gelbe/große/stumpfwinklige Dreieck": Die spitzwinkligen und rechtwinkligen Dreiecke scheiden aus... Schließlich bleibt eins übrig. Auf dem Tisch liegen das gewünschte Dreieck und die Wortstreifen: das gelbe/große/stumpfwinklige/gleichschenklige Dreieck.[28]

Die Symbole werden darüber gelegt. Das Kind darf die in Rot geschriebenen Adjektive umstellen und bemerkt, dass sich der Sinn nicht verändert. Und es kann sich überlegen, ob eine bestimmte Reihenfolge der Adjektive sprachlich besser klingt als eine andere.

Anschließend arbeitet das Kind mit vorbereiteten Kärtchen selbstständig weiter und legt die Symbole dazu. Bei der oben beschriebenen Übung sind alle 63 Dreiecke zu legen. Günstig ist der Beginn mit einer kleineren, überschaubareren Menge.

Die Arbeit kann auch als Partnerübung durchgeführt werden.

Zur Fehlerkontrolle liegt eine entsprechend vorbereitete Kontrolltafel (bzw. ein Heft) vor.

Statt des Dreiecks könnten analoge Übungen mit Rechtecken durchgeführt werden oder mit Dingen, die in einzelnen Bereichen mehrfach variieren.

Das Mädchen arbeitet am „aufschlussreichen Adjektiv" und legt u. a. „das große gelbe, gleichschenklige Dreieck" ... mit Wortkarten, Wortsymbolen und dem passenden Dreieck.

Eine Arbeit zum Thema „Adjektive": Hier werden mit dem Auftrags- und Symbolkasten sowie mit konkreten Kreisen Extreme gelegt: klein/am kleinsten; groß/am größten. Der Auftrag lautet: lege einen kleinen Kreis/lege den kleinsten Kreis...

Mit dieser Übung erkennt das Kind die aufschlussreiche Macht des Adjektivs und die Möglichkeit, mit seiner Hilfe ein bestimmtes Ding aus einer Menge herauszufinden.

Weitere Übungen zur Vertiefung und zum Erlernen der Grammatikbegriffe werden mit den Sprachkästen durchgeführt.

---

28 Anm. d. Verf.: Die Begriffe „rechtwinklig", „stumpfwinklig", „gleichschenklig" usw. müssen selbstverständlich konkret handelnd vorher (in der *Dreistufenlektion*) eingeführt worden sein. Dem Kind muss gesagt worden sein, dass der größte Winkel dem Dreieck den Namen gibt. Bei der *Dreistufenlektion* (s. S. 55) wird das Kind immer wieder aufgefordert, handelnd mit den Dreiecken umzugehen: durch die Klasse zu gehen, den rechten Winkel an möglichst viele Gegenstände zu halten und alle zu benennen, die rechtwinklig sind (Fenster, Heft, Tisch...). Mit den anderen Dreiecken verfährt man analog. Der Begriff „gleichschenklig" lässt sich einführen, indem man sich breitbeinig hinstellt und die Kinder darauf hinweist, dass das Dreieck, zwischen Boden und den beiden Unter-/Oberschenkeln gleichschenklig ist, weil ja beide Beine (Schenkel) gleich lang sind.

Eine weitere Vorübung besteht darin, dass die Kinder alle Dreiecke in gleiche Farben und Formen ordnen und anschließend der Größe nach übereinander legen. Das Prinzip der Ähnlichkeit wird hier deutlich und man kann ein Gespräch darüber führen, was bei den einzelnen Gruppen gleich bzw. anders ist.

3. Übungen zur Verdeutlichung von Bedeutung und Funktion einer Wortart zum Thema Bauernhof

Übungen mit dem Fächerkasten: Adjektiv

In einem braunen Kästchen befinden sich:

– 5 braune Leitkarten:
  das braune Prisma/das blaue Prisma
  die grüne Farbe/die gelbe Farbe/die rote Farbe
  der schwarze Stift/der farbige Stift
  das farbige Wasser/das farblose Wasser
  die helle Farbe/die dunkle Farbe

– 3 beige Kärtchen mit Artikeln: *der, die, das*

– 4 schwarze Kärtchen mit Substantiven:
  Prisma, Farbe, Stift, Wasser

– 10 braune Kärtchen mit Adjektiven:
  braune, rote, farblose, blaue, schwarze, gelbe, grüne, farbige, helle, dunkle

Die Übungen erfolgen analog zu den bereits vorgestellten Übungen mit den Fächerkästen (s. S. 95 f.).

Die Steigerung des Adjektivs

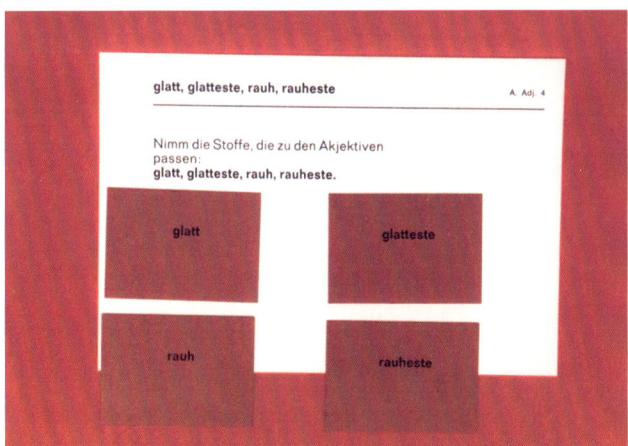

Material: Die für die Steigerung des Adjektivs erforderlichen Materialien werden meistens aus dem „Sinnesmaterial" genommen (z. B. Rosa Turm, Stoffkasten, Klangstäbe, Glocken ...) oder aus dem Klassenraum anhand von Aufträgen wie z. B.: „Suche in der Klasse einige Gegenstände, zu denen du diese Adjektive legen kannst: schwer, schwerste, leicht, leichteste." (vgl. S. 97)

Es gibt für die Steigerung keine so genannte Lektion, nur Hilfen. Mit dem Sinnesmaterial werden im Kinderhaus viele Steigerungsmöglichkeiten geübt, wenn nötig, in der *Dreistufenlektion* (groß, größer, am größten; dick, dicker, am dicksten ...).[29]

Beispiele für die Aufgabenkärtchen:

> **Adjektiv (Eigenschaftswort)**
>
> *groß, größte, klein, kleinste*
>
> Nimm die Kuben des Rosa Turmes, zu denen die Adjektive passen:
>
> *groß, größte, klein, kleinste*

Dazu gehören braune Kärtchen, auf denen jeweils steht: *groß, größte, klein, kleinste*. Diese werden zu dem passenden Kubus gelegt.
Anschließend wird das Adjektivsymbol dazugelegt.

> **Adjektiv (Eigenschaftswort)**
>
> *schwer, schwerste, leicht, leichteste*
>
> Suche in der Klasse einige Gegenstände, zu denen du die Adjektive legen kannst:
>
> *schwer, schwerste, leicht, leichteste*

Dazu gehören braune Kärtchen, auf denen jeweils steht: *schwer, schwerste, leicht, leichteste*. Diese werden zu den passenden Gegenständen gelegt. Anschließend wird das Adjektivsymbol dazugelegt.

> **Adjektiv (Eigenschaftswort)**
>
> *durchsichtig, durchscheinend, undurchsichtig*
>
> Nimm ein Stück klares Glas, ein Stück schwarzes Papier und ein Stück Mattglas! Prüfe die Dinge, ob sie Licht durchlassen. Lege dazu die Adjektive:
>
> *durchsichtig, durchscheinend, undurchsichtig*

Dazu gehören braune Kärtchen, auf denen jeweils steht: durchsichtig, durchscheinend, undurchsichtig. Die Kärtchen werden zu dem passenden Material gelegt.
Anschließend wird das Symbol für das Adjektiv dazugelegt.

---
29 Anm. d. Verf.: vgl. S. 55 f.

> **Adjektiv (Eigenschaftswort)**
>
> *locker, fest*
>
> Binde einem Kind ein Tuch locker um das Handgelenk.
> Binde einem Kind ein Tuch ganz locker um das Handgelenk.
> Binde einem Kind ein Tuch fest um das Handgelenk.
> Binde einem Kind ein Tuch ganz fest um das Handgelenk.

Dazu gehören braune Kärtchen, auf denen jeweils steht: *locker, fest*. Diese werden bei der entsprechenden Handlung auf den Tisch gelegt. Anschließend wird das Adjektivsymbol dazugelegt.

3.4.2 „Numerale"[30]

Vorbereitende Übung (bei relativ jungen Kindern): Das Kind holt einen Blumenstrauß, die Lehrerin sagt: „Gib mir mehrere (viele, einige, sämtliche, manche, keine, alle, ein paar) Blumen." Auf diese Weise übt das Kind die Begriffe. Analoge Übungen können am *Spindelkasten* erfolgen.

Übung anhand des Bauernhofes

Material: Bauernhof, Papierstreifen, Bleistift, Rotstift, Wortsymbole
Übung: Die Lehrerin schreibt auf einen Papierstreifen z. B. „weiße Hühner" und sagt: „Die hätte ich gerne."
Das Kind bringt vielleicht alle weißen Hühner, aber die Lehrerin sagt: „Nein, nicht alle, ich schreibe dir auf, wie viele Hühner ich haben möchte." Die Lehrerin schreibt mit Rotstift „fünf". Das Kind liest und stellt die fünf Hühner neben den Streifen. ...
Die Lehrerin fragt das Kind: „Welches Wort sagt dir, wie viele Hühner ich haben wollte?" ... „Über dieses Wort legen wir das große hellblaue Dreieck."

fünf	weiße Hühner

Anschließend legt das Kind die Symbole über die übrigen Wörter.
Mit weiteren Lesestreifen, die auf dem Tisch liegen, wird ebenso verfahren.

---

30 Anm. d. Verf.: Gemeint sind „Zahladjektive".

Weitere Übungen:

- Auf Papierstreifen sind Aufträge geschrieben, die aus Numeralien, Adjektiven, Artikeln und Substantiven bestehen. Das Kind liest die Aufträge, führt sie aus und legt die Symbole über die Wörter.
- Das Kind arbeitet mit dem Auftragskasten bzw. Fächerkasten zum Numerale.

Übungen mit dem Auftragskasten: Numerale

Auftragskasten mit Aufträgen wie

> **Numerale (Zahladjektiv)**
>
> *eins, zwei, drei, vier, fünf, sechs, zehn, elf, zwölf*
>
> Nimm Muggelsteine und bilde kleine Gruppen damit, die zu folgenden Numeralien passen:
>
> *eins, zwei, drei, vier, fünf, sechs, zehn, elf, zwölf*

Dazu gehören graue Kärtchen, auf denen jeweils die Zahlen von eins bis zwölf stehen. Diese werden zu der passenden Anzahl Muggelsteinen gelegt.

Anschließend wird das Symbol für das Numerale dazugelegt.

Das Mädchen legt gerade „zwölf schwarze Muggelsteine" (kleine, einseitig gewölbte, farbige Plättchen).

> **Numerale (Zahladjektiv)**
>
> *erste, letzte, vorletzte*
>
> Nimm ein Buch und lege zu den Seiten das passende Numerale:
>
> *erste, letzte, vorletzte*

3. Übungen zur Verdeutlichung von Bedeutung und Funktion einer Wortart zum Thema Bauernhof   109

Dazu gehören graue Kärtchen, auf denen jeweils steht: *erste, letzte, vorletzte*. Diese werden zu der passenden Seite gelegt.

Anschließend wird das Symbol für das Numerale dazugelegt.

Übungen mit dem Fächerkasten: Numerale

In einem grauen Kästchen befinden sich:[31]

– 8 graue Leitkarten:
ein dickes Buch/vier dicke Bücher/sechs dicke Bücher
zwölf rote Perlen/siebzehn rote Perlen/dreißig rote Perlen
die erste Quadratkette/die siebte Quadratkette/die zehnte Quadratkette
ein Drittel roter Kreis/ein Siebtel roter Kreis/ein Zehntel roter Kreis
einige farbige Stifte/mehrere farbige Stifte
sämtliche blaue Körper/manche blaue Körper
etliche Spindeln/keine Spindeln
etwas klares Wasser/viel klares Wasser

– 2 beige Kärtchen: *die, ein*

– 9 schwarze Kärtchen:
Buch, Bücher, Körper, Kreis, Perlen, Quadratkette, Stifte, Spindeln, Wasser

– 7 braune Kärtchen:
blaue, dicke, dickes, farbige, klares, rote, roter

– 20 graue Kärtchen:
dreißig, drittel, ein, einige, erste, etliche, etwas, keine, manche, mehrere, sämtliche, sechs, siebte, siebtel, siebzehn, viel, vier, zehnte, zehntel, zwölf

Die Übungen erfolgen analog zu den bereits vorgestellten Übungen mit den Auftragskästen (s. S. 95 f.).

3.4.3 Verb[32]

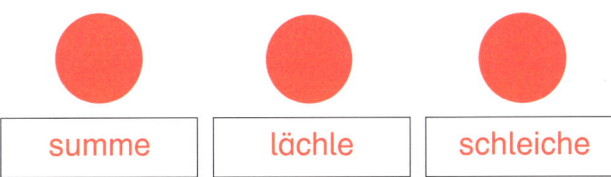

Material: Gegenstände, Papierstreifen, Bleistift, Rotstift

---
31 vgl. Auftrags- und Sprachkästen 1997, S. 61

Vorbereitende Übung:

● Die Lehrerin arbeitet mit einer Gruppe von Kindern und sagt ihnen oder schreibt ihnen auf, was sie holen sollen: „Buch", „Bleistift"... Wenn viele Gegenstände auf dem Tisch liegen, macht die Lehrerin die Kinder darauf aufmerksam, dass alles, was da liegt, einen Namen hat, und dass sie die Dinge holen konnten, weil sie den Namen kannten.
Dann gibt die Lehrerin mehreren Kindern verschiedene Aufträge wie „klopfe", „gehe", „singe" ... und die Kinder führen die Aufträge aus. In einem kurzen Gespräch wird herausgearbeitet, dass sie bei der ersten Übung immer einen Gegenstand holten, bei der zweiten eine Tätigkeit ausführen konnten. Nun sollen die Kinder, eingebunden in eine Situation (Frühstück, Schulweg usw.) Wörter suchen, die bezeichnen, was sie tun können.

● Pantomime: Die Kinder ziehen (vorbereitete) Kärtchen mit *absoluten Verben* und bekommen den Auftrag: „Tu das, was auf dem Kärtchen steht, verrate aber nicht, was du tust oder getan hast." Die anderen Kinder müssen raten.

Übungen:

● Die Lehrerin schreibt Verben auf jeweils einen Papierstreifen, ein Kind liest und führt die Tätigkeit aus. Dann zeigt sie das Wortsymbol für das Verb (roter Kreis) und das Kind ordnet solche Kreise den Verben zu.

● Der Unterschied zwischen (konkretem) Substantiv und Verb, also zwischen Gegenstand und Tätigkeit, wird dem Kind verdeutlicht. Die Lehrerin sagt: „Ich schreibe dir auf, was mitspielen soll."

    die Schere   der Bleistift   das Glas

                  dann

    hüpfe   schleiche   tanze

Das Kind holt die Gegenstände und führt die Tätigkeiten durch. Im Gespräch mit der Lehrerin stellt das Kind fest, wo Schere, Bleistift und Glas sind. „Aber wo ist hüpfe ...?"

---
32 Anm. d. Verf.: Mit *Verben* sagt der Sprecher etwas darüber aus, was ist, was geschieht oder was jemand tut. Es gibt drei Gruppen Verben, die sich aus deren Grundbedeutung ergeben: *Zustands-, Vorgangs- und Tätigkeitsverb.* (Claudia *ist* krank und muss zu Hause *bleiben.* Sie *schläft* viel.) Ferner wird noch unterschieden zwischen *Hilfsverben* (Das Kind *hat* das Bild gemalt.), *Modalverben* (Diesen Pullover *dürfen* sie waschen.), *persönliche Verben* (Ich *laufe.* Er *wächst.*), *unpersönliche Verben* (Es *schneit.*) und *reflexiven Verben* (Ich *ärgere* mich.).
Wegen der *Isolierung der Schwierigkeiten* sollten bei der Ersteinführung nur absolute Verben, d. h. Verben, die ohne Ergänzung stehen können (Peter *schläft.*), verwendet werden, relative Verben, die nur mit einer Ergänzung (z. B. Dativ- oder Akkusativobjekt) sinnvoll sind, sollten späteren Übungen vorbehalten sein.

Das Kind stellt fest, dass Tätigkeiten einen Anfang und ein Ende haben.[33]

- Die Lehrerin bittet ein Kind um eine Anzahl von Gegenständen: „Bringe mir einen Bleistift, ein Brettchen, ein Zehnerstäbchen …" Dann sagt sie: „Klatsche in die Hände." Schließlich fragt sie: „Kannst du mir das Klatschen geben?"
„Nein, das Tun, die Tätigkeit ist nicht zu fassen, festzuhalten oder zu bringen!"

- Einige Tätigkeiten gehen (in Grenzen) immer weiter, andere kommen zu einem Ende: Zwei Kinder werden aufgefordert, etwas zu tun. Das eine erhält den Auftrag „Klatsche!", das andere „Bringe mir einen Bleistift!" Das zweite bringt die Handlung zu Ende, während das erste fortfährt zu klatschen. Und trotzdem hört jedes Klatschen irgendwann auf.

- Ein Kind zieht ein Kärtchen, auf dem eine Tätigkeit steht und führt sie aus. Die anderen Kinder raten. Wer richtig rät, darf das nächste Kärtchen ziehen.

- Auf vorbereiteten Karten steht: „Was die Tiere tun." Die Kinder setzen dies lautmalerisch oder pantomimisch um.

- Zu vorgefertigten (oder selbst erstellten) Satzstreifen legt das Kind die Wortsymbole.

- Das Kind bearbeitet Auftragsstreifen.

Weitere Arbeitsmöglichkeiten bieten die Auftragskästen. In jedem Fall werden die Tätigkeiten ausgeführt. Später werden die Kinder darauf hingewiesen, dass nicht alle Verben Tätigkeiten beinhalten, wie „Ich heiße." oder „Das gehört mir.".

---

33 Anm. d. Verf.: Verwendet werden bei den Ersteinführungen immer nur eindeutige und relativ leichte Beispiele. Deshalb werden hier die *Tätigkeitsverben* hüpfen, schleichen, tanzen benutzt. *Zustandsverben* (bleiben, sein, besitzen) oder *Vorgangsverben* (einschlafen, wachsen) werden daher frühestens in den Folgeübungen angesprochen.

Auf dem Auftragsstreifen steht: „Reibe die Hände." Das Mädchen reibt die Hände und legt anschließend das Symbol für das Verb über „reibe".

Übungen mit dem Auftragskasten: Verben

Folgende Übung ist für Kinder wegen der zusammengesetzten Verben mit Präfixbildung (anschauen, schaue an) relativ schwer, bietet aber interessierten Kindern mit gutem Sprachgefühl als „Nussknackeraufgabe" auch noch herausfordernde Übungsmöglichkeiten. Neben dem Ausführen des Auftrages und dem Legen der passenden Wortkärtchen schreiben die Kinder in einem weiteren Durchgang die Infinitivform zu den entsprechenden Verben: schaue an → anschauen.

> **Verb**
>
> *aufhängen, befestigen, stellen*
>
> Nimm ein Bild von der Wand und schaue es dir an.
> Hänge es wieder auf.
> Befestige eine Zeichnung mit Heftzwecken auf einem Karton.
> Stelle einen Stuhl an die Wand.

Dazu gehören rote Kärtchen, auf denen jeweils steht: aufhängen, befestigen, stellen. Diese werden zu den entsprechenden Handlungsaufforderungen gelegt. Anschließend wird das passende Wortsymbol darüber gelegt.

> **Verb**
>
> *öffnen, schließen, zuschließen, aufschließen*
>
> Gehe und öffne die Tür so weit wie möglich, dann schließe sie vorsichtig.
> Hole den Schlüssel und schließe die Tür zu. Schließe die Tür wieder auf und bringe den Schlüssel zurück.

3. Übungen zur Verdeutlichung von Bedeutung und Funktion einer Wortart zum Thema Bauernhof 111

> **Verb**
>
> *gehen, schlendern, schreiten, schleichen*
>
> Gehe zum Schrank.
> Schlendere durch die Klasse.
> Schreite feierlich zur Tür.
> Schleiche zurück an deinen Platz.

Die Übungen erfolgen analog zu den bereits vorgestellten Übungen mit den Auftragskästen (s. S. 97 ff./108).

Übungen mit dem Fächerkasten: Verb

In einem roten Kästchen befinden sich:

– 6 rote Leitkarten:
*Öffne die Tür./Schließe die Tür.
Fülle ein kleines Glas./Leere ein kleines Glas.
Schreibe zwei lange Wörter./Lies zwei lange Wörter./Buchstabiere zwei lange Wörter.
Klatsche einen Dreivierteltakt./Schlage einen Dreivierteltakt.
Gehe einige Schritte./Hinke einige Schritte.
Betrachte ein dickes Buch./Öffne ein dickes Buch.*

– 3 beige Kärtchen (Artikel): *die, ein, einen*

– 6 schwarze Kärtchen (Substantive):
Tür, Glas, Dreivierteltakt, Wörter, Schritte, Buch

– 3 braune Kärtchen (Adjektive):
lange, dickes, kleines

– 2 graue Kärtchen (Numeralien): *einige, zwei*

– 12 rote Kärtchen (die verwendeten Verben):
öffne, hinke, lies, schließe, schreibe, fülle, schlage, gehe, klatsche, leere, betrachte, buchstabiere

Die Übungen erfolgen analog zu den bereits vorgestellten Übungen (s. S. 98 f.), wobei für die Kinder der Hinweis erfolgen muss, dass Verben im Text kleingeschrieben werden, am Satzanfang jedoch groß.

3.4.4 Hilfsverb, Partizip, Infinitiv[34]

Das Hilfsverb[35]

Das Wortsymbol für das Verb ist, wie dargestellt, ein roter Kreis. Beim Hilfsverb hatte der rote Kreis ursprünglich in der Mitte ein Loch, durch das man einen Finger stecken konnte. Der Sinn: Dieses Verb kann nicht allein für sich stehen, sondern braucht immer ein weiteres.

Da das Herstellen eines Kreises mit einem Loch in der Mitte jedoch zu aufwendig war und da beim Aufkleben des Kreises mit Loch in der Mitte das Schreibpapier zu sehen war, wurde aus Gründen der Vereinfachung ein kleiner weißer Kreis in die Mitte des Verbsymbols geklebt. Das Partizip „gelächelt" kann ebenfalls nicht allein stehen. Es bekommt

---

[34] Anm. d. Verf.: *Das Partizip I/Partizip Präsens* wird gebildet, indem *-d* an den Infinitiv gehängt wird (komme*d*). Im Deutschen kommt das Partizip I nicht in Verbindung mit anderen Verben vor, sondern es wird nur als *Attribut* (Beifügung) zu einem Substantiv und als *Artangabe* gebraucht.
Attribut: ein *entgegenkommender* Personenwagen
Artangabe: Das Kind lief *weinend* zu seiner Mutter.
Das Partizip II/Partizip Perfekt enthält in der Regel die Vorsilbe *ge-*: stellen – gestellt; arbeiten – gearbeitet. Die Vorsilbe *ge-* entfällt bei allen Verben, die nicht auf der ersten Silbe betont werden (z. B.: bestellen – bestellt; vorbestellen – vorbestellt) und bei Verben auf *-ieren* (z. B.: studieren – studiert). Bei trennbaren Verben tritt *ge-* zwischen die Vorsilbe und den Verbstamm (z. B. vorstellen – vorgestellt).
Für die Partizipien gibt es im Deutschen drei Gebrauchsweisen:
Sie können wie ein *Adjektiv* gebraucht werden (das *schlafende* Kind) oder den Kern eines *Partizipalsatzes* bilden (In bester Stimmung miteinander *plaudernd*, betraten die Gäste den Saal.). Das Partizip II kann zusammen mit einem Hilfsverb eine *zusammengesetzte Tempusform* bilden. (Das Fernsehen *hat* einen Krimi *gedreht*.)

[35] Hilfsverben sind die Verben *haben, sein, werden*, wenn sie zusammen mit Vollverben vorkommen. Sie „helfen", bestimmte Zeitformen und das Passiv zu bilden. Mit *haben* und *sein* wird das Perfekt und Plusquamperfekt gebildet. *Werden* dient zur Bildung des Futurs und des Passivs.
Beispiele:
(Perfekt:) Die Fahrer *haben* die Geschwindigkeit nicht *beachtet*. Beide Wagen *sind* zu schnell *gefahren*.
(Plusquamperfekt:) Die Fahrer *hatten* die Geschwindigkeitsbegrenzung nicht *beachtet*. Beide Wagen *waren* zu schnell *gefahren*.
(Futur:) Wir *werden* ausführlich darüber *berichten*.
(Passiv:) Die Verletzten *werden/wurden* in die Klinik *gebracht*.
Nicht in allen Verwendungen sind *haben, sein* und *werden* Hilfsverben. Sie können auch selbstständig, als Vollverben, auftreten: Ich *habe* keine Zeit. Gestern *waren* wir im Kino… *Werden* als Hilfsverb unterscheidet sich von *werden* als Vollverb im Partizip II: Das Partizip II des Hilfsverbs lautet *worden*, das des Vollverbs *geworden*:
werden als Hilfsverb: Er ist untersucht *worden*.
werden als Vollverb: Er ist krank *geworden*.

einen silbernen Kreis. Vergleichbares gilt für den Infinitiv z. B. im Satz

Auch der Infinitiv erhält einen silbernen Kreis.
Das Hilfsverb ergibt sich beim Legen der Wortsymbole, sobald ein Satz auf dem Papierstreifen ein zusammengesetztes Verb, also ein Verb mit Hilfsverb enthält. Es erfolgt ein Hinweis zu überlegen, ob dieses Verb uns etwas sagt: z. B. die Zeit zu erkennen gibt.

![Lisa hat geschluchzt.]

An Beispielen kann die Bedeutung der Hilfsverben durchgespielt werden: „Wir haben den Brief geschrieben." Gelegt wird:
Wir Brief geschrieben → ergibt keinen Sinn
Wir haben den Brief → ergibt auch nicht den gemeinten Sinn.
Nur „Wir haben den Brief geschrieben." ergibt den gemeinten Sinn.

Partizip[36]/Infinitiv

Hierzu gibt es nur Material in Dosen, eine Tabelle für die Verbformen[37] und Hilfen, aber keine Lektionen. Über Partizip und Infinitiv wird als Symbol ein silberner Kreis gelegt.

Partizip I und II:

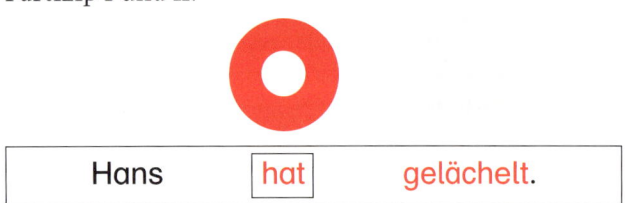

Satzstreifen:

Er ist gestolpert.
Der Rattenfänger ist verschwunden.
Sie hat gelacht.
Goldmarie hat die Kissen geschüttelt.

---

36 Anm. d. Verf.: Die Auftrags- und Fächerkästen nehmen Hilfsverb und Partizip leider nicht auf. Empfehlenswert sind deshalb eigene Übungssätze auf Streifen, auch als Fragen gestellt (z. B.: Sind alle Stühle auf den Tisch gestellt?) oder in Nebensätzen (…, weil du gekommen bist.)

37 Anm. d. Verf.: Die Übung wurde aus dem Programm von der Firma Nienhuis entnommen.

Wenn bei dem Satz „Das schlafende Mädchen fiel aus dem Bett." oder „Willi läuft schreiend davon." das Kind vor der Frage steht, ob es das Adjektiv-, Adverb- oder das Partizipsymbol zu den Wörtern „schlafende", „schreiend" aufkleben soll, ist es in seiner Sprachentwicklung extrem weit. Die Entscheidung sollte dann dem Kind überlassen bleiben. Möglicherweise klebt es auch mehrere Symbole übereinander. Bei den vorgegebenen Satzstreifen sollte die Lehrerin möglichst eindeutige Beispiele auswählen. Die Probleme ergeben sich häufig, wenn sich das Kind eigene Sätze ausdenkt.

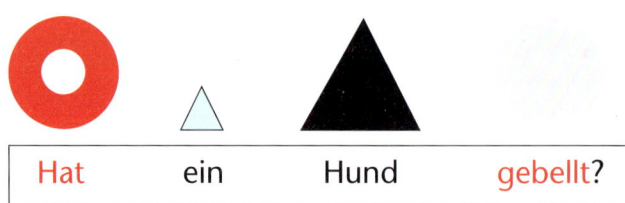

Infinitiv[38]

Mögliche Satzstreifen zum Üben:

a) nur Präsens Aktiv

mit Modalverben (wollen, sollen, müssen, dürfen, können, mögen)
Du sollst hereinkommen!
Der Fink kann pfeifen.
Wir wollen einkaufen gehen.
Sie müssen Geld bezahlen.
Wir dürfen ein Glas Limo trinken.
Alle Kinder mögen Eis essen.

b) Infinitiv ohne „zu"

Frieda hilft ihrem Bruder abtrocknen.
Man hört ihn in der Kammer rumoren.
Er muss die Fragen abschreiben und beantworten.
Im ersten Schuljahr lernen Kinder lesen, rechnen und schreiben.
Die Kinder bilden aus der Menge der blauen, gelben und roten Wortkarten sinnvolle Aussagen und fragen sich dann, welche der anderen Karten (weiße Druckschriftkarten auf rotem Karton) dazu passt.
Später kommt der Hinweis: „Brüllen" ist die Grundform zu ‚brüllt'. Der Schülerduden nennt diese Form auch *Nennform*. Es ist die Form, unter der man das Wort im Wörterbuch finden kann.

c) Infinitiv mit „zu"

Du brauchst nicht zu warten.
Der kleine Hund hat nichts zu trinken.
Klara hat heute keine Lust zu singen.
Ihr wandert ohne zu rasten.

---

38 Anm. d. Verf.: Falls in einem der folgenden Sätze zum Zerschneiden eine noch nicht behandelte Wortart vorkommt (z. B. Konjunktion, Präpositionen usw.), kann dieser Satz natürlich erst dann gegeben werden, wenn die Kinder die entsprechende Wortart kennen gelernt haben.

3. Übungen zur Verdeutlichung von Bedeutung und Funktion einer Wortart zum Thema Bauernhof

d) Infinitiv mit „um zu"

Du gehst in die Schule um zu lernen.
Er fährt in die Berge um zu wandern.
Man muss sich anstrengen, um Erfolg zu haben.
Höre genau hin, um besser zu verstehen.

e) gemischt

Er sollte stehen bleiben.
Kati hatte nichts zu essen.
Jeder war in der Schule, um zu lernen.
Die Rechnung war zu begleichen.
Sie hatte vergessen, hereinzuschauen.
Das Silber ist noch zu putzen.
Weinbeeren werden benötigt, um Wein zu machen.

Partizip

a) Partizip Perfekt mit Vorsilbe „ge-"

Lisa hat geschluchzt.
Als Fritz geklingelt hatte, lief er rasch davon.
Großvater hat die Stalltür hinter sich zugezogen.
Omi hatte zum Geburtstag eingeladen.
Kinder sind der Mutter entgegengelaufen.
In der Freiarbeit wird gerechnet, gelesen, geschrieben und gemalt.

b) Partizip Perfekt ohne Vorsilbe „ge-"

Uri Geller hat fünf Löffel verbogen.
Martin Luther hat die Bibel übersetzt.
Der Kölner Dom wurde nie vollendet.
Paul hat die Scheibe zerbrochen.
Der Wellensittich Piepsi ist entflogen.

Folgende Tabelle kann von der Lehrerin selbst hergestellt werden. In die einzelnen Felder werden entsprechend beschriftete Kärtchen gelegt. Ausgewählt werden die Hilfsverben „haben" und „sein" sowie die Verben „loben" und „fahren". Anschließend können die Kinder sich eigene Verben ausdenken (evtl. Blanko-Kärtchen zum Beschriften bereitlegen). Sind die Kinder sicher, kann die Lehrerin ihnen auch DIN-A4-Vordrucke der Tabelle geben, in die sie dann die konjugierten Verben eintragen. Es gibt verschiedene Verwendungsweisen der Tempora, von denen hier eine angesprochen wird.

Mit diesem Material sollen die Kinder angeregt werden, die Konjugation des Verbs zu üben. Gleichzeitig wird ihnen, weil der Verbstamm gleich bleibt, eine Hilfe für die Rechtschreibung geboten.

Da die Kinder frei arbeiten, hängt es vom Interesse des Kindes ab, wie differenziert die Lehrerin die Übung anbieten muss.

Ein Hinweis zur Arbeitsanleitung: „Du stehst in der Gegenwart (rote Spalte) und gehst gedanklich zurück/vorwärts." Diese Anleitung kann mit verschiedenen Beispielen durchgespielt werden.

Persönliches Fürwort / Personalpronomen	Vollendete Vergangenheit Was hatte ich gestern getan? Plusquamperfekt	Vergangenheit Was geschah gestern? Imperfekt	Vollendete Gegenwart Was habe ich gerade getan? Perfekt	Gegenwart Was geschieht jetzt? Präsens	Zukunft I Was geschieht morgen? Futur I	Zukunft II Was wird morgen vollendet sein? Futur II
ich	hatte gelobt	lobte	habe gelobt	lobe	werde loben	werde gelobt haben
du				lobst		
er, sie, es				lobt		
wir				loben		
ihr				lobt		
sie				loben		

3.4.5 Zusammengesetzte Verben[39]

Material: Wortsymbol, Schere, Klebestift, Rotstift, Papierstreifen; vorbereitete Sätze auf Streifen, z. B.: Das Kind schlägt eine Seite um.

Übung: Die Lehrerin sagt: „Nenne mir das Tuwort."
Antwort: „Umschlagen."

Dieses Wort wird auf einen Zettel geschrieben und unter den roten Kreis gelegt. Anschließend werden Zettel und Wortsymbol zerschnitten und zum Beispielsatz gelegt. Beim zusammengesetzten Verb wird das Verbsymbol häufig in zwei ungleiche „Hälften" ($^1/_3$: $^2/_3$) zerschnitten um dem Kind deutlich zu machen, dass auf dem Verb die Hauptbedeutung liegt und es vom Präfix lediglich näher bestimmt wird. Die Ausnahme bilden Zusammensetzungen, die aus zwei Verben bestehen (welche aber seit der Rechtschreibreform getrennt geschrieben werden, z. B. kennen lernen, baden gehen usw.). Da aber das Präfix die Bedeutung eines Verbs durchaus ins Gegenteil umkehren kann (z. B. aufschließen/zuschließen), werden von einigen Deutschdozenten die Teile als gleichwertig angesehen und das Verbsymbol wird dementsprechend exakt halbiert.

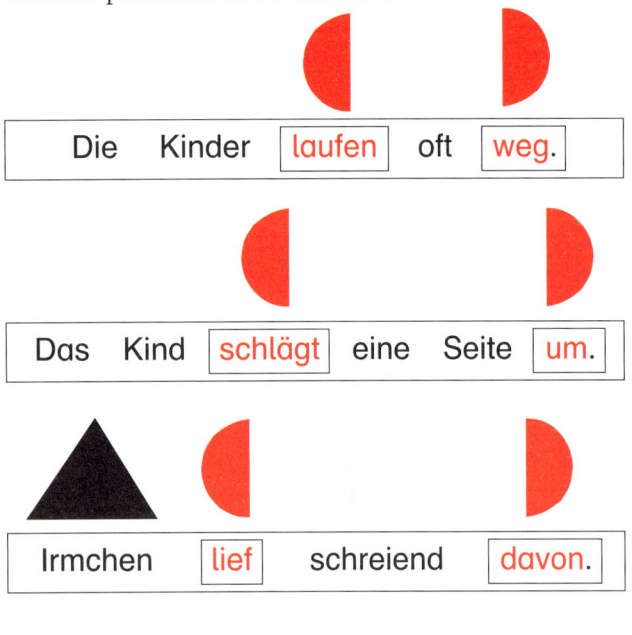

3.4.6 Präposition[40]

Material: drei verschiedenfarbige Blumen, Vase, Papierstreifen, Wortsymbole, Bauernhof, Schere, Stifte

Hinweis: Zum Erkennen der „Macht der Präposition", nämlich den Kasus des folgenden Wortes (in der Regel) zu bestimmen, wird ein späterer Zeitpunkt gewählt.

Vorbereitende Übungen:

Die Lehrerin gibt dem Kind am Bauernhof

- kleine Aufträge: „Setze den Hund vor die Hütte!" ...
- Doppelaufträge: „Setze die Kühe auf die Wiese und stelle zwei Schweine an den Trog!"
- Aufträge, die die räumliche Beziehung der Tiere und der Gegenstände zueinander verändern: „Stelle die Pferde unter/neben/hinter/vor/an ... die Bäume!"

Übung: Die Lehrerin schreibt auf einen Streifen alles das, was „mitspielen" soll: „die rote Blume und die gelbe Blume, die blaue Blume, die gläserne Vase". Das Kind liest die Wörter und holt die Dinge.[41]

Sie schreibt dann auf Streifen

> die rote Blume und die blaue Blume und die gelbe Blume die Vase

Mit dem Rotstift schreibt sie nun ⟨in⟩, zerschneidet den Streifen und legt das „in" an die richtige Stelle:

> die rote Blume und die blaue Blume und die gelbe Blume

> ⟨in⟩ die Vase

Das Symbol für die Präposition wird gelegt, die Wortstreifen werden vertauscht und es wird gefragt: „Was ist richtig: „die ... Blume in die Vase" oder „die Vase in die ... Blume"?

---

39 Anm. d. Verf.: Wenn *Verben* mit selbstständig vorkommenden Wörtern zu einem Wort verbunden werden, handelt es sich um *Verbzusammensetzungen*. Der erste Teil der Zusammensetzung kann aus verschiedenen Wortarten kommen: *Substantiv + Verb* (teil-nehmen, stand-halten), *Adjektiv + Verb* (gut-schreiben, frei-sprechen), *Adverb u. Ä. + Verb* (vor-setzen, über-springen).

40 Anm. d. Verf.: Mit *Präpositionen* werden die verschiedensten Verhältnisse und Beziehungen gekennzeichnet. Es gibt vier Hauptgruppen:
Ort (lokal): an der Grenze; auf der Schaukel,
Zeit (temporal): an diesem Tag,
Grund, Folge u. a. (kausal): wegen der Bauarbeiten,
Art und Weise (modal): ohne mein Wissen.
Viele neuere Präpositionen sind aus Wörtern anderer Wortarten gebildet, so z. B. *bezüglich, dank ...* Die am häufigsten gebrauchten Präpositionen gehen zum größten Teil auf Ortsadverbien zurück (vor, hinter, unter, in, aus ...). Die meisten Präpositionen regieren einen Fall, viele können aber auch mit zwei Fällen stehen: zügig *an der Unfallstelle* (Dativ) vorbeifahren; langsam *an die Unfallstelle* (Akkusativ) heranfahren.

41 Anm. d. Verf.: Um die „Kraft" der Präposition zu betonen, arbeiten viele Kolleginnen an dieser Stelle zuerst mit unvollständigen Sätzen wie „die rote Blume ... in die Vase", also nur mit dem, was „mitspielen" soll. Besonders wichtig ist auch hier das konkrete Tun.
Anschließend können die Kinder mit vollständigen Sätzen weiterarbeiten.

3. Übungen zur Verdeutlichung von Bedeutung und Funktion einer Wortart zum Thema Bauernhof

Anschließend lassen sich ganze Sätze bilden wie z. B. „Stelle die rote Blume und die blaue Blume und die gelbe Blume in die Vase." Über diesen Satz können dann alle Wortartensymbole gelegt werden.
Nach Möglichkeit wird der jeweilige Auftrag erst ausgeführt.
Im ersten Durchgang wird jeweils nur das neue Symbol gelegt (*Isolierung der Schwierigkeiten* sowie prägnante Hervorhebung des neu zu Lernenden). Im zweiten Durchgang werden alle Wortsymbole gelegt. Hierbei ist darauf zu achten, dass die Sätze nur die bereits erlernten Wortarten enthalten.

Weitere Übungen:

- Vorbereitete Streifen liegen bereit, bei denen der Platz für die Präposition ausgespart ist, z. B.: „die rote Perle ___ der runden Dose". Das Kind ordnet die passende Präposition ein und stellt die Situation dar. Die Wortsymbole werden über die Wörter gelegt.
- Das Kind erhält eine Sammlung von Gegenständen, die einander zugeordnet werden sollen (z. B.: Schloss und Schlüssel). Dazu gehören Streifen mit Artikeln, Numeralien, Adjektiven, Substantive, Konjunktionen und Kärtchen mit Präpositionen. Es führt den Auftrag aus, z. B.: „der kleine Schlüssel ___ das passende Schloss". Dann ordnet es die Wortstreifen den Dingen zu und legt das Kärtchen mit der passenden Präposition zwischen die Streifen. Die Wortsymbole werden über die einzelnen Wörter gelegt.
- Das Kind stellt mögliche Zuordnungen zusammen und fragt sich, welche dieser Zuordnungen ist „richtig", „witzig", „unmöglich" (vgl. Das logische Adjektiv-Spiel, S. 105).
- Übungen mit Auftrags- und Fächerkästen.
- Zahlwörter können einbezogen werden, z. B.: drei rote Blumen in einem großen Strauß …

Verschmilzt die Präposition mit einem Artikel (z. B. an dem = am), werden die beiden Symbole zusammengeklebt.

Die Kinder bilden hierzu „Reihen":

an dem – am
bei dem – beim
von dem – vom
in dem – im

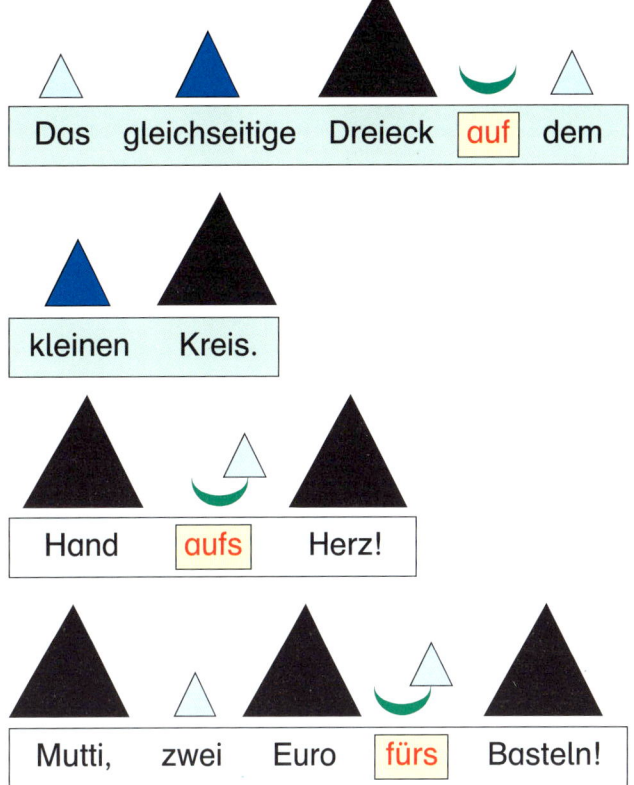

Übungen mit dem Auftragskasten

Um die Funktion der Wortart Präposition den Kindern besonders deutlich zu machen, können Übungen mit einer Gruppe von Kindern durchgeführt werden, die von der Lehrerin geleitet werden und individuellen Übungen vorausgehen sollten.

Zu dem Auftragskasten gehört folgende Arbeitsanweisung:

> Führe einen Auftrag nach dem anderen aus.
> Lege das Kärtchen mit der Präposition, die zu dem Auftrag gehört, vor dich auf den Tisch.

Präposition: zu, vor

Ein Kind stellt sich in die Mitte der Klasse. Die anderen gehen langsam zu ihm. Sie bleiben in einer Reihe vor ihm stehen.
Auf einer großen Karte stehen die Wörter *zu, vor*. Die passende Karte ist deutlich sichtbar zu halten.

Präposition: unter, über

Dazu gehören violette Kärtchen, auf denen jeweils steht: *unter, über*. Die passenden Kärtchen sind entsprechend zu legen bzw. zu halten.
Zwei Kinder halten eine Leine, zuerst *hoch* und dann *niedrig*. Die übrigen Kinder gehen nun *unter* der Leine durch. Sie kommen zurück und steigen dann *über* die Leine.

Präposition: vor, neben, hinter

Dazu gehören violette Kärtchen, auf denen jeweils steht: *vor, neben, hinter*.
Lege dein Mäppchen *vor* dein Buch.
Lege dein Mäppchen *neben* das Buch.
Lege es *hinter* das Buch.

Präposition: an, auf, entlang

Dazu gehören violette Kärtchen, auf denen jeweils steht: *an, auf, entlang*.
Zeichne eine Linie *an* die Tafel.
Male alle 10 Zentimeter ein Sternchen *auf* die Linie.
Zieh einen roten Strich *entlang* der Linie.

*Sehr schön sind auch Aufgaben wie folgende: „Suche einen Satz, der zu diesen Symbolen passt!"
Zum oberen Streifen könnte sich das Kind ausdenken: „Das Auto fährt in die Garage." Zum unteren: „Er hat im Bett geschlafen."*

Übungen mit dem Fächerkasten[42]

In einem violetten Kästchen befinden sich:

- 6 violette Leitkarten z. B. mit folgenden Aufträgen:

  *Suche eine Dose mit Perlen.
  Suche eine Dose ohne Perlen.*

  *Lege einen Stift vor das Etui.
  Lege einen Stift neben das Etui.*

  *Wirf einen Blick auf den Schrank.
  Wirf einen Blick hinter den Schrank.
  Wirf einen Blick unter den Schrank.
  Wirf einen Blick in den Schrank.*

  *Ich bleibe gegenüber einem Kind stehen.
  Ich bleibe neben einem Kind stehen.*

  *Schiebe einen Stuhl an den Tisch.
  Schiebe einen Stuhl unter den Tisch.*

  *Lege neun goldene Perlen neben vier goldene Zehnerstäbchen.
  Lege neun goldene Perlen zwischen vier goldene Zehnerstäbchen.*

- 5 beige Karten (Artikel):
  eine, das, einem, einen, den
- 10 schwarze Karten (Substantive):
  Dose, Stift, Blick, Kind, Tisch, Perlen, Etui, Schrank, Stuhl, Zehnerstäbchen
- 1 braunes Kärtchen (Adjektive): *goldene*
- 2 graue Kärtchen (Numeralien): *neun, vier*
- 6 rote Kärtchen (Verben):
  suche, lege, wirf, schiebe, bleibe, stehen
- 11 violette Kärtchen (Präpositionen):
  mit, ohne, vor, neben, auf, hinter, unter, in, an, zwischen, gegenüber

Die Übungen erfolgen analog zu den bereits vorgestellten Übungen (s. S. 98/111).

3.4.7 Adverb[43]

Das Adverb kann Verb (*Dort* steht ein Denkmal.), Adverb (Oma besuchte uns *besonders* gern.), Adjektiv (Das Auto fuhr *sehr* schnell.) oder Substantiv (Das Buch *dort* gefällt mir.) beeinflussen.

---

42 Anm. d. Verf.: Beispiele aus Montessori-Vereinigung e. V.: Auftragskästen und Sprachkästen, S. 67

43 Anm. d. Verf.: Der lateinische Ausdruck *Adverb* bedeutet wörtlich beim *Verb*, allgemeiner aber auch *bei einem Wort*. Adverbien können jedoch nicht nur bei einzelnen Wörtern (oder Wortgruppen) stehen, sondern sie können sich auch auf den ganzen Satz beziehen. Die deutsche Bezeichnung *Umstandswort* besagt, dass Adverbien die Umstände eines Geschehens bezeichnen, z. B. *zeitliche* Umstände (einmal, erst, da…).
In der Gruppe der *Adverbien* fasst man verschiedene Partikel zusammen, im Grunde gehören hierher alle nicht flektierbaren Wörter, die sich weder den Präpositionen noch den Konjunktionen noch den Interjektionen zuordnen lassen. Das Adverb ist der Form nach unveränderlich; es gehört zu den undeklinierbaren Wortarten. Nur wenige Adverbien können gesteigert werden: *oft*, öfter, am häufigsten; *bald*, eher, am ehesten; *gern*, lieber, am liebsten; *sehr*, mehr, am meisten; *wohl* (= gut) besser/wohler, am besten/wohlsten.
Man unterscheidet u. a. Adverbien des *Ortes* (*Lokaladverbien*: hier, da, dort…), Adverbien der *Zeit* (*Temporaladverbien*: jetzt, gerade, eben, lange, einmal…), Adverbien der *Art und Weise* (*Modaladverbien*: hinterrücks, kopfüber…).
Während KÜRSCHNER *Adjektive* als auf Nomen oder Verben bezogene Wörter definiert (Er singt *schön*; schön wird als Adjektiv aufgefasst) (vgl. Kürschner, 1997³, S. 173), betonen EICHLER und BÜNTING in der Deutschen Grammatik (1994⁵, S. 121): „Jedes Adjektiv kann als Adverb gebraucht werden": der *langsame* Läufer (Adjektiv); er läuft *langsam* (Adverb). HELBIG und BUSCHA sprechen von *Adjektivadverbien*, d. h. von Adverbien, die der Form nach mit den Adjektiven übereinstimmen (z. B.: Der neue Kindergarten ist hochmodern eingerichtet.) (vgl. Helbig und Buscha, S: 337)

3. Übungen zur Verdeutlichung von Bedeutung und Funktion einer Wortart zum Thema Bauernhof

Material: Papierstreifen, zwei verschiedenfarbige Stifte

Vorbereitende Übung: Die Lehrerin schreibt ein Verb auf „klatsche". Das Kind tut es. Die Lehrerin schreibt auf einen anderen Streifen in Rot ein Adverb, „dort". Das Adverb wird hinter das Verb gelegt: „klatsche dort". Wieder führt das Kind die Handlung aus (… dort, hinten, da, manchmal, nicht, unten, oben, rechts, links, oft, immer, vielleicht, bald, jetzt, später usw.).

Diese Übung wird mit vielen Verben gemacht. Auf diese Weise erfährt das Kind, dass das Handeln durch ein Adverb näher bestimmt werden kann.

Übung: Die Lehrerin schreibt auf einen Papierstreifen „Lach mich an!" Das Kind lacht. In der gleichen Zeit schreibt sie auf ein weiteres Kärtchen in Rot „nicht" und legt es hinter den Streifen. Das Kind bricht die Handlung ab. Dann tauscht sie das Kärtchen „nicht" gegen das Kärtchen „jetzt" aus. Sie fährt so fort mit vielen Adverbien. Dabei führt das Kind jedes Mal die Handlung aus.

Der Streifen „Lach mich an" wird zerschnitten und die Wörter werden vertauscht: Welches ist/war die richtige Reihenfolge der Wörter? Ist die neue Kombination richtig, falsch, witzig, möglich, aber ungebräuchlich? …

Die Lehrerin zeigt das Wortsymbol für das Adverb (oranger Kreis) und weist darauf hin, dass das Wort, für das dieser Kreis steht, Verben, andere Adverbien, Adjektive oder Substantive (s. o.) näher erklärt. Das Kind ordnet das Wortsymbol „oranger Kreis" allen Adverbien zu. Auch die übrigen Wörter erhalten die entsprechenden Wortsymbole.

Weitere Übungen

- Das Kind bekommt eine Serie mit Aufträgen, in denen ein Adverb die Handlung näher bestimmt und führt die Aufträge durch.

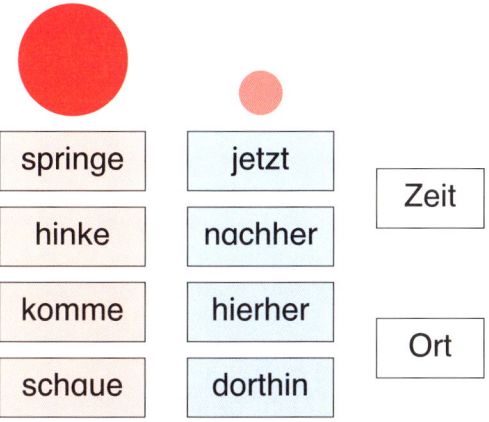

- Bei einer weiteren Serie von Aufträgen ist der Platz für ein Adverb ausgespart. Die Adverbien sind auf Kärtchen geschrieben. Das Kind überlegt, welches Adverb welchem Auftrag zugeordnet werden kann. Dann führt es die Handlung aus. Auch hier überlegt es, welche Zuordnung gut/witzig/unmöglich … ist.
- Wie viele Adverbien können einem der Aufträge sinnvoll zugeordnet werden?
- Arbeit mit Sätzen, die der Literatur entnommen sind und in denen Adverbien vorkommen.

Da, wie herausgearbeitet, die Zuordnung mancher Wörter zur Gruppe der Adverbien auf Grund unterschiedlicher Aussagen der Grammatiken nicht eindeutig erfolgen kann, haben sich bei der Bearbeitung dieser Thematik in der Schulklasse zwei Richtungen herauskristallisiert. In jedem Fall wird von der lernpsychologischen Frage ausgegangen wie die Zuordnung von der Denkstruktur des Kindes her gesehen logisch erfolgen kann:

Anhänger der einen Richtung fragen, welches Wort Auskunft darüber gibt, wie etwas ist oder geschieht (der schnelle Hund, der Hund läuft schnell). Im Rahmen dieser Reihe würde das Kind das Symbol des Adjektivs über das Wort „schnell" legen.

Anhänger der anderen Richtung fragen nach der Funktion: Ein Adjektiv gibt die Eigenschaft eines Substantivs an, ein Adverb bezieht sich auf das Verb und bestimmt es näher. In diesem Fall würde das Kind im Satz „Der Hund läuft schnell." zu „schnell" ebenso das Symbol für das Adverb legen wie im Satz „Der Hund läuft dort." zu „dort". Als Hauptargument führen Vertreter dieser Auffassung an, dass diese Fragestellung das korrekte Erlernen von Fremdsprachen erleichtert, wo häufig ebenso gefragt und ganz konsequent z. B. eine Zusatzsilbe an ein Adjektiv gehängt wird, wenn es sich auf ein Verb bezieht (im Englischen z. B. -*ly*: slow, slow*ly*).

Es soll vorkommen, dass Kinder dies durchschauen und zwei Symbole übereinander legen: Adjektiv + Adverb. Das ist natürlich eine Glanzleistung. Die Frage nach der besten Zuordnung können sie später entscheiden. In jedem Fall wurden Fragehorizonte eröffnet.

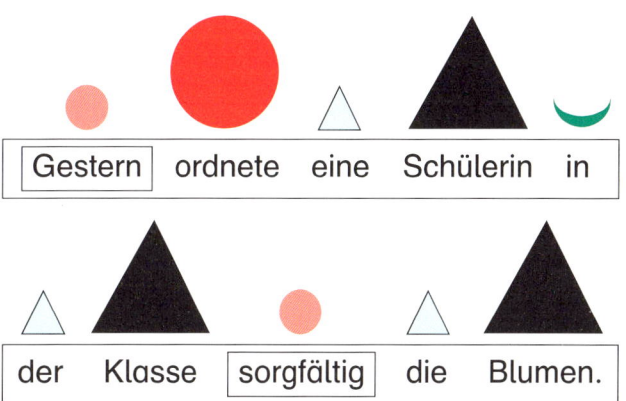

Übungen mit dem Auftragskasten

> Führe einen Auftrag nach dem anderen aus.
> Lege die Kärtchen mit den Adverbien, die zu dem Auftrag gehören, vor dich auf den Tisch.

> **Adverb (Umstandswort)**
> *sofort, dann*
> Hole sofort ein Buch, lege es dann auf den Tisch.

Dazu gehören rosa Kärtchen, auf denen jeweils steht: *sofort, dann*. Das passende Kärtchen ist zu den entsprechenden Gegenständen zu legen.

> **Adverb (Umstandswort)**
> *währenddessen*
> Gehe um einen Stuhl herum und halte währenddessen die Augen geschlossen.

Das rosa Kärtchen, auf dem *währenddessen* steht, kann in diesem Fall in der Hand gehalten werden.

Übungen mit dem Fächerkasten

In einem rosa Kästchen befinden sich:
- 6 rosa Leitkarten mit z. B. folgenden Aufträgen:
  Spiele eine Tonleiter aufwärts.
  Spiele eine Tonleiter abwärts.
  Stelle eine Pflanze hierhin auf den Tisch.
  Stelle eine Pflanze dorthin auf den Tisch.
  Suche überall Perlen.
  Suche nirgends Perlen.
  Mache fünf Schritte seitwärts.
  Mache fünf Schritte geradeaus.
  Lies die Leitkarte hier.
  Lies die Leitkarte anderswo.
  Klopfe innen an die Tür.
  Klopfe außen an die Tür.
- 3 beige Kärtchen (Artikel): *die, eine, den*
- 7 schwarze Kärtchen (Substantive):
  Tonleiter, Pflanze, Perlen, Tisch, Schritte, Leitkarte, Tür
- 1 graues Kärtchen (Numerale): *fünf*
- 6 rote Kärtchen (Verben):
  spiele, stelle, suche, mache, lies, klopfe

- 2 violette Kärtchen (Präpositionen):
  auf, an
- 12 rosa Kärtchen (Adverbien):
  aufwärts, abwärts, hierhin, dorthin, überall, nirgends, seitwärts, geradeaus, hier, anderswo, innen, außen

3.4.8 Pronomen[44]

Für das Pronomen sind bisher keine Übungen vorgesehen gewesen. Man sollte sich aber Gedanken machen, wie man Kindern die Funktion dieser Wortart deutlich machen kann.

> Hans   gibt   Frau Meyer   die Kreide
> ▲   ▲   ▲
> Er   gibt   ihr   sie!

Vorbereitende Übung: Es gibt keine verbindliche Art, das Pronomen einzuführen. Ein Kollege geht jedoch folgendermaßen vor:
Ein Mädchen wird gebeten, sich in den Stuhlkreis zu stellen. Die Frage lautet: „Wer ist in der Mitte?" Das Mädchen sagt: „Ich." Die Aufforderung, im Satz zu sprechen, ergibt: „Ich stehe in der Mitte." Anschließend sagt ein Mitschüler, wer in der Mitte steht. Meist kommt in der Antwort der Mädchenname vor. Es folgt die Bitte, für den Namen ein Ersatzwort zu benutzen. „Sie steht in der Mitte." Die Antwort ist richtig und der Antwortende darf auch in die Mitte. Beide sagen dann: „Wir stehen in der Mitte." Ein anderes Kind aus dem Kreis führt die Übung weiter: „Sie stehen in der Mitte."
Manchmal muss dabei geholfen werden.

---

[44] Anm. d. Verf.: Die deutsche Bezeichnung ist *Fürwort*. Zur Bedeutung: pro nomen (lat.) = „für ein Nomen, anstelle eines Nomens". Pronomen sind selbstständige Satzglieder, d. h. selbstständige Teile des Satzes; sie „vertreten" ein Substantiv bzw. eine ganze Substantivgruppe (…, dass der *Dorfschulmeister* von *der Mehrzahl* nichts wusste, dass *er* von *ihr* nichts wusste).
Man unterscheidet folgende Arten von Pronomen:
Personal- (persönliches Fürwort: ich, du, ihr …),
Reflexiv- (rückbezügliches Fürwort: sich …),
Possessiv- (besitzanzeigendes Fürwort: mein, dein …),
Demonstrativ- (hinweisendes Fürwort: der, dieser, jener …),
Indefinit- (unbestimmtes Fürwort: man, jemand …),
Interrogativ- (Fragefürwort: wer?, was? …) und
Relativpronomen (bezügliches Fürwort: welcher, wer, was …).

3. Übungen zur Verdeutlichung von Bedeutung und Funktion einer Wortart zum Thema Bauernhof

Übungen:

● Die Lehrerin schreibt dem Kind auf einen Zettel: „Hans, gib Frau Meyer die Hand!" Das Kind führt den Auftrag aus und legt die Wortsymbole über die entsprechenden Wörter. Jetzt schreibt die Lehrerin dem Kind auf: „Gib ihr die Hand!"
Nachdem das Kind den Auftrag ausgeführt hat, werden die Wörter „Hans" und „Frau Meyer" durch „du" und „ihr" ausgetauscht. Lehrerin: „Für ‚Hans' und ‚Frau Meyer' wurde ‚du' und ‚ihr' gelegt." Die schwarzen Dreiecke werden gegen lila Dreiecke ausgetauscht. Weitere Aufträge müssen folgen.

Übungen mit dem Auftragskasten

Hinweis: Die Funktion der vielen unterschiedlichen Pronomen zu erkennen fällt den Kindern schwer. Sie müssen sie auch gar nicht alle kennen. Denen, die aber Interesse daran haben, lässt sich die Funktion des Pronomens durch Übungen am besten verdeutlichen. Das sollte auf vielfältige Weise geschehen.
Zu jeder Gruppe von Pronomen gibt es unterschiedliche Anregungen, die einzelnen Übungen können dem Bedürfnis des Kindes entsprechend erweitert werden.
Die Aufträge richten sich primär an kleinere und größere Gruppen.[45]

Personalpronomen

ich, du, er, sie, es, wir, ihr, sie

Ich gehe um den Tisch herum.
Du gehst um den Tisch herum.
…
Ich begieße die Blumen. …
Ich klopfe auf den Tisch. …

Dazu gehören grüne Kärtchen, auf denen jeweils steht: *ich, du, er, sie, es, wir, ihr, sie*. Das passende Kärtchen wird jeweils gelegt.
Analoge Übungen zu den einzelnen Pronomenarten:

Indefinitpronomen (unbestimmtes Fürwort)

niemand, jeder, irgendeiner, jemand, keiner, man

Niemand bleibt am Platz.
Jeder geht an seinen Platz zurück.
Irgendeiner bringt mir einen Stuhl.
Jemand öffnet ein Fenster.

Dazu gehören grüne Kärtchen, auf denen steht: *niemand, jeder, irgendeiner, jemand, keiner, man*. Das passende Kärtchen wird jeweils gelegt.

Übungen mit dem Fächerkasten

In einem grünen Kästchen befinden sich:

– 4 grüne Leitkarten mit Aufträgen[46] wie:
 Ute geht heute mit den Großeltern ins Eiscafé.
 Sie geht heute mit ihnen ins Eiscafé.
 Marita bringt das Buch wieder in die Bibliothek zurück.
 Sie bringt das Buch wieder in die Bibliothek zurück.
 Die Kinder wollen Mutter ein schönes Geschenk machen.
 Sie wollen Mutter ein schönes Geschenk machen.
 Willi tröstet Petra mit freundlichen Worten.
 Er tröstet Petra mit freundlichen Worten.
– 4 beige Kärtchen (Artikel): *das, die, ein, den*
– 12 schwarze Kärtchen (Nomen): *Willi, Petra, Worten, Maria, Buch, Bibliothek, Ute, Großeltern, Eiscafé, Kinder, Mutter, Geschenk*
– 2 braune Kärtchen (Adjektive): *schönes, freundliches*
– 5 rote Kärtchen (Verben): *tröstet, geht, bringt zurück, wollen, machen*
– 3 violette Kärtchen (Präpositionen): *mit, in, ins*
– 2 rosa Kärtchen (Adverbien): *wieder, heute*
– 5 grüne Kärtchen (Pronomen): *er, sie, es, ihnen, ihr*

Die Übungen erfolgen analog zu den bereits vorgestellten Übungen (s. S. 98 f.)

3.4.9 Konjunktion[47]

die gelbe Blume	**und**	die rote Blume

---

[45] vgl. Montessori-Vereinigung e.V.: Auftragskästen und Sprachkästen, S. 32
[46] Montessori-Vereinigung e.V.: Auftragskästen und Sprachkästen, S. 75
[47] Anm. d. Verf.: *Konjunktionen* gehören zu den unveränderlichen Wörtern. Sie haben die Aufgabe, Wörter, Wortgruppen und Sätze miteinander zu verbinden. Sie heißen daher auch Bindewörter. Man unterscheidet *nebenordnende* und *unterordnende Konjunktionen*.
Nebenordnend sind Konjunktionen dann, wenn sie gleichartige Wörter, Wortgruppen, Teilsätze oder Sätze miteinander verbinden (Paul *und* Mark singen…). Dazu zählen auch *als* und *wie*, wenn sie bei einem einzelnen Ort oder einer Wortgruppe stehen (= *Satzteilkonjunktion*).
Unterordnend sind Konjunktionen dann, wenn sie Nebensätze einleiten. (Susi musste früh aufstehen, *weil* sie einen langen Schultag hatte.)
Eine Sondergruppe der unterordnenden Konjunktionen bilden *um zu, ohne zu, (an)statt zu*. Sie leiten Nebensätze ein, in denen das Verb nicht in einer Personalform, sondern im Infinitiv steht. (Sie gingen weg, *ohne* sich *zu* verabschieden.)

Konjunktion: und

Auf dem Tisch liegen drei Gegenstände gleicher oder ähnlicher Art wie z. B. Blumen oder Stifte. Dazu kommen ein Band, eine Schere, ein Bleistift, ein Rotstift, Wortsymbole und Papierstreifen.

Im Beisein des Kindes schreibt die Lehrerin den Namen des Gegenstandes auf, der gewünscht wird, z. B.: „die gelbe Blume". Das Kind bringt die Blume. Danach folgt: „die rote Blume" – und schließlich: „die blaue Blume". Mit dem Rotstift schreibt die Lehrerin nun zweimal „und" auf kleine Papierstreifen, legt diese Konjunktionen zwischen die anderen Streifen und das Kind fügt die Gegenstände zusammen: „die gelbe Blume und die rote Blume und die blaue Blume". Mit einem Band bindet die Lehrerin die Blumen zusammen.

Die einzelnen Satzteile werden vertauscht. Dabei bemerkt das Kind, dass der Sinn durch die Umstellung nicht verändert wird. Im ersten Durchgang wird nur das neue Symbol gelegt (*Isolierung der Schwierigkeiten* und prägnante Hervorhebung des neu zu Lernenden), danach werden alle Wortsymbole gelegt. Es ist darauf zu achten, dass die Sätze nur die bereits erlernten Wortarten enthalten.

Anschließend arbeitet das Kind mit vorbereiteten Kärtchen alleine oder mit einem Partner weiter und legt die Wortsymbole hinzu, z. B. am Thema „Bauernhof", zu „Gegenstände aus dem Raum", „Dose mit Gegenständen"... Dem Kind wird folgender Hinweis gegeben: „Fang immer mit dem schwarzen Dreieck an und frage, was dazu gehört."

Unter Einbeziehung von Zahlwörtern legt das Kind später: ... zwei gelbe Blumen und drei rote Blumen.

Übungen zu weiteren Konjunktionen

Zu einem späteren Zeitpunkt: Wenn ein Satz vorgegeben wird wie „Als ich gestern kam, wart ihr schon alle da." und die Frage gestellt wird, aus welchen Teilen dieser Satz besteht und was die beiden Teile verbindet, ist folgende Antwort zu erwarten: „Der Satz besteht aus zwei Teilen: ‚Ich kam gestern' und ‚Ihr wart schon alle da.'" Das Wort „als" verbindet die beiden Teile. „Als" ist also auch ein Bindewort.

Mit anderen Konjunktionen kann analog verfahren werden.

Das Kind soll auf diese Weise erfahren, dass Konjunktionen nicht nur, wie im Beispiel oben, konkrete Dinge (eine rote Blume und eine blaue Blume), sondern auch Handlungen, Satzteile und Sätze verbinden können.

Übungen mit dem Auftragskasten

> Führe einen Auftrag nach dem anderen aus.
> Lege die Kärtchen mit den Konjunktionen, die zu dem Auftrag gehören, vor dich auf den Tisch.

Konjunktion: und, oder, auch, weder ... noch, sondern

> Lege einen Bleistift und einen Füller auf den Tisch.
> Hole ein großes oder ein kleines Malblatt. Hole auch Buntstifte.
> Male weder ein Haus noch einen Baum, sondern ein Auto.

Dazu gehören gelbe Kärtchen, auf denen jeweils steht: *und, oder, auch, weder ... noch, sondern*. Das passende Kärtchen ist zu dem entsprechenden Auftrag zu legen.

Konjunktion: wenn, und, dass, bevor, ob

> Wenn du diesen Satz gelesen hast, schließe die Augen und zähle bis 60.
> Klatsche in die Hände, dass es schallt.
> Bevor du weiterarbeitest, schaue auf die Uhr, ob du noch genug Zeit hast.

Auf den gelben Wortkärtchen steht: *wenn, und, dass, bevor, ob*. Sie sind zu dem entsprechenden Auftrag zu legen.

Übungen mit dem Fächerkasten

In einem gelben Kästchen befinden sich:
– 6 gelbe Leitkarten mit Aufträgen[48] wie:

  Blinzle sowohl mit dem linken als auch mit dem rechten Auge.

  Stelle deinen Stuhl hoch, es sei denn, du brauchst ihn noch.

  Verschiebe den Tisch, aber leise, ohne Lärm.

  Lies das Wort NEBEL nicht von links nach rechts, sondern von rechts nach links.

  Erzähle einen Witz, denn Lachen ist gesund.

  Lege weder den Füller noch das Etui weg.

– 5 beige Kärtchen (Artikel):
  dem, dem, das, den, einen

– 10 schwarze Kärtchen (Substantive): *Auge, Stuhl, Wort, Nebel, Witz, Lachen, Füller, Etui, Tisch, Lärm*

---

48 Montessori-Vereinigung e.V.: Auftragskästen und Sprachkästen, S. 79

3. Übungen zur Verdeutlichung von Bedeutung und Funktion einer Wortart zum Thema Bauernhof

- 4 braune Kärtchen (Adjektive):
  linken, rechten, gesund, leise
- 9 rote Kärtchen (Verben):
  blinzle, brauchst, stelle hoch, lies, erzähle, lege weg, ist, verschiebe, sei
- 5 violette Kärtchen (Präposition):
  mit, mit, von, nach, ohne
- 6 rosa Kärtchen (Adverben):
  links, links, rechts, rechts, nicht, noch
- 4 grüne Kärtchen (Pronomen):
  deinen, es, du, ihn
- 7 gelbe Kärtchen (Konjunktionen):
  sowohl, als auch, denn, sondern, weder, noch, aber

Übungen analog zu S. 98 f.

3.4.10 Interjektion[49]

Übungen mit dem Fächerkasten

In einem blauen Kästchen befinden sich:
- 6 blaue Leitkarten[50] mit Zitaten[51] wie z. B.:
  Autsch, wie tut der Fuß so weh!
  Iiii, Sieglinde, wie unappetitlich!
  O fände ich zu meinem Glück
  ein riesengroßes Schinkenstück!
  Eia popeia, was raschelt im Stroh?
  Auf einmal, o weh, kleine Maus liegt im Schnee!
  Ach, wie gut, dass niemand weiß, dass ich Rumpelstilzchen heiß!
- 2 beige Kärtchen (Artikel): *der, ein*
- 8 schwarze Kärtchen (Substantive):
  Fuß, Sieglinde, Glück, Stroh, Schnee, Schinkenstück, Maus, Rumpelstilzchen
- 5 braune Kärtchen (Adjektive):
  weh, unappetitlich, riesengroß, kleine, gut
- 6 rote Kärtchen (Verben):
  tut, fände, raschelt, liegt, weiß, heiß
- 2 violette Kärtchen (Präpositionen):
  zu, ihm
- 3 rosa Kärtchen (Adverbien):
  so, wie, auf einmal
- 4 grüne Kärtchen (Pronomen):
  ich, meinem, was, niemand
- 2 gelbe Kärtchen (Konjunktionen):
  dass, dass
- 7 blaue Kärtchen (Interjektionen):
  autsch, iii, o, popeia, o weh, ach, eia

---

49 Anm. d. Verf.: Eine *Interjektion* ist ein unflektierbares Wort zum Ausdruck einer Empfindung, Gemütsbewegung o. Ä.: *Empfindungs-, Ausdrucks-, Ausrufewort.*
50 Anm. d. Verf.: Auf den Leitkarten stehen keine Aufträge oder Befehle, sondern Sätze aus der Literatur mit unterschiedlichen Gruppen von Interjektionen.
51 Montessori-Vereinigung e.V.: Auftragskästen und Sprachkästen, S. 83

Die Kärtchen werden entsprechend der Leitkarte ausgelegt. Anschließend wird das Wortsymbol hinzugefügt.
Als sehr hilfreich hat sich ein „Wortartenbuch" erwiesen. Auf die oberste Zeile kleben die Kinder das jeweils zu übende Wortsymbol und auf die Zeilen darunter schreiben sie Musterwörter bzw. Mustersätze.

Übungsmöglichkeiten für alle Wortarten

Die Kinder kleben zu aufwendigen Geschichten Wortsymbole. Um den Etat zu schonen, werden die Symbole bei den weiterführenden Übungen häufig mit einer Schablone über die Wörter gezeichnet. Manchmal kombinieren Kinder auch Klebesymbole mit gezeichneten.

Besonders beliebt ist das Spiel mit den Wortarten, wenn sich einige Kinder einen Satz ausdenken, dazu passende Symbole umhängen und die anderen Kinder versuchen, geeignete Sätze zu finden. Auf dem Foto oben: „Der große Vogel fliegt vom Dach." oder „Der kleine Wassermann schwimmt im Teich." ... Vielleicht finden die Kinder sogar den Satz, den sich die Gruppe ausgedacht hat.

4. Die Wortsymbole (Tabelle I)

●	**Verb** **(Tätigkeitswort/Zeitwort)** Der Regen platscht. Sie lachte.
◉	**Hilfsverb** **(Hilfszeitwort, haben sein oder werden als Bestandteil einer zusammengesetzten Verbform)** Wir haben gesungen. Susanne ist gekommen.
	Infinitiv **(Nenn-, Grundform des Verbs)** Ich werde singen. **Partizip** **(Mittelwort der Gegenwart bzw. Vergangenheit)** Das Kind ist gekränkt. Er hat gelogen.
○	**Adverb** **(Beiwort; Umstandswort; gibt einen lokalen, temporalen, modalen oder kausalen Umstand an)** Täglich lese ich. Er arbeitet umsonst. Das Kind wollte daher nach Hause. Ich habe dich doch gerufen.
◡	**Präposition** **(Verhältniswort; kennzeichnet die Beziehung bzw. das Verhältnis zwischen zwei Wörtern)** Der Hund in der Hütte bellt. Das Kind übt vor dem Haus.
▲	**Substantiv** **(Nomen, Nenn-, Ding-, Haupt-, Namenwort)** Haus, Kind, Regen …

4. Die Wortsymbole (Tabelle I)

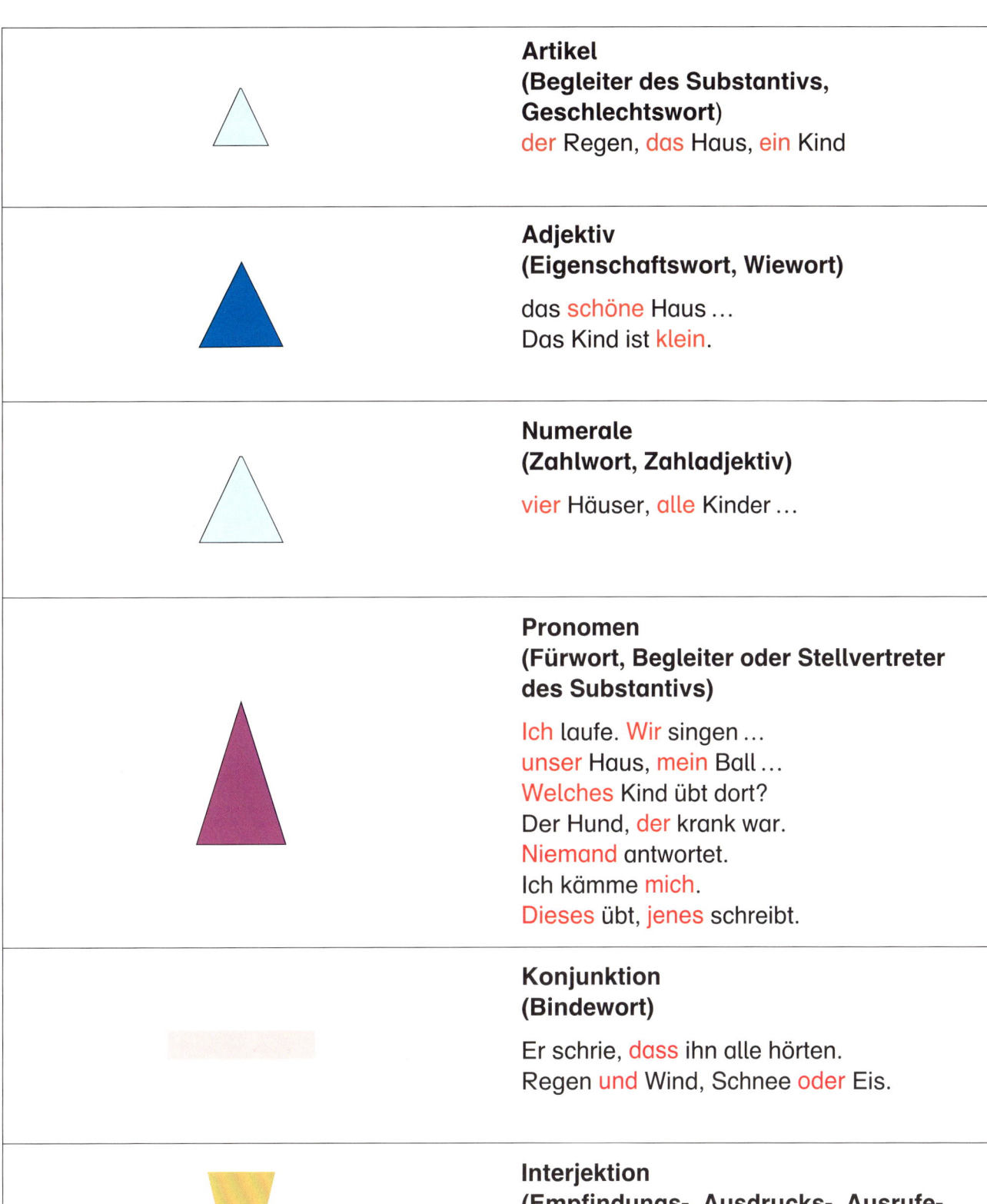

**Artikel
(Begleiter des Substantivs, Geschlechtswort)**

der Regen, das Haus, ein Kind

**Adjektiv
(Eigenschaftswort, Wiewort)**

das schöne Haus …
Das Kind ist klein.

**Numerale
(Zahlwort, Zahladjektiv)**

vier Häuser, alle Kinder …

**Pronomen
(Fürwort, Begleiter oder Stellvertreter des Substantivs)**

Ich laufe. Wir singen …
unser Haus, mein Ball …
Welches Kind übt dort?
Der Hund, der krank war.
Niemand antwortet.
Ich kämme mich.
Dieses übt, jenes schreibt.

**Konjunktion
(Bindewort)**

Er schrie, dass ihn alle hörten.
Regen und Wind, Schnee oder Eis.

**Interjektion
(Empfindungs-, Ausdrucks-, Ausrufewort)**

O weh, das ist schlimm!
Hallo, wir kommen!

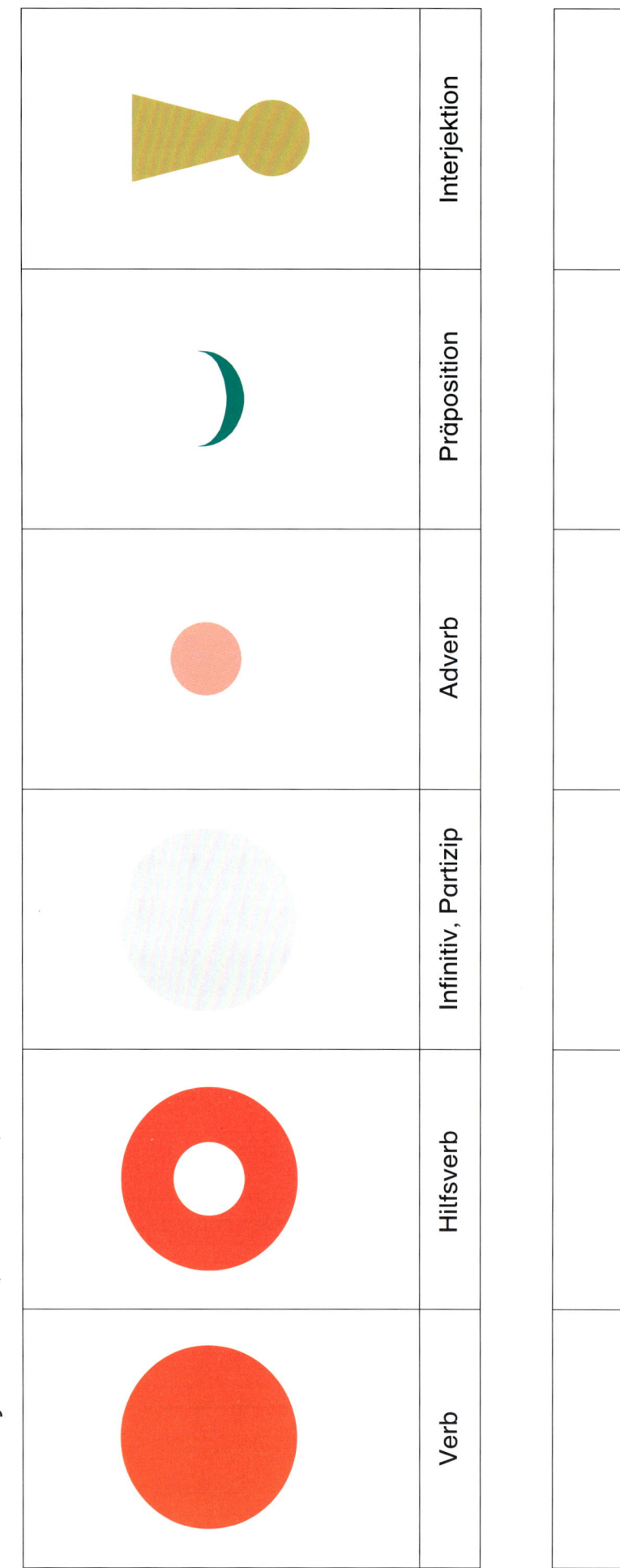

Kapitel 7: Satzanalyse

RAYMUND DERNBACH, REINHARD FISCHER

Interessierte Kinder sollen die Chance erhalten, die Struktur ihrer Sprache zu erforschen und deren Ausdrucksmöglichkeiten zu entdecken. Die Satzanalyse leistet hierzu einen wichtigen Beitrag.

1. Anknüpfungspunkte

Anknüpfungspunkte könnten zum Beispiel folgende sein:
- Kurze Aufträge, z. B.: „Hole die Kugel!"; kurze Sätze wie: „Doris spitzt den Bleistift."; längere Sätze wie: „Gestern warf Annette die Tasse auf den Boden."; Gedichte, Reime, Geschichten.
Dazu Fragen: „Was tut jemand?"; „Wer ist der, das …?"; „Wen?", „Was?", „Für wen?", „Von wem?", „Zu wem?"; „Wo?", „Wohin?", „Woher?"; „Wann?", „Wie lange?"; „Wie?"; „Warum?"; „Womit?".
Wichtig ist, dass die Lehrerin mit der Frage nach dem Prädikat beginnt und dass bei den nachfolgenden Fragen die schon erfragten Satzteile wiederholt werden.
- Aufträge, die einem Kind zugeflüstert werden.
- Sprachspiele wie z. B. Liedanfänge fortsetzen, Märchen erzählen, Gedichte aufsagen, Geschichten vorlesen usw. Es können jeweils die oben vorgestellten Fragen gestellt werden.[1]

2. Jagd nach dem Prädikat

MARIA MONTESSORI widmet dem Prädikat als Ausgangspunkt zur Satzanalyse besondere Aufmerksamkeit. Deshalb werden zur Vorbereitung Übungen angeboten, die das Erkennen der Satzaussage fördern sollen.

2.1 Sätze mit einem Prädikat

Trage auf der flachen Hand einen Ball.

Die Lehrerin schreibt einen Satz auf einen Streifen. Das Kind führt den Auftrag aus. Danach fragt die Lehrerin: „Welches Wort sagt dir, was du tun sollst?" Die Antwort lautet: „Trage." Das Kind wird gebeten, über das Wort „trage" einen roten Kreis zu legen. Weitere Aufträge folgen. Später arbeitet das Kind alleine mit vorbereiteten Auftragsstreifen. Es legt jeweils einen roten Kreis über das Prädikat. Sinnvollerweise werden die Satzstreifen in griffgünstig untergebrachten Dosen bzw. Kästen aufbewahrt.

Mögliche Satzstreifen:

Spitze einen stumpfen Bleistift.
Hole ein Buch.
Reibe deine Hände.
Zähle die Kinder in der Klasse.
Summe wie eine Hummel …[2]

2.2 Sätze mit zwei und mehr Prädikaten

Nimm einen Schwamm und putze die Tafel.

Die Lehrerin schreibt z. B. diesen Satz auf einen Streifen. Nachdem das Kind den Auftrag ausgeführt hat, stellt die Lehrerin wieder die Frage: „Welche Wörter sagen dir, was du tun sollst?" Die Antwort lautet: „Nimm und putze." Über jedes Prädikat wird wieder ein roter Kreis gelegt.
Wenn das Kind nicht sofort beide Prädikate erkennt, wird es gebeten, noch einmal zu tun, was auf dem Satzstreifen steht.
Sofern die Lehrerin den Satz gerade geschrieben hat (und der Satzstreifen nicht laminiert ist), kann der Satz zerschnitten und so untereinander gelegt werden, dass die Tätigkeiten deutlich erkannt werden können:

Nimm einen Schwamm   und

putze die Tafel.

---

[1] vgl. Jacobs u. a., S. 1 ff.

[2] vgl. a. a. O., S. 7 f.

Weitere Auftragsstreifen liegen bereit. Später können auch Sätze mit drei und mehr Prädikaten angeboten werden, z. B.:

Lege deinen Kopf auf den Tisch, schließe die Augen und schnarche!
Hole tief Luft und zähle bis zehn, atme kräftig aus und hole ein Buch!
Nimm ein Blatt und falte ein Dreieck und male es rot an!
Gehe zum Spiegel, betrachte dein Gesicht und lächle!
Nimm die Gießkanne, fülle sie zur Hälfte mit Wasser und begieße eine trockene Blume!

2.3 Beispiele aus der Literatur

Es werden Sätze aus der Kinderliteratur angeboten, die die Kinder darstellen (z. B.: „Der Bürgermeister kratzte sich hinter dem Ohr.") oder bei denen sie sich die Situation gut vorstellen können (z. B. „Die Katze sprang dem Esel auf den Rücken und fauchte."). Das Kind liest den Satz, stellt die Situation dar oder stellt sie sich bildlich vor und legt rote Kreise über die Prädikate, die bei dieser Übung, wie es in der Literatur üblich ist, meistens in der *Präteritumsform* stehen. Da umgangssprachlich das Perfekt aber gebräuchlicher ist, ist die *Präteritumsform* für viele Kinder oft nur schwer zu erkennen. Das macht dann Hilfestellungen erforderlich.

Weitere Beispiele:

Da kam der Kater, warf den Sack auf den Boden und öffnete ihn.
Der Fuchs nahm den Käse, fraß ihn und lachte über den törichten Raben.
Die Katze sprang ihm ins Gesicht, spie und kratzte.[3]

3. Satzzerlegung

3.1 Sterntabelle

Die Sterntabelle ist eine Platte von 40 × 50 cm, in deren Mitte sich ein roter Kreis zur Aufnahme des Prädikats befindet. Sternförmig gehen von ihm Pfeile aus, auf denen die Fragen nach den Satzgliedern stehen; schwarze Pfeile für Subjekte und Objekte, orange Pfeile für adverbiale Bestimmungen. Die Pfeilspitzen weisen auf Kreise in gleicher Farbe, welche zur Aufnahme der Antworten dienen.

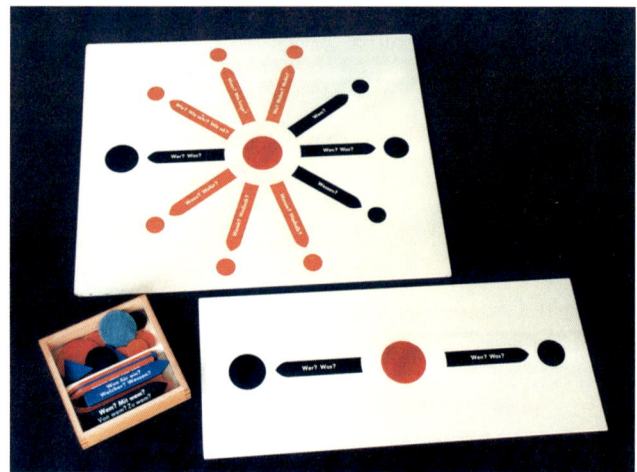

„Kleine Satzzerlegungstafel" und „große Satzzerlegungstafel" (Sterntabelle)

Übung zum Satzaufbau (Gruppenspiel)[4]

Der Vater kauft Bücher.

Die Lehrerin fragt ein Kind, was einer tut. Das Kind antwortet z. B.: „kauft". Das Wort schreibt die Lehrerin auf einen Streifen und legt ihn auf den roten Kreis. Nun folgen im Frage- und Antwortspiel die Aussagen zu weiteren möglichen Satzgliedern.

Lehrerin: „Wer kauft?"
Kind: „Der Vater."
Die Lehrerin schreibt „Der Vater" auf einen Streifen und legt ihn auf einen schwarzen Kreis, der vor dem Pfeil mit den Fragen „Wer?", „Was?" liegt.

Auf diese Weise werden alle möglichen Fragen nach den Satzgliedern gestellt. Die Antwort wird jeweils auf einen Streifen geschrieben und den entsprechenden Fragepfeilen zugeordnet. Jede neue Frage enthält alle bisher gegebenen Antworten, sodass die Fragesätze immer länger werden.

Die Übung könnte also wie folgt weitergehen:

Lehrerin: „Was kauft der Vater?"
Kind: „Bücher."
Lehrerin: „Wem kauft der Vater Bücher?"
Kind: „Seiner Tochter."
Lehrerin: „Wo kauft der Vater seiner Tochter Bücher?"
Kind: „In der Buchhandlung."
Lehrerin: „Wann kauft der Vater seiner Tochter in der Buchhandlung Bücher?"
Kind: „Nach der Arbeit."
Lehrerin: „Warum kaufte der Vater seiner Tochter nach der Arbeit in der Buchhandlung Bücher?"
Kind: „Weil sie Geburtstag hat."

---

3 vgl. Jacobs u. a., S. 11

4 Anm. d. Verf.: Als reines Frage-/Antwortspiel (d. h. ohne Legen der Wortstreifen) ist diese Übung bereits im Kindergarten sinnvoll.

3. Satzzerlegung

Durch diese Übung soll das Kind den Aufbau eines Satzes erfahren und Hilfe zur Gestaltung von Aufsätzen bekommen.

Weitere Übungen

- Am Schluss der Übung werden die einzelnen Teile zu einem Satz zusammengelegt. Durch Vertauschen einzelner Satzglieder erkennt das Kind, dass es verschiedene Möglichkeiten der Reihenfolge gibt. Zum Beispiel: Der Vater kauft seiner Tochter nach der Arbeit in der Buchhandlung Bücher, weil sie Geburtstag hat. Oder: Nach der Arbeit kauft der Vater in der Buchhandlung seiner Tochter Bücher, weil sie Geburtstag hat …
- Wenn die Sätze zu lang geworden sind, fordert die Lehrerin das Kind auf, daraus zwei oder drei Sätze zu bilden. Dabei muss das Kind neue Prädikate oder auch andere Satzglieder hinzufügen. Auf diese Weise erfährt das Kind weitere Erkenntnisse über den Aufbau von Sätzen und über die Stilbildung.
- Die Übung kann auch als Partnerspiel durchgeführt werden.

Fragen für die Arbeit mit der Sterntabelle:[5]

1. Was tut jemand?
2. Wer ist es, der, die …?/Was ist es, das …?
3. Wen?/Was?/Für wen?/An wen?
4. Wem?/Mit wem?/Von wem?/Zu wem?
5. Wo?/Woher?/Wohin?
6. Wann?/Wie lange?/Wie oft?
7. Wie?
8. Warum?/Weshalb?
9. Womit?

3.2 Erste Übungen zur Satzzerlegung mit Subjekt, Prädikat und Akkusativobjekt

Material: schwarze unbeschriftete Pfeile, rote Kreise, schwarze Kreise in zwei Größen, Papierstreifen, Schere, Stift

3.2.1 Subjekt und Prädikat

> Der Hahn kräht.

Die Lehrerin schreibt diesen einfachen Satz auf einen Streifen und fragt das Kind: „Was geschieht?" oder „Was wird getan?" Das Kind antwortet: „kräht". Die Lehrerin schneidet das Wort „kräht" ab und legt es auf einen roten Kreis. Danach fragt sie:

---
[5] vgl. Jacobs u. a., S. 1

„Wer kräht?" Das Kind antwortet: „Der Hahn." Jetzt nimmt die Lehrerin einen schwarzen Pfeil und legt ihn links an den roten Kreis. Die Spitze des Pfeils weist auf einen großen schwarzen Kreis. Darauf wird die Antwort „Der Hahn" gelegt.

Für die Einzelarbeit stehen dem Kind vorbereitete Sätze zur Verfügung. Nach jeder Analyse werden Kreise und Pfeile zurückgelegt. Wenn das Kind alleine arbeitet, benutzt es Pfeile mit den Fragen „Wer?/Was?".

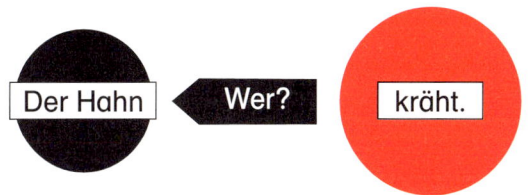

3.2.2 Zwei Subjekte und ein Prädikat

> Der Mond und die Sterne leuchten.

Die Lehrerin schreibt einen Satz mit zwei Subjekten und einem Prädikat auf. Das Verb könnte auch in der Vergangenheitsform stehen. Die Lehrerin fragt: „Was tun der Mond und die Sterne?" Das Kind antwortet: „leuchten." Das Wort wird abgeschnitten und auf den roten Kreis gelegt. Nun fragt die Lehrerin: „Wer leuchtet?" Das Kind sagt vielleicht nur: „Die Sterne." Darauf fragt die Lehrerin weiter: „Wer leuchtet noch?" Die Antwort lautet: „Der Mond." Nun nimmt die Lehrerin zwei schwarze Pfeile und legt sie links an den roten Kreis. Sie bilden einen spitzen Winkel. An das Ende der Pfeile wird je ein großer schwarzer Kreis gelegt, der die Antworten aufnimmt. Auf dem oberen liegt der Ausdruck „Der Mond", auf dem unteren die Antwort „Die Sterne". Das Wörtchen „und" legt man zwischen die schwarzen Kreise. Es ist kein Satzglied, sondern eine Konjunktion, die diese nur verbindet. Für die Fortsetzung der Übung liegen vorbereitete Sätze bereit.

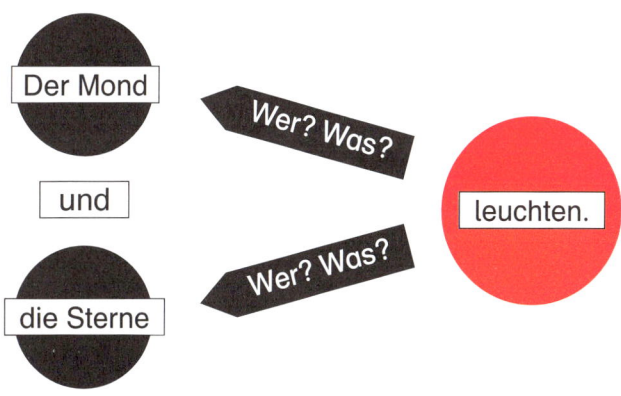

3.2.3 Subjekt, Prädikat und Akkusativobjekt

> Der Wind vertrieb die Wolken.

Die Sätze bestehen aus Subjekt, Prädikat und Akkusativobjekt. Die Lehrerin fragt das Kind: „Was tat jemand?" Das Kind antwortet: „vertrieb". Das Kind schneidet das Wort ab und legt es auf den roten Kreis. Dann fragt sie: „Wer vertrieb?" Die Antwort lautet: „Der Wind." Das Kind nimmt den schwarzen Pfeil und legt ihn links an den roten Kreis. An die Spitze des Pfeils legt es einen großen schwarzen Kreis mit der Antwort: „Der Wind." Weiter fragt die Lehrerin: „Was vertrieb der Wind?" Das Kind sagt: „Die Wolken." Die Lehrerin nimmt einen zweiten schwarzen Pfeil und legt ihn rechts an den roten Kreis. An die Spitze legt sie einen kleineren schwarzen Kreis, der das Objekt „die Wolken" aufnimmt. Damit bilden Kreise und Pfeile eine Achse: *Subjekt – Prädikat – Objekt.* Diese Achse sollte nach Möglichkeit bei allen Überlegungen deutlich sichtbar sein.

Die Satzglieder werden noch nicht mit Namen benannt. Für die Freiarbeit liegen wieder vorbereitete Sätze bereit.

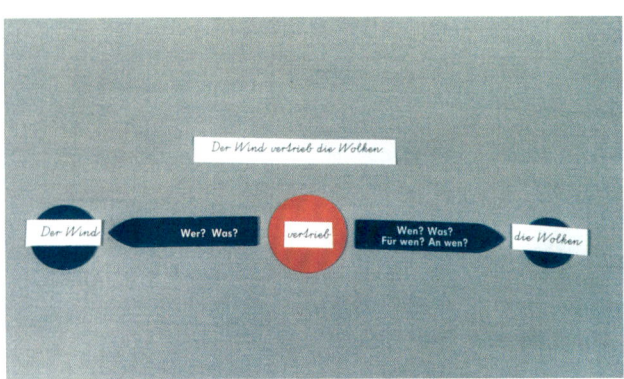

Weitere Übungen

Die Arbeit zum Erkennen gleichartiger Satzglieder wird mit etlichen Variationen von Satzbauplänen fortgesetzt. Dazu gibt es vorbereitete Serien mit Sätzen, die überwiegend aus der Literatur stammen.

Folgende Möglichkeiten bieten sich u. a. an:

- 1 Prädikat und 1 Subjekt
- 1 Prädikat und 2 Subjekte
- 2 Prädikate und 1 Subjekt
- 1 Prädikat, 1 Subjekt und 1 Objekt
- 1 Prädikat, 1 Subjekt und 2 Objekte
- 1 Prädikat, 2 Subjekte und 1 Objekt
- 1 Prädikat, 2 Subjekte und 2 Objekte
- 2 Prädikate, 1 Subjekt und 1 Objekt

Die Kinder können die Satzbaupläne mit Kreisen und Pfeilen aus Papier auch aufkleben.

4. Der kleine Satzzerlegungskasten und die Satzzerlegungstabelle

Material: Kleiner Kasten mit folgendem Inhalt:
ein großer roter Kreis,
ein schwarzer Pfeil mit den Fragen: Wer? Was?,
ein schwarzer Pfeil mit den Fragen: Wen?, Was?,
zwei verschieden große schwarze Kreise,
vorbereitete Sätze, die mehrere gleichartige Satzglieder enthalten; z. B.:

> Die Wanderer ertrugen Regen und Wind.

Zuerst wird der kleine Satzzerlegungskasten gebraucht. Das Kind, das bereits die Arbeit mit Pfeilen und Kreisen kennt, hat z. B. den obigen Satz ausgewählt. Es beginnt daher die Analyse, indem es das Wort „ertrugen" ausschneidet und auf den roten Kreis legt. Der Subjektpfeil mit dem großen Kreis wird links angelegt und nimmt das Subjekt „Die Wanderer" auf. Das Kind fragt: „Was ertrugen die Wanderer?" Die Antwort „Regen und Wind" wird auf den kleineren schwarzen Kreis gelegt. Das Kind bemerkt, dass für mehrere Objekte nur noch ein Pfeil und ein Kreis gebraucht werden. Das gilt auch für Beispiele mit mehreren Subjekten und Prädikaten.

Wenn das Kind genügend Sicherheit bei der Arbeit mit den losen Pfeilen erlangt hat, kann es die Satzzerlegungstabelle gebrauchen.

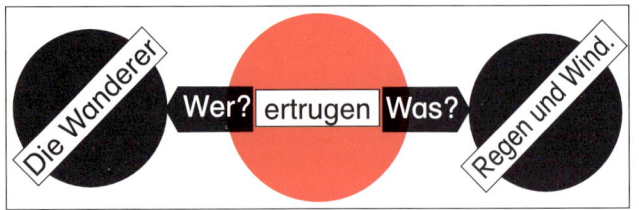

Weitere Beispielsätze:

Sie teilten das Essen.
Der Wind öffnete Tür und Tor.
Der Müller hinterließ eine Mühle, einen Esel und einen Kater.[6]

---

6 vgl. Jacobs u. a., S. 16 a, Serie 1

5. Die drei großen Satzzerlegungskästen

Inhalt des 1. Kastens:

ein großer roter Kreis,
zwei kleinere, ein mittlerer und ein großer
schwarzer Kreis,
kleine orange Kreise,
ein blaues und ein schwarzes Dreieck und
schwarze, orange und blaue Pfeile mit den Fragen
nach den Satzgliedern

Inhalt des 2. Kastens:

Der Inhalt stimmt mit Kasten 1 überein. Auf den Pfeilen stehen auf der Vorderseite die Fragen nach den Satzgliedern und auf der Rückseite die Bezeichnungen der Satzglieder wie z. B. „Subjekt", „Prädikat", „Objekt" ...

Inhalt des 3. Kastens

Der Inhalt unterscheidet sich von Kasten 1 darin, dass keine Fragen, sondern nur die Bezeichnungen der Satzglieder auf den Pfeilen stehen.

5.1 Dativobjekt

> Der Elefant lieh der Maus die Badehose.

Aus Kasten 1 werden nur die schwarzen Pfeile und Kreise und der rote Kreis gebraucht. Sie werden nach der Wichtigkeit untereinander angeordnet: Prädikat, Subjekt, Akkusativ, Dativ, Genitiv. Entsprechende Sätze zum Zerlegen liegen bereit.
Das Kind nimmt zum Beispiel den Satz: „Der Elefant lieh der Maus die Badehose." und legt die Achse („Das Kind lieh die Badehose"). Das Kind wird aufgefordert, eine Frage zu suchen, die als Antwort „der Maus" enthält (z. B. „Probier mal alle möglichen Fragen durch, bis du als Antwort ‚der Maus' erhältst.").
Die Lehrerin nimmt den Pfeil mit der Frage „Wem?" und legt ihn rechts oberhalb des Akkusativpfeils in spitzem Winkel zu ihm an das Prädikat. Der kleinste schwarze Kreis für das Dativobjekt „der Maus" wird an seine Spitze gelegt. Das Kind übt mit vorbereiteten Sätzen weiter. Das selten gewordene Genitivobjekt wird erst später nach den adverbialen Bestimmungen eingeführt.

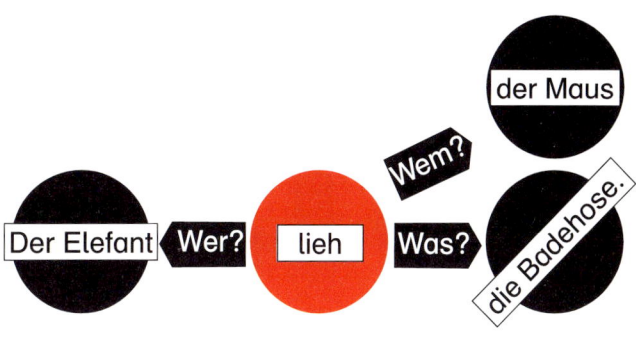

Weitere Beispielsätze:

Der Löwe schenkte der Maus das Leben.
Dem Äffchen fielen die Augen zu.
Frau Holle gab Goldmarie die Spule zurück.
Sie vertraute ihm ein Geheimnis an.[7]

5.2 Adverbiale Bestimmung

Auf dem Tisch liegen untereinander nach Wichtigkeit zuoberst die schwarzen Pfeile und Kreise, darunter die orangen Pfeile und Kreise aus Kasten 1. Der rote Kreis liegt in der Mitte des Tisches. Vorbereitete Sätze mit adverbialen Bestimmungen liegen bereit. Daraus wählt das Kind einen Satz aus, z. B.:

> Die Tauben hatten die Köpfe tief
> in die Brustfedern gesteckt.

Das Kind stellt als Erstes die Frage: „Was wurde getan?" Antwort: „Hatten gesteckt." Diesmal ist das Prädikat zweiteilig. Wie üblich wird es auf den roten Kreis gelegt. Das Kind fragt weiter: „Wer hatte gesteckt?" Antwort: „Die Tauben." Das Subjekt wird wie oben beschrieben behandelt. Danach fragt das Kind nach dem Akkusativ: „Was hatten die Tauben gesteckt?" Antwort: „Die Köpfe." Das Kind verfährt wie üblich mit Pfeil, Kreis und Antwort.
Das Kind fragt nun der Reihe nach die orangen Pfeile durch, bis es auf die Frage stößt: „Wohin?" Antwort: „In die Brustfedern." Die Lehrerin legt den orangen Pfeil beliebig an den roten Kreis, ein oranger Kreis nimmt die Antwort auf.
Das Kind fragt weiter die orangen Pfeile ab, bis zur Frage: „Wie?" Antwort: „Tief." Der Pfeil mit der Frage *Wie?* wird an den roten Kreis gelegt, ein oranger Kreis an der Spitze nimmt die Antwort auf.[8]
Das Kind lernt auf diese Weise die richtigen Fragen nach den Satzgliedern zu stellen und erfährt gleichzeitig, dass nicht alle Fragen beantwortet werden.
Mit den vorbereiteten Sätzen übt das Kind weiter. Jeder Satz muss neu, dem Strukturmuster entsprechend, angelegt werden.

---

7 Jacobs u. a., S. 3, 17
8 Anm. d. Verf.: Noch besser ist es, wenn im ganzen Satz gefragt wird. Zum Beispiel: „Wohin haben die Tauben die Brustfedern gesteckt?"

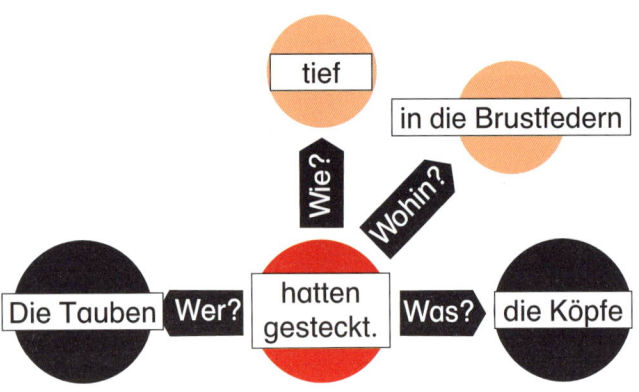

Weitere Beispiele zur adverbialen Bestimmung.

Der Clown purzelt rückwärts in die Menge.
Die Kinder hörten plötzlich Schritte auf der Treppe.
Ein Dieb war nachts auf den Boden geschlichen.[9]

5.3 Attribut

> Der Feuerschlucker steckte
> die brennende Fackel in den Mund.

Alle Pfeile und Kreise liegen wieder geordnet untereinander. Diesmal kommt der blaue Pfeil mit dem blauen Dreieck hinzu. Aus den vorbereiteten Sätzen wählt das Kind einen Satz. Es zerlegt ihn in bekannter Weise. Am Schluss liegt also an dem Akkusativpfeil die Antwort: „Die brennende Fackel." Die Lehrerin nimmt den blauen Pfeil mit der Frage *Was für eine?* Und fragt: „Was für eine Fackel?" Antwort: „Brennende." Das Wort wird herausgeschnitten. Die Lehrerin legt den blauen Pfeil an den Kreis mit dem Akkusativ senkrecht nach unten. An die Spitze wird das blaue Dreieck gelegt, das die Antwort „brennende" aufnimmt. Weitere Übungssätze folgen.

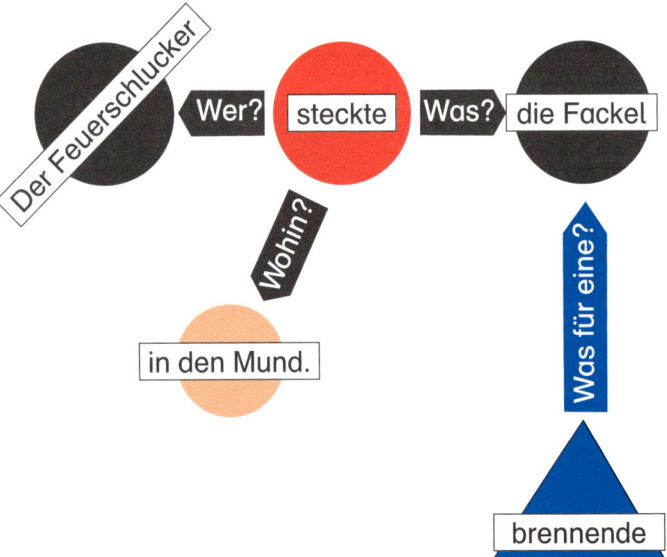

5.4 Apposition

> Pumuckl, der kleine Kobold, trieb häufig Schabernack.

Die Apposition ist ein Sonderfall des Attributs und wird auf die gleiche Weise erfragt. Nehmen wir den Satz: „Pumuckl, der kleine Kobold, trieb häufig Schabernack."[10] Die Apposition heißt: „der kleine Kobold". Der blaue Pfeil wird senkrecht nach unten an den Subjektkreis gelegt. An die Spitze des Pfeils kommt nun ein schwarzes Dreieck, das für die Apposition bestimmt ist. Da Appositionen immer im gleichen Fall stehen, können sie mit dem vorrangigen Satzglied ausgetauscht werden. In diesem Fall also: „Wer trieb Schabernack?" Antwort: „Pumuckl", oder die Antwort der Apposition: „Wer trieb Schabernack?" „der Kobold". Es gibt bei Appositionen eine Hierarchie: Namen sind vorrangig, Titel und andere Bezeichnungen sind deren Apposition.

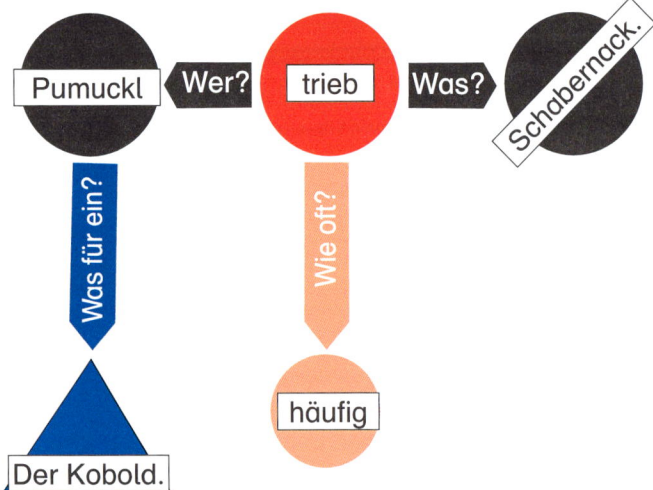

Weitere Sätze:

Pu, der Bär, wird von den Wärtern des Tiergartens eingefangen.

Elisabeth, Königin von England, reiste nach Australien.

5.5 Weitere Übungen

Wenn Kinder sicher arbeiten und die Bezeichnungen der Satzglieder lernen wollen, wird mit Kasten 2 gearbeitet. Am Ende einer Satzanalyse werden einfach die Pfeile umgedreht. Kasten 3 soll die Bezeichnungen festigen. Er kann benutzt werden, wenn die Kinder nicht mehr auf die Fragen angewiesen sind. Die analysierten Sätze können auch aufgeklebt werden.

---

9 vgl. Jacobs u. a., S. 9, 17

10 Anm. d. Verf.: Für die Umstellübungen ergibt sich das Problem, dass das erste Wort des Satzes großgeschrieben wird und hinter dem letzten ein Punkt steht, dass aber je nach Umstellung andere Wörter diese Position einnehmen können und vorher großgeschriebene Wörter nun kleingeschrieben werden. Darüber muss man mit den Kindern reden.

Kapitel 8: Ist Schreiben OUT? – Indirekte und direkte Aufforderung zum Schreiben in der Grundschule

GRETEL MOSKOPP

1. Vorüberlegungen

Manches Schulkind würde aufatmen, müsste es nicht eine Schriftsprache erlernen; manche Lehrerin vielleicht auch, brauchte sie sich doch nicht der Anstrengung dieses Lehrens zu unterziehen.

Fast in allen Lebensbereichen, selbst beim Einkauf in der Stadt oder beim Spiel am Badestrand, erfahren die Kinder, will ein Mensch mit einem anderen kommunizieren, greift er zum Handy. Diese allgegenwärtige mündliche Informationsmöglichkeit ist jedoch an eine individuelle, nicht immer bedachte Gedächtnisleistung gebunden und kann zu einer Entwöhnung des Schreibens führen, da keine Notwendigkeit mehr zur schriftlichen Kommunikation zu bestehen scheint.

In ihrer Umgebung erleben die Kinder kaum noch Erwachsene, die mit der Hand schreiben. Es scheint, als habe der Computer mit seinen Textverarbeitungsprogrammen hier eine Ersatzfunktion übernommen, kennen doch viele Kinder bereits diese Textverarbeitung und können schon selbstständig manchen Arbeitsschritt durchführen.

Schreiben ist aber mehr als eine Kulturtechnik. Schreiben ordnet die persönlichen Gedanken, hilft einen Denkvorgang fortzusetzen und fixiert Erinnerungen. Was einmal aufgeschrieben ist und später nachgelesen werden kann, gewinnt an Objektivität. Schreiben stützt das Gedächtnis und entlastet es. Auch was nur in der Vorstellung existiert, kann aufgeschrieben werden. Fantasien verflüchtigen sich nicht, sondern entwickeln sich und nehmen Gestalt an.

Die gesammelten persönlichen Erfahrungen beim Schreiben können Verstehen lehren und helfen, Texte, die von unbekannten Menschen geschrieben wurden, zu hinterfragen.

Diese persönlichen Erfahrungen können aber auch verdeutlichen, dass das Textverständnis erleichtert wird, wenn *die Schreiberin* oder *der Schreiber* bestimmte Regeln und Abmachungen in der Orthografie und in der Zeichensetzung einhält.

Wann, wo und wie soll nun geschriebene Sprache, auch unter Beachtung der technischen Seite der Buchstabenschrift, gelehrt, geübt und gefestigt werden?

MARIA MONTESSORI, die ursprünglich dachte, Lesen- und Schreibenlernen sei nichts für Kinder im Kindergarten- und Vorschulalter, berichtet: „Einige (Kinder) fragten uns ganz offen, ob sie nicht lesen und schreiben lernen könnten. Nachdem wir dies abgelehnt hatten, kamen einige Kinder [...], die o auf die Tafel malen konnten und uns dies wie eine Herausforderung vorführten."[1]

Sie beobachtete dann die Kinder, welche Wege diese wann gehen, um ihre Schreib- und auch ihre Rechtschreibfähigkeit zu entwickeln, und erkannte, dass die geschriebene Sprache ein zentrales Thema des Kindes im Vorschulalter ist. Sie stellt deutlich heraus, dass Schreiben in der Entwicklung des Kindes vor dem Lesen liegt. „Worte zu schaffen ist am Anfang viel anziehender, als sie zu lesen: es ist sehr viel ‚leichter' ... Die Intelligenz des Kindes kann ein ‚intensives Interesse' bei der wundervollen Tatsache empfinden, ein Wort durch Zusammenfügen der Buchstaben, dieser symbolischen Zeichen, darstellen zu können."[2]

Besonders erwähnenswert ist hier: Montessori war bereit zu beobachten und ihre bisherige Sichtweise zu überdenken und zu revidieren. Sie beobachtete zudem genau und orientierte sich bei ihren Vorschlägen zur didaktischen Gestaltung an eben diesen Beobachtungen.

1983 stellt GUDRUN SPITTA sechs *Etappen* beim Schreibenlernen zusammen, die sich auf „Untersuchungsergebnisse und Erfahrungsberichte [...] aus dem englisch- und deutschsprachigen Raum, aus Frankreich, Schweden und Italien [...]"[3] gründen. Spitta weist auch darauf hin, dass das Kind schon im Alter von vier bis fünf Jahren in seinen Schreibversuchen erste Vorstellungen davon entwickelt, dass Buchstaben die Laute eines Wortes abbilden. Auch wenn nicht alle Buchstaben bekannt sind, versuchen Kinder in dieser Phase mit den wenigen Zeichen, die

---

1 M. M., Die Entdeckung des Kindes, S. 222
2 a. a. O., S. 240
3 Wendtland, S. 73–76

ihnen zur Verfügung stehen, die gewünschten Wörter abzubilden.

Montessori und Spitta zeigen auf, dass Schreibversuche schon vor dem Schulanfang beginnen und dass auch Wissen um den Zusammenhang von Zeichen und deren Bedeutung bei der Buchstabenschrift vorhanden sind. Das Erlernen der Schriftsprache des jeweiligen Kulturraumes scheint im Kind also ursprünglich verankert zu sein.

2. Schreiben in Montessori-Einrichtungen

2.1 Vorbereitete Umgebung zum Schreiben

Eine nach den pädagogischen Prinzipien Montessoris *vorbereitete Umgebung* ist mehr als eine anregungsreiche Lernumgebung mit Lernanreizen. Die vorbereitete Umgebung erfordert zwingend die vorbereitenden und vorbereiteten Lehrerinnen. Diese Umgebung umschließt den vorbereiteten Raum und die vorbereitete Zeit des gesamten Schultages: Verknüpft ist das Kernstück der Arbeitszeit, die Freiarbeit, mit der Zeit des geführten Unterrichts, die je nach Pflichtstundenzahl der einzelnen Jahrgänge fünf bis zehn Stunden umfasst. Auch intensive Nachbereitung ist unerlässlich. Bei der Vor- und Nachbereitung sollten drei wesentliche Aspekte bedacht werden:

- *Der personale Aspekt:* Das ganze Kind soll angesprochen werden, d.h. kognitiv, psychisch und sensomotorisch, wobei sensomotorisch die Gesamtheit des durch Reize bewirkten Zusammenspiels von Sinnesorganen und Muskeln meint. Schreiben vollzieht sich in einem jeweils individuellen Prozess und braucht eine Lehrerin, die das einzelne Kind begleitet, beobachtet und weiß, welche Hilfe zu welcher Zeit zum Wohle des Kindes und seiner Entwicklung gegeben werden sollte. Die begleitende Pädagogin muss einen Balanceakt leisten zwischen Zutrauen und Herausfordern, zwischen Fördern und Fordern.

- *Der methodische Aspekt:* Für die Freiarbeit sind die Materialien in ihrer Anordnung insgesamt und in ihrer inneren Gliederung so strukturiert anzubieten, dass das Kind in der Bindung an seinen entwicklungsgemäßen Gegenstand eine tiefe Konzentration erfahren kann. Montessori nannte diese Konzentration, dieses Phänomen, *Polarisation der Aufmerksamkeit*. Nach Montessoris Beobachtung ist das Kind auf äußere Gegenstände angewiesen, um seine Aufmerksamkeit über einen längeren Zeitraum zu konzentrieren. Auch Stilleübungen, die nach Montessori mehr als ein methodisches Arrangement sind, sollen hier erwähnt werden, weil Sprachförderung ohne Erziehung zur Stille erfolglos wird. Die nach Montessori eingerichtete Freiarbeit kann zu einer Stille führen, die nicht starr ist, in der es leises Sprechen gibt, die gelegentlich auch durch lauteres Arbeiten der Kinder unterbrochen wird, die aber eine Grundhaltung der Kinder herausbildet. Durch diese wächst das *innere Hören* auf den Gegenstand, die Menschen und auch auf die Sprache. Für die Zeit des geführten Unterrichts sind alle Unterrichtsmethoden zu bedenken – Klassengespräch, Lehrervortrag, Gruppen- und Partnerarbeit –, die dem Kind in seiner Gesamtentwicklung förderlich sind, Vorhaben und Anlässe werden vorbereitet und strukturiert (die Kinder können dabei ihren Möglichkeiten entsprechend mitwirken), die indirekte und direkte Anregung Sprache zu verschriftlichen wird gegeben.

- *Der inhaltliche Aspekt:* In einer Montessori-Schule orientieren sich die Inhalte und Lernziele des Gesamtkomplexes Schreiben an dem Verständnis von Sprache. „Sprache schafft Möglichkeiten zur Kommunikation, zur Expression und zur Welterkenntnis."[4] Die vorbereitete Umgebung soll insgesamt signalisieren, Schreiben ist wesentlich und bedeutsam im Umgang mit den Sachen, den Mitmenschen und mit der Person selber.

Wichtig wird bei der Berücksichtigung des methodischen und inhaltlichen Aspektes eine angemessene Vorbereitung der Umgebung, die zum einen Ordnungskriterien enthält, damit sich das Interesse der Kinder nicht verflüchtigt, zum anderen die Dinge so arrangiert, dass die Kinder zum Fragen und Bearbeiten herausgefordert werden. Um dies zu erreichen, beschriftet die Lehrerin die Kästen und Kästchen der Arbeitsmaterialien so, dass die Ordnung und Gliederung sichtbar wird. Gesammelte und mitgebrachte Gegenstände der Kinder erhalten eine Beschriftung, die den Namen des Gegenstandes ausweist, vielleicht den Fundort, gewiss den Besitzer. Sichtbar für alle geben Schilder im Klassenraum über das Jahresthema, die jeweilige Epoche und/oder das gemeinsame Vorhaben Auskunft und laden ein, weitere Informationen, Wünsche und Überlegungen schriftlich zu ergänzen. Wie beim Sprechenlernen brauchen Kinder eine anregende, herausfordernde, unterstützende und vor allem schriftreiche Umgebung.

---

4 Montessori Materialbuch, Teil 2, 1992

2.2 Explosion des Schreibens

Spontan meint, dass das Kind unaufgefordert und freiwillig, dem eigenen Antrieb entspringend, von innen heraus zu schreiben beginnt. *Explosion des Schreibens* oder auch *Spontanes Schreiben* nennt Maria Montessori das plötzliche Hervortreten der Fähigkeit Gesprochenes festzuhalten. Das passiert genau dann, wenn alle vorbereiteten Vorgänge, die zum Entstehen des Schreibens beitragen, zu einem *explosiven Schreibakt verschmelzen*. Wird der Schreibakt analysiert, zeigt sich, dass *Schreiben eine komplexe Handlung ist*. „Ein Teil davon bezieht sich auf die motorischen Mechanismen und ein anderer stellt eine wirkliche Tätigkeit des Verstandes dar."[5]

Ein jedes Kind muss je nach individueller Entwicklung die motorische Fertigkeit wie auch die geistige Fähigkeit ausbilden. Der Erwachsene kann diese Fertigkeit und Fähigkeit getrennt betrachten und sowohl für die Motorik wie auch für die geistige Entwicklung Übungen vorbereiten, aber stets unter dem Gesichtspunkt: Für das Kind muss sich *ein Schreibakt* ergeben! Der Weg wird unterschiedliche Ausprägungen haben. Klafft er aber vollends auseinander, kann es Kinder geben, die Texte in sehr schöner Schrift zügig abschreiben, aber den Sinn nicht verstehen. Ist dagegen die Motorik eines Kindes eingeschränkt, müssen Wege überlegt werden, wie das Kind zu einer Schrift gelangt, die auch von anderen verstanden wird. Hier sollte auch an eine medizinische Überprüfung der Funktion aller Sinne gedacht werden. Ob der bessere Zugang zur Schrift sich über die so genannte *Vereinfachte Ausgangsschrift* öffnet, scheint mir fragwürdig. Vielfach zeigt sich, indem ich es dem Kind leichter mache, nehme ich ihm den Anreiz, das Interesse, vielleicht auch den Antrieb Neues zu erforschen und zu erproben.

In Montessori-Einrichtungen finden sich drei *klassische* Übungen, um die Schreibfertigkeit und -fähigkeit der Kinder zu entwickeln. Diese Materialien sind vorrangig im Kinderhaus angesiedelt, haben aber auch ihren Stellenwert in der Grundschule:

- Die Arbeit mit den *Metallenen Einsatzfiguren* (vgl. auch S. 53) übt die Stifthaltung und gezielte Stiftführung, insgesamt die Feinmotorik und auch den ästhetischen Sinn, um später zu einem geordneten Schriftbild zu gelangen. Die Erfahrung lehrt, die Kinder auch während der gesamten Grundschulzeit immer wieder zu diesen Übungen anzuregen. Die Kinder sind erfreut, wenn sie in ihrem Sammelkästchen zu den Einsatzfiguren ihren eigenen Lernfortschritt sehen. Es entstehen so im Jahreslauf dekorative Schmuckkarten.

- Die *Sandpapierbuchstaben* (vgl. auch S. 54) zeigen über alle Sinne das Laut-Buchstabenlernen. Der Gehör-, Seh- und Tastsinn wird angesprochen, wird dem Kind z. B. der Buchstabe *m* gezeigt. Das Kind hört, sieht und berührt den Buchstaben. Seine Bewegung insgesamt wird angesprochen, um in einem gleichmäßigen Bewegungsablauf diesen Buchstaben nachzuvollziehen. Kommen die Kinder ins erste Schuljahr, erhalten sie in unserer Schule unter anderem ein Ringbuch, DIN-A5-Größe, mit aufgedruckten verkleinerten Sandpapierbuchstaben. Im Ringbuch wird das Nachspuren der Buchstabenformen (motorische und optische Ebene) geübt und ein passendes Wort im Anlaut (akustische Ebene) dazu gemalt, von manch einem Kind auch geschrieben:
  - Mit den Sandpapierbuchstaben lassen sich im Flur vor dem Klassenraum *Straßen* bauen:
    Baue eine Straße aus Buchstaben, die du schon kennst.
    Der kleine Buchstabe muss seinen großen Bruder, den Großbuchstaben, auf der Straße anfassen.
  - Ein Kind schließt die Augen, ein anderes Kind führt dann dessen Schreibfinger über das Sandpapier, um den Buchstaben erraten zu lassen.
  - ...

- Das *bewegliche Alphabet* (vgl. auch S. 56) begünstigt in besonderer Weise das Hören, das In-sich-Hineinhorchen. Für die Einzelarbeit des Kindes in der Schule werden zunächst Dosen mit Gegenständen, die ein lautgetreues Schriftbild haben und die das Abhören der Einzellaute erleichtern, bereitgestellt.
  Später können den Kindern auch Buchstabenkästen mit Buchstabenkärtchen gezeigt werden, um weiterhin das akustische Gespür zu stärken, dass durch die Laut-Buchstaben-Zuordnung Wörter schriftlich fixiert werden. Diese Arbeit mit den Buchstabenkärtchen ermöglicht auch das Erkennen und Anerkennen der orthografischen Regelungen innerhalb der Wörter. Auf einer sachlichen Ebene lassen sich rasch mögliche Fehler durch ein Ergänzen eines Buchstabenkärtchens oder ein Drehen (Vorder- bzw. Rückseite trägt den Buchstaben in kleiner bzw. großer Schreibweise) beheben; das persönliche Schreibheft des Kindes erhält keine (gar rote) Markierung der Fehler.

Begünstigt wird die individuelle und spontane Schreibfertigkeit und -fähigkeit auch, wenn die Kinder während der Freiarbeitszeit verschiedene Schreibunterlagen und -geräte erproben können. So kann die große Wandtafel zum Schreiben von den Kindern genutzt werden. Zudem steht eine Sammlung kleiner Tafeln bereit: Schiefer-, Plastik-, Wachstafeln mit verschiedenen Schreibgeräten. Dieses

---
5 M. M., Die Entdeckung des Kindes, S. 226

Angebot erzählt auf indirekte, manchmal auf direkte Weise, wie die Menschen zu anderen Zeiten geschrieben haben. Auch Notizzettel, Papierstreifen oder anderes Schreibpapier werden bereitgestellt. Über äußere Dinge soll signalisiert werden, Schreiben ist faszinierend, nicht nur, dass es eigene, persönliche Strukturen aufbaut, sondern auch, weil es zudem hilft, *Eingeweihten* schweigend und fernab Mitteilungen aller Art zukommen zu lassen.

Aus dem *spontanen Schreiben* entwickelt sich ein *sinnstiftendes Schreiben*. Das Kind, das Neugier und Interesse an Schrift zeigt, das Phoneme (Laute) mit Graphemen (Schriftzeichen) verbindet, beginnt Wörter zu schreiben. Dann *schreibt* das Kind seinen eigenen Namen, den Namen seines Freundes, den Namen der Dinge in seiner Umgebung, kleine Notizzettel und vieles mehr. Dieses Schreiben hat noch nichts mit Rechtschreiben zu tun, dieses Schreiben hat etwas mit horchen, in sich hineinhorchen zu tun, mit Erfahrungen sammeln, dass zwischen Buchstaben, grafischen Zeichen und Lauten bestimmte Zusammenhänge bestehen. Erst später denken die *junge Schreiberin* und/oder der *junge Schreiber* an das Lesen des Selbstgeschriebenen und den möglichen Adressaten, der das Geschriebene lesen soll/kann.

Schreibt ein Kind das Wort Vogel „fogl", macht es entsprechend unseren Rechtschreibregeln gravierende Fehler. Sieht man aber dagegen den Schriftspracherwerb im Sinne Montessoris als Entwicklungsprozess, so hat dieses Kind eine bewundernswerte Leistung vollbracht: Es hat die Lautfolge des Wortes analysiert, hat erkannt, dass Schrift an den Lautaspekt der Sprache anknüpft und dass Schriftzeichen diese lautlichen Merkmale abbilden.

Montessori weist darauf hin, „[...] erst, wenn das Kind begonnen hat, spontan zu schreiben, muss die Lehrerin eingreifen, um den Fortschritt beim Schreiben zu lenken [...]"⁶. Die *vorbereitenden Übungen* (*metallene Einsatzfiguren, Sandpapierbuchstaben, bewegliches Alphabet*) sollen wiederholt angeboten werden. Dabei gilt es besonders *Ordnung und Maße* zu beachten und einzuhalten. Der Fortschritt beim Schreiben wird durch das *erzieherische Anliegen* begleitet, das „[...] das Kind lehrt, Vorsicht zu üben, die Fehler vermeiden hilft [...]"⁷.

Die Hilfen, die in der Montessori-Pädagogik dem Kind geboten werden, sind nur dann richtig einzuordnen, wenn die grundsätzliche Einstellung zum kindlichen Schriftspracherwerb abgeklärt ist. Denn schon die Einstellung der Erwachsenen, seien es angestellte Pädagoginnen und/oder Eltern, fördert den Schriftspracherwerb. Dieses Wissen sollte nicht nur auf der Ebene der Pädagoginnen im Kindergarten und in der Schule beschränkt bleiben, sondern auch auf Elternabenden thematisiert werden:

Ein jeder Schreibversuch, eine jede Frage: „Wie heißt der Buchstabe, das Wort?" sind ernst zu nehmen. Fehler sind nicht schlimm. Aufkeimendes Interesse an Schrift, reichhaltige Erfahrungen mit Schriftsprache sind wesentlich und als ein ganz natürlicher Prozess zu stärken. Wie die gesprochene Sprache über fehlerhafte Zwischenstufen erlernt wurde, geschieht dies auch mit der geschriebenen Sprache. Eine Mutter sagte mir am Ende eines Elternabends: „Bin ich froh, dass Sie erklärt haben, dass Schreiben auch schon vor Schulbeginn mit all den Fehlern normal ist. Mein Mann lacht über die Zettelchen, die unser Junge schreibt."

Die Lehrerin, die dieses Wissen vom Erlernen der Schriftsprache als einen individuellen natürlichen Prozess anerkennt, wird das lineare gleichmäßige Fortscheiten in einem Lehrgang mit der ganzen Lerngruppe nicht mehr propagieren. Sie wird an möglichst erfolgreichen Lernprozessen der Kinder interessiert sein, die sich an gleichen Zielen orientieren, die sich aber in Verfahren, Mitteln, Zeit und personalen Hilfen unterschiedlich gestalten.

Die Lehrerin wird dafür Sorge tragen, dass ein Klassenklima entsteht, das durch Wärme, Liebe und Akzeptanz geprägt ist. In dieser Atmosphäre wachsen die Sprechfreude, das Sprachverständnis und die schriftliche Artikulation. Im Vertrauen darauf, dass von der Lerngruppe und der Lehrerin jede schriftliche Äußerung ernst genommen und respektiert wird, schreiben Kinder aus einem inneren Antrieb Geschichten, Überlegungen und Berichte:

Der innere Schmerz

Der innere Schmerz ist, wenn alle sich über einen lustig machen. Oder wenn man ausgeschlossen wird, es kann auch sein, dass der eine gemein ist und sich über einen lustig macht. Es gibt ein Sprichwort, das lautet: Übermut tut selten gut. Auch wenn man einen kränkt, ist das ein innerer Schmerz.

Der Kreis

Ein Kreis ist ein Apfel, ein Ball und noch mehr. Ein o ist auch ein rundes Teil und die Jahreszeiten zusammen ergeben auch einen Kreis. Die Sonne, die Perlen und Christbaumkugeln und anderes sind Kreise. Aber eigentlich hat die Erde auch was mit dem Kreis zu tun wie Tomaten und Radieschen und noch solche Sachen von Gemüse und Obst.

Regelmäßiges Vorlesen während der Frühstückspause ist schön und weckt nicht nur Neugier am Fortgang der Geschichte, sondern auch an der

---
6 M. M., Die Entdeckung des Kindes, S. 250
7 a. a. O., S. 251

2. Schreiben in Montessori-Einrichtungen

Schriftsprache. Manchmal wird es auch eine Anregung, eine Nacherzählung zu schreiben. So schreibt Hannah z. B. am Ende des 1. Schuljahres:

Der kleine Wassermann auf Reisen

[...] Er ging weiter. Da kam er in einen Wald. Dort sah er einen ganz hohen und prächtigen Baum. Er dachte, dass dies ein guter Kletterbaum sei und stieg hinauf. Er dachte sich, dass dies ein guter Baum sei, um sich ein Baumhaus zu bauen. Er sammelte Holz und baute sich dann ein Baumhaus. Und verzierte es anschließend mit Blättern. Dann machte er einen Spaziergang durch den Wald und traf einen Hirsch. Er sagte dem Hirsch guten Tag. Dann kam er an einen Bach und erinnerte sich, dass die Mutter gesagt hatte, wenn man trockene Füße bekommt, wird man krank.

Auch für das Erlernen von Geschichtenschreiben gibt es keinen Lehrgang. Denn auch die Fertigkeit und Fähigkeit der Verschriftlichung von Gedanken und Überlegungen ist nicht von außen machbar, weil jeder Mensch, ob er es weiß oder nicht, ein Geschichtenerzähler ist, der eine mehr und der andere weniger. Innere Blockaden und/oder eine negative Selbsteinschätzung können verschiedentlich verhindern, dass spontan geschrieben wird.

2.3 Grammatik und Schreiben – oder: wie Grammatikübungen zum Schreiben auffordern

Die bewusste handelnde Auseinandersetzung mit einem jeden Wort fördert die differenzierte Wahrnehmung und die genaue sprachliche Ausdrucksweise und auf indirektem Wege das Kennenlernen der Wortarten und das Bestimmen von Satzteilen.
Übt das Kind den Wörtern auf den Grund zu gehen, erfährt es, dass die Wörter nicht nur Informationsträger sind, sondern auch Objekte, die es auf verschiedenen Ebenen zu erforschen gilt.
Die gewonnenen Erfahrungen über die Funktion der Wörter werden durch eine Gruppe von Symbolen aus Buntpapierzuschnitten, so genannten Wortsymbolen (vgl. auch S. 104), unterstützt. Das schwarze Dreieck steht für das Statische, das Bleibende des Substantivs. Alle dem Substantiv zuzuordnenden Wortarten wie Artikel, Adjektive, Numerale, Pronomen werden ebenfalls durch Dreiecke dargestellt, die sich nur in Farbe und Größe unterscheiden.
Der rote Kreis steht für die Bewegung, das Dynamische des Verbs. Und wenn ein Kind festgestellt hat, dass das Adverb, ein kleiner orangefarbener Kreis, nicht nur leistet, das Verb näher zu kennzeichnen oder ein anderes Adverb abzutönen, sondern auch ein Adjektiv in seiner Bedeutung zu differenzieren, dann wächst Freude an den an sich so abstrakten Formen der Grammatik. Dann führt der Weg über Erfahrungen zu Erkenntnissen. Sarah fertigt eine Liste an:

das interessante Buch,
das sehr interessante Buch,
das höchst, weniger, absolut, total,
sehr interessante Buch.

Die Kinder sammeln einzelne Wörter nach Wortsymbolen geordnet und versehen Texte mit Wortsymbolen. Ganzheitlich – kognitiv, psychisch und sensomotorisch – erfährt das Kind durch zahlreiche Übungen die Aufgabe der Wörter und speichert in Ansätzen ein logisches, abstraktes Wissen der Grammatik. Durch das aktive Zusammentragen von Erfahrungen mit Sprache stärkt sich das Kind in seinen Vorstellungskräften.

Am Beispiel der Präposition möchte ich dies erläutern: Eine Präposition setzt zwei Nomen ins Verhältnis und hat deshalb das Symbol der schwingenden, grünen Sichel.
An der Pinnwand der Klasse ist das Symbol und eine Wortliste aus Präpositionen befestigt: in, mit, ohne, durch, unter, auf, vor, hinter, über, neben, gegen, an, aus. Ein Kind wählt sich schweigend ein Substantiv aus dem Themenbereich Feuer. Ein anderes Kind *schenkt* ihm ein Substantiv seiner Wahl aus dem Wörterbuch. Das Kind bringt nun die Substantive ins Verhältnis und die zuhörenden Kinder schmunzeln bei der einen oder anderen Gelegenheit.

Patrick (3. Schuljahr) testet:
Die Kerze in dem Arzt. Die Kerze mit dem Arzt. Die Kerze ohne den Arzt...
Am besten gefällt ihm: *Die Kerze unter dem Arzt.*
Er schreibt dazu folgende Geschichte:
Es war einmal ein Arzt. Der machte gerade einen Hausbesuch. Auf einmal ging das Licht aus und der Vater holte einer Kerze. Er stellte die Kerze auf einen Stuhl neben den Patienten. Der Arzt setzte sich auf den Stuhl, wo die Kerze darauf stand, und verbrannte sich. Der Vater holte schnell ein Glas Wasser und schüttete das Wasser auf die Brandstelle. Danach gab der Arzt dem Patienten das Rezept und ging wieder in seine Praxis zurück.

Zur weiteren Wortartbestimmung sowie zur Sprachschulung im Ganzen dient in den Montessori-Klassen ein Modell eines Bauernhofs. Im konkreten Umgang mit den Dingen und Figuren schreiben die Kinder selbst, neben den vorbereiteten Arbeitskarten, Aufträge für sich oder den Partner, und erfinden und schreiben der gestellten Handlung entsprechend Bauernhofgeschichten, manchmal auch Unsinngeschichten.

So schreibt ein Kind z. B.:

Setze die schwarze Katze auf den Kamin.
Lege den Bauern auf die Pumpe.
Fahre mit dem Traktor zum Scheunentor.
Alle Gänse stehen zwischen zwei Bäumen.
Im Garten liegt ein Ball.
Der Truthahn ist in der Hundehütte.
Die Sau liegt unter den Stallfenstern.

Die Arbeit zur Wortartbestimmung ist zugleich eine Übung zur Wortschatzerweiterung. In der Gruppe wird über den Aussagesatz *Im Garten liegt ein Ball* nachgedacht. Zunehmend stärkt sich das innere Bild über diesen Ball, indem die Kinder Adjektive hinzufügen:

ein roter Ball,
ein roter, weiß getupfter Ball,
ein kleiner, roter, weiß getupfter Ball,
ein nasser, kleiner, roter, weiß getupfter Ball.

Diese Übung lässt sich auch für eine ganze Erzählung erweitern, eine Erzählung, die wie im Beispiel des Aussagesatzes keine Adjektive enthält. Im Gespräch der Gruppenarbeit wird dann die Funktion des Adjektivs, die im Auswählen unter verschiedenen Möglichkeiten liegt, besonders deutlich. Weitere mögliche Beispiele in diesem Rahmen sind: treffende Substantive, Verben, Adverbien einsetzen, Wiederholungen vermeiden.

Die einführenden Lektionen und die vielfältigen Übungen zur Bestimmung der Wortarten sind auch Übungen zur Rechtschreibung: Namenwörter werden großgeschrieben, Verben dagegen klein, substantivierte Verben jedoch wieder groß, Adjektive klein, obwohl häufig in der Wortfolge der Artikel nicht vor dem Substantiv, sondern vor dem Adjektiv steht.

Wortartbestimmungen helfen zudem die Wortfamilie und den Wortstamm zu erkennen. In der Wortbildung spielt der Wortstamm die Hauptrolle. Der Wortstamm trägt die Bedeutung und ist der kleinste gemeinsame Nenner aller Wörter einer Familie. Dieses Wissen ist wesentlich für die Wörterbucharbeit, z.B.:

- Löwenmähne steht unter Mähne, Mähne ist das Nachschlagwort.
- Das konjugierte Verb „siehst" steht unter „sehen" oder „kam" unter „kommen", der Infinitiv des Verbs ist das Nachschlagewort.

Auch die Übungen und Aufgaben zur Satzanalyse, das Kennenlernen und das Bestimmen von Satzteilen, stärken das Schriftsprachgefühl und die Haltung, über die Wörter zu reflektieren. Insbesondere die Fragen nach den Satzteilen regen zum eigenen Nachdenken und zur schriftlichen Sprachgestaltung an.

Bei der Arbeit mit der *Sterntabelle* können aus einfachen Übungssätzen sogar kleine Geschichten entstehen. Der von Mirjam ausgewählte Beispielsatz heißt: *Er schnitt und aß den Kuchen*. In die Mitte der Sterntabelle legt Mirjam das ausgeschnittene Prädikat *schnitt und aß* und fragt: „Wer schnitt und aß?" Die Antwort *Er* wird auf den Subjektkreis gelegt. Dann folgt die Frage: „Was schnitt und aß er?" und die Antwort *den Kuchen* wird auf den Akkusativkreis geordnet. Nun kann Mirjam sich frei entscheiden, welche Frage sie zusätzlich stellen möchte und welche Antworten ihr geeignet erscheinen. Zum Schluss werden alle Satzteile verschoben, bis sie folgerichtig geordnet und zu einer kleinen Geschichte aufgeklebt sind: *Mit einer Gabel schnitt und aß er in der Küche um 5 Uhr den Kuchen, weil er Hunger hatte.*

Ein anderes Kind wählt z. B. den Ausgangssatz aus einer Serie von Übungssätzen: *Der Maulwurf wühlt und wühlt.* Es entstand folgende Erweiterung: *Für seine Frau wühlt und wühlt der Maulwurf mit seinen Kindern 25 Stunden im Gemüsebeet.*

Ergiebig und zugleich interessant sind aber auch Sätze, die aus einer Ganzschrift oder aus einem sachkundlichen Text gewählt und entnommen werden.

Will man den Kindern einen Weg zeigen, wie in einer Erzählung zum Beispiel gleiche Satzanfänge vermieden werden können, werden die Sätze in Satzteile zerlegt, ausgeschnitten und umgestellt. Die bearbeitete Erzählung wird dann abgeschrieben, wenn sie gefällt.

Grammatik, die Teilbereiche Wortartbestimmung und Satzanalyse, mag bei erster Überlegung wenig den Wünschen eines Grundschulkindes entsprechen. Da dieses Kind in seiner Entwicklungsphase aber ein starkes inneres Bedürfnis zeigt, Welt, auch die Welt der Sprache, zu erforschen, dienen die Teilbereiche der Grammatik dem Kind wie ein *Schlüssel zur Welt* der Sprache. Im Lernen von Einsichten in Strukturen von Sätzen wird ein Schlüssel gegeben um die Anordnungen und die Abhängigkeiten der Wörter zu untersuchen, Neues und sich Wiederholendes zu entdecken.

2.4 Anregungen zum Schreiben

Neben den Anregungen zum Schreiben, die sich aus den vorgegebenen Montessori-Arbeitsmaterialien ergeben, sollte die Lehrerin auch über ein weiteres Repertoire an Anregungen für die Freiarbeitszeit und für die Zeit des geführten Unterrichts verfügen. Zusätzlich muss Raum geschaffen werden um das Geschriebene zu überdenken, müssen Übungen angeboten werden um die Wörter im Text zu überprüfen.

Für die Freiarbeitszeit wird ein Teil der Übungen auf Arbeitskarten bereitgestellt, klar strukturiert, sodass die Kinder ohne weitere Einführungen selbsttätig zum Schreiben kommen. Die Anordnung der Arbeitsmaterialien muss nicht hierarchisch von unten nach oben durchlaufen werden. Es geht vielmehr darum – auf welchem Lernniveau die Kinder sich in Bezug auf den Schriftspracherwerb auch befinden – Schrift erfahrbar zu machen und ihnen zu erschließen, welche persönliche Bereicherung ein produktiver Umgang mit Schrift darstellt:

- Ein Angebot von kleinen Büchern mit noch leeren Seiten regt zum eigenen Schreiben von Geschichten an. Auf dem Buchdeckel kann der Autor und der Buchtitel notiert werden. Wer möchte, kann seinen Text auch mit einem passenden Bild illustrieren.
- Teilstücke aus Geschichten und vorgegebene Anfänge von Geschichten fordern auf, eine ganze Geschichte zu erfinden.
- Kurze Texte (z. B. Fabeln) werden aus veränderter Perspektive nacherzählt. Eine Sammlung von Satzanfängen für die Einleitung, den Hauptteil und den Schluss befindet sich auf dem Deckel eines Arbeitskastens.
- Zu sprichwörtlichen Redensarten mit Bildern und Erklärungen werden eigene Erlebnisse aufgeschrieben.
- Bildergeschichten können gewählt werden, zum Beispiel Kalender-, Sachbilder, Bilderfolgen, Bildimpulse und Reizwortgeschichten.

Sachkundliche Arbeitsmittel werden einbezogen:

- Aus dem Leben eines Knopfes (Materialkunde),
- Ein Lindenblatt erzählt (Biologie),
- Ich bin ein Mensch der Altsteinzeit (Geschichte)

Für die Zeit des geführten Unterrichts soll aber auch die Anregung zum Schreiben, die aus der Großgruppe erwächst und das individuelle Lernen stärkt, nicht vergessen werden.

3. Vorbereitung und Nachbereitung eines Unterrichtsganges

Bei einem Unterrichtsgang sehen und erleben nicht alle Kinder das Gleiche, so gibt es vielerlei Anlass zu berichten und schriftlich zu fixieren oder Wörter zu sammeln für das individuelle Wörterbuch oder gegebenenfalls für das Klassenwörterbuch. Andere Kinder entwerfen einen Text für das Klassenalbum, das nicht nur über Fotos das Leben in der Klasse dokumentiert. Die produktive Vorbereitung und Auswertung eines Unterrichtsgangs fördert durch Miterleben das Verstehen und die Bedeutung von Schrift und Schreiben.

● *Clustering*

In die Mitte eines Papiers oder in die Mitte der Tafel wird das Kernwort geschrieben. Um dieses Wort herum werden alle spontanen Gedankengänge notiert, die den Kindern einfallen. Bei diesem Mind Mapping sind die Äste logische Gedankenketten, zusammengestellt durch die Gruppe.

● *Rondell* oder *Weitergeb-Geschichte*

Basis ist eine gemeinsame Überschrift, die alle Kinder auf ein Blatt schreiben. Zu dieser Überschrift schreibt jedes Kind dann *einen* Satz. Anschließend werden die Blätter weitergegeben und der nächste schreibt den zweiten Satz, der allerdings zum ersten passen muss.

Wenn die Kinder Schreiben als Ausdrucksmittel wie Sprechen erfahren, wenn sie erleben, dass Schreibenkönnen neue geistige und emotionale Horizonte aufschließt, führt das häufig dazu, dass sie sich auch für die technische Seite der Buchstabenschrift interessieren.

Um die *Technik des Nachschlagens* im Wörterbuch zu begünstigen, werden verschiedene Interessenpunkte zusammengestellt oder je nach Schwerpunkt der gemeinsamen Arbeit den Kindern genannt:

- Mein ...-Abc aus Nomen (Verben), z. B. Mein Ferien-Abc: A – Autobahn; B – Berge, C – Camping ...
- Assoziationsketten aus einem gewählten Wort bilden, z. B. STEIN: S – Sieben, T – Taranteln, E – erobern, I – ihr, N – Nest.
- Zur Übung der Zeichensetzung werden zwei Kästen mit Arbeitskarten zu folgenden Themen angeboten:
  – Texte ohne Punkt und Komma (vgl. S. 92),
  – Texte ohne die Zeichen der wörtlichen Rede (vgl. S. 93).

Um das Geschriebene zu überdenken, findet das Kind Anregungen für die Einzel- und/oder Partnerarbeit. Für den Geschichten-Ordner erhalten die Kinder eine Checkliste, um ihre Arbeiten zu überdenken:

- Ich suche eine treffende Überschrift.
- Ich erzähle viele Einzelheiten in der richtigen Reihenfolge und beachte: Einleitung, Hauptteil, Schluss.
- Ich erzähle in einer Zeit.
- Ich wähle treffende Tuwörter (Verben) und Wiewörter (Adjektive).
- Ich vermeide Wiederholungen am Satzanfang und im Satz.

Die individuellen Arbeiten aus der Freiarbeitszeit können der Gesamtgruppe, z.B. während der Frühstückspause, vorgetragen werden. Die zuhörenden Kinder fragen, beraten und bestätigen die Schreiberin und/oder den Schreiber. Dabei sind die Ermutigungen und Korrekturen, die Kinder untereinander erteilen, meist umfassender, vor allem aber kindbezogener als die üblichen Hinweise der Lehrerin.

Alle Arten von Texten, alle Ausdrucksformen und Inhalte werden zunächst akzeptiert und gefördert. Ziel dabei ist, die Erfahrung zu stärken, dass jedes Kind Dinge schriftlich mitzuteilen hat, die wiederum andere interessieren können. Diese Erfahrung bewirkt gleichzeitig eine Aufwertung der Persönlichkeit des Kindes und eine Steigerung des weiteren Lernprozesses.

4. Abschließende Gedanken

Soll der natürliche Prozess im Schriftspracherwerb unterstützt werden, bedarf er keiner systematischen Anleitung im Sinne eines Schreib- und/oder Rechtschreiblehrgangs, wohl aber einer gezielten Förderung unter Berücksichtigung der individuellen Stärken, Schwächen und persönlichen Vorlieben des Kindes. Diese Sichtweise vom Lernen schließt ferner einen Lehrgang aus, der das einheitliche Vorwärtsgehen der ganzen Kindergruppe bestimmt.

Allerdings findet auch gemeinsames Lernen im geführten Unterricht statt, um die Zusammenarbeit und das Zusammenlernen aller Kinder in der Gruppe zu festigen und zu fördern.

Grundsätzlich gilt aber: *Kinder sind verschieden, jedes muss seine eigenen Lernwege erproben.*

Die Lernfortschritte des einzelnen Kindes müssen auch unter Berücksichtigung der Lernziele des komplexen Gebildes „Schriftspracherwerb" beobachtet werden. Schreiben wird erleichtert durch die äußere Organisationsform der jahrgangsübergreifenden Lerngruppen in einer Montessori-Schule: einige Kinder können schreiben, einige nicht, einige erinnern sich an ihren eigenen Weg zum Schreiben, der noch nicht so lange hinter ihnen liegt und das hilft ihnen, anderen Kindern wirksam zu helfen. Einige Kinder wissen auch schon oder erspüren, dass Schreiben ein lebenslanger Lernprozess ist, den in Angriff zu nehmen sich lohnt. Doch eines ist allen Kindern gemeinsam, sie wollen sich die Welt, auch die Welt der Schriftsprache, erschließen. Sie brauchen Raum und Zeit, in denen sie Sprache gebrauchen, durchschauen, verstehen und schätzen lernen. Sie brauchen dazu eine vorbereitete Umgebung mit aufbereiteten und strukturierten Arbeitsmaterialien und eine Lehrerin, die nicht nur das entsprechende Faktenwissen hat, sondern den Kindern auch Vertrauen entgegenbringt und beobachten kann.

Kapitel 9: Das mündliche Erzählen

BERRIT SKOPP

Am Anfang war das Wort,
Das Wort gebar die Sprache,
Die Sprache gebar die Geschichte,
Und mit der Geschichte fing
Der Spaß erst richtig an![1]

GCINA MHLOPHE

1. Warum erzählen?[2]

In traditionellen Gesellschaften fand an verschiedenen Orten auf der Welt fast jede Lebenshandlung Ausdruck in kunstvoll gestalteten Worten und Erzählungen. Mündliche Überlieferung bestimmte die Identität jedes Einzelnen und der Gemeinschaft. Erzählte Geschichten und Gedichte unterhielten aber nicht nur und klangen schön, sie dienten auch der *Erklärung der Welt*. „So lange man am Geschichtenerzählen teilhat, nimmt man am Universum teil – besteht die Kontinuität des Lebens."[3] Über mündliche Erzählungen wurde also Geschichte vermittelt, Wissen wurde durch dichterische Formen überliefert.

Ein Text der mündlichen Überlieferung war so immer Ereignis gemeinsamen Sprechens und Erzählens, ein Akt der Schöpfung, der in der Wiederholung immer wieder neu und anders erschien. Dabei bildeten Erzählen und Zuhören eine unauflösliche Einheit.

Erfindungen wie Radio, Fernseher und später auch der Computer, der Niedergang ländlicher Kulturen und Landflucht bedeuteten den Niedergang der traditionellen mündlichen Erzählung und Überlieferung. An die Stelle des „weisen Alten", der im Lehnstuhl oder unter dem Baobab[4] Legenden und Mythen zum Besten gegeben hat, sind andere Medien getreten.

Ob es im Zeitalter der Informationsgesellschaft je wieder eine orale Tradition geben wird, muss bezweifelt werden, denn die Geschichten und das Geschichtenerzählen nehmen, auch aufgrund struktureller Veränderungen in Familie und Freizeit[5], in der Regel nur noch einen kleinen Platz in unserem Leben ein. Und dabei wollen Kinder Geschichten![6] Sie sind regelrecht versessen auf gute Geschichten und sie brauchen sie, um z. B. in der Familie „[...] Ruhe und Gleichgewicht am Ende eines Tages zu finden [...]"[7]! Kinder brauchen ebenfalls Geschichten, um „[...] ähnliche sowie fremde Weltdeutungen und Lebensentwürfe kennen zu lernen und um sich neue Wörter, Redewendungen, Sätze und Erzählmuster anzueignen."[8] Durch erzählte Geschichten können sich die Kinder unmittelbar und mittelbar verständlich machen. Kinder erzählen gerne – insbesondere dann, wenn ihnen jemand interessiert zuhört – von persönlichen Erfahrungen und Begebenheiten, ihren eigenen Vorstellungen und Weltdeutungen, sie verbalisieren Träume und Gedanken, sie „spinnen" Ideen weiter. Nichts ist unmöglich! Also: Zurück zu den Wurzeln, denn mit Geschichten fängt der Spaß doch erst richtig an!

Das Sprechen selbst ist eine der grundlegenden sprachlichen Tätigkeiten des Menschen. Dennoch hatte die Entwicklung des mündlichen Erzählens in der kommunikativen Deutschdidaktik kaum einen eigenen Stellenwert. Jedoch wird seit den 70er-Jah-

---

1 Mhlophe, S. 1
2 Anm. d. Verf.: Auf die Bedeutsamkeit der Sprachförderung vom Kindergarten bis zur Sekundarstufe wurde bereits hingewiesen. Dabei sind auch Erzählungen sehr wichtig (vgl. S. 32). Dies macht MARIA MONTESSORI am Beispiel der „Cosmic Tales" mit ihren Möglichkeiten zur Welteinsicht und Weltdeutung deutlich (s. S. 161 ff.). Dass dementsprechend Kinder ihre Kompetenz im mündlichen Erzählen vergrößern möchten und sollen, liegt auf der Hand.
Allerdings stellt Montessori hauptsächlich Lesen und Schreiben mit all seinen Facetten in den Vordergrund ihrer didaktischen Reflektionen, Bereiche, die sie mit dem „zweiten Zahnen" vergleicht. Das mündliche Erzählen kommt bei ihr indes zu kurz und muss deshalb ergänzt werden. Montessori selber wies darauf hin, dass, wenn sie einige Gebiete weniger bearbeitet habe, hierin eigentlich kein Problem zu sehen sei, weil wohl jeder Mensch überfordert wäre, wollte er ein komplettes und vollständiges System entwerfen. Aber die Leitideen müssen deutlich sein, von denen aus sich die fehlenden Bereiche erschließen lassen.
Dieses Kapitel möchte eine solche Lücke schließen. Es bewegt sich in der Spur des „Hilf mir, es selbst zu tun", der Forderung, ein Schlüssel zur Welt zu sein, und reflektiert gegenwärtige Positionen der Erzähldidaktik.
3 Hinkel, S. 20
4 Anm. d. Verf.: Der Affenbrotbaum (Baobab) ist ein typischer Baum Afrikas. Er ist der Baum des Lebens und wird auch als Palaverbaum bezeichnet, da sich in seinem Schatten Menschen treffen, um gemeinsam zu diskutieren, Entscheidungen zu fällen, Geschichten zu erzählen und Feste zu feiern.
5 vgl. Claussen/Merkelbach, S. 6
6 vgl. Ewers, S. 8
7 Claussen/Merkelbach, S. 6
8 Claussen, Erzähl mal was!, S. 5

ren, angeregt durch die Erzählforschung, dem mündlichen Erzählen ein größerer Stellenwert eingeräumt[9]: Es wird den Kindern in der Schule die Gelegenheit gegeben, ihre natürliche und spontane Erzählfreude im Sitzkreis zu erproben. Es besteht aber offenbar bei vielen Kindern schnell der Verdacht, dass es eigentlich um anderes geht: die Erarbeitung eines Sachthemas, die Vorbereitung eines Aufsatzes o. Ä. Erst seit einiger Zeit kommt in den Blick, welchen Wert das Erzählen wirklich für den Menschen hat[10]: Das mündliche Erzählen gehört zu den Grundbedürfnissen des Menschen, es ist Ausdruck unseres Verlangens nach Kommunikation, Verlangen nach einem Gegenüber, das sich uns zuwendet.[11]

„Was uns ein Märchen sagt, passt in eine Nussschale, gleichzeitig sind selbst die sieben Universen nicht groß genug um es zu fassen." Dieses türkische Sprichwort macht deutlich: Eine Erzählung spricht – unterhalb ihrer Schlichtheit – das Bewusste und das Unbewusste gleichermaßen an. Ihre Einfachheit besitzt also Qualitäten, die von linguistischer, identitätsstiftender, psychologischer und moralischer Bedeutung sind.

Im Folgenden noch einmal 10 gute Gründe, Geschichten zu erzählen:

1. Kinder werden von Geschichten angesprochen.
2. Erzählen ist eine grundlegende sprachliche Tätigkeit des Menschen. Eine narrative Kompetenz ist demnach ein Teil seiner Identität.[12]
3. Geschichten begleiten Kinder auf dem Weg des Erkundens und Erkennens der sie umgebenden Welt und sind somit ein *Schlüssel zur Welt*.
4. Eine emphatisch und spannend erzählte Geschichte wird zum Vergnügen für beide Seiten, dem Erzähler und dem Zuhörer.
5. Geschichten schaffen kognitive und emotionale Bilder.
6. Geschichten dienen der Ausbildung einer sozialinteraktiven Kompetenz.
7. Geschichten schaffen eine Atmosphäre der Gemeinsamkeit: Es wird gemeinsam gestaunt und gelacht, geweint und gebangt.
8. Geschichten können wieder und wieder erzählt werden. Wiederholungen sind eine gute Gelegenheit – insbesondere auch für langsame Kinder –, Satz- und Erzählstrukturen einzuüben.[13]
9. Im Gegensatz zum schriftlichen Erzählen werden auch körpersprachliche Mittel erprobt, um eine emotionale Wirkung zu erzeugen.[14]
10. Das Erzählen von Geschichten bietet für unterschiedliche Lerntypen vielfältige Möglichkeiten, Geschichten zu erleben und persönliche Vorstellungen und Beziehungen aufzubauen.

Und außerdem: Gelungene Geschichten dürfen natürlich nicht verloren gehen. Sie sind also ein geeigneter Anlass zum Aufschreiben.

2. Wie erzählen?

In der Einleitung zu den „Erzählungen der Chassidim" schreibt MARTIN BUBER Folgendes:

„Man bat einen Rabbi [...] eine Geschichte zu erzählen. ‚Eine Geschichte', sagte er, ‚soll man so erzählen, dass sie selbst Hilfe sei.' Und er erzählte: ‚Mein Großvater war lahm. Einmal bat man ihn, eine Geschichte von seinem Lehrer zu erzählen. Da erzählte er, wie [sein Lehrer,] der heilige Baalschem[15] beim Beten zu hüpfen und zu tanzen pflegte. Mein Großvater stand und erzählte und die Erzählung riss ihn so hin, dass er hüpfend und tanzend zeigen musste, wie der Meister es gemacht hatte. Von der Stunde an war er geheilt. So soll man Geschichten erzählen.'"[16]

Muss man wirklich so erzählen? Soll man sich so hinreißen lassen? Ist erst dies eine gut erzählte Geschichte? Oder hängt eine solch ekstatisch erzählte Geschichte nicht auch vom Temperament des Einzelnen ab?

Nun, ein Erzähler tritt seinem Publikum direkt entgegen. Er entwickelt in seiner Vorstellungskraft Geschichten, entführt in neue Welten, schlüpft in Rollen, die vielleicht nie wirklich gespielt werden, bereist entfernte Länder, die es möglicherweise gar nicht gibt, besteht Abenteuer ohne sich wirklich in Gefahr zu begeben... Die erzählende Person will vom Publikum verstanden werden, will, dass der Zuhörer ihr folgt und mit ihr fühlt. Ihre Kunst besteht darin, den Zuhörer durch ihre Wörter gefangen- und mitzunehmen. Dieser Vorgang, den auch der Rabbi beschreibt, ist durchaus als magisch zu bezeichnen: Es werden Erinnerungen beschworen und die Identifikation weckt die eigenen Kräfte. Aber: Der Funke muss erst beim Erzähler entfachen, ehe er zum Zuhörer überspringen kann. Dann wird auch das Feuer des Zuhörers entfacht, sodass die Zauberformel „Es war einmal" begeistern wird und die Kin-

---

9 vgl. Claussen/Merkelbach, S. 6
10 vgl. Abraham, S. 124
11 vgl. Tischer, S. 5
12 vgl. Bartnitzky, S. 34 ff.
13 Claussen, Erzähl mal was!, S. 5

14 vgl. Bartnitzky, S. 35
15 Anm. d. Verf.: Der als heilig verehrte Gründer der chassidischen Bewegung im 18. Jahrhundert.
16 Buber, S. 6

der die Geschichten aus der Schule mit in den Alltag bringen und dort weitererzählen wollen.

3. Wie zuhören?

Vielfach wird in der Erzähldidaktik nur auf den Erzähler geblickt. Das Publikum soll seine Geschichten nachvollziehen und nachempfinden können. Schweigend und gebannt soll es dem Erzähler zuhören. Eher ein monologisches Erzählen also. Beim mündlichen Erzählen wird aber etwas anderes gefordert: Der Zuhörer als praktizierender Teilnehmer, der auf das Erzählte reagieren kann, darf, ja sogar soll. Denn das gesprochen Wort gehört, wie ein afrikanisches Sprichwort sagt, zur einen Hälfte dem Erzähler und zur anderen Hälfte dem, der es hört.

Ein Reagieren mit emotionalen Kommentaren und Zwischenrufen, ein Reagieren durch Nachfragen sollte deshalb vom Erzähler nicht als negativ bewertet werden. Es zeigt ihm vielmehr, dass das Publikum interessiert zuhört, dass es seine Geschichten verstehen will, dass seine Worte „ankommen".

Wenn das Erzählen von Geschichten kombiniert wird mit wohl überlegtem Reagieren, kann ein kritischer Umgang mit dem gesprochenen *und* dem geschriebenen Wort gefördert werden; denn geschriebene Sprache kann erst dann verstanden werden, wenn auch die mündliche verstanden wird.

Aufmerksames Hinhören und Zuhören sind also ebenso wie das Erzählen selbst Fähigkeiten und Fertigkeiten, die gelernt und geübt werden müssen.

3.1 Übungen zur Schulung des Zuhörens

Geräuschekette

Die Kinder sitzen im Kreis. Ein Kind macht ein Geräusch (z. B. mit den Fingern schnipsen). Das nächste Kind macht zunächst ein neues Geräusch, dann das alte. Von Kind zu Kind kommt ein weiteres Geräusch hinzu.

Weitere Möglichkeiten:
- mit der Zunge schnalzen
- in die Hände klatschen
- mit dem Fuß stampfen
- pfeifen
- mit den Zähnen klappern
- …

Es können auch Tier- und Motorengeräusche einbezogen werden.
Mit Hilfe von Auftragskarten können die Kinder dieses Spiel bzw. diese Übung wie auch die folgenden selbstständig durchführen.[17]

Auftragskarte

> **Geräuschekette**
> Suche dir ein paar Kinder aus.
> Mache ein Geräusch mit deinem Körper.
> Dein rechter Nachbar macht ein neues Geräusch und dann deins.
> Das nächste Kind macht wieder ein neues Geräusch und wiederholt dann in der richtigen Reihenfolge die vorherigen.
> …

Lieder klatschen

Ein Kind beginnt, ein bekanntes Lied zu klatschen. Die anderen Kinder raten, welches Lied es ist. Anschließend klatschen alle gemeinsam das Lied.

Auftragskarte

> **Lieder klatschen**
> Suche dir ein paar Kinder aus.
> Klatsche ein Lied. Die anderen sollen es erraten.
> Ist das Lied erraten worden, klatscht ihr es zusammen.
> Nun klatscht ein anderes Kind ein Lied …

Was klingt denn da?

Verschiedene Gegenstände liegen in der Mitte des Sitzkreises. Mit allen Dingen werden der Reihe nach Geräusche gemacht.
Dann schließen die Kinder die Augen. Mit einem Gegenstand wird ein Geräusch erzeugt. Die Kinder müssen nun erraten, welcher Gegenstand es ist.

---

17 Anm. d. Verf.: Das Ziel der Montessori-Pädagogik ist die Selbsttätigkeit des Kindes. Entsprechend dieser didaktischen Konzeption übernimmt die Erzieherin/die Lehrerin die Einführung in eine Thematik, bereitet die Lernumgebung so vor, dass die Kinder selbstständig allein oder in Gruppen arbeiten können, und ist Ansprechpartner, wenn die Kinder Hilfe brauchen.
Um das zu ermöglichen, werden die einzelnen Übungen auf „Auftragskarten" so notiert, dass die Kinder damit allein umgehen können.

Auftragskarte

> **Was klingt denn da?**
> Suche dir ein paar Kinder aus.
> Nehmt euch den Klangkoffer[18] und schaut euch die enthaltenen Gegenstände genau an.
> Ein Kind nimmt einen Gegenstand und macht mit ihm ein Geräusch, während die anderen Kinder mit geschlossenen Augen lauschen.
> Zu welchem Gegenstand passt das Geräusch?

Hier stimmt etwas nicht!

Die Erzieherin/Lehrerin erzählt eine Geschichte. Sie erzählt diese Geschichte langsam und deutlich und baut einige Fehler in die Geschichte ein.
Wer hat gut aufgepasst und kann am Ende die Fehler nennen?

Auftragskarte

> **Hier stimmt etwas nicht!**
> Erfinde eine kurze Geschichte, in die du Fehler einbaust.
> Erzähle die „unmögliche" Geschichte einem anderen Kind.
> Hat das Kind gut aufgepasst und kann am Ende alle Fehler nennen?

Mini-Hörspiele[19]

Kleingruppen „erzählen" Geschichten mit Geräuschen, die sie vorher auf Band aufgenommen haben: Wecker schellt, jemand gähnt, geht ins Bad, putzt sich die Zähne ...
Für die Geschichten können die Kinder den oben beschriebenen Klangkoffer nutzen.
Das „Hören" dieser Mini-Hörspiele stellt eine große Herausforderung dar.

Auftragskarte

> **Mini-Hörspiele**
> Suche dir 2 weitere Kinder. Nehmt euch den Klangkoffer oder andere Gegenstände.
> Erfindet in dieser Kleingruppe eine Geschichte und erzählt diese mit Geräuschen.
> Zum Beispiel: Wecker schellt, Lisa gähnt, sie geht ins Bad, sie putzt sich die Zähne ...
> Nehmt euer Hörspiel auf Band auf.
> Nun könnt ihr eure Geschichte einem Publikum „erzählen".
> Hat euer Publikum gut zugehört und kann die Geschichte mit Worten wiedergeben?

Wie verschieden kann mein Name klingen?

Ein Kind spricht seinen Namen auf eine bestimmte Weise aus (z. B. flüstern). Die anderen Kinder sprechen den Namen des Kindes auf die gleiche Weise. Nun fährt ein anderes Kind fort und ruft z. B. seinen Namen laut.

Weitere Möglichkeiten:
- schreien
- buchstabieren
- in Buchstaben und Silben zerlegen (z. B. A – A – Anna, Mi – Mi – Michael, B – e – n – n – i – Benni)
- ...

Auftragskarte

> **Wie verschieden kann mein Name klingen?**
> Suche dir ein paar Kinder aus.
> Sprich deinen Namen auf eine bestimmte Weise aus. Du kannst deinen Namen flüstern, rufen, buchstabieren, in Silben zerlegen ...
> Die anderen Kinder sprechen deinen Namen auf die gleiche Art aus.
> Nun fährt ein anderes Kind fort.

Alltagsgeräusche beschreiben

Den Kindern werden verschiedene Geräusche vorgespielt[20] oder sie „bringen" selbst Geräusche mit:

---

18 Anm. d. Verf.: Im *Klangkoffer* könnten zum Beispiel folgende Dinge enthalten sein: Kamm, Luftballon, Pergamentpapier, Streichholzschachtel, Münze, Schlüsselbund, Schleifpapier, Steine, leere Flasche, dünne Hölzer, „Tonbandsalat", dünnes Blech, Zahnbürste, Fahrradklingel, Kugelschreiber.

19 Anm. d. Verf.: Das *Mini-Hörspiel* ist auch eine Möglichkeit der Geschichtenfindung.

20 Anm. d. Verf.: Auch hier kann der *Klangkoffer* (s. Anmerkung 18) eingesetzt werden.

3. Wie zuhören?

- Herstellen eines Papierballs
- Ratschen am Kamm
- Öffnen einer Sprudelflasche

Diese Geräusche werden anschließend versprachlicht.

Auftragskarte

> **Alltagsgeräusche beschreiben**
>
> Suche dir ein paar Kinder aus.
> Nehmt euch den Klangkoffer.
> Macht ein Geräusch mit dem Material.
> Wie könnte man das Geräusch versprachlichen? Zum Beispiel: Papier reißen – rrritsch.

Comics vertonen

Den Kindern werden verschiedene Comics oder Bildgeschichten angeboten. Neben dem eigentlichen Text werden auch Geräusche mit der Stimme präsentiert.

Auftragskarte

> **Comics vertonen**
>
> Suche dir ein paar Kinder aus.
> Nehmt euch einen Comic.
> Vertont den Comic, indem ihr die Texte in verteilten Rollen lest und die Geräusche mit der Stimme nachahmt.
> Nehmt dies auf Band auf. Präsentiert es mit den Bildern einem Publikum.

Wie klingt denn das?

Die Kinder hören sich verschiedene Aufnahmen von einem Gedicht (oder Text) an und vergleichen diese.

Auftragskarte

> **Wie klingt denn das?**
>
> Nimm dir das Tonbandgerät und höre dir die verschiedenen Aufnahmen des Gedichtes an.
> Wie würdest du das Gedicht aufsagen? Finde eine neue Möglichkeit oder mache eine der vorgegebenen nach.
> Nimm deine Fassung auch auf Band auf, sodass die anderen Kinder diese auch hören können.

Stimmungen wiedergeben

Zettel mit Stimmungen liegen in einem Korb. Ein Kind zieht einen Zettel, ohne ihn den anderen zu zeigen. Folgender angegebene Satz wird so gesprochen, wie es auf dem Zettel steht: Heute scheint schon wieder die Sonne.
Stimmungen könnten sein: gelangweilt, aufgeregt, traurig, fröhlich, albern, wütend, enttäuscht, begeistert, lustig.

Auftragskarte

> **Stimmungen wiedergeben**
>
> Suche dir ein paar Kinder aus.
> Ziehe einen Zettel aus dem Korb.
> Sprich den folgenden Satz so, wie die Stimmung auf dem Zettel es dir vorgibt:
>
> **Heute scheint schon wieder die Sonne.**
>
> In welcher Stimmung bist du? Können die anderen Kinder es erraten?
> Das Kind, das die Stimmungslage erraten hat, zieht den nächsten Zettel und fährt fort.

Textstellen hörbar machen

Wie klingen zum Beispiel Paul Maars „Knackwurstbringanlage" oder Knisters „Sockensuchmaschine"?[21]
Weiterführung: Die Kinder können selbst weitere Beispiele in der Literatur suchen und eine Kartei anlegen.

Auftragskarte

> **Textstellen hörbar machen**
>
> Wie können folgende Maschinen, die Autoren erfunden haben, klingen?
> „Knackwurstbringanlage" von Paul Maar
> „Sockensuchmaschine" von Knister
> Nimm die Geräusche der Maschinen mit einem Tonbandgerät auf und lass andere Kinder raten, um welche fantastische Maschine es sich handeln könnte.
> Welche fantastischen Maschinen sind dir noch in Büchern begegnet?

---

[21] Anm. d. Verf.: Die „Knackwurstbringanlage" entstammt dem Buch „Eine Woche voller Samstage" von Paul Maar, die „Sockensuchmaschine" ist in dem gleichnamigen Buch von Knister beschrieben.

4. Zur Didaktik des Erzählens

Das Erzählen ist eine Kompetenz, die je nach Kultur und geschichtlichem Abschnitt unterschiedlich weit in den Alltag hineinreicht.
Seit dem 18. Jahrhundert verfällt die Bedeutung der Rhetorik jedoch immer mehr. Es wird zwar in der westlichen Kultur des 21. Jahrhunderts immer noch „erzählt", aber nur, wenn man unter Erzählung ganz nüchtern die Wiedergabe einer Begebenheit versteht. Ende der 60er-Jahre ging es in den neuen Konzepten der kritischen und kommunikativen Deutschdidaktik sowohl um die pragmatische Form der Schrift als auch um die Rede. Eine Neugewichtung folgte in den 70er-Jahren durch den Aspekt der „[...] Identitätsförderung in einem stärker subjektorientierten, Kognition und Ästhetik gleichermaßen intendierenden Deutschunterricht. Die Auswirkungen dieses Reformkonzeptes zeigen sich dann allerdings wieder mehr in der schriftlichen als der mündlichen Kommunikation, also nicht etwa im Konzept eines offenen, nicht mehr auf eine ‚richtige' Interpretation gelenkten Gesprächs, sondern in produktiven Verfahren des Textumganges oder in einer Erweiterung des Schreibunterrichtes und kreativen Formen."[22]
In den 80er-Jahren wurde die Bedeutung der *mündlichen Kommunikation* zwar wieder hervorgehoben, die curriculare Ausrichtung blieb jedoch eher pragmatisch und analytisch, wobei allerdings ein gewisses Maß an Kritik gegenüber der traditionellen Erzähldidaktik nicht ausblieb.[23] Schulpraktisch lebte das mündliche Erzählen weiter als erlebnisbezogenes, spontanes Erzählen[24]: das Erzählen im (Montag-)Morgenkreis als Nacherzählung von Erlebtem, Gesehenem, Gelesenem und als Vorbereitung zur schriftlichen Erzählung – unter Beachtung traditioneller Textmuster.
Heute kann man die Aufgabe des Lernbereiches *mündlicher Sprachgebrauch* am besten im Begriff der *Gesprächskompetenz* fassen[25], die unter Berücksichtigung folgender Punkte in ihrer Herausbildung und Entwicklung unterstützt werden kann:

- eine entspannte Erzählatmosphäre schaffen,
- Vorstufen des Erzählens akzeptieren,
- Themen kindorientiert auswählen,
- Entfaltung des Ereigniskerns unter Berücksichtigung des Erhalts subjektiver Erfahrungen behutsam anregen und nach wertenden Funktionen fragen,
- Erzählen nicht auf das Herausarbeiten eines Höhepunktes beschränken,
- nicht hochsprachorientierte und kognitiv dominierte Gespräche erzwingen,
- Zuhörer sich aktiv beteiligen lassen,

und: Die Erzieherin/Lehrerin sollte sich und ihren „Wissensvorsprung" zurücknehmen.[26]

5. Die Erzählkompetenz

„Sprachkompetenz ist eine Schlüsselqualifikation in der Informationsgesellschaft. Die geradezu dramatischen medienbedingten Veränderungen im Beschäftigungssektor (und im privaten Leben) stellen immer höhere Anforderungen an die [...] Sprechfähigkeit. Arbeit am PC und am Telefon verdrängen körperliche Arbeit; Teamarbeit, die Kommunikationsfähigkeit erfordert, gewinnt ständig an Bedeutung."[27] Eine Erzählkompetenz, die im Kindesalter angebahnt und später weiterentwickelt wird, ist daher unabdingbar. Sie entwickelt sich beim Kind nach KLAUS R. WAGNER in drei Stufen; allerdings nicht immer auf die gleiche Weise und im gleichen Zeitrahmen:

1. Das Kind erwirbt zunächst die Basissprechakte des Erzählens (Berichten, Sich mitteilen, Erzählen im engeren Sinn).
2. Wenn ein Kind etwa fünf bis sechs Jahre alt ist, entwickelt es das dialogische Erzählen.
3. Gegen Ende der Grundschulzeit beginnt das Kind, die Kompetenz für das monologische Erzählen in „Höhepunkt-Erzählungen" zu gewinnen.[28]

Dabei werden auf jeder dieser Stufen die Geschichten der Kinder unter Umständen so verschieden sein, wie sich die Kinder hinsichtlich ihrer Bildwelten, ihrer sozialen und kulturellen Erfahrungen sowie ihrer Medienerfahrungen unterscheiden.

6. Die Erzählkultur

Dem Erzählen in der Grundschule liegt eine Erzählkultur zugrunde, die bereits im Kindergarten entwickelt wurde und die sich in der gesamten Schullaufbahn entfalten und weiterentwickeln sollte. Dabei kann sie von tradierten Ansätzen beeinflusst sein.

Folgende Merkmale einer Erzählkultur können benannt werden[29]:

- Institution einer offenen Erzählwerkstatt,
- Institution eines Erzählkreises,

---

22 Claussen/Merkelbach, S. 10
23 vgl. a. a. O., S. 10
24 vgl. Bartnitzky, S. 34
25 vgl. Abraham, S. 12
26 vgl. Dehn, S. 19; Abraham, S. 12, 125
27 Spinner, S. 23
28 Claussen/Merkelbach, S. 32 f.
29 vgl. Claussen, Erzähl mal was!, S. 4

- Erzählstunden,
- empathisches Verhalten der Erzieherin/Lehrerin,
- Werkstattgespräche und Kleingruppenkonferenzen,
- Erzählmaterialien.

Zur Förderung einer Erzählkultur in der Klasse sind die im Folgenden aufgeführten Punkte von besonderer Bedeutung:

- *Situationen des Alltagserzählens*, die sowohl informell (offener Schulanfang, gestaltete Frühstückspause ...) als auch unterrichtlich inszeniert (Morgenkreis, spontanes Erzählen zu einem Text, Foto o. Ä.) sein können.
- *Angeleitetes, geselliges Erzählen* durch Motive (Erlebnisse, Geschichtenanfänge, Stichwörter und alles, was Erzählimpulse freisetzt), Blickkontakt von Produzent und Rezipient, Erzählregeln (Meldekette, Erzählkarten u. v. m.) und nicht zuletzt durch Muße und ausreichend Zeit, denn Geschichten müssen immer vorbereitet werden.
- *Selbstgesteuertes Entwickeln von Erzählfähigkeit*, indem durch die Reaktionen des Zuhörers Hinweise auf „erfolgreiches" Erzählen gewonnen, unterschiedliche Erzählweisen kennen gelernt und erprobt werden.[30]

6.1 Erzählwerkstatt

Eine offene Erzählwerkstatt gibt vielfältige Anregungen in Form von Ideen, Impulsen, Beispielen und Materialien und lässt Kindern – zum Beispiel in der Freiarbeit – angemessen Zeit diese zu nutzen.[31] Dazu benötigt man eine entspannte Erzählatmosphäre, in der jede Erzählform, je nach Erzählvermögen der Kinder, akzeptiert wird. Durch frei zugängliche Materialien (Erzählregal, Erzählecke, Erzählkoffer oder -kiste ...) steckt sich das Kind selbst entweder einen thematischen Rahmen oder stellt sich eine komplexere Aufgabenstellung mit einem selbst zu wählenden eigenen oder gemeinsamen Erzählansatz.[32] Die in der *offenen Erzählwerkstatt* entwickelten Geschichten, deren Ideen im Erzählkreis entstanden sind, münden auch dort wieder ein, um reflektiert zu werden. Gleichsam von Bedeutung sind hierbei das Erzählen der Geschichten und das Zuhören und Genießen dieser Erzählungen.[33]

„Dabei verschiebt sich generell die Unterrichtsweise von einem eher aktiven Lehren vor der Klasse zum Vorbereiten, Moderieren, Anleiten und zur individuellen Beratung und Hilfe. Zugleich ändert sich die Lernweise der Kinder vom passiven Rezipieren zum aktiven Handeln. Die Kinder lernen im steten Wandel zwischen Erzählen und Zuhören realistische, fiktionale und ‚vermischte' Geschichten vorzubereiten. Sie lernen ‚Handwerkliches', sie erproben handelnd und reflektierend Erzählungs- und Gestaltungsmittel, und zwar in einem sozio-kommunikativen Feld."[34]

Die Kinder erzeugen mit Worten Spannung, geben mit Stimmführung, Gestik, Mimik und Lautmalerei Farben und Atmosphäre.[35] Sie lassen die Kleinen und Schwachen in ihren Geschichten Menschenfresser, Drachen ... heldenhaft besiegen und mit Mut und Ausdauer alle Hindernisse überwinden. Eine Botschaft, die auf offene Ohren und Herzen stößt. Dabei erproben sie rhetorische Mittel und nehmen beim Erzählen Reaktionen wahr und reagieren auf die nicht immer nur positive Resonanz.

Wie ist meine Geschichte?

Tipps:

Mache mit der Überschrift neugierig.
Setze einen Anfang und einen Schluss.
Steigere die Spannung innerhalb der Geschichte.
Verwende wörtliche Rede.
Drücke Gedanken und Gefühle aus.
Beachte die Zeitstufe.

Stelle deine Geschichte einer Kleingruppe vor.

Überprüft:

Ist die Geschichte spannend, lustig, interessant?
Gibt es eine außergewöhnliche Idee?
Bereitet es Freude, sie zu hören?

Wie erzähle ich?

Tipps:

Stelle oder setze dich so, dass alle dich sehen können und du deine Hilfsmittel gut erreichst.
Erzähle laut und deutlich.
Sprich nicht zu schnell.
Schau deine(n) Gesprächspartner an.

---

30 vgl. Bartnitzky, S. 36 ff.
31 vgl. Claussen, Erzähl mal was!, S. 4
32 vgl. a. a. O., S. 10
33 vgl. a. a. O., S. 4
34 vgl. a. a. O., S. 7
35 vgl. Merkelbach/Claussen, S. 7

> Setze bewusst Pausen.
> Tonfall, Gestik und Mimik müssen zur Geschichte passen.
>
> *Erzähle einer Kleingruppe eine Geschichte.*
>
> **Überprüft:**
> Konnte der Erzähler gut verstanden werden?
> Konnte man der Geschichte gut folgen?
> Wurde sie spannend erzählt?

> **Wie höre ich zu?**
>
> **Tipps:**
> Schau deine(n) Gesprächspartner an.
> Lache nicht über den Erzähler.
> Störe den Erzähler nicht.
> Führe keine Nebengespräche.
> Höre aktiv zu. – Wenn du Fragen hast, melde dich leise.
>
> *Lass dir eine Geschichte erzählen.*
>
> **Überprüft:**
> Wurde der Erzähler gestört?
> Wurde aktiv zugehört?
> Konnte man der Geschichte gut folgen?

Folgende Punkte haben Einfluss auf das Gelingen einer entspannten Erzählsituation bzw. einer geselligen Erzählpraxis[36]:

- konkurrenzfreie Atmosphäre,
- soziale Akzeptanz,
- Anleitung zum kreativen Umgang mit Erzählinhalten und -mitteln,
- produktive Diskussion von Geschichtenentwürfen in Kleingruppen,
- aktives Zuhören aller Beteiligten,
- freies Vortragen von Geschichten auch durch Erzieherin/Lehrerin und[37]
- Akzeptanz von Vorstufen des Erzählens[38].

Ganz entscheidend ist jedoch auch die Klassenraumgestaltung. So sollte den Kindern ein „kommunikativer Platz" zur Verfügung stehen, damit sie sich jeder Zeit zurückziehen können:

- kleine Holzbänke,
- Höckerchen,
- Teppichfliesen,
- Sofa,
- Sessel u. Ä.

Des Weiteren sollten feste Erzähl- und Gesprächszeiten eingerichtet und eingehalten werden, um glückliche und traurige Erlebnisse vom Wochenende und der Schulwoche zu verbalisieren oder Ärger loszuwerden. In vielen Klassen ist daher schon ein Montagmorgenkreis, ein Wochenabschlusskreis oder eine Geburtstagsrunde Bestandteil des Unterrichtes. Doch Erzählkreise wie diese können auch zum Geschichtenerfinden, zum Fabulieren, zur Impulsgewinnung und Planung von eigenen Geschichten dienen. Diese gemeinsamen Gespräche sind unabdingbar. Hier wird über Sprache nachgedacht und sich mit ihr auseinander gesetzt: Sprachhandelnd verständigt man sich über Sprache. Hier ist die sprudelnde Quelle für Erzählideen, Erzählanlässe und das Erfinden von Geschichten.[39]

6.2 Erzählkreis

Ein Erzählkreis ist eine Unterrichtsform, die regelmäßig stattfinden sollte. Sie ist eine unerlässliche Institution, denn hier können mit wechselseitiger Akzeptanz und Unterstützung Erzählideen entwickelt werden (Impulsgewinnung, Planung, Sichten von Zwischenergebnissen, positives Feedback, vorsichtige Korrekturen ...), die in der Erzählwerkstatt weitergesponnen werden können. Bei einer produktiven Form des Austausches individueller und gemeinsamer Erfahrungen müssen folgende Punkte gemeinsam mit den Kindern entwickelt und mit Inhalt gefüllt werden, die dann für ein gutes Gelingen nicht vernachlässigt werden dürfen: Ämter (Wer leitet den Erzählkreis?, Wer führt Protokoll?), Erzählhilfen (Erzählkreiszeichen, Signalkarten, Erzählsessel u.a.), Dokumentationsformen (Tonbandmitschnitte, Geschichtenbuch, Bildtafeln u.a.) sowie Gesprächsregeln und Rituale[40]:

- Der Erzähler sollte zu allen Zuhörern sprechen.
- Der Sprecher sieht die Zuhörer an, die Zuhörer sehen den Sprecher an.
- Jeder sollte zu Ende reden dürfen.
- Jeder sollte sich aktiv am abwechselnden Sprechen und Zuhören beteiligen, dabei sollte jeder wissen, dass ihm beide Möglichkeiten garantiert sind.
- Keiner sollte dazwischenreden, wenn ein anderer spricht.
- Jeder sollte sich selbstständig auf den Erzählkreis vorbereiten.

---

36 vgl. Claussen, Erzähl mal was!, S. 8
37 vgl. a. a. O., S. 8
38 vgl. Merkelbach/Claussen, S. 17

39 vgl. Claussen, Erzähl mal was!, S. 4
40 vgl. a. a. O., S. 10 ff., S. 107 ff.

- Jeder sollte anzeigen, wann er zu Ende gesprochen hat, und das Wort weitergeben.
- Jeder sollte die abgesprochenen Formen kennen und nutzen, wenn er sich bemerkbar machen möchte.
- Jeder sollte die Meinung des anderen tolerieren können.
- Jeder sollte andere ermutigen bzw. behutsam Korrekturen vorschlagen können.[41]

Vielen ist diese Unterrichtsform als (Montag-)Morgenkreis bekannt, in dem *erlebte Geschichten* erzählt werden. Dies schließt aber nicht aus, dass er im Sinne CLAUSSENS auch für das Entwickeln und Erzählen von erfundenen Geschichten genutzt werden kann.

6.3 Erzählstunden

In den Erzählstunden sollten nicht nur die Geschichten der Kinder erzählt werden, sondern auch die Erzieherin/Lehrerin selbst sollte ihren Beitrag in Form von Geschichten hinzufügen und als Sprachvorbild dienen. So regt sie die Fantasie und Kreativität der Kinder an. Als etwas ganz Besonderes empfinden Kinder auch den Besuch eines professionellen Erzählers.[42]

7. Geschichten finden – aber wie?!

Überall findet man Geschichten. Die ganze Welt ist voller Geschichten, man muss sie nur sehen, lesen oder hören wollen: Unendlich viele sind in Büchern niedergeschrieben, die als Welterklärer und Weltvermittler dienen. Jeder Mensch besitzt eine – seine Lebensgeschichte – und jeder Gegenstand kann von einer berichten und ist damit eng an eine Lebensgeschichte geknüpft.

Den Stoff, aus dem Geschichten sind, liefern also
- reale Erlebnissen der Kinder und/oder der Erzieherin/Lehrerin,
- traditionelle Geschichtensammlungen (Märchenbücher u. a.),
- Bilderbücher,
- Kinderbücher,
- gehörte Geschichten und
- Erzählmaterialien, auf die im Folgenden konkreter eingegangen werden soll.

---

41 vgl. Claussen, Erzähl mal was!, S. 10 f.
42 vgl. a. a. O., S. 4

Eine Vorbereitung von guten Geschichten ist auch bei sorgfältig strukturiertem und umfassend vorhandenem Material nötig. Lassen Sie sich und den Kindern für diese Vorarbeit genügend Zeit, denn jede Geschichte ist eine Konstruktion und muss erst hergestellt werden.

Dazu sind folgende Hinweise für die Kinder als Richtschnur von Vorteil:

Anfang

Wie lautet der Anfangssatz einer Geschichte? *(Es war einmal…, Im letzten Sommer…)*

Wo spielt die Geschichte?

Wann spielt die Geschichte?

Wer spielt in der Geschichte mit?

Um was geht es?

Hauptteil

Dieser Teil ist das Kernstück der Geschichte. Hier treten oft Schwierigkeiten auf. Diese machen die Geschichte spannender.

Die spannendste Stelle in der Geschichte ist deren Höhepunkt.

Durch Gespräche (wörtliche Rede) wird eine Geschichte interessanter.

Schluss

Wie endet die Geschichte? *(gut oder schlecht)*

Kann der Leser das Ende verstehen?

Ist das Ende weder zu lang noch zu kurz?

7.1 Erzählmaterialien

Zum Erfinden von Geschichten sollten den Kindern Erzählmaterialien zur Verfügung stehen, die ihnen Impulse geben:
- Geschichtenanfänge,
- Erzählfiguren,
- Bilder und Fotos,
- Musik
…

Allen gemein ist, dass sie sowohl in der Handhabung als auch von der Thematik her offen sind. Ständig für alle Kinder verfügbar, sollten sie einen festen Platz in der Klasse haben, den alle kennen: ein Erzählschrank, ein Erzählregal oder eine Erzählkiste bzw. ein Erzählkoffer.

Viele Materialien können von der Erzieherin/Lehrerin selbst hergestellt werden. Für die Kinder von noch größerer Bedeutung sind sie jedoch, wenn auch sie an der Herstellung, am Auswählen und Zusammentragen beteiligt sind. Ganz im Sinne MARIA MONTESSORIS sollten dabei auch die Handhabbarkeit und die Ästhetik nicht zu kurz kommen.

Von Erlebnissen erzählen

Material: Papierstreifen und Stifte
Handhabung: Ein bedeutsames Ereignis kann pantomimisch erzählt werden. Die Zuschauer interpretieren die Darstellung und schreiben einen möglichen Titel für die Geschichte als Schlagzeile auf.
Dokumentation: Eine Schlüsselszene der Pantomime wird fotografiert. Mittels Foto und „Schlagzeile" kann eine tolle Wandzeitung gestaltet werden.

Auftragskarte

> **Von Erlebnissen erzählen**
>
> Suche dir einige Kinder.
>
> Ein Kind erzählt ein Ereignis pantomimisch.
>
> Die Zuschauer versuchen diese Darstellung zu deuten. Sie schreiben einen möglichen Titel als Schlagzeile auf.
>
> **Dokumentation:**
>
> Gestaltet eine Wandzeitung!
>
> Fotografiert dazu eine Schlüsselszene der Pantomime und hängt diese mit den Schlagzeilen auf.

Variation: Die Geschichte kann auch in einer fremden Sprache erzählt werden.

Reihum-Erzählen

Handhabung: Reihum wird gemeinsam eine Geschichte erzählt. Jeder muss 2 Sätze sagen.
Dokumentation: Jedes Kind schreibt seine beiden Sätze auf einen Streifen. Die Streifen dieser Geschichte können auch in einem Briefumschlag aufgehoben werden. Somit wird die Geschichte dokumentiert.

Die Streifen werden dazu in der richtigen Reihenfolge nummeriert, genau hintereinander gelegt und in den Umschlag gesteckt, der außen den Titel der Geschichte trägt. In einer schönen Schachtel kann man viele solcher Geschichten aufbewahren, die von Zeit zu Zeit herausgenommen werden können, um sie vor einem neuen Publikum zum Besten zu geben.

Hinweis: Wenn ein Kind nichts sagen möchte, kann es dies durch ein vorher vereinbartes Zeichen kundtun.

Auftragskarte

> **Reihum-Erzählen**
>
> Suche dir einige Kinder.
>
> Erzählt reihum gemeinsam eine Geschichte. Jeder soll genau zwei Sätze sagen.
>
> **Dokumentation:**
>
> Jedes Kind schreibt seine zwei Sätze auf einen Papierstreifen.
> Nummeriert diese Streifen in der richtigen Reihenfolge und legt sie in einen Briefumschlag.
> Wie könnte diese Geschichte heißen? Findet einen Titel und schreibt ihn auf den Umschlag.

Erzählfiguren

Material: Handpuppen, Fingerpuppen oder Flachfiguren

Handhabung: Mit den Figuren können kleine Dialoge oder Monologe erzählt werden. Dabei können die Texte von den Kindern selbst erfunden werden.
Dokumentation: Die Lehrerin kann Tonbandmitschnitte der Vorführung machen. Diese Aufnahme kann von der Lehrerin unter größtmöglicher Schonung der kindlichen Erzählung aufgeschrieben werden. Diese Texte werden allen Kindern zugänglich gemacht, sodass die Geschichten mit den selbst hergestellten Figuren jederzeit nachgespielt werden können.

Auftragskarte

Erzählfiguren
Suche dir ein Kind.
Wählt euch Erzählfiguren aus.
Überlegt euch ein gemeinsames Thema.
Spielt einen Dialog zu diesem Thema.
Dokumentation:
Nehmt euren Dialog auf Tonband auf.

Tipp: Einfache Flachfiguren können auch selbst hergestellt werden, indem die Kinder aus Zeitschriften Figuren ausschneiden, die auf Pappe geklebt werden und mit Stoffresten für die Kleidung und Wollresten oder Bändern für die Haare ausgestaltet werden.

Geschichtenbilder

Das große Geheimnis

Was geschah vor vielen Jahren?
Warum wurde das Fenster zugemauert?
Was verbirgt sich dahinter? Und was wird passieren, wenn man das Fenster wieder öffnet?

Material: Bilder aus der Kunst oder Fotos
Handhabung: Die Kinder können sich aus einer Anzahl von Bildern eins aussuchen und zu diesem eine Geschichte erfinden. Dabei dient jedes einzelne Bild als Grundlage für eine Geschichte und stellt einen eingefrorenen Moment dieser Geschichte dar.
Es hat sich bewährt, Notizzettel und Sprechzettel zu verwenden. Dazu werden die einzelnen Ideen als prägnante Merkwörter, verkürzte Sätze bzw. Halbsätze auf selbstklebende Notizzettel geschrieben. Mit diesen werden die Ideen sortiert und die Geschichte wird gegliedert. Dabei können die Zettel so lange hin und her geschoben werden, bis die Geschichte steht und fertig zum Erzählen scheint. In diesem Klärungsprozess werden auch noch spontane Ideen, weitere Einfälle und Ergänzungen aufgenommen.[43]

---
43 vgl. Claussen, Erzähl mal was!, S. 60

Dokumentation: Die Notizzettel werden in der richtigen Reihenfolge auf ein Blatt Papier geklebt. Mit einer Kopie des Erzählbildes können diese Ideen in einem Ordner gesammelt werden, der je nach Lust und Laune wieder hervorgeholt werden kann.

Auftragskarte

> **Geschichtenbilder**
>
> Suche dir ein Geschichtenbild aus.
> Überlege: Was geschah vor diesem Moment, was geschah danach?
> Schreibe deine Ideen auf kleine Zettel.
> Schiebe die Zettel hin und her, bis die Geschichte fertig ist. Du kannst dabei jederzeit Ideen hinzufügen oder Zettel entfernen.
> Erzähle die Geschichte einem anderen Kind.
> Überlegt gemeinsam, was noch verändert werden sollte.
>
> **Dokumentation:**
> Klebe deine Zettel in der überarbeiteten Form auf ein Blatt Papier.
> Hefte dieses Blatt mit einer Kopie des Geschichtenbildes in unseren Erzählordner.

Variation: Die Kinder können sich selbst eine Kartei aus eigenen Fotos oder Bildern aus Zeitschriften erstellen, die dann allen zugänglich ist.

Hinweis: Die Geschichten sollen die Bilder „verlebendigen" und nicht beschreiben.

Gegenstände erzählen Geschichten

Material: Verschiedene Gegenstände (Steine, Muscheln, Schlüssel, Federn, Blumen ...) in einem Koffer, Auftragskarte[44]

Handhabung: Die Kinder lesen die Auftragskarte. Anschließend wählen sie einen Gegenstand aus und lassen ihn „lebendig" werden.

---
44 nach: Gianni Rodari: „Die schlafende Schönheit"

Dokumentation: Auch hier bietet sich an, Notiz- und Sprechzettel zu verwenden (vgl. S. 149). Anhand dieser Zettel kann die Geschichte aufgeschrieben werden. Geschichte und Gegenstand können in einer kleinen Ausstellung präsentiert werden.

Auftragskarte

> **Gegenstände erzählen Geschichten**
>
> Die Geschichten, wo kommen sie wohl her?
> Sie kommen aus Rose und Glas.
> Sie kommen aus dem Kästchen,
> Sie kommen aus Erde und Gras.
>
> Doch stumm sind alle Dinge,
> sind in die Stille eingetaucht.
> Sie sind die schlafende Schönheit,
> die man nur zu wecken braucht.
>
> Und dann kommst du, ein Prinz oder Dichter,
> der sie küsst und lebendig macht.
> Doch der Zuhörer muss noch warten,
> bis ihre Geschichte wirklich erwacht ...
>
> *Suche dir einen Gegenstand aus.*
> *Erwecke dessen Geschichte zum Leben.*

Tipp: Den Kindern können auch noch Hilfskarten zur Verfügung gestellt werden:

Woher kommt dieser Gegenstand?
Wem gehörte er?
Hat der Gegenstand magische Kräfte?
Kann er Kräfte verleihen?
Was passiert, wenn man daran reibt?
Darf man den Gegenstand überhaupt berühren?
Wofür kann man den Gegenstand gebrauchen?
Für wen ist der Gegenstand bestimmt?
Ist der Gegenstand gefährlich?
Kann der Gegenstand helfen?
Kann er sprechen? ...

Es können auch Hinweise zu bestimmten Gegenständen hinzugefügt werden, z. B.:

> **Ein Füller**
>
> Wem mag der Füller wohl gehört haben?
> Was passiert, wenn man ihn in die Hand nimmt?
> Kann man mit ihm schreiben? Hat er eine besondere Tinte? ...

7. Geschichten finden – aber wie?!

Ein Apfel

Darf man den Apfel essen?
Wie wird er schmecken? Süß oder bitter?
Was passiert, wenn man hineinbeißt?

Hinweis: Diese Karten eignen sich auch zum Erzählen von Geschichten. In erster Linie sollten den Kindern aber reale Gegenstände an die Hand gegeben werden.

Variation: Die Gegenstände könnten von den Kindern auch im Vorfeld gesammelt worden sein. Zum Beispiel könnte jedes Kind einen Gegenstand aus den Ferien mitbringen, der in den Koffer gelegt wird. Was kann dieser Gegenstand erlebt haben? Woher kommt er? ...

Dosengeschichten

Material: Dosen mit Gegenständen und/oder Figuren

Handhabung: In „geheimnisvollen Dosen" befinden sich immer zwei Gegenstände, die in irgendeiner Weise einen Bezug zueinander haben. Die Kinder wählen eine Dose aus, schauen sich den Inhalt an. Angeregt durch die realen Gegenstände erfinden die Kinder Geschichten rund um diese. Wenn die Geschichte fertig ist, können die Gegenstände auch fotografiert werden.

Dokumentation: Die Fotos illustrieren die erfundenen, aufgeschriebenen Geschichten.

Auftragskarte

Dosengeschichten

Wähle eine Dose aus.

Öffne sie und schau dir die Gegenstände an.

Überlege: Was können die Gegenstände gemeinsam erlebt haben? ...

Schreibe deine Ideen auf kleine Zettel.

Schiebe die Zettel hin und her, bis die Geschichte fertig ist. Du kannst dabei jederzeit Ideen hinzufügen oder Zettel entfernen.

Erzähle die Geschichte einem anderen Kind. Überlegt gemeinsam, was noch verändert werden sollte.

Dokumentation:

Klebe deine Zettel in der überarbeiteten Form auf ein Blatt Papier.

Hefte dieses Blatt mit einem Bild der Gegenstände in unseren Erzählordner.

Tipp: Auch hier bietet sich für den Entwurf der Geschichte der Gebrauch von Notiz- und Sprechzettel an (vgl. S. 149).

Der Engel und die Zauberfeder

Der Engel und die Zauberfeder

Wieder wird Engel Egbert auf die Erde geschickt. Wieder soll er Menschen zum Lächeln bringen. Dafür nimmt er seine schöne rote Zauberfeder mit, die er im Ärmel seines roten Kleides aufbewahrt. Wenn er nun einen Menschen mit einem traurigen Gesicht sieht, kitzelt er diesen mit seiner Zauberfeder. Dann lacht dieser Mensch. Manchmal leise, manchmal laut. Manchmal kichert einer auch nur. Die beste Stelle am Körper ist für seine rote Zauberfeder der Fuß des Menschen. Hier wirkt der Zauber fast immer. Aber nicht immer kommt man dran. Manchmal hat der Mensch auch Schuhe an und dann muss Egbert eine andere Stelle finden. Das ist nicht immer ganz leicht. Aber da wir immer Men-

schen mit einem Lachen begegnen, scheint Engel Egbert seine Sache gut zu machen.

Das verliebte Mädchen

Das verliebte Mädchen

Anju lebt in einem winzigen Dorf in Indien. Gerne geht sie dort spazieren. Dabei nimmt sie immer ihren kleinen Sonnenschirm mit.
Anju ist ein schönes Mädchen und die Jungen des Dorfes wollen sie gerne auf ihren Spaziergängen begleiten. Jeder will das! Doch Anju hat keinen der Jungen im Dorf lieb. Sie muss immer an Dan denken. Er ist ein Junge aus einem Nachbarsdorf und spielt herrlich Flöte.
Eines Tages wird sie ihn wieder treffen, da ist Anju sich sicher. Doch bis dahin geht sie lieber alleine spazieren und denkt an Dans schönes Flötenspiel.

Jägerlatein

Material: Rucksack mit verschiedenen Gegenständen
Handhabung: Erinnerungsstücke, die einem beim Auspacken in die Hände fallen, wecken Erinnerungen an Begebenheiten, die auch Basis für Lügengeschichten sein können.
Ein Kind entnimmt dem Rucksack einen Gegenstand und fabuliert mit Hilfe von Notiz- und Sprechzetteln (vgl. S. 149) eine Geschichte dazu.
Dokumentation: Die Zettel können in der richtigen Reihenfolge nummeriert und in einen Briefumschlag gesteckt werden.

Auftragskarte

> **Jägerlatein**
>
> Nimm einen Gegenstand aus dem Rucksack.
> Erfinde zu diesem Gegenstand eine Geschichte.
> Schreibe deine Ideen auf kleine Zettel.
> Schiebe die Zettel hin und her, bis die Geschichte fertig ist. Du kannst dabei jederzeit Ideen hinzufügen oder Zettel entfernen.

> Erzähle die Geschichte einem anderen Kind.
> Überlegt gemeinsam, was noch verändert werden sollte.
>
> **Dokumentation:**
> Nummeriere die Zettel in der richtigen Reihenfolge und stecke sie in einen Briefumschlag. Schreibe den Titel der Geschichte auf den Umschlag.

Geschichtenanfänge und -schlüsse

Material: Textanfänge oder -schlüsse auf Karteikarten

Beispiele für Anfänge:
- Es klingelte. Ich ging zur Tür und schaute durch den Spion. Da sah ich ein seltsames Wesen …
- Eines morgens wachte ich auf und …
- Wir schreiben das Jahr 2278. Ein kleines Raumschiff schwebt leise surrend durch den unendlichen Weltraum. …

Beispiele für Schlüsse:
- … Und ihre Liebe erlosch.
- … Als ich aufwachte lag ich auf einer Wiese.
- … „Und so ist die Geschichte von _____ _____ ausgegangen", erzählte die Fliege.

Handhabung: Die Kinder wählen sich frei einen Textanfang oder -schluss und erfinden eine Geschichte dazu. Auch hier bietet sich für die Erarbeitung an, Notiz- und Sprechzettel zu verwenden (vgl. S. 149).
Dokumentation: Die aufgeschriebenen Geschichten können in einem Geschichtenbuch gesammelt werden.

Auftragskarte

> **Geschichtenanfänge**
>
> Wähle einen Geschichtenanfang aus.
> Überlege, was davor passiert sein könnte.
> Schreibe deine Ideen auf kleine Zettel.
> Schiebe die Zettel hin und her, bis die Geschichte fertig ist. Du kannst dabei jederzeit Ideen hinzufügen oder Zettel entfernen.
> Erzähle die Geschichte einem anderen Kind.
> Überlegt gemeinsam, was noch verändert werden sollte.

7. Geschichten finden – aber wie?!

> **Dokumentation:**
> Schreibe die Geschichte für andere Kinder auf. Illustriere die Geschichte und hefte sie in den Geschichtenordner.

Variation: Die Textanfänge und -schlüsse können auch auf geheimnisvollen Textrollen geschrieben und aufgedreht werden. Die Kinder ziehen eine Rolle und versuchen zu dem Anfang bzw. Ende eine kleine Geschichte zu erfinden.

Märchenwürfel

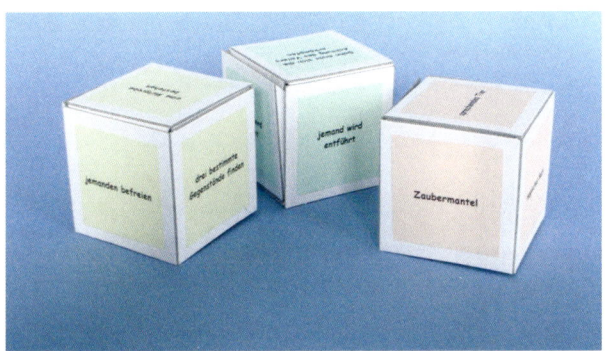

Material: 1 Würfel mit Ausgangssituationen (z. B. Waisenkinder werden ausgesetzt, Prinz muss sich die Achtung seines Vaters erkämpfen, Mutter behandelt Kinder unterschiedlich), 1 Würfel mit magischen Gegenständen (z. B. Zaubertrank, sprechendes Tier, Zaubermantel), 1 Würfel mit Aufgaben (z. B. der Held muss gegen ein Ungeheuer kämpfen, die Heldin muss drei bestimmte Gegenstände finden)
Handhabung: In Dreiergruppen wird das Grundgerüst des Märchens erwürfelt. Gemeinsam wird eine Geschichte dazu überlegt und diese anschließend anderen Kindern vorgetragen.
Dokumentation: Die geschriebenen Geschichten werden in einem Geschichtenbuch gesammelt.

Auftragskarte

> **Märchenwürfel**
>
> Suche dir 2 weitere Kinder. Nehmt die Märchenwürfel. Jedes Kind würfelt mit einem der Würfel.
> Erfindet in der Kleingruppe ein Märchen rund um dieses Grundgerüst.
> Schreibt eure Ideen auf kleine Zettel.
> Schiebt die Zettel hin und her, bis das Märchen fertig ist. Ihr könnt dabei jederzeit Ideen hinzufügen oder Zettel entfernen.
> Erzählt das fertige Märchen anderen.

> **Dokumentation:**
> Schreibt das Märchen für andere Kinder auf. Illustriert es und heftet es in den Märchenordner.

Hinweis: Ob die Kinder auch herausfinden können, wie viele Möglichkeiten es für ein Grundgerüst gibt? Ab wann sind alle Möglichkeiten im Geschichtenbuch vorhanden?
Wie unterschiedlich können Geschichten sein, die das gleiche Gerüst aufweisen?

Erzählbaukasten

Material: Bildkarten zu bestimmten Kategorien (Personen, Tiere, Gebäude, Orte, Gegenstände)
Handhabung: Die Bildkarten dienen als Bauelemente, die in einer bestimmten Reihe gelegt werden und als Erinnerungshilfen beim Erzählen dienen.
Die Kinder können sich einzeln oder in Kleingruppen Karten aussuchen und zu einer Geschichte zusammenstellen. Um die „fertige" Geschichte den Zuhörern erzählen zu können, werden die Karten in der richtigen Reihenfolge präsentiert. Mit Hilfe dieser Erzählhilfe wird die Geschichte erzählt.

Auftragskarte

> **Erzählbaukasten**
>
> Suche dir ein weiteres Kind.
> Nehmt euch den Erzählbaukasten.
> Stellt mit diesen Bausteinen eine Geschichte zusammen. Schiebt die Karten hin und her, bis eure Geschichte fertig ist. Ihr könnt dabei jederzeit Karten hinzufügen oder wegnehmen.

> **Dokumentation:**
> Hängt die Karten der fertigen Geschichte in der richtigen Reihenfolge an der Wäscheleine auf.
> Erzählt eure Geschichte mit Hilfe der Karten anderen Kindern.
> Wenn ihr wollt, könnt ihr eure Geschichte auch aufschreiben und in den Geschichtenordner heften.

Variation: Die Kartei kann zum Beispiel durch andere Kategorien erweitert werden: Fahrzeuge, Kleidung, Getränke, Speisen, Pflanzen.
Statt Bildkarten können auch Wortkarten[45] oder eine Mischung aus beidem eingesetzt werden.
Tipp: Hier kann ein „roter Faden"[46] beim Erzählen der Geschichte helfen.
Dazu wird zu Beginn „der rote Faden" mit beiden Enden gut befestigt. Der Anfang links wird mit einem **A** gekennzeichnet, das Ende rechts mit einem **E**. Dann werden die ausgewählten Karten an den Faden gehängt.
Die Geschichte kann überdacht werden, Elemente können umgehängt, hinzugefügt oder entfernt werden, bis der komplette Entwurf stimmt. Nun kann die Geschichte „um den roten Faden herum", Stück für Stück, dem Publikum erzählt werden.

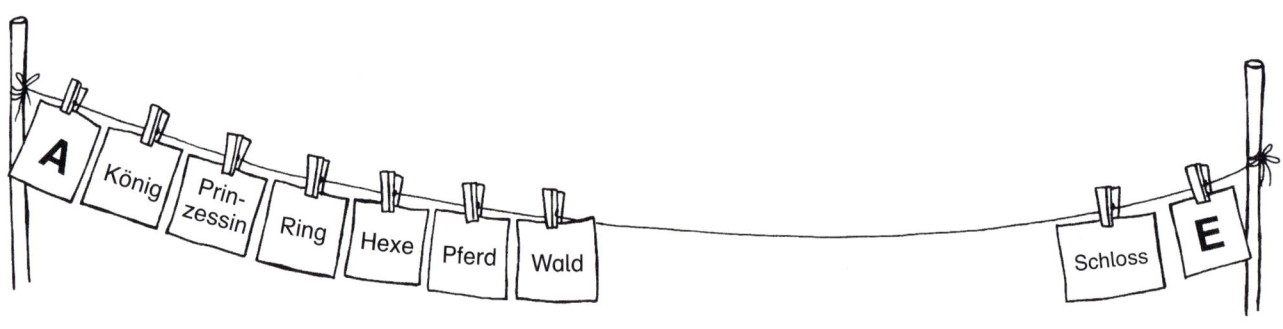

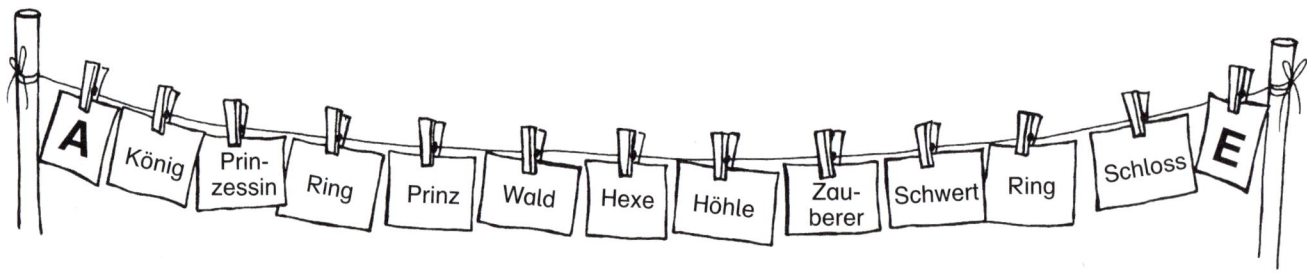

---
45 Anm. d. Verf.: Wortkarten haben gegenüber Bildkarten folgenden Vorteil: Sie engen die Fantasie der Kinder weniger ein.
46 vgl. Claussen, Erzähl mal was!, S. 100 f.

Kapitel 10: Handlungs- und verstehensorientierter Umgang mit Literatur – Zugänge zur Literatur auf der Basis der Montessori-Pädagogik

Erika Fischer

1. Einleitung[1]

Zunehmend stellt sich mir als Montessori-Lehrerin in der Grundschule die Frage: Warum existieren für den Literaturunterricht keine Ausarbeitungen ähnlich dem Bereich der Sprache und wo sind in der Montessori-Pädagogik Hinweise auf einen spezifischen Literaturunterricht zu finden?

Dennoch lassen diese Fragen nicht die Annahme zu, Maria Montessori hätte der literarischen Auseinandersetzung, dem literarischen Verstehen, dem Wert der Literatur als persönlichkeitsförderndem Medium keine Bedeutung beigemessen. Verschiedenen Textpassagen können wir Gedanken entnehmen, die eine Auseinandersetzung u. a. mit Literatur implizit enthalten und sogar als notwendig erscheinen lassen: „Da die menschliche Seele sich nicht von Brot, sondern von geistiger Größe nährt, da die Intelligenz sich von Wissen, der Wille sich von spontaner Aktivität nährt, so müssen wir, wenn wir ein gesundes Kind erziehen wollen, ihm geben, was es braucht: Erlebnisse, Erfahrungen und Wissen, Gelegenheit zur Entfaltung seiner Aktivität. Das Kind will verstehen, handeln, wachsen, sich entwickeln."[2] Die Tätigkeit der Lehrerin ist dabei charakterisiert als „... eine neue Kunst: anstatt in den kindlichen Kopf Begriffe zu drängen und zu zwängen, dient sie ihm und leitet es in seiner Umgebung den Dingen entgegen, die den eigenen inneren Bedürfnissen seines jeweiligen Alters entsprechen"[3].

Erlebnisse, Erfahrungen und Wissen, vor allem kulturelles Wissen, werden nachhaltig auch durch die Auseinandersetzung mit Literatur angeeignet, denn Literatur stellt als Teil unseres kulturellen Handlungsrahmens Wissen zur Verfügung, durch welches das Kind sich mit der Auseinandersetzung die Welt erschließt.

Unter dieser Voraussetzung sollen Wege der literarischen Vermittlung aufgezeigt werden, die der anthropologischen Position Montessoris und der Methode ihrer Pädagogik entsprechen. Die anthropologische Position Montessoris besagt, das Kind selbst ist *Bildner seiner Persönlichkeit*. Sie entwickelt die Idee von der selbstständigen Persönlichkeit des Kindes, dessen Leben einen Sinn in sich selbst hat. Sie glaubt an die positive Entwicklung des Kindes, wenn es die Freiheit hierfür und die richtige fördernde Umgebung vorfindet. Daraus lassen sich ihre methodisch-didaktischen Grundsätze ableiten, von denen fünf im Vordergrund stehen sollen:

- die Polarisation der Aufmerksamkeit,
- die Selbsttätigkeit und die Selbstkontrolle,
- die vorbereitete Umgebung,
- die veränderte Funktion der Lehrperson,
- das bereitgestellte Material.

Montessoris anthropologische Position und ihre methodisch-didaktischen Grundsätze lassen aus meiner Sicht vorrangig einen handlungs- und verstehensorientierten Umgang mit Literatur zu. Dieser soll Ausgangspunkt der Überlegungen sein, wie Literatur explizit und ergänzend in diesem Sinne in den Unterricht aufgenommen werden kann; zugleich kann er als Grundlage für die Erstellung von Unterrichtsmaterialien *Literatur* dienen.

2. Zur gegenwärtigen Literaturdidaktik

In der gegenwärtigen Literaturdidaktik haben sich seit 1965 diverse miteinander konkurrierende Konzeptionen herausgebildet. Diese sollen in historischer Reihenfolge kurz aufgelistet werden:

- eigenständige Didaktik kontra Abbilddidaktik (1965–1970),

---

[1] Anm. d. Verf.: Auch dieses Kapitel möchte eine Lücke im Hinblick auf die literarische Erziehung schließen und auf der Basis der Konzeption Maria Montessoris gegenwärtige Positionen der Literaturdidaktik anwendungsbezogen einarbeiten.
[2] M. M., Grundlagen meiner Pädagogik, S. 40
[3] M. M., Schule des Kindes, S. 42

- gesellschaftskritische kontra fachwissenschaftlich-neutralistische Didaktik (1970–1975),
- kindgerechte (leseorientierte) kontra verwissenschaftliche (verkopfte) Literaturdidaktik (1975–1980),
- handlungs- und produktionsorientierte kontra analytische Literaturdidaktik (1980–1985) und
- empirische kontra spekulative Literaturdidaktik.[4]

3. Zur Handlungsorientierung

Der Ansatz der Handlungsorientierung[5] ist gekennzeichnet durch die Aufnahme reformpädagogischer Traditionen. Ihr Theorie-Praxis-Verhältnis wird bestimmt durch das so genannte *Homo-Faber-Modell*: Aneignung durch *Learning by doing*. Kopf- und Handarbeit[6] sollen in einem ausgewogenen Verhältnis stehen und untrennbare Momente des Unterrichtsprozesses sein. Die Theorie und das die Praxis erschließende Lernen eröffnen im Wechselbezug eine Lebens- und Sinnperspektive. Die Verbindung von Erkennen und Handeln entspricht den kindlichen Lernbedürfnissen. Die Handlung ist eine sinnbestimmte, für die Beteiligten relevante Bearbeitung einer Thematik in Idee, Planung, Durchführung, Ergebnis und Auswertung, an denen *kognitive Funktionen* (Überlegen, Erörtern, Planen, Steuerung der Durchführung usw.) beteiligt sind; die Handlung soll Gebrauchswert haben und *praktische Tätigkeiten* (Herstellen, Bauen, Zeichnen, Durchführen usw.) sowie *Ergebnisse* (Texte, Bilder, Bücher, Dokumentationen, Präsentationen usw.) beinhalten. In der handelnden Auseinandersetzung, dem praktischen Lernen, können elementare Lernerfahrungen gemacht werden. Produkte und Handlungen dürfen dabei nicht um ihrer selbst willen abgefordert werden.

Welcher Zusammenhang lässt sich zum Literaturunterricht herstellen?

Da in die Handlungsorientierung reformpädagogische Elemente einfließen, soll zunächst eine Begründung des literaturdidaktischen Ansatzes aus reformpädagogischer Sicht erfolgen.[7]

3.1 Reformpädagogische Elemente

Kunsterzieherbewegung und Arbeitsschulidee schufen zu Beginn des 20. Jahrhunderts zwei wesentliche Prinzipien, an denen sich Erziehung und Unterricht ausrichten sollten: das Prinzip *Vom Kinde aus* und das *Prinzip des Schaffens*. Literaturunterricht, ausgerichtet an diesen Prinzipien, finden wir u.a. bei OTTO KARSTÄDT und HUGO GAUDIG. Nach Karstädt soll die Nähe der Lernenden zum dichterischen Werk durch *Nachgehen*, d.h. Nachvollziehen des literarischen Textes in seinen Strukturen und Bildern, sowie durch *Schaffen*, d.h. sprachlich-geistiges Tätigsein, erreicht werden.[8] Dabei geht es um hörendes, redendes und darstellendes „Nachschaffen der Dichterschöpfung"[9]. Er betont die Notwendigkeit und Möglichkeit des aktiven, tätigen Umgangs mit ihr und leitet daraus die Gleichung „Höchster Genuss = Arbeit"[10] ab. Handlungsorientierung im Sinne von Karstädt als Nach-Schaffen ist prozesshaft angelegt und fordert die innere wie äußere Aktivität des Lernenden in allen Phasen des Umgangs mit dem Text.

Auch für Gaudig ist der handlungsorientierte Umgang mit Literatur „Erziehung zu innerster Arbeit"[11]. Innerhalb des ganzheitlichen Tätigseins sieht Gaudig die *darstellende Arbeit*, also Lesen, Rezipieren, Sprechen, Vortragen, Schreiben, Zeichnen und plastisches Formen, nicht als dominant, sondern in Wechselwirkung mit der *Arbeit der Auffassung* an. Bei allen Darstellungen jedoch sollten die *Merkzeichen des idealen Arbeitsvorganges* vorhanden sein: Selbstständigkeit, Selbstkontrolle, Selbstkorrektur sowie Arbeitslust und individueller persönlicher Charakter des Produzierten.[12]

Die reformpädagogischen Prinzipien *Vom Kinde aus* und das *Prinzip des Schaffens* sind also angelegt in einem ganzheitlich aufgefassten Konzept der Handlungsorientierung. Der Prozesscharakter schließt das didaktisch-methodische Bedenken aller Phasen des Aneignens und Verstehens sowie das Einbeziehen kognitiver und emotionaler Anteile ein.

3.2 Handlungs- und verstehensorientierter Umgang mit Literatur

Mein Plädoyer, Zugänge zur Literatur auf der Basis der Montessori-Pädagogik durch einen handlungs- und verstehensorientierten Umgang mit Literatur zu ermöglichen, will ich im Folgenden näher erläutern. Dieser Ansatz vereint in gewisser Weise den handlungs- und produktionsorientierten mit dem analytischen Literaturunterricht und intendiert Aneignungs- und Verstehensprozesse durch Handlungen. Entscheidend ist dabei das Handeln, wobei

---

4 vgl. Kügler, S. 138 ff.
5 vgl. Gudjons, S. 62; vgl. Jank/Meyer, S. 29 f.
6 vgl. Flitner, S. 127 ff.
7 vgl. Mieth, S. 19

8 vgl. Karstädt, S. 4
9 a.a.O., S. 4 f.
10 a.a.O., S. 51
11 Gaudig, S. 80
12 vgl. a.a.O., S. 81

es wesentliches Kriterium sein muss, das Textverstehen und die Persönlichkeitsentwicklung der Lernenden zu fördern und zu fordern.

Eine mögliche Ebene der Annäherung an Literatur ist die „analytische Ebene des Verstehens"[13]. Der Text wird, um ihn zu verstehen, in irgendeiner Weise analysiert. „Jede Form der Textaneignung besitzt als Element das Verstehen und lässt sich auf einer analytischen Ebene beschreiben. Wenn wir uns Literatur aneignen, eignen wir uns auch ein Stück Lebenswelt an: ein Stück der fremden, imaginären Lebenswelt und ein Stück unserer eigenen."[14] Wir verstehen die fremde Lebenswelt besser und dadurch wird auch unsere eigene verständlicher, denn Verstehen des eigenen Lebens hat zur Voraussetzung das Verstehen des Fremden. Literaturaneignung ist also eine besondere Form der Weltaneignung, eine besondere Form der Aneignung kulturellen Wissens.

Die *handlungsorientierten Verfahren*[15] verfolgen dabei das Ziel, Kindern Möglichkeiten zu verschaffen, den Text durch den gestaltenden Vorgang zu verstehen. Das Verstehen kann dabei in unterschiedlichen Formen ausgedrückt werden, z. B. durch rituelles Sprechen, Schattenspiel, Collage. Die Kinder gestalten eine aktualisierende Lesart und inszenieren eine mögliche Bedeutung des Textes. Durch die gestaltende Auseinandersetzung erfolgt vertieft das Textverstehen, denn auch Gestalten impliziert Verstehen. Das Kind handelt dabei, artikuliert seine Erlebnisse in präsentativen und diskursiven Symbolen und inszeniert Strukturen seiner Lebenswelt. Es gestaltet im Prozess der Aneignung aktiv seine Umwelt. Zugleich begreift das Kind etwas von seiner Welt, es versteht, indem es handelt, seine Lebenswelt formt und seine Erlebnisse organisiert. In der subjektiven Gestaltung der Textrezeption werden Realitätsmuster ausgeprägt und damit Verstehenshorizonte bei den Kindern gelegt. Bei der Textrezeption handelt es sich hier um eine verstehende und gleichzeitig um eine gestaltende Aneignung. Damit gehören Verstehen und Gestalten zu den Grundelementen nicht nur der Verarbeitung von Texten, sondern von Realität überhaupt. „Gestalten impliziert Verstehen, weil die Tätigkeiten unsere Vorstellungen organisieren. Und Verstehen impliziert Gestalten, weil vom Verstehen unsere Wirklichkeitskonstitution abhängt und wie wir mit den gestaltenden Prozessen darauf reagieren."[16] So lassen sich Verstehen und Gestalten als untrennbare, elementare Aneignungsformen von Literatur und unserer symbolisch strukturierten Umwelt begreifen. Und noch etwas: Verstehen von Texten legt auch den Rahmen für bestimmte Gestaltungen fest, weil unser Handeln immer interessengeleitet ist. Die Analyse von Texten ist deshalb immer geknüpft an die didaktische Frage: Wie können wir schulische Prozesse des Textumgangs entsprechend organisieren?[17]

Damit komme ich zurück zur Montessori-Pädagogik und ihren methodisch-didaktischen Prinzipien, die eine bestimmte Form der Aneignung, des Umgangs mit Texten implizieren.

3.3 Aneignung auf der Basis der Montessori-Pädagogik

Die Lernumgebung, die *vorbereitete Umgebung*, muss den Bedürfnissen des Kindes entsprechen. Sie soll altersspezifisch vorbereitet sein, damit Montessoris Prinzip der selbsttätigen Erziehung durch *Selbsttätigkeit*, *Polarisation der Aufmerksamkeit* und *Selbstkontrolle* zur Anwendung gelangen kann. Da Montessori das Kind nicht als passiven Zuhörer der Lehrerin, sondern als eine aktive Persönlichkeit, die sich selbst durch freie Arbeit aufbaut, versteht, impliziert das die Forderung nach einer Umgebung, in der das Kind frei handeln kann. Frei handeln versteht sich vor dem Hintergrund, dass die eigene Freiheit da aufhört, wo die des anderen verletzt wird. In dieser vorbereiteten Umgebung ist das Kind aktiv, während die Lehrerin es beobachtet, in begrenztem Umfang Hilfestellung leistet, das Kind in die Benutzung des bereitgestellten Materials einführt.[18] Zur Einführung des Materials sind *Lektionen* notwendig, die kurz und präzise sein sollen, und nicht zu viel an durch selbsttätiges Handeln zu erwerbendem Wissen vorwegnehmen. Auch sind die Lektionen nicht vor der gesamten Klasse, sondern einzeln oder in kleinen Gruppen abzuhalten. Das Kind muss durch das Material motiviert sein, um erfolgreich damit arbeiten zu können. Es wählt sein Material je nach Interesse aus und arbeitet damit.[19]

Was bedeuten diese Ausführungen im Sinne des handlungs- und verstehensorientierten didaktischen Ansatzes für die kindliche Aneignung von Literatur? Die Aufgaben der Lehrerin bestehen zunächst darin:
- geeignete altersspezifische Literatur auszuwählen, die den Bedürfnissen und den Interessenlagen des Kindes entspricht und es motivieren,
- durch Lektionen in die Handhabung von Analysestrategien zur Aneignung des Textverstehens und

---

13 Belgrad, S. 83
14 a. a. O., S. 85
15 vgl. Waldmann, S. 78 ff., vgl. Spinner, S. 46 ff., vgl. Haas, S. 114 ff.
16 Belgrad, S. 90

---

17 vgl. Dahrendorf, S. 42 ff., vgl. Kaminski, S. 78 ff., vgl. Reger, S. 132 ff.
18 vgl. M. M., Die Entdeckung des Kindes, S. 166 ff.
19 vgl. Fischer, E., S. 175 f.

-produzierens einzuführen. Einzelne Kinder oder Kleingruppen erfahren Möglichkeiten der handelnden Aneignung. Sie werden sozusagen in einem Handwerk unterwiesen, das sie befähigt, ihre Arbeit selbsttätig, handelnd, gestaltend, interessengeleitet durchzuführen,
- die Kinder bei der Arbeit zu beobachten und ihnen in begrenztem Umfang Hilfe zu geben,
- die altersangemessenen Textanalysestrategien transparent zu machen, sodass Leselust zustande kommen kann,[20]
- durch Lektionen mit den Kindern Möglichkeiten der Präsentation zu erschließen (s. Beispiel in Kap. 5).

4. Schlussbemerkung

Wenn Literatur als ein Teil unseres kulturellen Handlungsrahmens den Kindern weiterhin Wissen zur Verfügung stellen soll, weiterhin als Lerngegenstand Bestand haben soll und als Medium an der Persönlichkeitsförderung teilhaben soll, sind motivationales, d. h. mit emotionalen Reaktionen einhergehendes, handelndes, gestaltendes Literaturerfahren mit altersangemessenen Textanalysestrategien zu verbinden.[21]

Literaturunterricht bedeutet dann Teilnahme und Aneignung: Teilnahme an Vergnügen, an gefühlsmäßigem Engagement und Distanznahme, an Spaß und Arbeit und Aneignung von Kenntnissen über das literarische Werk hinaus.

5. Versuch einer Konkretisierung

Die Literaturaneignung wird im Folgenden beispielhaft und ausschnittweise anhand eines Lesetagebuchs dargestellt, das während einer Klassenfahrt auf die Insel Spiekeroog von Kindern einer dritten Grundschulklasse erstellt wurde.

Die Kinder haben während ihres einwöchigen Aufenthaltes auf der Insel die Möglichkeit gehabt, ihr persönliches Lesetagebuch anzufertigen. Hierfür stand ihnen beliebig viel Zeit am Tag zur Verfügung. Grundlagen für das Führen des Lesetagebuchs waren die Erlebnisse auf der Insel und das Erlesen des Kinderbuches *Das Findelkind vom Watt* [22], das von einer Familie, die Ferien auf einer Insel in der Nordsee macht, handelt. Insbesondere das Watt ist für die Kinder des Buches eine bleibende Erinnerung. Das Watt, die riesigen Schlick- und Schlammflächen zwischen Küste und Insel, die Tag für Tag bei Ebbe und Flut zwischen Küste und Insel auftauchen.

Auf den Sandbänken im Watt bringen die Seehunde ihre Jungen zur Welt. Das Findelkind vom Watt ist ein Heuler, dem die Kinder begegnen, an den Erlebnisse und Erfahrungen geknüpft sind. Die Kinder des Buches besuchen u. a. eine Seehund-Aufzuchtstation und es wird ihnen bewusst, welche Gefahren die Verschmutzung der Nordsee für Tiere und Pflanzen mit sich bringt.

Die Autorin schildert in spannender Weise die Erlebnisse der Kinder auf der Insel. Beinahe wie von selber werden sie aufmerksam auf den Schutz von Tieren und Pflanzen, erfahren Neues über Inseln und Wattenmeer, findet eine Wissensaneignung hochmotiviert statt. Das Buch ist durch seinen Realitätsbezug, die klare Sprache und die Einbeziehung von Tieren besonders geeignet, mit Grundschulkindern einer dritten oder vierten Klasse zum Thema *Inseln und Wattenmeer* zu arbeiten, z. B. im Zusammenhang mit der Erstellung eines Lesetagebuchs[23], in das Kinder subjektive Gedanken und Bezüge zur eigenen Lebenswelt einfließen lassen können, in dem emotionale Reaktionen schriftlich fixiert werden.

Haben die Kinder z. B. das 1. Kapitel durchgelesen, dessen Handlungsschwerpunkt eine Seehund-Aufzuchtstation beinhaltet, so wurde dieses Kapitel dann in ihrem Lesetagebuch kommentiert oder illustriert. Ein Kind schrieb zunächst: „Diese armen Heuler". Damit wollte es zum Ausdruck bringen, dass ihm die Seehundbabys Leid taten. Oder: „Ich finde es gut, wie sie handeln." Hiermit brachte es zum Ausdruck, dass es die beschriebene Handlungssituation im Buch richtig findet. Weiter bekundete das Kind mit den Sätzen „Es war interessant, was Frau Lenie über die Aufzuchtstation erklärt hat" und „Ich wusste auch nicht, dass Seehundbabys

---

20 vgl. Paefgen, S. 26
21 vgl. Fischer, Erika, S. 53 ff.
22 Winsemius, Dieuwke: Das Findelkind vom Watt. München 1999[16] (ab 9 Jahren).

23 vgl. Pädagogik 3/89, S. 12

nicht im Wasser transportiert werden dürfen", das hier von dem lesenden Kind Wissen über die Aufzucht von Heulern hochmotiviert erworben wurde.

Auch in Gedichten haben die Kinder ihre Gefühle und Erinnerungen ausgedrückt:

Auf einer schönen Insel,
von weißem Sand umhüllt.
Die Sonne lacht herunter
und macht uns auch noch munter.
Wir sehen viele Wellen
und spielen mit den Wasserbällen.
Wir bauen große Burgen an jedem hellen Morgen
und haben keine Sorgen.
Das Inselleben hält uns wach.
STEFAN

Spiekeroog, du schöne Insel im Meer,
seit ich dich gesehen, fehlst du mir sehr.
Auf der Insel laufe ich am Strand hin und her
und sehe die Wellen und das weite Meer.
Es gibt keinen Krach, keinen Autolärm,
nach Spiekeroog fahre ich so gern.
An einem Tag gings ins Watt,
Dann aßen wir uns im Kurheim satt.
ELENA

Liebesgedichte an eine Insel

Spiekeroog, als ich dich zum ersten Mal sah,
dachte ich nur: „Wie wunderbar!"
An einem schönen Tag ging´s ab ins Watt,
hinterher aßen wir uns im Kurheim satt.
Oft gingen wir an deinen Strand
und bauten Burgen im weißen Sand.
Wie einzigartig du doch bist,
kein Wunder, dass man dich vermisst!
Spiekeroog, ich mag dich gern,
doch leider bist du sehr, sehr fern.
CARMEN

Spiekeroog, du Insel im Meer,
ich liebe dich gar sehr.
Am Strand entlang geh ich dahin,
nur Gutes kommt mir in den Sinn.
HOLGER

Spiekeroog ist eine schöne Insel,
die möchte ich malen mit einem Pinsel.
Jeden Tag warn wir am Strand
und sind durch den Sand gerannt.
Einmal sahen wir eine Qualle,
da schrien wir alle.
KATY

Oh, du schöne Insel Spiekeroog,
an deinem Strand sind wir gelaufen.
Flut und Ebbe miterlebt,
Muscheln, Würmer, Schalentiere, alles angesehn.
Vieles hat uns sehr gefallen,
drum werden wir uns wieder sehn.
PIA

Dein Lesetagebuch (Text für die Kinder)

Das Lesetagebuch gibt dir die Möglichkeit, dein Buch selbstständig zu erlesen und damit zu arbeiten. Es soll dein eigenes Buch zum Thema *Inseln und Wattenmeer* werden. In dein Lesetagebuch schreibst du Gedanken auf, die du beim Lesen hast. Die Hinweise zum Arbeiten und die Ideen, wie du dein Lesetagebuch gestalten kannst, können dir dabei helfen.

Hinweise zum Arbeiten:

- Lies jedes Kapitel des Buches genau durch.
- Schreibe oder zeichne zu jedem Kapitel etwas.
- Gestalte ein Deckblatt für dein Lesetagebuch. Auf dem Deckblatt soll der Titel des Buches und dein Name stehen.
- Nimm für jede Aufgabe eine neue Seite. Es wird so übersichtlicher. Schreibe immer auf die jeweilige Seite, zu welchem Kapitel du gearbeitet hast.
- Schreibe auch deine Gedanken, die du zur Insel, dem Watt, dem Meer, den Inselbewohnern, den Tieren oder Pflanzen hast auf, ohne dass du das Buch vor dir liegen hast. Vielleicht kannst du eine Geschichte oder ein Gedicht zur Insel schreiben.

Ideen, wie du dein Lesetagebuch gestalten könntest

- Du kannst den Inhalt einer wichtigen Textstelle mit eigenen Worten zusammenfassen.
- Du kannst Textstellen abschreiben, die du wichtig findest. Begründe dann, warum du diese Stelle ausgesucht hast.
- Schreibe deine eigenen Erlebnisse auf, wenn dich Situationen im Buch an deine erinnern.
- Klebe Bilder, die zu dem Thema passen, in dein Lesetagebuch.
- Zeichne Situationen, die du in der Geschichte liest und erkläre sie mit einem kleinen Text.
- Wenn du gerne dichtest, schreibe ein Gedicht oder ein „Elfchen".
- Schreibe zu den wichtigen Personen des Buches. Wie verhalten sie sich? Vielleicht würdest du auch so handeln, vielleicht aber auch ganz anders.
- Du kannst deine Meinung über das Buch schreiben, es anderen Kindern dieser Schule vorstellen.

Textbeispiele aus dem 1. Kapitel:

„Diese armen Heuler."

Meine Gedanken: Es war interessant, was Frau Lenie über die Aufzuchtstation erklärt hat.
Ich wusste auch nicht, dass Seehundbabys nicht im Wasser transportiert werden dürfen.
JAN

Textbeispiel aus dem 3. Kapitel:

„Die alten Kapitänshäuser mit ihren schmiedeeisernen Jahreszahlen am Giebel imponierten uns immer wieder:"

Meine Gedanken: In Dänemark haben wir im Urlaub ein Muschelhaus gesehen, in dem auch ein Kapitän wohnte.
LENA

Textbeispiele aus dem 2. Kapitel:

„Die Familie fuhr wie jedes Jahr mit einem Wohnmobil auf Schiermonnikoog."

Meine Gedanken: Wir sind mit dem Wohnmobil auch schon mal auf Rügen gewesen.
SARAH

„Bei gutem Wetter schliefen Delia und ich in einem Zelt neben dem Wohnmobil."

Meine Gedanken: Meine Freundin Katy hatte Angst, als wir zusammen im Zelt geschlafen haben.
HENRIKE

Die Familie des Buches fuhr in jedem Jahr mit einem Wohnmobil auf die Insel. Das ist für ein Kind (Henrike) eine zentrale Aussage, die eigene Erinnerungen wachruft. Das Kind kann dann eigene Gedanken/Erlebnisse zu einer vergleichbaren Situation in ihren Lebenszusammenhängen aufschreiben. *Wir sind mit dem Wohnmobil auch schon mal auf Rügen gewesen.* Vergleichbar auch die dann folgende Stelle, in der die Kinder des Buches in einem Zelt schlafen. Henrike erinnert sich: *Meine Freundin Katy hatte Angst, als wir zusammen im Zelt geschlafen haben.* Ein anderes Kind (Lena) schrieb zu Kapitel 3, als es über alte Kapitänshäuser liest: *In Dänemark haben wir im Urlaub ein Muschelhaus gesehen, indem auch ein Kapitän wohnte.*

So wird das Lesetagebuch eine Woche lang im Zusammenhang mit dem Kinderbuch, Erlebnissen auf der Insel Spiekeroog und Gedanken/Erinnerungen an frühere Erfahrungen und Situationen geführt.

Kapitel 11: Kosmische Erziehung und Sprache

REINHARD FISCHER

1. Einführung und Beispiel einer „Großen Erzählung"

Wie auch in dem Kapitel *Die Konzeption der Montessori-Pädagogik* (vgl. S. 19 ff.) deutlich wurde, wird der *Kosmischen Erziehung* ein großer Stellenwert beigemessen. Sie befruchtet den Deutschunterricht, stellt aber auch einige Forderungen an ihn.
MARIA MONTESSORI macht in ihrem Spätwerk die *Kosmische Erziehung* zum *Grundstein der Schulerziehung*. Diese Erziehung ist also nicht nur ein bildungsrelevanter Aspekt unter anderen, sondern ein umfassendes und grundlegendes Prinzip.[1] Besondere Aufmerksamkeit schenkt Montessori im Rahmen der *Kosmischen Erziehung* der *moralischen Dimension*. Gegenüber Natur und Menschheit sollen Gefühle der Bewunderung und Dankbarkeit, des Staunens, der Liebe und der Begeisterung geweckt werden. Es kommt auf eine Pflege „der Gefühle für die Gerechtigkeit und persönliche Würde[2] an. Das Adjektiv *kosmisch* drückt die grundsätzliche, generelle, allgemeine Geltung bzw. Gültigkeit (eben die Allgemeingültigkeit), die Bezogenheit auf das Ganze, auf das Universum aus, könnte also auch durch den Begriff *universal* bzw. *universell* ersetzt werden.[3]
An inhaltlichen Kriterien wurden herausgearbeitet: *Kosmische Erziehung* ist Gegenstandsorientierung, ist Ganzheitsorientierung und beinhaltet einen sittlichen Auftrag als Erziehung zu Weltverantwortung und Weltfrieden.[4]
Montessori nimmt dabei Gedanken vorweg, deren konkrete Ausarbeitung bzw. Ausfaltung erst heute in breiter Form erfolgt:

- ein universales Mensch-, Welt- und Umwelt-Bewusstsein,
- das Selbstverständnis des Menschen als eines Weltbürgers,
- die Notwendigkeit weltweiter Friedens- und Umwelt-Natur-Erziehung,
- die Notwendigkeit des ökonomischen Ausgleichs zwischen Erster, Zweiter und Dritter Welt,
- das universale *Prinzip Verantwortung* und
- das universale *Projekt Weltethos*.[5]

Es handelt sich um Punkte, die bei der inhaltlichen Gestaltung berücksichtigt werden müssen.

1.1 Didaktische Konsequenzen und methodisch/mediale Aspekte

Es stellt sich nun die Frage des methodischen Zuganges: Dem Verlangen der Kinder nach dem *Großen* und *Geheimnis*vollen entgegenkommen, sollen den Kindern bei der Kosmischen Erziehung am Anfang nicht Einzelheiten aus einem wissenschaftlichen System geboten werden, sondern zuerst gleichsam *die ganze Welt* auf einmal, aber in anschaulichen Bildern, die interessant und faszinierend sind und sich an die Fantasie und Vorstellungskraft wenden.[6] Maria Montessoris Enkel MARIO JUN. prägt das Bild von *panoramaartigen Überblicken*, die spannende Zugänge zu ganzen Kulturbereichen zu erschließen vermögen und zu Ausgangspunkten fachlicher und durchaus auch fachwissenschaftlicher Details werden können. Es geht zum einen, wie Montessori es formuliert, um das „breitwürfige Säen einer Höchstzahl von Interessensamen"[7] und zum anderen um eine mehr lern- bzw. erkenntnispsychologische Sicht: „Einzelheiten lehren bedeutet Verwirrung stiften. Die Beziehung unter den Dingen herstellen, bedeutet Erkenntnisse vermitteln."[8]
Methodisch empfiehlt Montessori ein breites Spektrum von Möglichkeiten, wobei selbstverständlich auch hier ihr fundamentales Prinzip gilt, dass *„das Kind mittels seiner eigenen individuellen Aktivität lernen muss"*[9], was primär durch Experimente und Formen freier Arbeit erreicht werden kann. Aber auch der Vortrag der Lehrerin zur Vermittlung panoramaartiger Überblicke erhält einen hohen Stellenwert. Durch die großen *Kosmischen Erzählungen* (*Cosmic Tales*), wie sie Montessori in ihrer indischen Zeit konzipiert hat, sollen den Kindern die großen Zusammenhänge gemäß wissenschaftlichen Erkenntnissen und philosophisch-theologischer Interpretation durch spannendes Erzählen, Anschaulichkeit und Kindgemäßheit verdeutlicht werden.[10]

---

1 vgl. Ludwig, 1999, S. 97 ff.
2 a. a. O., S. 98
3 vgl. Kratochwil, S. 81 f.
4 Oswald, 1989 (b), S. 35
5 vgl. Kratochwil, S. 81 f.
6 vgl. Oswald, 1989 (b), S. 40
7 M. M., Kosmische Erziehung, S. 38
8 M. M., Von der Kindheit zur Jugend, S. 90; vgl. Oswald, 1989 (a), S. 129, 1989 (b), S. 62
9 M. M., Kosmische Erziehung, S. 40
10 vgl. Ludwig, 1999, S. 99

In den Jahren, in denen sich Montessori in Indien aufhielt, wurden von ihr und ihrem Sohn MARIO eine Fülle an Material zur Geographie, Geologie, Biologie und Geschichte entwickelt, mit Hilfe derer Kinder ihre Kenntnisse systematisieren und vertiefen konnten. Diese Materialien gliedern sich in:

- große Schaubilder,
- Zeitleisten,
- physikalische und chemische Experimente,
- Modellkonstruktionen,
- Bild- und Definitionskarten.[11]

Ferner ist die Möglichkeit originaler Begegnung zu nutzen. „Kann doch", wie Montessori formuliert, „die von der Welt abgeschlossene Schule, so wie sie heute verstanden wird ... dem Kind nicht genügen."[12] Deshalb fordert sie nicht nur dazu auf, die Schule des Öfteren zu *Exkursionen und Wanderungen* zu verlassen, sondern die Natur zum *Bestandteil der vorbereiteten schulischen Umgebung* werden zu lassen. Pflanzen und Tiere, Blumenpflege in der Klasse, Aquarien und Terrarien, Kästen für Versuche mit Pflanzen u.a.m. gehören dazu. Das durch die moderne Welt der Natur entfremdete Kind soll Wissen über sie erwerben, und lernen, in und mit ihr zu leben. Dazu gehört für Montessori nicht zuletzt die Hinführung zum *Erfassen des Naturschönen*.[13]

Aber: So viele Fakten Montessori auch anbietet, so ist ihr Anliegen nicht das Erlernen von Fakten, sondern – dies sei nochmals betont – Einsicht in und Verständnis für Zusammenhänge auf der Grundlage der universalen Prinzipien Verantwortung und Weltethos!

Wie schon erwähnt, hält es Montessori für außerordentlich wichtig, den Kindern durch möglichst plastisch und eindrucksvoll erzählte Geschichten die Bedeutung der Kulturtechniken Lesen und Schreiben deutlich zu machen sowie den evolutionären kulturellen Entwicklungssprung, den der Erwerb dieser Fähigkeiten mit sich gebracht hat.

Auf Montessori gehen einige „Cosmic Tales" („große Geschichten") zurück, zu denen auch folgende „Die Verständigung durch Zeichen"[14] gehört. Neben den großen sollten viele kleinere Geschichten die Zusammenhänge zusätzlich verdeutlichen.[15] Dieses Erzählen (sowie das Zuhören und Lauschen) hat aber nicht nur Bedeutung für die Faszination und für eine große „Gesamtschau" der Sachinhalte, sondern ist auch eminent wichtig für die Spracherziehung, besonders dann, wenn die Kinder die Möglichkeit bekommen, selber Geschichte zu erzählen.

1.2 Die Große Erzählung: „Die Verständigung durch Zeichen"[16]

Die Kinder sollten über ein gewisses Maß an Hintergrundwissen verfügen und sich mit der *Geschichte über die Entstehung des Universums*, der *Geschichte des Lebens* und der *Geschichte der Menschen* beschäftigt haben.

Die Verständigung der Zeichen

Heute will ich euch eine faszinierende Geschichte erzählen, die euch zeigen wird, wie die Menschen gelernt haben, sich untereinander zu verständigen. Die Geschichte handelt von einer Zeit, als die Männer und Frauen, die Jungen und Mädchen bereits viele Jahre auf der Erde lebten. Es begann vielleicht vor vielen hunderttausend Jahren. Wir wissen es nicht genau, wann diese Geschichte passierte und ganz genau werden wir es auch niemals erfahren. Das macht aber nichts, es ist trotzdem eine wahre Geschichte.

Als die Männer, Frauen und Kinder auf der Erde lebten, brauchten sie Nahrung, damit sie leben konnten. Die Menschen lebten noch in Höhlen und sammelten Früchte oder jagten Tiere, um sich zu ernähren. Auf der Erde war alles vorbereitet, sodass die Menschen genügend Nahrung zum Essen fanden. Wenn es doch einmal knapp wurde, zogen sie weiter und fanden an einem anderen Ort alles, was sie zum Leben brauchten. Zu dieser Zeit beginnt

---

11 vgl. Eckert, 1999, S. 157 f.
12 M. M., 1979 (b), S. 27
13 vgl. Ludwig, 1999, S. 99
14 Anm. d. Verf.: Vorliegende Geschichte „Die Verständigung durch Zeichen" soll als Beispiel vorgestellt werden. Anzumerken ist, dass es trotz intensiver Recherche nicht möglich war, das Original aufzufinden. Vorliegende „Große Lektion", die auf Montessori zurückgeht, entstammt dem Materialbuch einer Teilnehmerin eines Montessori-Kurses. Unklar ist, wer die Geschichte übersetzt hat, was die Qualität der Übersetzung anbelangt und ob Ergänzungen oder Veränderungen vorgenommen worden sind.

15 Anm. d. Verf.: Hinweise finden sich z.B. in Raimund Dernbach, Hans Elsner, Thomas Elsner, Thomas und Petra (Wöbke-)Helmle und Siegfried Fleck in: Fischer, Klein-Landeck, Ludwig (Hrsg.): Die kosmische Erziehung Maria Montessoris, 1999 z.B. Siegfried Fleck: Erzählen gehört unverzichtbar zur Kosmischen Erziehung dazu und ist so zentral an sie gebunden wie das Sonnenlicht an den Tag", S. 222

16 Anm. d. Verf.: In seinem Handbuch zur Montessori-Didaktik stellt Eichelberg ebenfalls eine Geschichte zur Entstehung des Alphabets vor. Sicherlich ist es so, dass jede Erzählung den Interessen der Lehrerin entsprechend abgewandelt werden kann und dass auch neue Erkenntnisse einbezogen werden müssen. Ein sehr interessantes, gut und informativ bebildertes Buch ist u.a. im Gerstenberg Verlag in der Reihe Sehen, Staunen, Wissen mit dem Titel „Schrift" erhältlich.

1. Einführung und Beispiel einer „Großen Erzählung"

unsere Geschichte. Die Männer, Frauen und Kinder lebten in kleinen Gruppen zusammen und teilten sich die anfallenden Arbeiten, die für sie zu ihrer Zeit wichtig waren. Die Männer nahmen Steine und schlugen so lange auf sie ein, bis sie daraus ein Messer oder eine Speerspitze fertigten. Die Frauen sammelten Früchte und Beeren und kümmerten sich wohl um die Kinder.

Diese Menschen lernten aus den Erfahrungen des täglichen Lebens, unterschiedliche Laute zu benutzen, um sich zu verständigen. Langsam wurde ihnen bewusst, dass ein bestimmter Laut, eine bestimmte Geste oder auch die Mimik des Gesichtes eine ganz bestimmte Bedeutung ausdrücken konnte. Sie konnten mit einem bestimmten Laut einen Gegenstand, ein Tier oder auch eine wichtige Handlung meinen.

Lehrerin: Was meint ihr, welche Dinge waren für die Menschen vor vielen hunderttausend Jahren wichtig? (Wald, Höhle, Bär, Tag und Nacht, Regen, Sonne, essen und schlafen, jagen und sammeln …)
Nach Möglichkeit den Kindern Bildmaterial zeigen (Zeittafeln, Bilder von Höhlenbewohnern …).

Sie benutzten auch Tänze, Lieder und Rituale, um der Gruppe zu zeigen, was sie wollten. In ihren Tänzen zeigten sie, wie man die großen Tiere jagen kann. Sie brauchten diese Rituale auch, um sich damit viel Mut zu machen. Sie tanzten aber ebenfalls, um ihre Götter um Regen zu bitten oder um einem Menschen in der Gruppe Gesundheit zu wünschen. In ihren Höhlen zeichneten sie wichtige Dinge aus ihrem Leben.

Bilder sind auch eine Form von Sprache, wie ein Buch, eine schöne und wichtige Bildergeschichte.

Die ersten Worte, Tänze und die Bilder halfen, dass die Menschen innerhalb der Gruppe sich immer fester zusammenschlossen.

Die Sprache entwickelte sich immer weiter, sodass sich diese Menschen immer besser unterhalten konnten. So lernten sie, über alles miteinander zu sprechen. Und sie wollten natürlich auch den anderen Mitgliedern in ihrer Gruppe mitteilen, wo sie welche Nahrung gefunden hatten, welche Beeren im Wald zu finden waren, welche Pilze nicht schmeckten, welche Tiere zu bestimmten Zeiten immer den gleichen Weg gingen …

Das war meistens auch immer möglich, aber zeitweise gab es ein Problem. Wie konnte man jemandem etwas mitteilen, der nicht direkt neben einem stand, der weit von einem weg war?
IRGEND JEMAND, wir wissen nicht, wer es war, wo es war und wann es war,
IRGEND JEMAND entschied sich einfach, ein Zeichen zu machen. Das konnten z. B. Striche, Punkte in einem Holz oder auf einem Knochen gewesen sein.

Dieses Zeichen sagte vielleicht: KOMMT, ZWEI BÄREN!

Man konnte dieses Stückchen Holz oder den Knochen zur Gruppe bringen, um den anderen mitzuteilen: KOMMT, ZWEI BÄREN!
Vor einer langen Zeit begannen die Menschen wahrscheinlich so, anderen etwas mit Hilfe von Zeichen oder von Bildern mitzuteilen.

Es wurden Bilder gezeichnet, die für die anderen Mitglieder der Gruppe wichtig waren. Die Jäger konnten so zum Beispiel mitteilen, dass sie 10 Tiere an einer bestimmten Stelle gesehen hatten. Sie konnten auch mit Hilfe dieser Bilder zeigen, wie man ein Tier mit Steinen oder Speeren leichter jagen kann.
Viele tausend Jahre lebten die Menschen so. Sie lernten langsam sich und ihre Umgebung immer besser kennen. Nach und nach gebrauchten sie neue Wörter. Die Menschen lernten auch, immer besser und genauer zu zeichnen. Wir wissen das, weil wir heute noch in Höhlen Zeichnungen finden, die wie ein Bilderbuch uns ihre Geschichten erzählen.
Die Menschen lernten noch etwas sehr Wichtiges. Sie lernten, sich von ihren Höhlen und von den Wäldern zu lösen, die ihnen ja immer Sicherheit und Schutz vor wilden Tieren und auch vor Unwettern gegeben hatten. Sie lernten kleine Häuser zu bauen und in einem Dorf zusammenzuleben. Das ist noch gar nicht so lange her, wie ihr vielleicht glaubt. Auch diese Menschen versuchten mit Bildern Dinge und Handlungen anderen mitzuteilen. Die Schrift mit Bildern ist der Anfang unseres Schreibens. Darum heißt diese Schrift auch Bilderschrift.

Arbeitsaufträge:

Versucht einmal Folgendes in einer Bilderschrift zu zeichnen:

Hole Wasser aus dem Fluss!
Bringe die Ziegen auf die Wiese!
Ich gebe dir drei Ziegen und möchte dafür von dir ein Kamel haben.

Wir wollen nun einige Völker kennen lernen, von denen wir wissen, wie sie eine Schrift entwickelt hatten.

Die Sumerer

Die ersten Menschen, von denen wir wissen, dass sie in Bilderschrift geschrieben haben, waren vor 5000 Jahren die Sumerer. Sie lebten im Zweistromland, das damals Mesopotamien hieß.
In jener Zeit entstanden die ersten größeren Städte. Die Menschen übten die unterschiedlichsten Berufe aus. Es gab Bauern, Handwerker, Kaufleute, Priester und auch die ersten Könige. Die Könige wollten Steuern, damit sie besser leben konnten. Nun mussten aber auch alle ihre Steuern bezahlen, denn niemand sollte vergessen werden, denn dann fehlte dieser Betrag dem König. Damit niemand vergessen wurde, musste es irgendwie aufgeschrieben werden. Manchmal musste man den Menschen in den anderen Städten etwas mitteilen. Weil der König aber nicht immer selbst hingehen konnte, musste man es ihnen schriftlich mitteilen.
Wie haben die Sumerer ihre Aufzeichnungen gemacht?

Sie haben in der Gegend bei ihren Flüssen Ton gefunden. Daraus machten sie Tonplatten. Als diese Platten noch weich waren, haben die Sumerer mit Schreibgriffeln Bilder bzw. Linien in die Tonplatten eingeritzt. Da das vordere Ende tiefer in den Ton gedrückt wurde, hatte die Linie die Form eines Keils. Deshalb nennen wir heute diese Bilder Keilschrift.

Abstrakte Begriffe:

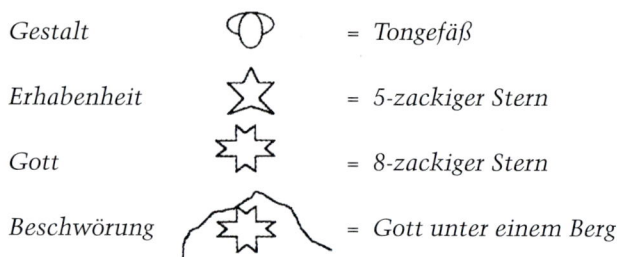

Die Ägypter

Ein anderes Volk waren die Ägypter, die im nördlichen Teil von Afrika in der Nähe des großen Flusses Nil lebten. Um diesen Fluss herum ist die ansonsten dürre Wüste in Ägypten sehr fruchtbar. Dieses Volk hat wunderschöne große Bauten errichtet, die Pyramiden. Im Inneren dieser Pyramiden haben sie an den Wänden viele Bilder eingemeißelt und einige auch auf Stein gemalt. Jedes Bild hatte seine Bedeutung. Diese Bilder erzählen uns heute die Geschichte der Menschen vor ungefähr 4000 Jahren. Es sind Geschichten von den Pharaonen, Priestern und Bauern. Die Bilder an den Wänden der Gräber der großen Könige werden Hieroglyphen genannt. Hieroglyphen bedeutet so viel wie ‚Worte Gottes' oder ‚Heilige Zeichen'.

Am Anfang haben die Bilder auch das bedeutet, was sie darstellten. Eine Katze hat eine Katze bedeutet. Ein Bein hat ein Bein bedeutet.
Wie ihr euch sicher vorstellen könnt, waren die Menschen durch die Bilder manchmal sehr irritiert. Dieses geschah sehr oft, wenn man das gleiche Bild nutzte, um unterschiedliche Meinungen mitzuteilen, wie es die Ägypter taten.
Zum Beispiel konnte das Bild eines Beines Folgendes bedeuten:

- *ein Gegenstand: ein Bein, Bein eines Tieres,*
- *eine Idee: zu laufen, weil das Bein für das Wort laufen benutzt wurde,*
- *ein Geräusch: entsprechend der Bedeutung für schnell und*
- *ein Tisch mit vier Beinen hat vielleicht beieinander sein bedeutet*

Aber die Ägypter machten noch etwas anderes. Sie machten Papier aus einer Pflanze, die in der Nähe dieses großen Flusses wuchs. Die ersten gemalten Bilder auf diesem Papier wurden mit einem Pinsel gemalt. Später nutzten sie Stifte[17], um mit ihrer Bilderschrift Nachrichten zu übermitteln.

---

17 Anm. d. Verf.: Die Hieroglyphen an Tempelwänden oder Statuen wurden entweder eingemeißelt oder mit dicken Pinseln aus Papyrusfasern aufgetragen. Auf Papyrus schrieben die Schreiber mit dünnen Rohrpinseln oder Rohrfedern (die Bleistiften ähnlich aussahen). Das Rohr wurde geschnitten und zum Aufnehmen der Tinte an der

1. Einführung und Beispiel einer „Großen Erzählung"

Papyrus: Am Nil gab es Schilfrohr. Wenn man das Mark des Schilfrohres aufeinander legte und presste, das Ganze anschließend trocknete, dann erhielt man eine dünne Schicht, auf der man die Bildzeichen aufmalen konnte.

Die Schreiber haben sich dann Tusche hergestellt. Vielleicht aus schwarzem Ruß und Öl oder Wasser.

Der Begriff ‚Papyrus' ist in unserem heutigen Namen für ‚Papier' noch enthalten.

Schreiberlinge ritzten Hieroglyphen in Ton- oder Kalksteinscherben. Das war billiger als auf Papyrus zu schreiben. Manchmal kritzelten auch geübte Schreiber aus Spaß in ihrer Freizeit besonders komplizierte Hieroglyphen auf Scherben. Das hier abgebildete Entenküken war das Zeichen für „Premierminister".[18]

Wir haben nun schon Papyrus, Stifte zum Schreiben und viele Bildzeichen, mit denen man die unterschiedlichsten Dinge mitteilen konnte. Noch sind wir aber nicht bei unserer Schrift angelangt. Dazu müssen wir uns noch ein anderes Volk ansehen:

Die Phönizier

Die Phönizier waren ein Volk, das an der Ostküste des Mittelmeeres lebte. Sie waren Seefahrer und Kaufleute, die mit ihren Schiffen von einem Platz zum anderen segelten und ihre Waren verkauften. Sie transportierten alle möglichen Waren ihrer Zeit

– Elfenbein, Gewürze, Weihrauch, Sklaven, Silber, Ornamente, Glas – und etwas ganz, ganz Besonderes. Nur die Phönizier handelten damit. Es war eine spezielle Farbe, die sie Purpur nannten – das war die Farbe der Könige, weil sie sehr schwer zu bekommen war. Die Farbe gewannen sie von einem kleinen Schalentier, einer Schnecke. Jedes einzelne Schalentier hat nur einen Tropfen in einem kleinen Beutel. Millionen von diesen Schalentieren brauchte man, um eine geringe Menge von dieser Farbe zu erhalten. Die Phönizier entdeckten die Farbe. Darum handelten sie allein damit, was zu einem ihrer größten Geschäfte wurde.

Nicht weil die Phönizier mit dieser Farbe handelten, sind sie so wichtig für uns. Sie handelten mit den Ägyptern, lernten ihre Bilderschrift kennen und entwickelten sie weiter. Die Phönizier sind darauf gekommen, dass man die Bilderschrift nicht nur für bestimmte Dinge, Gegenstände oder Tiere oder Pflanzen verwenden sollte. Sie gebrauchten eine ganz einfache Methode, um sich Notizen zu machen. Sie verwendeten die Bilderschrift für einzelne Laute, wo ein Bild einen bestimmten Laut meinte. Die Phönizier entdeckten das, was ihr bei den Sandpapierbuchstaben auch entdeckt habt, dass eine bestimmte Form für einen Laut steht.

Während unsere Sprache aus vielen Zehntausenden von Wörtern besteht, deren Zeichen man lernen müsste, entwickelten die Phönizier eine Schriftsprache aus 22 Zeichen (Buchstaben), mit denen man alle Wörter schreiben konnte. Das war sehr gut, so konnte man leichter aufschreiben, was man meinte.

Spitze gespalten. Schwarze Tinte wurde aus Holzkohle oder Ruß hergestellt. Für farbige Tuschen (rot, grün oder blau) zerrieb man Mineralien von entsprechender Farbe und mischte sie mit Wasser.

18 Brookfield, 1997[2], S. 13

Unsere Buchstaben haben also auch eine Geschichte, die wir uns nun einmal kurz ansehen wollen.

*‚Ochse' hieß bei den Phöniziern
a l e p h.
In der Bilderschrift erkennt man
den Ochsenkopf.*

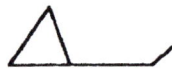
*Ein anderes Zeichen mit einem
spitzen Dach verwendeten sie für
‚Haus'. Bei den Phöniziern hieß es
b e t h.*

Die Phönizier waren sehr praktisch. Sie haben die bekannten Zeichen verwendet, sich aber darauf geeinigt,

dass das Zeichen für a l e p h nicht Ochse, sondern ‚a' bedeutet,

dass das Zeichen für b e t h nicht Haus, sondern ‚b' bedeutet.

Auf diese Weise haben sie eine Gruppe von 22 Zeichen gebildet. Diese Zeichen haben sie zum Teil gedreht, sodass am Ende der Ochse auf dem Kopf stand und das Haus auf der Seite. Wenn wir uns die so entstandenen Buchstaben ansehen, erkennen wir ganz leicht unsere Buchstaben, die wir heute für ‚A' und ‚B' verwenden.

    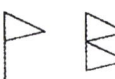

Das ist noch nicht das Ende der Geschichte.

Die Griechen

Eine andere Gruppe von Menschen, die Griechen, haben Ordnung in die Schriftsprache gebracht. Sie haben nicht nur die Reihenfolge der Buchstaben erfunden, sondern sie haben auch noch zusätzliche Buchstaben hinzugefügt. Vor allem haben sie viel mit diesen Buchstaben geschrieben, sodass sich die Schriftsprache schnell entwickeln konnte.

Die Römer

Die Römer lebten zu der Zeit, als die Menschen begannen, die Zeit genau zu berechnen. Sie haben nicht nur großartige Häuser und Paläste gebaut. In ihre Häuserwände haben sie Inschriften eingemeißelt, um ihren Stolz, ihre Größe und ihren Besitz vor den anderen Menschen besser zeigen zu können. Dazu haben sie die von den Griechen verwendeten Zeichen weiterentwickelt, um ihnen eine besondere Schönheit zu geben.

A B Sie haben aus dem Alphabet eine Gruppe von schön geformten Buchstaben gemacht.

Das Mittelalter

Viele hundert Jahre später, im Mittelalter unter Karl dem Grossen, hat der Mönch Alcuin die Buchstaben so weiterentwickelt, dass sie einfacher mit der Feder zu schreiben waren.

a b Dabei ist etwas herausgekommen, was wir heute als die kleinen Buchstaben bezeichnen.

Phönizisch	Neuhebräisch	Altgriechisch	Klassisches Griechisch	Etruskisch	Klassisches Latein	Modernes Latein
⩟	א	⊿	A	A	A	A
⁹	ב	8	B	8	B	B
⁷	ג	⁷	Γ	⁷	C	C
⊿	ד	Δ	Δ	⊓	D	D
⋏	ה	⋷	E	⋷	E	E
⋎	ו	⋺		⋺	F	F
					G	G
I	ז	I	Z	I		
⊟	ח	⊟	H	⊟	H	H
⊗	ט	⊗	θ	⊗		
Z	·	⋜	I	I	I	I
						J
⋎	כ	⋎	K	⋎	K	K
L	ל	⋀	Λ	⋁	L	L
⋈	מ	⋈	M	⋎	M	M
⋎	נ	⋎	N	⋎	N	N
⌶	ס		⩶	⊞		
O	ע	O	O	O	O	O
⁊	פ	⁊	Π	⁊	P	P
⋏	צ	M		M		
φ	ק	φ		φ	Q	Q
⊲	ר	⊲	P	⊲	R	R
W	ש	⋝	Σ	⋝	S	S
✝	ת	X	T	T	T	T
						U
			Y		V	V
						W
			Φ			
			X		X	X
			Ψ			
			Ω			
					Y	Y
					Z	Z

Die Alphabetenfamilie

Die Sandpapierbuchstaben, die du gelernt hast, sind fast die gleichen Buchstaben, wie sie die Römer vor 2000 Jahren geschrieben haben.

Wir dürfen aber nie vergessen: Es waren die Phönizier, die mit der Idee begannen, Laute mit Hilfe von Buchstaben auf Papier zu schreiben. So kam es, dass man die Schriften der Vergangenheit heute lesen kann und ich euch diese Geschichte aus der Vergangenheit erzählen konnte. Geschichten, die die Menschen vor vielen Jahren aufgeschrieben haben. Ich denke, wir sollten alle ein großes Dankeschön den Phöniziern dafür sagen, dass sie das Alphabet entwickelt haben.

2. Kosmische Erziehung und Sprache anhand selbst erstellter Materialien

In den Kursen zur Erlangung eines Montessori-Diploms haben die Teilnehmerinnen die Aufgabe, ein eigenes Material zu entwickeln, das den Grundsätzen der Montessori-Pädagogik entspricht und den erlernten Standards, sich also für *Freiarbeit* eignet, als *Schlüssel zur Welt* betrachtet werden kann, nach Möglichkeit die *Sinne schult, handelnden Umgang* ermöglicht, die *Schwierigkeiten isoliert, ästhetisch gestaltet* ist, den *Sprachschatz erweitert, sprachliche Erkundungen* und die *Kommunikation fördert* und nach Möglichkeit *Knotenpunkte* enthält, von denen aus ein interessiertes Kind allein oder mit anderen in einen anderen Bereich wechseln kann. Dazu kommt, dass die Materialien einen *aufbauenden Charakter* haben sollen, sodass ein Kind auf unterschiedlichen Niveaustufen vom ersten Schuljahr und evtl. sogar vom Kindergarten an bis zur Klasse vier (oder höher) angemessene und interessante Aufgaben finden kann. Die folgenden zwei Themen „Gewürze" und „Heilkräuter" entstammen einem solchen Diplomkurs.

2.1 Gewürze – Material zur Unterscheidung von Gewürzen

Thomas Rodermund

Zu Beginn der Arbeitsphase sollte ein panoramaartiger Überblick über die Thematik gegeben werden. Beispielsweise erzählt die Lehrerin eine spannende Geschichte über den Geschmack der Menschen und den Zusammenhang mit Gewürzen, wie mit Gewürzen Handel getrieben wurde, dass Gewürze einmal so kostbar waren wie Gold, wo Gewürze wachsen, welche klimatischen Bedingungen sie brauchen, wann wir ein Gericht als *wohlschmeckend, gut gewürzt, gut abgeschmeckt* erleben … Sie könnte auch erzählen, dass im 17. Jahrhundert im Amsterdamer Hafen ganze Schiffsladungen von Gewürzen verbrannt wurden, um die Preise hoch zu halten und einen Preisverfall zu verhindern, ein Verfahren, dass auch heute durchaus noch nicht unüblich ist. Dies könnte ein *Knotenpunkt* für eine Lehrerin mit volkswirtschaftlichen Kenntnissen sein, welche die dahinter stehende Dynamik grafisch aufarbeiten und sprachlich so vereinfachen kann, dass sie für die Kinder fassbar wird, einschließlich der menschlichen und ökologischen Probleme, die sich bei dieser Art der Marktregulierung ergeben können (evtl. mit Rollenspielen für Verfechter/Gegner dieser Preispolitik …).

Gewürze riechen

Material: Ein Kasten mit 8 Gewürzgläsern: Die durchsichtige Gläser in der Größe eines Glases für Babynahrung sollten für Kinderhände leicht zu öffnen sein. Der Kasten ist in zwei Hälften unterteilt. Jedes Gewürz ist zweimal vorhanden. In der einen Hälfte des Kastens befinden sich Gewürze in ungemahlenem Zustand. Das gleiche Gewürz befindet sich gemahlen in der anderen Hälfte des Kastens.
Die Gewürze sollen sich im Geruch gut voneinander unterscheiden wie zum Beispiel Anis, Kümmel, Muskatnuss, Pfeffer.
Alle Gläser und Verschlüsse sind mit entsprechenden Farben gekennzeichnet.

Handhabung:

- Die Lehrerin nimmt alle Gläser aus der einen Hälfte des Kastens heraus und stellt sie vor das Kind. Es empfiehlt sich, mit den Gläsern zu beginnen, in denen die ungemahlenen Gewürze enthalten sind. Sie nimmt ein Glas in die Hand, öffnet es und zeigt, wie man daran riecht: Das Glas wird mit etwas Abstand unterhalb der Nase vorbei geführt. Dabei atmet die Lehrerin durch die Nase ein. Das Kind soll diese Tätigkeit genau wiederholen. So wird verhindert, dass das Kind die Nase beim Riechen tief ins Glas steckt, denn bei scharfen Gewürzen wie z. B. Pfeffer kann es sonst zu starken Schleimhautreizungen kommen.
- Nach dem ersten Gewürz riecht das Kind an allen Gewürzgläsern, die vor ihm stehen. Jedes Glas wird unmittelbar nach dem Riechen wieder verschlossen.
- Die Lehrerin nimmt die Gläser aus der anderen Kastenhälfte hinzu. Von jeder Serie hält sie ein Glas in der Hand, riecht an dem Inhalt und vergleicht die Gerüche. Sie lässt das Kind ebenfalls riechen und vergleichen: Ungemahlene Gewürze riechen nicht so intensiv wie gemahlene. Das Kind wird, falls es dies nicht selbst entdeckt, durch die Lehrerin darauf hingewiesen.

Ist der Geruch der beiden Gewürze nicht gleich, stellt die Lehrerin das Glas der neuen Serie zur Seite. Dieser Vorgang wird so lange wiederholt, bis der identische Geruch gefunden wurde. Die passenden Gläser werden paarweise zusammengestellt. So werden nacheinander alle Paare gebildet. Das Kind wiederholt die Übung. Bei dieser Paarbildung wird das Gewürz natürlich benannt.

Variation:
- Es können weitere Gewürze bereitgestellt werden, z. B.: Ingwer, Nelken, Zimt.
- Die Riechübung kann mit geschlossenen/verbundenen Augen ausgeführt werden.
- Die Gläser mit den gemahlenen Gewürzen werden auf einen zweiten Tisch gestellt. Das Kind legt ein Zeichen an ein Glas und holt das passende Glas mit dem gleichen Duft vom anderen Tisch.
- Unterscheiden von Geschmäcken bei Gewürzen: Riechen und Schmecken sind stark miteinander verbunden. Um die Gewürze schmecken zu können, empfiehlt es sich, eine möglichst neutrale Grundlage zu wählen. Dies kann eine Scheibe Toastbrot oder auch Quark sein. Das Gewürz wird in gemahlenem Zustand auf das Brot gegeben oder unter den Quark gemischt. Um die Gewürze schmecken zu können, muss bei jedem Gewürz eine entsprechende Dosierung herausgefunden werden.
Kleine Schälchen und Löffel zum Anrühren des Quarks werden durch die Lehrerin bereitgestellt.

Förderziel: Gewürze anhand ihres Geruches und Geschmacks erkennen

Kontrollmöglichkeit: Selbstkontrolle durch Markierungen unter den Gläsern

Tipp: Da sich die Gerüche der Gewürze im Laufe der Zeit verflüchtigen und die Gewürze in ungemahlenem Zustand teilweise nicht so intensiv wie in gemahlenem Zustand riechen, werden Hilfen zur Verfügung gestellt:
- Eine Pinzette ermöglicht das Herausnehmen von einzelnen Gewürzkörnern. Diese werden dann in der Handfläche zerrieben und entfalten so einen intensiveren Geruch. Die Handfläche muss anschließend gewaschen werden.
- Ein Mörser mit Stößel zum Zerreiben der Gewürze, damit sich ihr Geruch besser entfalten kann, wird zur Verfügung gestellt.
- Je eine Pfeffermühle aus Plexiglas ermöglicht das anschauliche Mahlen von Pfefferkörnern, Anis und Kümmel.
- Das Kind reibt eine Muskatnuss auf einer Reibe. Dadurch entfaltet sich der Geruch stärker.

Vorhanden sind für diese Thematik:
- Jeweils ein Paar Gewürzgläser mit gleichen Gewürzen zum Zuordnen,
- Bild- und Wortkärtchen,
- Definitionskartenserien im Hinblick auf einen Aspekt, z. B. das Aussehen der Pflanze, zum Lernen des Begriffs,
- Definitionskarten, auf denen der Name des Gewürzes fehlt und als Wortkärtchen eingefügt wird zur Festigung des Begriffes,
- in Sinnzusammenhänge zerschnittene Definitionskarten zur Festigung des Begriffes.

Gewürz-Puzzle

Wortlektion: Gewürze

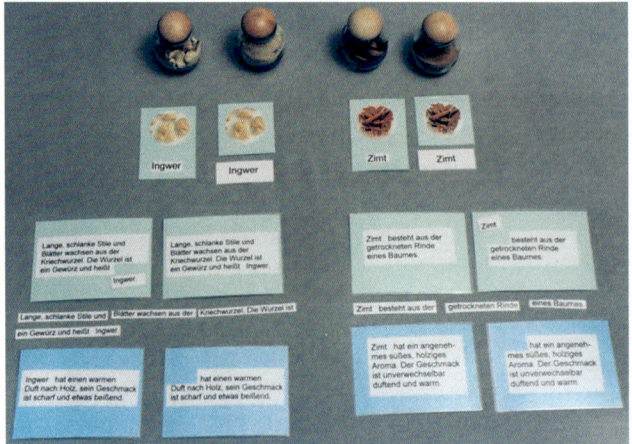

Material: Gewürze in Gläsern (gemahlen und ungemahlen), Kartensatz mit Abbildungen von Gewürzen, darunter steht der entsprechende Name, weiterer Kartensatz zeigt nur das jeweilige Gewürz, Namenskärtchen mit entsprechenden Bezeichnungen der Gewürze; alle zusammengehörigen Karten sind auf der Rückseite mit einer Farbe gekennzeichnet.

Beispiel für Definitionskarten:

> **Aroma und Geschmack**
>
> **Anis** riecht und schmeckt süßlich.
> Es erinnert an Lakritze.

Definitionskarten in einer Übersichtskarte zusammengefasst:

> **Aroma und Geschmack**
>
> **Anis** riecht und schmeckt süßlich. Es erinnert an Lakritze.
>
> **Gewürznelken** haben ein starkes Aroma. Im Mund sind sie scharf, bitter und betäubend.
>
> **Ingwer** hat einen warmen Duft nach Holz. Sein Geschmack ist scharf und etwas beißend.
>
> **Kümmel** riecht und schmeckt leicht bitter. Beim Kochen gibt er Gemüse einen Hauch von Zitronengeschmack.
>
> Der Geschmack und Geruch der **Muskatnuss** ist aromatisch, warm und süßlich.
>
> **Weißer Pfeffer** schmeckt schärfer als schwarzer und grüner. Er hat einen warmen, holzigen Geruch, der frisch, scharf und aromatisch ist.
>
> **Zimt** hat ein angenehmes süßes, holziges Aroma. Der Geschmack ist stark aromatisch und unverwechselbar.

Handhabung: Zu jedem Gewürz gibt es eine entsprechende Namens- und Bildkarte. Die Karten werden den Gewürzgläsern zugeordnet. Es kann sowohl mit den gemahlenen als auch den ungemahlenen Gewürzen gearbeitet werden.
Wichtig: Bei dieser Übung ist das „echte" Gewürz immer dabei. Selbstverständlich soll das Kind auch möglichst häufig am geöffneten Glas schnuppern.
Förderziel: Festigung von Namen, Geruchs- und Geschmackssinn
Kontrollmöglichkeit: Selbstkontrolle durch entsprechende farbliche Kennzeichnung auf der Rückseite der Karten; Kontrollkarte
Tipp: Es sollte zunächst mit den ungemahlenen Gewürzen begonnen werden.

Gewürze: Geruch und Geschmack

Material: Gewürzkasten, Definitionskartenserie „Geruch" und „Geschmack"[19], Lückentexte, Wortkärtchen
Handhabung: Die Definitionskarten werden den Gewürzen zugeordnet. Auch hier ist das „echte" Gewürz immer dabei und die Kinder sollen möglichst häufig am geöffneten Glas schnuppern.
Variation:
- In Sinnzusammenhängen zerschnittene Definitionskarten werden sortiert und den Gewürzen zugeordnet
- Wortkärtchen werden Lückentexten zugeordnet

Förderziel: Festigung der Begriffe, Geruchs- und Geschmackssinn
Kontrollmöglichkeit: Selbstkontrolle anhand der Definitionskarten

Charakteristika der Gewürzpflanzen

Material: Gewürzkasten, Definitionskartenserie „Aussehen", Lückentexte, Wortkärtchen

Beispiel für Definitionskarten:

> **Wie sehen Gewürzpflanzen aus?**
>
> **Anis** ist der Samen einer Pflanze mit hellgrünen, gefiederten Blättern und weißen Blüten in Dolden.

---

19 Anm. d. Verf.: Der Begriff Definitionskarte hat sich eingebürgert, wenngleich es sich häufig nicht um Definitionen im engeren Sinn handelt. In vielen Fällen wäre der Begriff Informationskarte treffender.

Definitionskarten in einer Übersichtskarte zusammengefasst:

> **Wie sehen Gewürzpflanzen aus?**
>
> **Anis** ist der Samen einer Pflanze mit hellgrünen, gefiederten Blättern und weißen Blüten in Dolden.
>
> **Nelken** sind die ungeöffneten Blütenknospen eines Baumes. Sie stehen in Dolden an den Zweigenden.
>
> Lange, schlanke Stiele und Blätter wachsen aus der Kriechwurzel. Die Wurzel ist ein Gewürz und heißt **Ingwer**.
>
> **Kümmel** hat stark gefiederte Blätter und winzige weiß-grüne Blüten.
>
> Der Baum hat dunkelgrüne Blätter und kleine blassgelbe Blüten. Beim Reifen öffnet sich seine Frucht und zeigt ihren Kern, die **Muskatnuss**.
>
> **Pfeffer** sind die Beeren eines Strauches, sie werden weiß, grün oder rosa.
>
> **Zimt** ist die getrocknete Rinde eines Baumes.

Handhabung: Die Definitionskarten werden den Gewürzen zugeordnet. Auch hier ist das „echte" Gewürz immer dabei und die Kinder sollen möglichst häufig am geöffneten Glas schnuppern (vgl. S. 169).

Variation:
- In Sinnzusammenhängen zerschnittene Definitionskarten werden sortiert und den Gewürzen zugeordnet
- Wortkärtchen werden Lückentexten zugeordnet

Förderziel: Festigung der Begriffe

Kontrollmöglichkeit: Selbstkontrolle anhand der Definitionskarten

Anbaugebiete der Gewürzpflanzen

Material: Gewürzkasten, Definitionskartenserie „Herkunft", Lückentexte, Wortkärtchen, Weltkarten, Klebepunkte oder farbige Stifte

Definitionskarten in einer Übersichtskarte zusammengefasst:

> **Wo wachsen die Gewürze?**
>
> **Anis** wächst im Süden Russlands, in der Türkei, in Spanien, Frankreich, Deutschland und Indien.
>
> **Nelken** wachsen in Indonesien, Madagaskar, Tansania, Sri Lanka, Malaysia und Grenada.
>
> **Ingwer** wächst in China, Indien, Südostasien, Afrika, Nordaustralien, auf Jamaika und auf Hawaii.
>
> **Kümmel** wächst in Holland, Deutschland, Polen, Marokko, Skandinavien, Russland, den USA und Kanada.
>
> **Muskatnuss** wächst auf den Molukken, in Sri Lanka, Malaysia und Westindien.
>
> **Pfeffer** wächst in Indien, Malaysia, Indonesien und Brasilien.
>
> **Zimt** wächst in Sri Lanka, auf den Seychellen, in Indien, Brasilien und Indonesien.

Handhabung:
- Das Vorkommen der einzelnen Gewürze wird in der Weltkarte durch Einkleben bzw. Einzeichnen entsprechender Farbpunkte kenntlich gemacht. Für jedes Gewürz ist ein Farbpunkt mit einer bestimmten Farbe vorgesehen (zum Beispiel: Braun für Zimt). Auf der ersten Weltkarte befinden sich lediglich die Namen der Hauptanbaugebiete für die vorhandenen Gewürzpflanzen. Die zweite Weltkarte zeigt durch farbige Klebepunkte, wo überall welches Gewürz angebaut wird, z.B.: GRÜN – ANIS, ROT – NELKEN, GELB – INGWER, BLAU – KÜMMEL, WEISS – MUSKATNUSS, BRAUN – ZIMT.
- Für jedes Gewürz gibt es eine eigene Weltkarte, die in der entsprechenden Farbe gekennzeichnet ist.
  Ein Kartensatz mit den Gewürznamen und ihren Hauptanbaugebieten wird den Weltkarten zugeordnet.

Förderziel: spezifische Eigenheiten des jeweiligen Gewürzes und dessen Hauptanbaugebiete kennen lernen

Kontrollmöglichkeit: Selbstkontrolle durch farbliche Kennzeichnung auf der Rückseite aller Karten, Definitionskarten

Gewürz-Bücher

Die Definitionskarten können von den Kindern auch in kleinen Büchern zusammengefasst werden. Außerdem können diese durch Informationen über „Verwendung" und „Wirkungsweisen" erweitert werden.

Als Anschlusslektüre und auch als Informationsmöglichkeit zu den einzelnen Unterthemen stand entsprechende Lektüre auf einem so genannten „Ausstellungstisch" bereit, der sich gleich am Klasseneingang befand.

2.2 Heilkräuter – Material zur Schulung des Geruchsinnes und zum Kennenlernen einiger Kräuter

Beatrix Wladkowski

Das Kind hat mit dem Material die Möglichkeit, die frischen oder getrockneten Pflanzen (Pfefferminze, Melisse, Rosmarin, Salbei) handelnd und mit allen Sinnen zu erfahren: Sie können die Pflanzen vor und nach Zerreiben riechen und den jeweiligen Geruch vergleichen, sie können Tee aus den Pflanzen kochen oder sie dem jeweiligen Öl zuordnen.

Anschließend bietet das Material weitere Informationen zu Aussehen, medizinischer Wirkungsweise und Standort.

Das Kind lernt Beschreibungen der Pflanze kennen, kann Kräuter sammeln und selber ein Heft (z. B. mit gepressten Pflanzen) anlegen. Bei entsprechender Gestaltung der unmittelbaren Schulumgebung können Kinder auch Kräuterbeete anlegen. Abstraktes Wissen über die Pflanzen ist so eingebettet in die *sinnhafte* Erfahrung.

Materialien sind nur als Basis für eine eingehende Beschäftigung mit dem Thema Heilpflanzen/Kräuter gedacht. Sie bieten dem Kind die Möglichkeit, die Pflanzen in unterschiedlichen Zusammenhängen zu sehen, die im Folgenden nur stichpunktartig dargestellt werden:

- Natur lässt sich unmittelbar erfahren,
- das Verhältnis Mensch – Natur kann erlebt,
- der Umgang mit natürlichen Ressourcen eingeübt und
- der Weg von der Pflanze zum Industrieprodukt erfasst werden. Hierzu dient die kurze Einführung zur Destillation und die Durchführung des Experiments.

Die Kinder können dabei erfahren, wie aus einer Pflanze, die in der freien Natur wächst, die Vorstufe zu einem Industrieprodukt (z. B. Pfefferminzbonbon) wird.

Auch die ätherischen Öle, die im Material enthalten sind, werden für das Kind so noch einmal mit der entsprechenden Pflanze verbunden: Das Öl ist nicht länger einfach eine Substanz, die nach der entsprechenden Pflanze duftet, sondern es ist ein Produkt, das direkt aus der Pflanze gewonnen wird.

Das Material bietet auf diese Weise sehr viele Ansatzpunkte für weitere Tätigkeiten des Kindes, aber auch für die Suche nach weiteren Informationen, die sich das Kind lesend erschließt.

Es ermöglicht aber auch noch umfassenderes Lernen: Am Beispiel der Heilpflanzen wird deutlich, auf welche Weise der Mensch natürliche Ressourcen nutzen kann. Durch die Arbeit mit den Pflanzen (Kräuterbeet, Sammeltätigkeit) lernen die Kinder, dass die für den Menschen nützlichen Eigenschaften der Pflanze nicht isoliert existieren, sondern in komplexere Systeme (Pflanzenorganismus, Biotop) eingegliedert sind. Wenn man die Pflanzen nutzen möchte, muss man Rahmenbedingungen schaffen, die diese Nutzung ermöglichen (Schutz der Pflanze in der Natur, Beetkultur).

Die Kinder erleben sich als ihre Umwelt aktiv Gestaltende, die verantwortungsvoll mit der Schöpfung umgehen sollten. Das Material kann so den Lern- und Erfahrungshorizont erschließen, der von Maria Montessori in ihrem Konzept der Kosmischen Erziehung dargestellt wurde.

Kennen lernen von Heilkräutern

Material:

- je eine Pfefferminz-, Melissen-, Rosmarin-, Thymian- und Salbeipflanze im Topf,
- fünf Schraubgläser mit getrockneten Pflanzenteilen der oben genannten Pflanzen,
- ätherische Öle der Pflanzen,
- ein Porzellanmörser mit dazugehörigem Stößel,
- Glasschälchen und Holzspatel, um die zerriebenen Pflanzenteile abzulegen,
- fertig zugeschnittene Küchentücher zum Aufbringen des ätherischen Öles und zum Reinigen des Mörsers und des Stößels,
- ein Fläschchen mit Waschalkohol zum Reinigen des Mörsers,
- eine Aromalampe.

Die Blumentöpfe, die Schraubgläser mit getrockneten Pflanzenteilen und die Fläschchen mit ätherischem Öl der jeweiligen Pflanzen sollten mit den Namen der Pflanzen und einem farbigen Punkt gekennzeichnet sein.

Des Weiteren stehen Kartensätze zur Verfügung mit

- Fotos der Pflanzen,
- gepressten Blättern der Pflanzen,
- gepressten Pflanzenabschnitten,

- der gepresste Stängel mit Blatt und
- der jeweilige Blattumriss.

Stängel, Blatt sowie ein Blattumriss sind laminiert. Dies ermöglicht dem Kind das Blatt von der Ober- und Unterseite zu betrachten. Entsprechend dem üblichen Erstellen von Definitionskarten sind jeweils Paare vorhanden, z. B. zwei Pfefferminzblätter, von denen eins mit dem Namen versehen ist. Dazu gehören noch (hier nicht abgebildet) lose Wortkärtchen mit dem entsprechenden Namen der Pflanze. Wenn das Kind das Wortkärtchen dem unbeschrifteten Pflanzenbild zuordnet, dient das andere, auf dem der Name steht, zur Kontrolle.

Bei allen Kartensätzen gibt es Bildkarten mit und ohne Namen der Pflanzen sowie Wortkärtchen mit den Pflanzennamen.

Weitere Kartensätze bieten Informationen über Aussehen, Standort, medizinische Wirkung der Pflanzen sowie Verwendungsmöglichkeiten der Pflanzen als Würzkräuter, Regeln zum Kräutersammeln.

Wichtig ist, „echte" Pflanzen bereitzustellen, wie hier den Rosmarin. Falls dies nicht möglich ist, sollten gute Fotos der einzelnen Kräuter vorhanden sein.

Definitionskarten in einer Übersichtskarte zusammengefasst:

> **Wie sehen Pflanzen aus?**
>
> **Salbei** ist eine 30 bis 80 cm hohe Pflanze. Die Blätter sind länglich und spitz zulaufend. Die Farbe der Blätter ist graugrün. Die Pflanze blüht vom Juni bis zum August. Es gibt viele Salbeiarten, die alle etwas unterschiedlich aussehen und riechen.
>
> **Rosmarin** ist ein 40 cm bis 150 cm hoher, immergrüner Strauch. Die Blätter sind schmal und spitz. Sie sehen fast wie Tannennadeln aus. Die Oberseite ist dunkelgrün. Die Unterseite ist fast weiß.

> **Pfefferminze** ist eine 30 bis 60 cm hohe Pflanze. Die Blätter sind spitz zulaufend und am Rand gezackt. Es gibt viele Pfefferminzarten, die alle etwas unterschiedlich aussehen. Alle Arten sind am typischen Pfefferminzduft zu erkennen.
>
> **Thymian** ist eine bis zu 30 cm hohe Pflanze, die größere Bodenflächen bedeckt. Die Blätter sind sehr klein. Sie sind schmal und am Blattansatz etwas breiter.
>
> **Melisse** ist eine 30 bis 60 cm hohe Pflanze. Die Blätter sind rundlich und am Rand gezackt. Die Pflanze blüht vom Juni bis zum August.

Definitionskarten in einer Übersichtskarte zusammengefasst:

> **Wobei helfen Kräuter?**
>
> **Thymiantee** hilft gegen Magenkrämpfe. Auch gegen Erkrankungen der Atemwege, wie zum Beispiel Husten, verwendet man den Tee.
>
> **Salbeitee** hilft gegen starke Schweißausbrüche. Bei Halsschmerzen sollte man mit Salbeitee gurgeln.
>
> **Rosmarintee** regt die Nieren und die Leber an. Das Öl der Pflanze darf nur äußerlich, zum Beispiel zum Einreiben, verwendet werden. Es hilft gegen Muskelschmerzen und Rheuma.
>
> **Melissentee** hilft bei nervösen Beschwerden wie zum Beispiel Kopfschmerzen oder Schlaflosigkeit.
>
> **Pfefferminztee** wird gegen Magenkrämpfe und Darmkrämpfe verwendet. Er mildert Husten und andere Atemwegserkrankungen. Das Öl der Pflanze darf nur äußerlich, zum Beispiel zum Einreiben, verwendet werden. Es hilft gegen Kopfschmerzen.

Definitionskarten in einer Übersichtskarte zusammengefasst:

> **Wo wachsen die Kräuter?**
>
> **Salbei** wächst auf Kalkböden an Abhängen und auf Weiden des Mittelmeerraumes. Bei uns in Mitteleuropa wird er oft in Gärten angebaut.

2. Kosmische Erziehung und Sprache anhand selbst erstellter Materialien

Rosmarin wächst in felsigen Gebieten und an Abhängen im Mittelmeerraum. Bei uns in Mitteleuropa wird er oft in Gärten angebaut.

Pfefferminze wächst in Gräben, an Straßenrändern und im feuchten Brachland. Die Pflanze ist überall in Europa zu finden und wird oft auch in Gärten angebaut.

Thymian wächst auf mageren, kargen Böden wie zum Beispiel in der Heide, in felsigem und steinigem Gelände und auf Dünen. Er ist überall in Europa zu finden und wird oft auch in Gärten angebaut.

Melisse wächst an Hecken, in Weingärten und in nicht sehr dicht bewachsenen Wäldern in Südosteuropa und Südeuropa. Bei uns in Mitteleuropa wird sie in Gärten angebaut und kann von dort aus verwildern.

Diese Karten sind auch als Kontrollkarten zu benutzen.
Dazu gehören zu jedem Heilkraut eine Satzkarte, ein Lückentext mit einem Wortkärtchen sowie ein in Sinnabschnitte zerlegter Satz.

Beispiel für eine Satzkarte:

Salbei wächst auf Kalkböden an Abhängen und auf Weiden des Mittelmeerraumes.
Bei uns in Mitteleuropa wird er oft in Gärten angebaut.

Beispiel für einen Lückentext mit Wortkärtchen:

☐ wächst auf Kalkböden an Abhängen und auf Weiden des Mittelmeerraumes.
Bei uns in Mitteleuropa wird er oft in Gärten angebaut.

| SALBEI |

Zu welchem Gericht passen die Kräuter?

Hinweise für die Kinder:

Auf den Karten findest du Vorschläge, welches Kraut zu welchem Gericht passen könnte. Du kannst aber selber weitere Kombinationen ausprobieren.
Beim Würzen musst du sehr vorsichtig sein. Wenn du zu viel Gewürz zugibst, können die Speisen zu scharf oder sogar bitter schmecken. Gib also erst wenig Würzkraut an die Speise. Dann probiere diese vorsichtig. Wenn du findest, dass es noch zu fad schmeckt, gib vorsichtig Würze nach.

Definitionskarten in einer Übersichtskarte zusammengefasst:

Wann gibt man Würzkräuter zum Kochgut?

Sehr stark duftende Kräuter und Kräuter, deren Blätter schon vor dem Trocknen hart oder dick waren (zum Beispiel Thymian, Rosmarin), gibt man zu Beginn des Kochens zu.

Weniger stark duftende Kräuter oder Kräuter mit zarten Blättern gibt man erst gegen Ende des Kochens zu.

Zu welchem Gericht passen die Kräuter?

Als Würzkraut schmeckt **Pfefferminze** gut zu Lammfleisch, zu Obst und zu Jogurtspeisen.

Als Würzkraut schmeckt **Rosmarin** gut zu Lammfleisch, Schweinefleisch und Geflügel. Er passt auch gut zu Bratkartoffeln und anderen gebratenen Gemüse.

Als Würzkraut schmeckt **Salbei** gut zu Lammfleisch und anderen Fleischgerichten, besonders zu fettem Fleisch. Er passt auch zu Aal und zu Käse. Man kann ihn auch zum Würzen von Salaten verwenden.

Als Würzkraut schmeckt **Thymian** gut zu fast allen pikanten Gerichten, zum Beispiel zur Pizza oder zur Sauce Bolognese.

Als Würzkraut schmeckt **Melisse** gut zu Fisch, zu Pilzen und zu Weichkäse wie zum Beispiel Camembert. Sie passt auch zu süßen Saucen.

Wichtige Regeln beim Sammeln von und beim Umgang mit Kräutern!

- Sammle nur Kräuter, die du ganz sicher kennst!

- Es gibt Pflanzen, die man sehr leicht mit Heilkräutern verwechseln kann, die aber giftig sind. Deshalb lässt du am Besten alles, was du gesammelt hast, noch einmal von einem erfahrenen Sammler oder von einer erfahrenen Sammlerin nachsehen.

- Nimm in der Natur nie alle Kräuter an einem Standort weg, sondern lass den größeren Teil der Pflanzen dort stehen! Wenn du alle Pflanzen einer Art an einer Stelle wegnimmst, kann diese Art dort aussterben. Wenn du jedoch auch Pflanzen stehen lässt, hilfst du diesen, dort zu überleben. Große Mengen Heilkräuter kauft man daher besser in der Apotheke oder zieht sie selber im Garten.

- Sammle Kräuter, bevor sie blühen! Wenn Pflanzen blühen, geben sie sehr viel Kraft in die Blüten und in die Bildung der Samen. Die Blätter der Pflanzen haben dann nicht mehr so viel Kraft wie vorher. Du musst also die Pflanzen, die du sammeln möchtest, in der Natur längere Zeit beobachten. Nur so kannst du den richtigen Zeitpunkt zum Sammeln herausfinden. Die Pflanze sollte schon kräftig sein, aber noch nicht blühen.

- Die Kräuter sind frisch noch sehr feucht. Wenn du sie nicht sofort verbrauchst und sie einfach nur in ein Glas steckst, schimmeln die Pflanzen sehr bald. Deshalb solltest du alles, was du nicht frisch verbrauchst, gut trocknen.
Trockne die gesammelten Kräuter gut, indem du zum Beispiel die Blätter einzeln locker auf einem Faden aufreihst.
Du merkst, dass die Blätter trocken sind, wenn du sie mit der Hand fein zerbröseln kannst und sich die Blätter überhaupt nicht mehr feucht anfühlen. Lass die Blätter dann noch einen Tag weiter trocknen, um ganz sicher zu sein. Dann fülle sie in dunkle Gläser.

- Tee und Öl aus Heilkräutern sind Medizin. Du solltest damit sorgfältig umgehen.
Gib zum Beispiel immer nur wenige Tropfen des Öls in eine Aromalampe.

- Den Tee aus Heilkräutern solltest du nicht einfach so literweise trinken. Ein paar Tassen Kräutertee kann man aber bedenkenlos trinken, einfach nur, weil er gut schmeckt oder gut tut.

- Die genaue Ursache für Krankheiten kennt nur ein Arzt.
Medizin aus Kräutern sollte deshalb nur verwendet werden, wenn der Arzt damit einverstanden ist.
Einige Beschwerden wie zum Beispiel Husten und Schnupfen erkennt man selber sehr leicht, wenn man einige Male erkältet war. Hier können Kräutertees die Beschwerden lindern. Wenn aber nach ein oder zwei Tagen keine Besserung eintritt, sollte man einen Arzt fragen.

Ein Experiment zur Herstellung von (verdünnten) ätherischen Ölen[20]

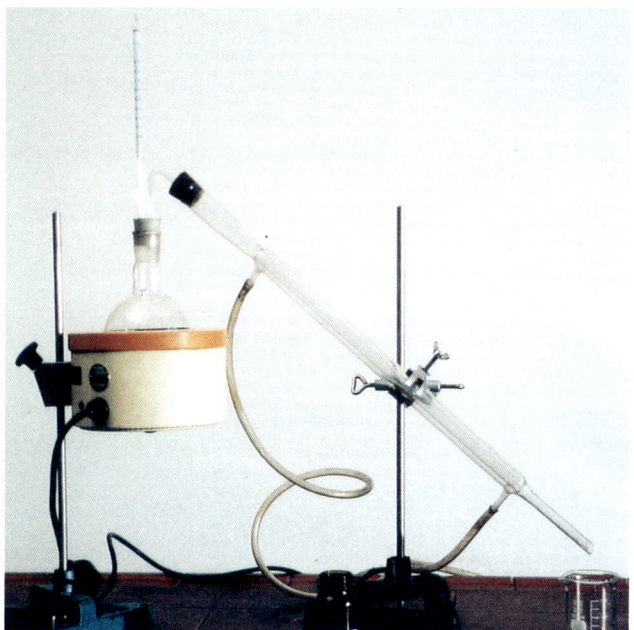

Informationen über das Experiment:

Als Versuchsaufbau sollte hier eine einfache Destillation gewählt werden. Das hierbei gewonnene Destillat ist kein reines Pfefferminzöl, sondern ein Öl-Wasser-Gemisch. Die im Vergleich zum Pfefferminztee höhere Ölkonzentration ist aber zu „erreichen".

Wenn möglich, sollten den Kindern auch schematische Darstellungen und die nötigen Geräte zur Destillation (Heizquelle, Kolben, Destillierkolben, Gefäß zum Auffangen des Destillats, Zuleitungsschläuche für Kühlwasser usw.) mit entsprechend kurz gefassten Erklärungen und Warnhinweisen zur Verfügung gestellt werden.

Die genaue Beschreibung des Versuchsaufbaus muss sich an den in der Schule vorhandenen Gerätschaften orientieren, z. B. Erlenmeyerkolben und Heizplatte oder, wie in unserem Beispiel, ein Rundkolben mit der entsprechenden Heizquelle. Glasröhrchen und Thermometer sollten immer schon durch den Stopfen geführt sein, der Stopfen sollte also mit Röhrchen und Thermometer bei dem Material liegen. Je nach Beschaffenheit des Gummis sind Röhrchen und Thermometer nur schwer durch den Stopfen zu führen und können leicht brechen, wenn man zu sehr nachdrückt.

Die Begriffe zur Bezeichnung der Einzelteile des Liebigkühlers sowie der erforderlichen Geräte/Teile werden als Wortkarten zur Abbildung gelegt: Gefäß zum Auffangen des Destillats, Gemisch aus Wasser und Pflanzenteilen, innere Röhre, Heizquelle, Kühlwasser, Liebigkühler, Thermometer, Wasserablauf, Wasserzulauf.

Für das Experiment werden benötigt:

- eine Heizquelle (einen Kocher), einen Rundkolben (das ist das kugelige Glasgefäß mit dem angesetzten Hals), einen zweifach durchstochenen Stopfen, ein Thermometer, ein Glasröhrchen mit Stopfen, einen Liebigkühler[21], zwei Schläuche zur Zu- und Ableitung des Kühlwassers,
- 20 g getrocknete Pfefferminzblätter, 100 ml Wasser, zwei kleine Glasgefäße zum Auffangen des Destillats, ein Fläschchen aus dunklem Glas zum Aufbewahren des Destillats, Klebeetiketten,
- Stative zum Befestigen der Heizquelle und der Glasaufbauten, eine Schutzbrille für jeden, der am Versuch mitarbeitet oder beim Versuch zuschaut, einen Notizblock und einen Stift.

---

20 Anm. d. Verf.: Noch einmal soll betont werden: Die hier vorgestellten Übungen sind nicht für frontales Arbeiten gedacht, sondern für die interessengeleitete Einzel-, Partner- oder Gruppenarbeit. Erst nachdem eine solche Gruppe den Versuch aufgebaut, die Lehrerin ihn kontrolliert und sich vergewissert hat, dass die Kinder sowohl die Technik des Experiments beherrschen als auch die Sicherheitsregeln, wird sie das Startsignal für das weitere Durchführen des Versuchs geben.

21 Anm. d. Verf.: Um durch Destillation aus Heilpflanzen ätherisches Öl zu gewinnen, braucht man einen Liebigkühler. Der Liebigkühler ist eine Glasröhre, in der sich eine weitere Glasröhre befindet. Zwischen der inneren und der äußeren Röhre befindet sich bei der Destillation kaltes Wasser. Dieses Wasser hat keine Verbindung zur inneren Röhre. Damit immer neues, kaltes Wasser nachfließen kann, gibt es einen Wasserzulauf und einen Wasserablauf.
Der Kühler wurde nach Justus von Liebig benannt. Justus von Liebig lebte von 1803 bis 1873 und hat viele Bereiche der Chemie erforscht.

Anleitung zum Versuchsaufbau

Lies die Arbeitsanweisung genau durch und schau dir Zeichnung und Foto gut an. Wenn du etwas nicht verstehst, frage deine Lehrerin oder deinen Lehrer:

1. Wähle einen Arbeitsplatz. Beachte dabei, dass die Schläuche für das Kühlwasser bis zum Wasserhahn und bis zum Ausguss reichen müssen.
2. Baue das erste Stativ mit dem Kocher auf. Der Stecker des Kochers darf noch nicht in die Steckdose gesteckt werden.
3. Fülle die getrockneten Pfefferminzblätter und das Wasser in den Kolben. Verschließe den Kolben mit dem Stopfen, durch den bereits das Thermometer und das Glasröhrchen gesteckt wurden.
Sichere den Kolben mit der dafür vorgesehenen Klammer am Stativ.
4. Baue nun das zweite Stativ so auf, dass die Klammer am Stativ den Kühler halten kann. Der Kühler muss mit dem Glasröhrchen am Kolben verbunden werden und dann schräg nach unten verlaufen.
Nachdem du das Stativ ausgerichtet hast, kannst du jetzt den Kühler anbringen.
Achte darauf, dass der Stopfen des Glasröhrchens und die Klammer am Stativ richtig passen. Sollte sich der Kühler nicht leicht auf den Stopfen bringen lassen, musst du vielleicht die Klammer am Stativ neu ausrichten.
5. Bringe nun die Schläuche an. Der untere Zulauf muss durch den Schlauch mit dem Wasserhahn verbunden werden. Der obere Ablauf muss durch den Schlauch mit dem Waschbecken verbunden werden. Achte darauf, dass die Schläuche fest sitzen und dass der Ableitungsschlauch nicht leicht aus dem Waschbecken herausrutscht.
6. Stelle nun das Auffanggefäß unter das untere Ende des Kühlers.
7. Vergleiche deinen Versuchsaufbau mit der Zeichnung und dem Foto, die sich in beiliegender Arbeitsbox befindet.
8. Bitte nun deine Lehrerin oder deinen Lehrer, den Versuchsaufbau zu überprüfen.
9. Schaue nach, dass der Schalter des Kochers auf ‚aus' geschaltet ist. Dann stecke im Beisein deiner Lehrerin oder deines Lehrers den Stecker in die Steckdose. Schalte die Heizquelle aber noch nicht an.
10. Stelle im Beisein deiner Lehrerin oder deines Lehrers den Wasserhahn mit der Kühlwasserzuleitung an. Der äußere Teil des Kühlers füllt sich langsam mit Wasser, bis das Kühlwasser aus dem Ablauf in das Waschbecken fließt. Reguliere die Wassermenge so, dass langsam, aber stetig immer neues Wasser nachfließt.
11. Setze jetzt die Schutzbrille auf (wenn ihr in einer Arbeitsgruppe zu mehreren arbeitet, braucht natürlich jeder eine Schutzbrille) und schalte die Heizquelle an. Von diesem Augenblick an solltest du den gesamten Versuchsaufbau nicht mehr anfassen. Notiere die Uhrzeit, zu der du die Heizquelle eingeschaltet hast.
12. Beobachte, was passiert. Schreibe auf, wann etwas Neues passiert.
(z.B. _____ Uhr: die Flüssigkeit beginnt zu dampfen)
13. Nach 20 Minuten kannst du die Heizquelle abschalten. Wechsle das Glasgefäß, das am unteren Ende des Kühlers das Destillat aufgefangen hat, gegen das andere Glasgefäß aus.
14. Fülle den Inhalt des Gefäßes in das kleine braune Fläschchen und klebe ein Etikett ‚Pfefferminz-Destillat' mit dem Datum des Tages, an dem du den Versuch gemacht hast, darauf.
15. Der Versuchsaufbau muss erst ganz gründlich abkühlen, bevor du ihn abbauen kannst. Das Abkühlen dauert mindestens eine Stunde. Frage immer deine Lehrerin oder deinen Lehrer, ob der Versuchsaufbau abgekühlt ist, bevor du mit dem Abbau beginnst.
16. Spüle alle Gefäße gründlich aus.

Erklärung der Destillation zur Herstellung von (verdünnten) ätherischen Ölen

Wenn Wasser sehr heiß wird, verdampft es: Es entsteht Dampf. Auch andere Flüssigkeiten verdampfen, wenn sie eine bestimmte Temperatur erreicht haben. Bei ätherischen Ölen ist diese Temperatur niedriger als bei Wasser. Das Öl verdampft also eher als das Wasser.

Aus einigen Pflanzen kann man ätherische Öle gewinnen. Pflanzenteile werden zusammen mit Wasser erhitzt. Die Pflanzenteile geben das Öl ab, das in ihnen enthalten ist. Es verdampft und steigt in dem Röhrchen auf, das den Kolben mit dem Kühler verbindet. Von dort gelangt es in die innere Röhre des Kühlers. Um diese Röhre herum ist kaltes Wasser. Der Dampf kühlt ab und wird wieder zu flüssigem mit Wasser versetztem Öl. Dann läuft es durch die innere Röhre zum unteren Ende des Kühlers. Dort wird es in einem Behälter aufgefangen. Dieser Vorgang heißt Destillation. Die gewonnene Flüssigkeit heißt Destillat.

In der Industrie wird dieser Vorgang mehrmals wiederholt. Dadurch wird das Destillat konzentrierter, das heißt stärker.

Warnhinweise beim Umgang mit ätherischen Ölen und bei Versuchen

- Das Verschlucken von ätherischen Ölen ist gefährlich. Die Schüler sind daher in den sachgemäßen Gebrauch der Öle, z. B. bei einer Aromalampe, genau einzuführen.
- Wie bei allen chemischen Versuchen besteht auch bei der Destillation, selbst wenn sie mit einer elektrischen Heizquelle durchgeführt wird, ein Verletzungsrisiko. Die Kinder müssen auf alle Sicherheitsvorkehrungen genau hingewiesen werden. Grundlage für die Durchführbarkeit der Destillation als Versuch ist außerdem das Vertrauen in die Fähigkeit der Kinder, sich an Regeln und Arbeitsanweisungen genau zu halten.

2.3 Das Lernen des Kindes ist ganzheitliches Lernen – Sprachliche Arbeit in der Kosmischen Erziehung am Projekt Erde

Gretel Moskopp

Erziehung und Bildung in einer Montessori-Grundschule basiert auf einem ganzheitlichen Lehrplan, der die Vernetzung der Wissenschaften und auch der schulischen Lernbereiche einfordert. Maria Montessori nennt dies auch einen *universalen Lehrplan*. Im Schulalltag konkretisiert sich dies durch fächerübergreifenden Unterricht in einer strukturierten Einheit von Freiarbeit und *geführtem Unterricht*. An einem Beispiel zum Thema ‚Erde' soll dies unter Berücksichtigung der für den Bereich Deutsch besonders relevanten Gebiete aufgezeigt werden. Ein Thema, das vom Kollegium der Montessori-Grundschule Mönchengladbach als Jahresthema so aufgeschlüsselt wurde,

- dass alle Fächer einbezogen wurden,
- dass Freiarbeit und geführter Unterricht sich sinnvoll ergänzten,
- dass möglichst viele Sinne einbezogen werden konnten und
- dass zahlreiche Knotenpunkte zu weiteren Themenbereichen vorhanden waren, um Kindern neue Fragehorizonte zu öffnen.

Alle verwendeten Materialien sollen vom Greifen zum Begreifen führen – Montessori hat die Hand als Werkzeug des Geistes bezeichnet –, dem Kind helfen, zu einer tiefen Konzentration zu gelangen, und sie sollen die Vorstellungskraft ansprechen, der Montessori einen besonderen Stellenwert einräumt. „Die Vorstellungskraft ist [...] die Grundlage des Geistes. Sie hebt die Dinge auf eine höhere Ebene, auf die Ebene der Abstraktion. Aber die Vorstellungskraft braucht eine Stütze. Sie muss aufgebaut und organisiert werden."[22]

Und dies

- geschieht zunächst auf der Ebene der Sinne,
- wird vertieft durch Übung und Wiederholung,
- wird zudem begünstigt durch Klassifizierungen, verbunden mit Sprache,

wobei die Übungen nicht nur dem Verständnis, sondern auch dem Gedächtnis dienen.

Lernen mit allen Sinnen und Kräften bedeutet ein Lernen am Detail mit Bezug auf das Ganze. Nicht Einzelwissen ist gefragt, sondern ein Denken und Handeln in Zusammenhängen. Deshalb auch der fächerübergreifende Ansatz der Kosmischen Erziehung, der auch die verschiedenen Zugriffsweisen der Kinder auf die Wirklichkeit durch Sprache, Gestaltung und Spiel, Bild und Symbol, Maß, Zahl und Form nutzbar macht.

Der ganzheitliche Ansatz meint ferner, den ganzen Menschen ergreifen, treffen und betroffen zu machen und er kann auch immer wieder aufzeigen, dass alles Sichtbare, Messbare, Greifbare noch eine andere nicht vordergründige, sichtbare Wirklichkeit hat, wie es in einem Gedicht *Der wirkliche Apfel* von MICHAEL ENDE angesprochen wird. Ein Gedicht mit einem tiefen Sinn: Die Welt, jedes Ding, die Wirklichkeit ist so vielschichtig, so komplex, dass wir immer nur einen Teil, ein Stück von ihr wahrnehmen können.

---

22 M. M., Von der Kindheit zur Jugend, S. 49 ff.

Der wirkliche Apfel

Hommage an Jacques Prévert

*Ein Mann der Feder, berühmt und bekannt
als strenger Realist,
beschloss, einen einfachen Gegenstand
zu beschreiben, so wie er ist:
Einen Apfel zum Beispiel, zwei Groschen wert,
mit allem, was dazugehört.*

*Er beschrieb die Form, die Farbe, den Duft,
den Geschmack, das Gehäuse, den Stiel,
den Zweig, den Baum, die Landschaft, die Luft,
das Gesetz, nach dem er vom Baume fiel.*

*Doch das war nicht der wirkliche Apfel, nicht wahr?
Denn zu diesem gehörte das Wetter, das Jahr,
die Sonne, der Mond und die Sterne ...*

*Ein paar tausend Seiten beschrieb er zwar,
doch das Ende lag weit in der Ferne;
denn schließlich gehörte er selber dazu,
der all dies beschrieb, und der Markt und das Geld
und Adam und Eva und ich und du
und Gott und die ganze Welt ...*

*Und endlich erkannte der Federmann,
dass man nie einen Apfel beschreiben kann.
Von da an ließ er es eben bleiben,
die Wirklichkeit zu beschreiben.
Er begnügte sich indessen
damit, den Apfel zu essen.*

Michael Ende
aus: Michael Ende, Die Schattennähmaschine
© 1982 by Thienemann Verlag (Thienemann Verlag GmbH), Stuttgart – Wien

Die Vorbereitung und die Durchführung von Unterrichtsgängen und Festen verknüpfen in besonderer Weise die *Freiarbeit* mit dem *geführten Unterricht*, die im Verständnis der Montessori-Grundschule Mönchengladbach eine strukturierte Einheit bilden, wenngleich der Hauptteil der Pflichtstunden der freien Arbeit zugeordnet ist.

Sinneswahrnehmungen und produktives und divergentes Denken brauchen den Anstoß und die Anregung von außen, im geführten Unterricht vorrangig durch das Medium der Kommunikation und das Planen in der Klein- oder Großgruppe, in der Freiarbeit durch das Medium der vorbereiteten Gegenstände und der individuell durchgeführten Arbeit. Beide Phasen des Schulalltages fördern damit unterschiedliche, für die Entwicklung der Kinder aber unerlässliche Kompetenzen. Während es in der Freiarbeitszeit vorrangig um Einübung von Aktivität und Initiative, Entscheidungskraft, Ausdauer und Selbstständigkeit geht, werden im geführten Unterricht andere Fähigkeiten verlangt: sich zurückzunehmen, Informationen von anderen aufzunehmen und sich an die Regeln einer größeren Gemeinschaft zu halten, auch dann, wenn es gerade nicht behagt, Unlust und Langeweile zu ertragen, aber auch die von einer großen Gemeinschaft ausgehenden Anregungen, Bestätigung aufzunehmen oder Kritik zu akzeptieren.

Die Lernsequenzen gliedern sich nach den Festen im Jahreslauf. Die Vorbereitung und Durchführung der Vorhaben umfasst phasenweise auch die Zeit der Freiarbeit, aber wesentlich die Zeit des geführten Unterrichts (z. B. Bühnenbilder erstellen, Texte für eine Vorführung schreiben, einüben, Brot backen).

Ein Brainstorming bzw. eine Ideenbörse innerhalb des Lehrerkollegiums ergab als mögliche Inhalte: Lieder, Tänze, Gedichte, (biblische) Geschichten, Märchen, Bücher, Bilder, Mal- oder Bastelideen, Unterrichtsgänge, Besichtigungen, mathematische und geometrische Aufgaben, Lerninhalte und Lernziele des Jahresthemas Urelement Erde mit folgenden Lernbereichen:

- das *Urelement Erde* in seinen verschiedenen Dimensionen zu erfahren,
- die Abhängigkeit des Menschen, der Tiere und Pflanzen von Umweltbedingungen (Wasser, Boden, Wärme, Licht, Luft) erkennen,
- Eingriffe in die Umwelt auf mögliche Folgen für Menschen, Tiere und Pflanzen bedenken, sich umwelt-, eigenwelt- und mitweltbewusst verhalten,
- sich der Vielfalt der Erscheinungsformen und Nutzungsmöglichkeiten von Luft, Wasser, Feuer und Erde bewusst werden,
- entdecken, wie die Eigenschaften des *Urelements Erde* in uns selbst wirken und der Zeichencharakter Religiöses aufweist (die Begrenztheit des Menschen und seine Verantwortung),
- die Bedeutung von Luft, Wasser, Feuer und Erde für das Leben von Menschen, Tieren und Pflanzen einschätzen,
- Möglichkeiten und Grenzen der Anpassung von Pflanzen und Tieren an den Lebensraum feststellen,
- sachkundliches Rechnen.

Eine erste Gliederung zeigte: Jede Jahreszeit erhält einen Namen. Werden *Feste* dem Schuljahr zugeordnet, verbinden sie sich mit einer Jahreszeit.

Es ergab sich:

Herbst	Winter	Frühling	Sommer
Erntedank St. Martin	Weihnachten Neujahr	Karneval Ostern	Abschlussfest Begrüßungsfest

Anhand dieser Stichpunkte wurde die Thematik weiter aufgeschlüsselt.

Abgesehen davon, dass durch die intensiven Interaktionen die Zusammenarbeit im Kollegium gestärkt wurde, dass Schulfeste und ökumenische Schulgottesdienste frühzeitig thematisch festgelegt wurden, was die Verantwortung für die gesamte Unterrichts- und Erziehungsarbeit der Schule und für die Gestaltung des Schullebens gestärkt hat, dass Hinweise auf außerschulische Lernorte und Unterrichtsgänge gesammelt und weiterhin während des Schuljahres ausgetauscht wurden, brachten die Kinder ihre Dinge, ihre Bücher, ihre Ideen mit. Dadurch wurde das Thema zu ihrem Thema: Ihre Dinge kamen auf einen Ausstellungstisch. Die Kinder erzählten darüber, stellten Fragen und entdeckten neue Interessenhorizonte.

Die Kinder lernten durch die Bearbeitung des Themas – neben dem Erwerb und der Vertiefung von Wissen und Fertigkeiten – vor allem, einen großen Sachverhalt zu gliedern und zu bearbeiten. Die Kinder schrieben weiterhin ihre Bücher über *Fische, Sterne, Flugzeuge* ... all das, was ganz wichtig ist, aber viele Kinder erhielten einen weiteren Impuls durch das gemeinsame Thema und schrieben ihre Geschichten und Bücher darüber.

Das vor den Sommerferien an Kinder und Eltern bekannt gegebene Jahresthema bot eine besondere Chance, den Gesprächsstoff *Schule* über Hausaufgaben und Tests hinausgehend zu erweitern und zum Jahresthema Bilder, Gedichte, Lieder, Geschichten u. a. gemeinsam zu sammeln. Auch die Feste und Feiern im Jahresrhythmus laden zum gemeinsamen Tun bei der Vorbereitung und Durchführung des geplanten Vorhabens ein.

Die projektorientierte Vorbereitung und Durchführung der Feste und Feiern und das Bewusstwerden der Gliederung im Jahreslauf

- hilft Kindern, in sinnvollen Zusammenhängen zu lernen und sich eigener Einstellungen, Verhaltensweisen, Interessen usw. bewusst zu werden, Rücksicht auf andere zu nehmen und bei auftretenden Konflikten nach gewaltfreien Lösungen zu suchen, Hilfe von anderen anzunehmen und selbst Hilfe anzubieten,
- macht Kindern zunehmend die Bedeutung der Jahreszeiten für das Leben von Menschen, Tieren und Pflanzen bewusst und lässt sie kontinuierlich mit Zeiteinteilungen vertraut werden,
- lässt die Kinder erfahren, dass die beim Festefeiern erfahrene Gemeinschaft sich auf das Zusammenleben in Klasse und Schule auswirkt. Dies ist wichtig, weil Klasse und Schule für die Kinder immer auch unmittelbar Lebens- und Erfahrungsräume sind, die ihr Denken und Handeln beeinflussen.

Während der Frühstückspause wird zum jahreszeitlichen Thema vorgelesen. Dies fördert zudem das Zuhören und eine generelle Lesemotivation, bei der das Kind Lesen als Gewinn zu betrachten lernt.

Inspiration durch einen Ausflug

Im Rahmen dieses Rahmenthemas *Erde* wurde ein Ausflug in die *Dechenhöhle* bei Iserlohn unternommen. Dieser Besuch inspirierte Romina vom zweiten Schuljahr zu einer Geschichte über *das Loch*, allerdings anders, als bei einer solchen Exkursion vielleicht vermutet. Hier zeigt sich die Fantasie, die Anlässe sucht und findet.

Das Loch

Es war einmal ein kleines Loch, das hatte viel in sich drin, es erzählte immer gute Geschichten, und zwar die Geschichten, die in ihm drin waren.
Eine Geschichte ging so:
Es war einmal ein Clown, der musste immer weinen, denn er war der schlechteste Clown, den es jemals gab. Ihm fiel einfach nichts ein. Da versuchte er es als Zauberer, als Tänzer und alles was es gab, aber er konnte nichts. Der Direktor sagte, er sollte auf Stelzen gehen, und das sah so lustig aus, dass er selber lachen musste.
Das Loch hat viele Geschichten und genauso wie ein Mensch viele Geschichten in sich haben kann.

Im Jahreskreis

Zu allen Jahreszeiten fanden Feste statt, im Herbst waren es zwei: Das Erntedank- und das Martinsfest. Hier soll ein Beispiel der Lernsequenz zu *Erntedank* als Vorbereitung des Lehrers vorgestellt werden.

Vorbereitung der Lehrerin, 2. Lernsequenz im Schuljahr: Zeitbedarf ca. 4 Wochen

- Kartoffel, eine Frucht aus der Erde
- Unterrichtsgang: Kartoffelacker
- Vorhaben: Erntedankfeier in der Klasse

Gäste: Generation der Großeltern

Die ausgebreiteten Materialien und Karten zeigen, welche Bereiche in das Rahmenthema „Erde" einbezogen wurden: jahreszeitliche und klimatische Veränderung und deren Konsequenzen, Feste im Jahreskreis, geographische Aspekte, jahreszeitliche Lieder und Gedichte, Malen und Werken.

Sachunterricht	• Pflanzen
	  – Erscheinungsbilder, Lebensbedingungen, Bedeutung für Tiere und Menschen
	  – Früher und heute:
	    Veränderungen der Lebens- und Arbeitsbedingungen sowie der Wohnverhältnisse wahrnehmen,
	    Quellen über geschichtliche Abläufe nutzen (Haushaltsgeräte, Werkzeuge, Bilder, Berichte,
	    Erzählungen älterer Menschen)

Deutsch	• Rezepte für Kartoffelgerichte sammeln • Geschichte *Kartoffelkönig* in Szene setzen • Aufschreiben der Berichte *Kartoffelferien der Großeltern* • Gedichte zur Kartoffel, (z. B. von Guggenmos) • Einladung zur Erntedankfeier schreiben • Sammeln von Redewendungen, Bildwörtern, Wortfamilien und -feldern
Religionslehre	• Der Welt als Schöpfung Gottes begegnen • Danksagung nach dem Sonnengesang des hl. Franziskus • Im Kirchenjahr: Erntedank
Musik	• Lieder zum Erntedank • Tanz: Erntetanz aus Südamerika
Kunst/Textil	• Handpuppen zum Spiel *Kartoffelkönig* • Gemeinschaftsarbeit: Bühnenbilder zum Spiel *Kartoffelkönig* • Tischdeckchen für die Feier mit Kartoffeldruck gestalten
Mathematik/ Geometrie	• Geldwerte: Euro, Cent • Gewichte: kg, g • Sachaufgaben

Weitere Informationen aus der Ideenbörse mit dem Kollegium:

Die sprachliche Arbeit fordert fächerübergreifende Zusammenhänge, sodass sprachliches Handeln für das Kind einen Sinn ergibt. Die fächerübergreifenden Lernsequenzen im Jahresthema stellen vielfach Vorhaben der Klassengemeinschaft in den Mittelpunkt, die durch szenisches Spiel, Vortrag von Gedichten und Gedanken alle Kinder einbinden und Möglichkeiten bieten, über gesprächsbezogene Verständigung hinaus andere Verständigungs- und Darstellungsweisen weiterzuentwickeln, zu reflektieren und Kenntnisse und Fertigkeiten zu vertiefen und zu üben. Die Vorhaben der jahrgangsübergreifenden Klasse sollen nicht als Alternative, Hilfsmittel oder Gegengewicht zum rein schulischen Lernen missverstanden werden. Statt dessen sind Feste und Feiern Lernorte, an denen Kindern Eigenverantwortung zugetraut werden kann und in denen sie neue Kompetenzen entwickeln können. Grundsätzlich sollte die Schule als Institution und als Lebensraum der Kinder Lernorte und Erfahrungsräume eröffnen, in denen kognitives Lernen mit praktischen, musischen, gestalterischen und sozialen Tätigkeiten verbunden wird. Dann bedarf die Erziehung zur Sachlichkeit und Mitmenschlichkeit nicht mehr gesonderter und häufig völlig nutzloser Lernsequenzen (z. B. einer *Einheit für Mitmenschlichkeit* oder zum *sozialen Miteinander*). Diese wichtigen Bereiche werden implizit in der Art und Weise des Umganges, der Interaktionen und der konkreten Themen thematisiert und geübt. Tradition ist das Vortragen von Gedichten, das Singen von Liedern und das Durchführen von Spielen (z. B. Martinslieder/Martinsspiel). Neben der Gemeinschaft, die bei der gemeinsamen und zielgerichteten Arbeit für solche Aufführungen erfahrbar wird, wird die sprachliche Ausdrucksfähigkeit, Aussprache und *Redekunst* besonders angesprochen, zum einen durch die sprachliche Durchdringung von Sachinhalten (analog zu den Kapiteln *Gewürze* und *Heilkräuter*), zum anderen durch Erzählungen und das öffentliche Vortragen von Gedichten, einhergehend mit dem Besprechen, dem Auswendiglernen, dem leisen Vortragen und den Reflektionen über Stimmeinsatz, Atmung, Rhythmus, Vortragstechnik usw.

Beim Erntedankfest wurde z. B. das Gedicht „Wer kennt diese Pflanze?" von Josef Guggenmos vorgetragen.

2.4 Kosmische Erziehung in der Grundschule und Impulse zur internationalen Verständigung am Beispiel eines grenzübergreifenden Besuchsprogrammes

Heribert Bäcker

In den einleitenden Kapiteln wurde herausgearbeitet, dass Montessori-Pädagogik, Kosmische Erziehung, Soziale Erziehung im umfassenden Sinn und Friedenserziehung auf einer grundsätzlichen Ebene eng zusammengehören, was dann auf der pragmatischen Ebene entsprechend konkretisiert werden muss. An einem Beispiel soll eine solche Möglichkeit verdeutlicht werden.

Viele Schulen schließen Patenschaften mit Schulen aus anderen Ländern ab. Man schreibt einander – hier sind die Möglichkeiten des Internets besonders interessant –, und manchmal besucht man sich auch. Sich kennen lernen, Kontakte knüpfen, Freunde finden und etwas über die gegenseitigen Lebensgewohnheiten und -bedingungen erfahren, ist ein wesentlicher Gedanke dieses Konzeptes und ein wichtiger Beitrag zur Völkerverständigung. Das setzt auch ein Miteinanderredenkönnen voraus. Leider ergeben sich aber häufig massive Probleme mit der anderen Sprache.

Fremdsprachenunterricht an deutschen Grundschulen ist nicht die Regel, wenngleich erste Bestrebungen hierfür vorhanden sind. Aufgrund der großen Sprachsensibilität der Kinder dieser Altersstufe ist das auch zu begrüßen. Wird die einschlägige Literatur gesichtet, scheint das didaktische Problem der optimalen Vermittlung einer Fremdsprache für die Altersstufe der Sechs- bis Zehnjährigen aber noch nicht gelöst zu sein.

Die Brüder-Grimm-Grundschule in Meerbusch, eine Grundschule mit Montessorizweig, ist mit einer französischen Grundschule eine Patenschaft eingegangen. Der Besuch der französischen Gäste wurde längerfristig vorbereitet, indem die Schule einen kleinen zweisprachigen Stadtführer herausbrachte, an dem die deutschen Kinder französisch lernten und die französischen deutsch.

Exemplarisch werden zwei Seiten des Heftes vorgestellt mit Aufgaben, die sich für individuelles Erarbeiten eignen. Zum Erlernen der richtigen Aussprache und Betonung ist natürlich die direkte Arbeit der Lehrerin mit den Kindern wichtig. Hilfreich sind auch Kassetten mit dem Text. Damit an anderen Themen arbeitende Kinder sich weniger gestört fühlen, können Kopfhörer eingesetzt werden.

Ähnlich strukturiert lassen sich Hefte zu anderen relevanten Thematiken herstellen.

Definitions- und Wortkarten zu den Sehenswürdigkeiten:

Alter Kirchturm

Dieser Tuffsteinbau – Anfang 1300 – wurde als Turm für die frühere Mauritius-Kirche gebaut. Die Kirche brannte 1891 ab.
Der Turm wurde vom bekannten Bildhauer Joseph Beuys als Kriegsgedächtnisstätte umgestaltet.

Vieille Tour

Au début du XIIIe Siècle la tour faisait partie d'une église. St Mauritius a brûlé 1891, la tour est restée.
Aujourd'hui elle est devenue le lieu commémoratif – Deuxième Guerre mondiale – façonnée par le célèbre sculpteur Joseph Beuys.

Teloy Mühle

Im flachen Land am Niederrhein gab es viele Öl- und Getreidemühlen.
1980 wurde die Lanker Kornmühle für das Auge des Betrachters wieder hergerichtet, zu einem Kulturzentrum erhoben.
Die Stellung der Flügel (eine X Form) besagt, es ist kein Müller da.

Le Moulin Teloy

Dans cette région du Rhin on avait beaucoup de moulins à vent: pour faire de l'huile de colza et moudre de la farine de blé.
En 1980 le moulin a été restauré, pas entièrement, mais comme centre culturel. Si l'on voyait le (X) à l'époque on savait qu'il manquait du patron.

Kapitel 12: Kinder mit Lese-Rechtschreib-Schwäche und ihre Förderung in der Montessori-Pädagogik

REINHARD FISCHER

1. Einleitung

Lese-rechtschreibschwache Kinder haben es nicht nur in unserem Schulsystem schwer, das sprachliche Leistungen überproportional fordert und fördert, sondern generell im Leben, weil selbst in technischen Bereichen das Lesen und Verstehen von Gebrauchsanweisungen, Versuchsbeschreibungen usw. notwendigerweise gekonnt werden muss.
Der Begriff „Lese-Rechtschreib-Schwäche" setzt sich aus den beiden Komponenten „Lesen-" und „Rechtschreibenkönnen" zusammen, die sich jedoch nicht parallel entwickeln. Eine Leseschwäche lässt sich im Allgemeinen leichter überwinden als eine Rechtschreibschwäche. Beide Komponenten müssen aber gezielt gefördert werden.
Zwar hat es sich inzwischen herumgesprochen, dass eine Rechtschreibschwäche mit Intelligenz wenig zu tun hat, aber intuitiv werden die beiden Faktoren häufig eben doch gekoppelt. Auch ein Liebesbrief mit vierzig Rechtschreibfehlern würde manchen durchaus toleranten Partner vor eine harte Entscheidungsprobe stellen.
Neben dem Begriff Lese-Rechtschreib-Schwäche wird häufig auch der Begriff „Legasthenie" gebraucht. Beide Begriffe haben in den letzten Jahren eine Bedeutungsverschiebung erfahren. Auch hinsichtlich der Betreuung hat ein Paradigmenwechsel stattgefunden.

Im Folgenden soll kurz und gerafft vorgestellt werden,

- was unter Lese-Rechtschreib-Schwäche/Legasthenie zu verstehen ist,
- welche Komponenten als verursachend bzw. begünstigend angesehen werden und
- welche Betreuungsmöglichkeiten zzt. hauptsächlich diskutiert werden. Dieser Punkt soll hauptsächlich auf der Folie der Montessori-Pädagogik diskutiert werden.

2. Zur Definition: Lese-Rechtschreib-Schwäche und Legasthenie – Was wird darunter verstanden?

Der Begriff „Legasthenie" geht auf PAUL RANSCHBURG (1928) zurück, der eine „eigentlich infantile Leseblindheit" von der „eigentlichen Lese-Rechtschreib-Schwäche" (Legasthenie) unterscheidet. Die „infantile Leseblindheit" ist ein sehr seltenes extremes Leseversagen, das durch einen isolierten Defekt, insbesondere durch physiologische oder anatomische Abweichungen in der Großhirnrinde verursacht wird. Die eigentliche „Lese-Rechtschreib-Schwäche" (Legasthenie) tritt dagegen relativ häufig auf – und zwar bei allen Intelligenzgraden, ist weniger schwerwiegend und oft mit allgemein unterdurchschnittlichen schulischen Leistungen gekoppelt. Die Ursache sieht P. Ranschburg in einer Entwicklungsverzögerung, die mit pädagogischer Hilfe innerhalb von 2–4 Jahren aufgeholt werden kann. Interessant an dieser Definition ist,

- dass gehirnorganische Ursachen als relevant angesehen werden, ein Aspekt, der zwischenzeitlich vehement abgelehnt wurde, heute aber wieder stärker ins Blickfeld gerät; z. B. MCD (minimale cerebrale Dysfunktionen), optometrische Probleme, Schwierigkeiten bei der Lautverarbeitung etc.
- dass die Probleme bei allen Intelligenzgraden auftreten können, die Schulleistungen oft unterdurchschnittlich sind und dass primär eine Entwicklungsverzögerung vorliegt, die pädagogisch angehbar ist.

Die Zweiteilung in „infantile Leseblindheit" und „Legasthenie" wurde in der LRS-Diskussion allerdings nicht aufgegriffen.
Kritisiert wird an P. Ranschburgs Position, dass er bei Kindern mit „infantiler Leseblindheit" eine Son-

derschulüberweisung vorschlug.¹ Deshalb wurde in den älteren Konzeptionen weniger auf seinen Definitionsvorschlag zurückgegriffen, sondern mehr auf den von MARIA LINDER, die als „Legastheniker" diejenigen Kinder bezeichnet, bei denen eine beträchtliche Diskrepanz zwischen Intelligenz und Rechtschreibleistungen vorliegt, die also trotz guter Intelligenz gravierende Lese-Rechtschreib-Probleme haben. Allerdings werden folgende Verursachungsmomente ausgeklammert: Schwachsinn, Sinnesstörungen (z. B. Seh- und Hörstörungen), sonstige körperliche Behinderungen, falsche Unterrichtsmethoden, schulische Belastungen, gestörte Lehrer-Schüler-Beziehung usw.²

Es handelt sich sozusagen um die unerklärbare Restmenge, die übrig bleibt, nachdem alle diese Faktoren ausgeschlossen wurden. Man sprach deshalb auch von einer isolierten Lese-Rechtschreib-Schwäche, weil unterstellt wurde, dass die Probleme nur in diesem einen Bereich auftreten und die Leistungen in allen anderen Schulfächern in Ordnung sind.

In den 70er-Jahren wurde die Diskrepanz zwischen Intelligenz und Rechtschreibung operationalisiert, indem ebenfalls das Missverhältnis zwischen der relativ guten Allgemeinbegabung und den mindestens durchschnittlichen Leistungen in den anderen Schulfächern bei unterdurchschnittlichen Leistungen im Lesen und Rechtschreiben betont wurde, die Grenzwerte aber festgelegt wurden: (IQ ≥ 100 später 90, DRT: Prozentrang ≥ 15)

Die daraus resultierenden Erlasse hatten eine bedauerliche Konsequenz: weniger begabten Kindern mit einer Lese-Rechtschreib-Schwäche wurde eine Förderung vorenthalten. Im Fernstudienlehrgang „Legasthenie", der 1974 vom Südwestfunk ausgestrahlt wurde und die damals vorliegenden Ergebnisse zusammenfasste und neue Impulse für die weitere Diskussion gab, lässt sich diese Tendenz zur Ausgrenzung der weniger begabten Kinder mit Lese-Rechtschreib-Schwäche gut verfolgen. Gleichzeitig wurde inhaltlich jedoch auf wesentliche Elemente der Ranschburg-Definition zurückgegriffen. Als verursachend für Lese-Rechtschreib-Schwäche galten:

1. Funktionsschwäche und Fähigkeitsdefizite im Bereich der Intelligenz, der Wahrnehmung und des Gedächtnisses
   - Intelligenzleistung
   - expressive und rezeptive sprachliche Fähigkeitsdefizite (herabgesetzte Verbalintelligenz, geringer Wortschatz, Mängel der Begriffsbildung, Schwächen der phonematischen Diskrimination und Artikulation, geringe Speicherkapazität für sprachliches Material)
   - Visualität (z. B. Störungen der visuellen Wahrnehmung) und Visumotorik (z. B. Schwierigkeiten bei der Koordination der Blickbewegung, der Auge-Hand-Koordination)
   - Raumlagelabilität

2. Konzentrationsverhalten und Anstrengungsbereitschaft
   - impulsives, hektisches Arbeitsverhalten
   - geringe Lernmotivation und Misserfolgsängstlichkeit

3. Umweltbedingte Mängel
   a) Milieubedingte Mängel
   - anregungsarmes Milieu
   - chronische Konfliktbelastung
   - Erziehungsfehler
   b) Pädagogische Bedingungen
   - methodischer Fehler
   - Lehrereinstellung
   - Klassenklima
   c) Soziogene Schwierigkeiten
   - soziale Stellung des Kindes in der Schulklasse

4. Konstitutions- und entwicklungsbedingte Mängel
   a) Körperliche Entwicklungsverzögerung und ihre Symptomatik
   - motorische Auffälligkeiten
   - Lateralitätsabweichungen
   - neurologische Integrationsstörungen
   b) Seh- und Hörstörungen

5. Endogene Ursachen
   - körperliche Entwicklungsverzögerung
   - hirnorganische Störungen³

Zu den einzelnen Komplexen stellte der Fernstudienlehrgang jeweils Übungen vor, wobei sich die Betreuung an den vorhandenen Schwierigkeiten der Kinder zu orientieren hat. Aus der Auflistung geht hervor, dass die Lese-Rechtschreibschwierigkeiten durchaus auch unterrichtsmethodisch, durch Defizite seitens der Kinder oder des Elternhauses bedingt sein können, und vor allem, dass nicht alle Kinder in

---

1 Anm. d. Verf.: Diese Kritik ist vermutlich überzogen, weil die Grundschulen der damaligen Zeit extrem frontal gearbeitet und – bezogen auf Grundfertigkeiten im Rechnen und Schreiben – außerordentlich leistungsorientiert waren. Prügelstrafe, Bloßstellung vor der Klasse sowie mehrfaches Sitzenbleiben waren durchaus üblich. Letzteres im beträchtlichen Ausmaß. Dies hatte in den 60er-Jahren Arthur Kern veranlasst, ein viel beachtetes Buch über das „Elend der Sitzenbleiber" zu schreiben.

2 Linder Maria: Über Legasthenie (spezielle Leseschwäche; in: Zeitschr. für Kinderpsychiatrie; Basel, Stuttgart, August 1951, S. 100

3 vgl. Fernstudienlehrgang „Legasthenie", S. 19, 77

der gleichen Art und Weise lernen. (Diese Aspekte schloss die Definition von M. Linder eigentlich aus.) Bei dieser Betrachtung wird das Augenmerk zudem auch auf Sekundärstörungen gelegt.

CHRISTIAN FISCHER[4] ordnet die primären und sekundären Faktoren in folgende übersichtliche Grafik ein. Allerdings lässt sich in der Praxis nicht immer die Primär- und Sekundärsymptomatik voneinander trennen. So können zum Beispiel Konzentrationsprobleme als primär verursachend für eine Lese-Rechtschreib-Schwäche angesehen werden. Es ist jedoch auch durchaus möglich, dass ein Kind mit permanenten Misserfolgserlebnissen irgendwann aufhört, sich der Anstrengung der Konzentration zu unterziehen. Damit würde die Konzentrationsschwäche zur Sekundärsymptomatik zählen.

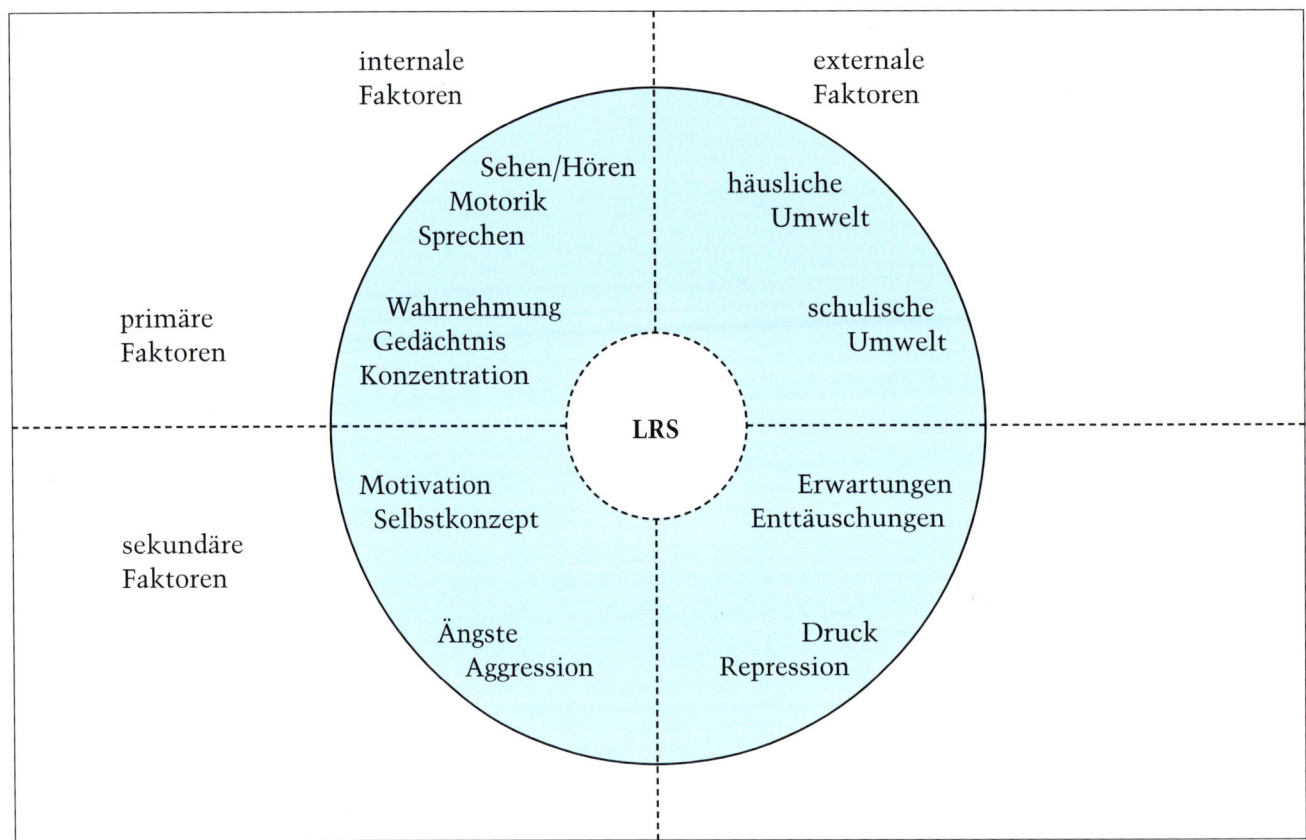

Der Fernstudiengang „Legasthenie" legt der integrativen Betreuung folgendes Modell zugrunde[5]:

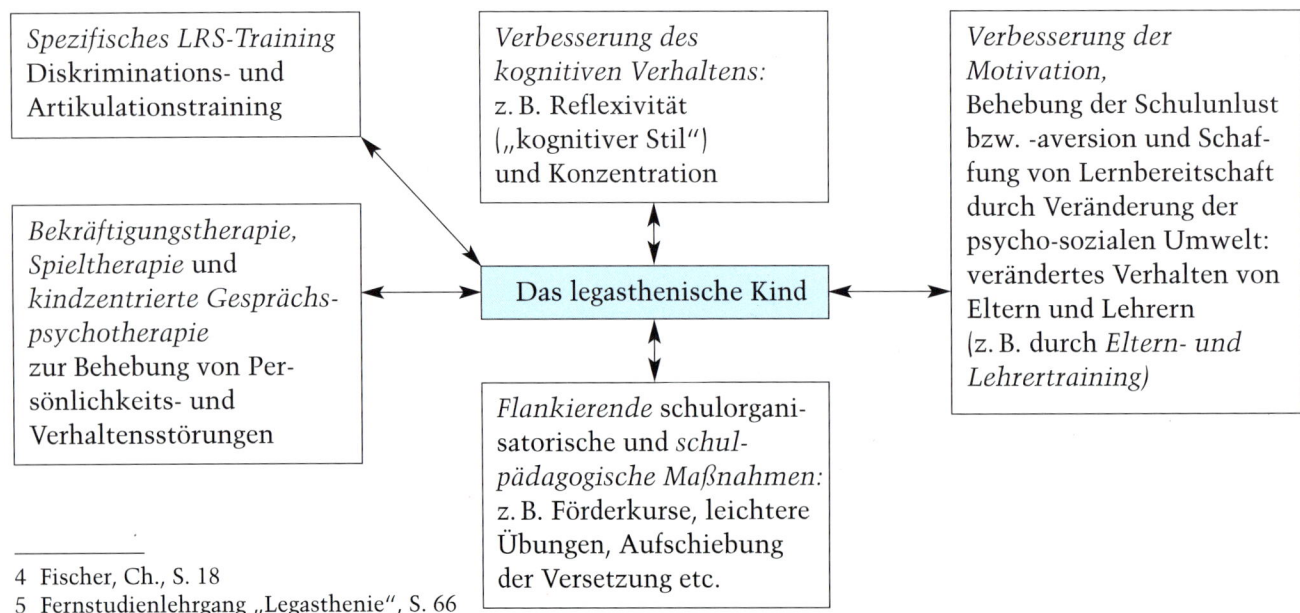

---
4 Fischer, Ch., S. 18
5 Fernstudienlehrgang „Legasthenie", S. 66

3. Aktueller Diskussionsstand zum Problem der Lese-Rechtschreib-Schwäche

Aufgrund zahlreicher statistischer und inhaltlicher Probleme lässt sich eine Aufschlüsselung in „intelligente" und „weniger intelligente" Kinder mit Lese-Rechtschreib-Schwäche nicht aufrechterhalten.[6] Zudem konnte in verschiedenen Arbeiten festgestellt werden, „dass sich [nur] wenige Unterschiede in den Volksschulen zwischen Schülern mit diskrepanten und nicht-diskrepanten Lese-Rechtschreib-Schwierigkeiten bei differenzierter Betrachtung der Lese-Rechtschreib-Fertigkeiten zeigen. Eine Differenzierung der beiden Gruppen leistet daher keinen besonderen Beitrag, wenn es darum geht, die besonderen Schwierigkeiten, die das Lesen- und Rechtschreibenlernen manchen Kindern bereitet, zu analysieren (...)"[7] und angemessene Fördermöglichkeiten bereitzustellen.

Die Forderung nach einer integrativen Betreuung bleibt indes bestehen. Dies zeigt sich z. B. auch in den Tagungsberichten des „Bundesverbandes Legasthenie".

Da sich bei der Betreuung allerdings relativ schnell „Wildwuchs" breit machte, der sich lediglich um die Sekundärsymptomatik kümmerte, muss auf folgende Grafik HANS GRISSEMANNS verwiesen werden. Diese kann zu kritischen Beurteilungen von Förderprodukten und Förderstrategien herangezogen werden.

Dabei ist **A** der Kernbereich und deckt die verbal-kognitiven Fördermaßnahmen ab. Der Bereich **B** ist der Stützfunktionsbereich. Er verweist auf besonders indizierte Interventionen im Zusammenhang mit Maßnahmen im Kernbereich **A**.

Die Maßnahmen im Stützfunktionsbereich **B** orientieren sich an einer diagnostischen Indikation. Therapeutische Maßnahmen, die sich exklusiv auf diesen Bereich beziehen und nicht nachweisen, dass sie den Kernbereich **A** mit einschließen, sind abzulehnen.[8]

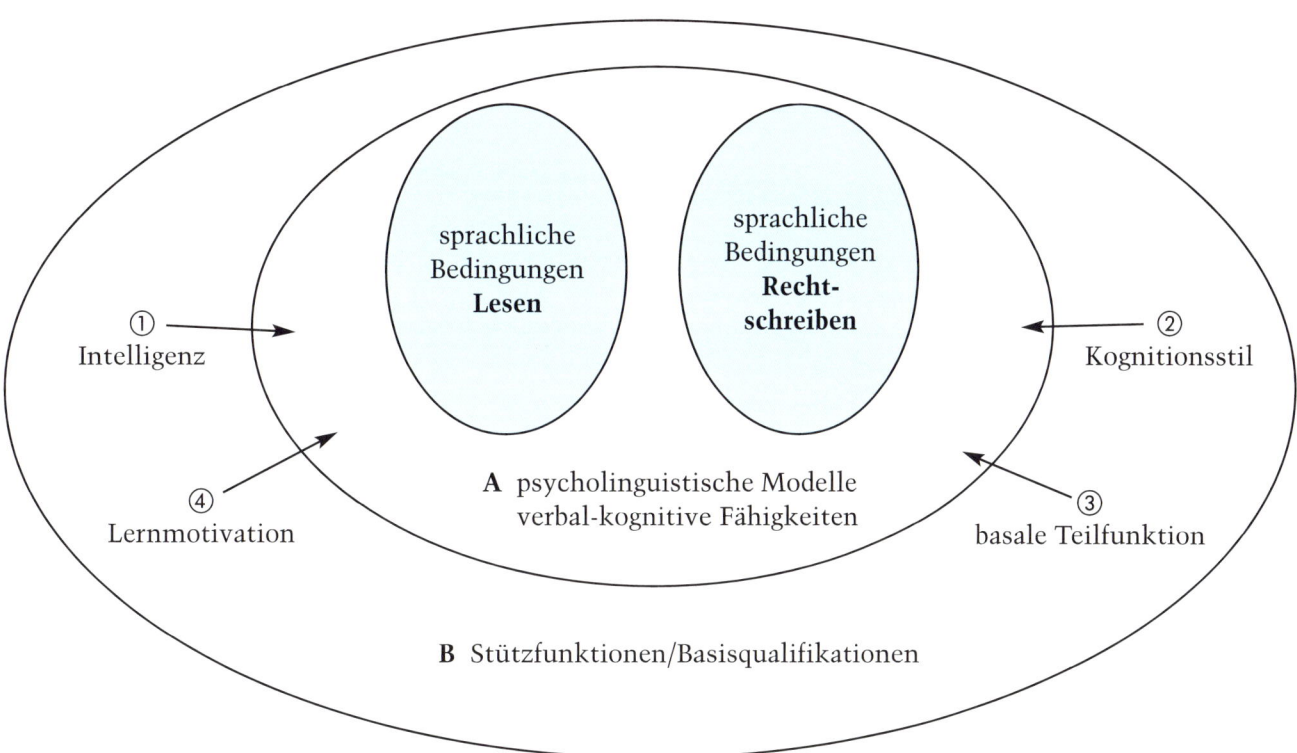

In der nun folgenden Analyse beziehe ich mich ausschließlich auf den Kernbereich **A**.
Dabei ist allerdings anzumerken, dass die Montessori-Pädagogik prinzipiell ganzheitlich und personal orientiert ist. Es wurde bereits darauf hingewiesen, dass für MARIA MONTESSORI Sprachförderung und Förderung der Personalität eng zusammenhängen (s. S. 9, 26 ff.) und dass sie Lesen- und Schreibenlernen als ein „zweites Zahnen"[9] innerhalb der kulturellen Umwelt auffasst. Dieses ermöglicht dem

---

6 Anm. d. Verf.: Dies veranlasste u. a. auch Karl Sirch, eine Publikation mit dem Titel „Der Unfug mit der Legasthenie" zu veröffentlichen.
7 Walter, 1996, S. 282

---

8 Grissemann, 2001, S. 34
9 M. M., Entdeckung des Kindes, S. 207

einzelnen Menschen, seine Gedanken fernen Menschen zu übermitteln; er kann sie für seine Nachkommen festhalten und sich durch Zeit und Raum hindurch die intellektuellen Früchte der ganzen Menschheit zunutze machen.[10] Deshalb wäre es für Montessori völlig absurd, einzelne Kinder von Fördermaßnahmen auszuschließen, weil dies ihre personale Entwicklung beeinträchtigen würde. Im Gegenteil: Es ist Aufgabe, jedes Kind in seinem Lernprozess so zu unterstützen, dass es (weitgehend) selbstständig die nächste Stufe seiner Kompetenz erreichen kann.

Montessori stellt den Kindern in der vorbereiteten Umgebung Übungsmöglichkeiten bereit, welche sämtliche Bereiche abdecken, im Einzelfall aber durch die Lehrerin den Lernnotwendigkeiten der Kinder entsprechend ergänzt werden müssen. Teilweise muss dann die Arbeit mit dem Kind auch in bzw. außerhalb der freien Arbeit gezielt erfolgen (z. B. ein Reflexivitätstraining bei kognitiver Überimpulsivität). Viele Materialien können als Lern- und als Diagnostikmaterialien eingesetzt werden, z. B. die Sinnesmaterialien im Kinderhaus, aber auch Arbeitskarten zur phonematischen Analyse im Schulbereich. Die freie Arbeit geht durchaus in Richtung der geforderten flankierenden schulischen Maßnahmen, ermöglicht sie doch differenziertes und individualisiertes Arbeiten in den Bereichen, in denen Förderung besonders wichtig ist. Der aufbauende Charakter der Lernmaterialien und die Isolierung der Schwierigkeiten wiederum ermöglichen das Arbeiten auf dem Niveau, das dem Entwicklungsstand des Kindes angemessen ist, und gleichzeitig das leichtere Identifizieren von Problembereichen. Dies fördert die Lernmotivation und stärkt das Selbstbewusstsein, weil gravierende Misserfolge vermieden und stattdessen Erfolgserlebnisse ermöglicht werden.

3.1 Orientierung am Schriftspracherwerb

Die neueren Konzeptionen zur Betreuung von Kindern mit Lese-Rechtschreib-Schwierigkeiten orientieren sich am Schriftspracherwerb. Der Grundgedanke ist: Bei der Lese-Rechtschreib-Schwierigkeit handelt es sich häufig um eine Entwicklungsverzögerung hinsichtlich dieses Bereiches. Wenn ein Kind Probleme hat, müssen die einzelnen Stufen rückwärts gegangen werden, bis man zu der Stufe kommt, auf der das Kind gerade steht. Dort muss dann die Förderung einsetzen.

Dieses Denken entspricht grundsätzlich dem Ansatz der Montessori-Pädagogik. Maria Montessori betont immer wieder die Notwendigkeit entwicklungsgemäßen Arbeitens. Sie fordert, dass Kinder in ihren sensiblen Phasen das zum Lernen bekommen, was ihre Thematik ist. Außerdem weist sie darauf hin, welche Entwicklungs- und Persönlichkeitsprobleme entstehen, wenn die Chancen der sensiblen Phasen nicht genutzt werden oder wenn gar dagegen gearbeitet wird. Bedauerlicherweise passiert das leider nicht selten: So wird in Familien z. B. oft der Redestrom der kleinen Kinder unterbunden, wenn sie das Bedürfnis haben viel zu sprechen und auch vor der Notwendigkeit stehen, ihre Sprechorgane zu schulen. Noch schlimmer: Häufig entzieht sich der Erwachsene der Aufgabe, Kommunikationspartner zu sein. Oder: Es gibt durchaus Kindergärten, die es nicht als ihre Aufgabe ansehen, Kindern zu helfen, ihren „Hunger auf Wörter" zu stillen, oder ihnen das Lesenlernen zu ermöglichen und konsequent entsprechende Angebote aus ihrem Programm nehmen, abgesehen von illustrierten Büchern zum Anschauen oder Vorlesen.

Der Lesevorgang beim Leseanfänger kann wie folgt dargestellt werden:

- Im vorschulischen Bereich kann das Kind Firmenzeichen und Wörter (z. B. „Guck mal, da steht ‚Fanta'!") sowie Buchstaben als Erkennungsmerkmale benennen (z. B. das Wort „Taxi" an dem x).
- Später bekommt es Hilfe durch den Kontext[11] und
- benennt Wörter mit Laut-Elementen[12].
- Danach erfolgt das erste vollständige Erlesen, das auf dieser Stufe noch viel Mühe macht – das Lesematerial muss dieser Einschränkung Rechnung tragen –, und fortgeschrittenes Erlesen. Dabei gelingt es nach und nach immer besser, Buchstabengruppen, eventuell Silben oder Morpheme zu erfassen und in gesprochene Sprache zu übersetzen.
- Zuletzt erfolgt eine Automatisierung und Hypothesen-Bildung. Mit der Zeit benötigt die Übersetzung der Buchstaben (bzw. größerer Einheiten) immer weniger Aufmerksamkeit – der Vorgang wird zunehmend automatisiert. Durch diese Entlastung kann sich das Kind stärker auf den Inhalt konzentrieren und mit seiner Hilfe auch Erwartungen über die Weiterführung des Satzes aufbauen.

---

10 M. M., Weltanalphabetismus, S. 156

11 Anm. d. Verf.: Die konkrete Situation, in die das Wort eingebettet ist, wird zur Identifizierung mit herangezogen. So lernt das Kind Wörter wie Telefon und Toiletten voneinander zu unterscheiden, die von der Struktur her für das Kind sehr ähnlich sind.

12 Anm. d. Verf.: Schrittweise eignen sich die Kinder einzelne Buchstaben-Laut-Beziehungen an, die ihnen dann helfen, das richtige Wort zu finden. Allerdings kommt es noch häufig zu Verwechselungen.

Diese Abfolge stellt nur ein grobes Raster dar. Sie hilft aber, den ungefähren Entwicklungsstand eines Kindes festzustellen und entsprechendes Lesematerial zur Verfügung zu stellen.[13]

Folgende Kompetenzen muss das Kind erwerben:

Als Erstes muss es den einzelnen Buchstaben wahrnehmen und minimale Unterschiede zwischen den Buchstaben in Bezug auf Form, Anordnung und Lage im Raum erkennen.

Danach muss das Kind den Laut für den betreffenden Buchstaben finden. Das wird zum einen dadurch erschwert, dass es bis auf wenige Ausnahmen keine eindeutigen Zuordnungen gibt, zum anderen, dass die Individuallaute teilweise erheblich von den Normallauten abweichen.

Als Nächstes muss das Kind die gefundenen Laute zu Silben oder anderen Unterganzen „zusammenziehen" und dabei zwei Schwierigkeiten überwinden. Es ist nicht ohne weiteres ersichtlich, wie das zu lesende Wort am günstigsten zu gliedern ist. Gliederungsfehler können die Sinnentnahme erschweren.[14] Hinzu kommt, dass das Verschmelzen von Lauten keine einfache Lautaddition darstellt. (Beim Verschmelzen von [m] und [a] entfällt der Glottisschlag beim [a].) Auf diese Schwierigkeit weisen viele Unterstufenmethodiker immer wieder hin.

Schließlich müssen die Unterganzen zu einem Wort zusammengefasst werden. Das erfolgt wiederum über Hypothesenbildungen. Aus dem Kontext muss das Kind schließen, um welches Wort es sich handeln könnte.

Aus dem erlesenen Wort muss auf dessen Sinn geschlossen werden. Beim Leseanfänger ist dies stets mit der Realisierung des Klangbildes verbunden. Erst wenn das Kind das Erlesene als ein ihm bekanntes Klangbild erkennt, ist der Lesevorgang als Sinnerfassung abgeschlossen.[15]

Die oben thematisierten Gesichtspunkte lassen sich innerhalb der Montessori-Pädagogik relativ leicht realisieren, wobei gegebenenfalls die Aufgabenstellung zu erweitern ist. Insbesondere kommen hier die in den Kapiteln 4.1.3 bis 4.1.7 angesprochenen Übungen „zur Hinführung ins bewusste Schreiben" in Betracht sowie die Lesespiele „zum ersten Lesen" in den Kapiteln 5.2 und 5.3.

Diese Kompetenzen müssen um eine weitere ergänzt werden: Die PISA-Studie zeigt, dass viele Jugendliche Schwierigkeiten haben, Texten Sinn zu entnehmen. Aufgabe der Grundschule ist es, diese Kompetenzen auf einem den Kindern angemessenen Schwierigkeitsniveau vorzubereiten. Um diese Schwierigkeiten zu verringern, können die Kinder im Rahmen der Montessori-Pädagogik mit „Leseröllchen", „Aufträgen auf Faltkarten", „Tapetenbüchern", „Kleinen Büchern", „Karten mit Geschichten" usw. arbeiten.[16] Das sind Möglichkeiten, die im regulären Unterricht eher unbekannt sind.

Ähnlich, in umgekehrter Reihenfolge, verläuft das Schreiben innerhalb der Rechtschreibregeln, die für den deutschen Sprachraum im „Duden" festgeschrieben sind. Dazu sind nach RALPH WEIGT (unter Bezug auf GUDRUN SPITTA) folgende Entwicklungsstufen erforderlich[17]:

1. Phase – Vorkommunikative Aktivitäten (von ca. 2 Jahren an): die Kinder erzeugen Spuren auf Papier.

2. Phase – Vorphonetisches Stadium (von ca. 3 bis 5 Jahren an): Die Kinder beginnen die kommunikativen Möglichkeiten von Schreiben zu entdecken und zu nutzen: Aus Kritzelbildern werden jetzt Mitteilungen. Erste Buchstabenformen tauchen auf.

3. Phase – Halbphonetisches Stadium (von ca. 4 bis 6 Jahren an): Das Kind entwickelt in seinen Schreibversuchen erste Vorstellungen davon, dass Buchstaben die Laute eines Wortes abbilden. Buchstaben werden in ihrer Funktion erprobt. Meist werden nur für das Kind besonders prägnante Laute und Lautgruppen abgebildet, z. B. *PP* für Puppe oder *ht* für hat. Außerdem werden erste Wortgrenzen erkannt und die Links-Rechts-Orientierung wird sicherer.

4. Phase – Phonetische Phase (von ca. 5 bis 7 Jahren an): Die Kinder verfeinern ihre Fähigkeit zur Abbildung der Lautstruktur von Wörtern. Die Lautanalyse orientiert sich an der Lautung der Umgangssprache, z. B. *Fata* für *Vater*. Das erste Bewusstwerden der Regelhaftigkeit von Schreibweisen wird in Äußerungen von Kindern über mögliche Schreibweisen deutlicher.

5. Phase – Phonetische Umschrift, bei der in zunehmendem Maße typische Rechtschreibmuster integriert werden (von ca. 6 bis 7 Jahren an, bzw. ab 1./2. Klasse): Die Kinder entwickeln ein Gespür dafür, dass die Schreibung der Wörter noch durch weitere orthographische Gesetzmäßigkeiten beeinflusst wird. Silben erhalten jetzt immer häufiger einen Vokal: aus *libr* wird *liber*, lange Vokale werden ganz verschieden geschrieben, z. B. *fir, fia, fihr, fier, vihr* für *vier*.

Teilweise werden neue Schreibstrategien übergeneralisiert. Da aus *Vata* (früher) jetzt *Vater* geworden

---

13 vgl. Weigt (nach Balhorn), 1994, 1998, S. 25
14 Anm. d. Verf.: Liest das Kind z. B. bei „Eisenbahn" als erstes Unterganzes „Eis", führt das zu einer falschen Hypothese und behindert dadurch das weitere Erschließen.
15 vgl. Weigt, 1994, S. 21

16 vgl. Kapitel 5.7
17 a. a. O., S. 25 f.

ist, wird häufig im Analogieschlussverfahren nun aus *lila* auch *liler*. Der in der Schule angebotene und geübte Grundwortschatz wird zunehmend sicherer und beeinflusst die Schreibung neuer Wörter.

6. Phase – Übergang zur entwickelten Rechtschreibfähigkeit (von ca. 8 bis 9 Jahren an, bzw. ab 2./3. Klasse): Die meisten Kinder verfügen nun über eine grundlegende Kenntnis unseres Rechtschreibsystems (Phonem-Graphem-Zuordnung). Grundlegende Regeln sind bereits sicher verankert wie die Großschreibung von Nomen sowie nach Punkt, Ausruf- und Fragezeichen, das Feststellen der Endschreibung bei Auslautverhärtung durch Verlängern ... Der Wortaufbau (Morpheme, Wortfamilienprinzip), die Schreibung von Vor- und Nachsilben und zusammengesetzten Wörtern wird in immer größerem Ausmaß beherrscht. Auch die Fähigkeit, Dehnungs- und Doppelungszeichen korrekt zu gebrauchen, nimmt zu.

Bei Unsicherheiten greifen die Kinder nicht mehr ausschließlich auf die auditive Lösungshilfe zurück, sondern in zunehmendem Maße ziehen sie die visuelle Korrekturhilfe mit heran. Dies bedeutet, dass alternative Schreibweisen visuell erprobt bzw. korrigiert werden können. Die Kinder verfügen inzwischen sicher über eine große Anzahl von Wörtern (Grundwortschatz).[18]

Auch hier sind spezielle Kompetenzen erforderlich: Der Lautkomplex muss richtig erfasst werden, wobei allerdings viele Sprachlaute an sich schon außerordentlich schwer zu erfassen sind, wie z. B. das [r].
Neben dem Wahrnehmen der Laute muss auch die genaue Abfolge erkannt werden. Das ist in Wörtern mit einfacher Struktur, z. B. in solchen, die nur aus offenen Silben (wie Tomate) bestehen, noch relativ einfach. Leider gibt es in der deutschen Sprache nur wenige davon.[19] Hat das Kind die einzelnen Laute in ihren wesentlichen Merkmalen erfasst, d. h. die Phoneme erkannt, muss es diesen die entsprechenden Grapheme zuordnen und die richtigen Buchstaben für deren Realisierung finden. Dabei trifft er immer wieder auf den Grundwiderspruch in der deutschen Sprache:
In der deutschen Sprache kann man ca. 40 Phoneme voneinander unterscheiden, die in der Schriftsprache durch ca. 80 Grapheme wiedergegeben werden, und das mit Hilfe von 26 Buchstaben. Hieraus leitet sich die Grundschwierigkeit beim Umgang mit Schriftsprache ab.
Schließlich müssen die Wörter, Wortgruppen und Sätze graphomotorisch realisiert werden, wobei es wichtig ist, Hand und Augen richtig zu koordinieren und stets die Wortgestalten auf Richtigkeit zu überprüfen.[20]

Hans Brügelmann und Erika Brinkmann ergänzen diese Phasen durch zwei weitere:

Orthographische Eigenständigkeit der Schrift: Das Kind begreift, dass es in der Schrift Zeichen/Buchstabengruppen gibt, die sich aus einer Lautanalyse allein nicht ableiten lassen. Richtig schreiben bedeutet, nur noch „legale" Rechtschreibmuster zu verwenden.
Hier wird auf die Arbeit mit den Phonogrammen in der Montessori-Konzeption verwiesen, die weiter unten thematisiert wird.

Lexikale Ordnung der Schrift: Das Kind begreift, dass die Schreibweise von Wörtern morphematische Gemeinsamkeiten sichtbar macht. „Schreiben" nutzt die Ableitung aus Wortverwandtschaft, führt in Einzelfällen aber auch zu Fehlern wie die *Ältern* statt *Eltern*. Es gibt wortgruppenspezifische orthographische Besonderheiten. „Schreiben" wird zum Abruf aus einem „inneren Lexikon" automatisierter Schreibweisen häufig gebrauchter Wörter[21].
Auch hier erfolgt eine nähere Analyse unter der Perspektive der Montessori-Pädagogik weiter unten (die Arbeit mit Morphemen: Wortstamm, Prä- und Suffixen).

Zwar entwickeln viele Kinder ihre eigenen Strategien, um sich die Schriftsprache anzueignen, die man natürlich kennen sollte, aber mindestens 20 % einer Grundschulklasse haben mehr oder weniger große Schwierigkeiten. Ihnen muss geholfen werden, eine Strategie zu finden, indem ihnen z. B. vielfältige Lernangebote unterbreitet werden, die den einzelnen Etappen des Schriftspracherwerbs entsprechen müssen und zwischen denen die Kinder sich entscheiden können. Brügelmann stellt fest, und dem ist zuzustimmen: „Jedes Kind lernt anders, jedes Kind braucht freie Lern- und Schreibräume, aber ganz ohne Systematik nur im Vertrauen auf Reifen und die damit verbundenen Aktivitäten hoffend, ist in dieser reizüberfluteten Kinderwelt Normbewusstsein nicht zu entwickeln."[22]
Dieser Forderung entspricht die Montessori-Pädagogik durch die freie Arbeit in einer vorbereiteten Umgebung, bei der den Kindern differenziertes und individualisiertes Arbeiten an didaktisch sorgfältig aus-

---

18 Weigt, 1994, S. 25 f.
19 vgl. Kapitel 5.3.1

20 Weigt, 1994, S. 20 ff.; Anm. d. Verf.: ähnliche Stufenmodelle liegen vor z. B. bei Scheerer-Neumann, 1993, S. 26–36; Brinkmann/Brügelmann, 1993, S. 44–52
21 vgl. Brinkmann/Brügelmann, 1993, S. 44 ff.; Anm. d. Verf.: Notwendig ist der Hinweis, dass es durchaus unterschiedliche Stufenschemata gibt, die sich teilweise nur in Nuancen unterscheiden, teilweise in einer anderen Akzentuierung bzw. Zusammenfassung der einzelnen Prozesse.
22 Weigt, 1994, S. 23 f.

gesuchten und durchdachten Lernmaterialien möglich ist. Allerdings darf die Lehrerin sich nicht der Aufgabe entziehen, sich mit jedem Kind darüber zu unterhalten, wie sinnvoll gelernt werden kann und welches der persönliche Weg des jeweiligen Kindes ist.

3.2 Orientierung an der Struktur der deutschen Sprache

Die Schriftsprache ist aus dem Bedürfnis heraus entstanden, lautsprachliche Informationen zu fixieren, um sie über größere zeitliche und räumliche Entfernungen aufbewahren zu können.[23]
Die Frage, durch wie viele Prinzipien die deutsche Rechtschreibung bestimmt ist, wird in der Sprachwissenschaft unterschiedlich beantwortet. Ralph Weigt geht von Folgendem aus:[24]

1. Das phonematische (etymologische) Prinzip[25]: Ursprünglich wurde in der deutschen Sprache annähernd phonemgerecht geschrieben. So schrieb man noch im Mittelhochdeutschen *geben – gap (gab)* und *hant (Hand) – hende (Hände)*. Schwierigkeiten gab es dabei allerdings von Anfang an, da Phoneme und Grapheme einander nie völlig entsprochen haben. Das Phonem /k/ kann beispielsweise (als extreme Möglichkeit) durch acht verschiedene Grapheme wiedergegeben werden; kein, lag, chronisch, bequem, backen, boxen, akkurat und Calau.
Trotzdem darf man aus dieser Feststellung nicht schlussfolgern, dass das phonematische Prinzip nicht wirksam wäre, denn die phonematische Schreibung überwiegt die nichtphonematische bei weitem. So sind z. B. die acht als Beispiel aufgeführten Wörter bis auf die Schreibung des /k/ phonemgerecht geschrieben, sie weisen also keine rechtschreiblichen Besonderheiten auf, mit Ausnahme der Großschreibung von Calau.
Interessant in diesem Zusammenhang ist die Beobachtung, dass bei normal lernenden Kindern – im Gegensatz zu Kindern mit Lese-Rechtschreib-Schwäche – nur 9 % aller Rechtschreibfehler durch Verstöße im phonematischen Bereich verursacht werden.

2. Das morphematische Prinzip: In der Entwicklung der Rechtschreibung setzte sich jedoch bald immer mehr das morphematische Prinzip durch, das darauf abzielt, die Wortverwandtschaft deutlich zu machen, indem stets gleiche Morpheme gleichermaßen geschrieben wurden. Dadurch gewinnt das Geschriebene enorm an Lesbarkeit.
Aus diesem Grunde schreibt man heute eben nicht mehr *hant – hende*, sondern *Hand – Hände*. Dass dieses Prinzip nicht durchgängig zum Tragen kam, liegt zum Teil daran, dass die Verwandtschaft einiger solcher Wörter bei der Festlegung noch nicht erkannt war (z. B. *Eltern*, obwohl der Stamm *alt* enthalten ist.).[26]

Die folgenden Prinzipien sind für die Rechtschreibung zwar wichtig, weniger aber für den Aneignungsprozess selber. Teilweise lassen sie sich nur über gezieltes (Regel-)Lernen und Ausnahmenlernen einprägen, wobei auch hier HEIKO BALHORNS Forderung nach einem Lernen durch Operationen gilt. „Rechtschreibenlernen: Nicht Regeln, sondern Operationen!"[27] Dieses Lernen durch Operationen gehört zum „eisernen Grundsatz" der Montessori-Pädagogik.

3. Das grammatische Prinzip: Das grammatische Prinzip regelt z. B. die Groß- und Kleinschreibung sowie die Getrennt- und Zusammenschreibung, wobei es hierbei bedauerlich viele Ausnahmen und Zweifelsfälle gibt.

4. Das semantische Prinzip: Dieses Prinzip soll helfen, die unterschiedliche Bedeutung gleich klingender Wörter herauszufinden (z. B. *wieder* und *wider*, *das* und *dass*), ist aber nur sehr lückenhaft umgesetzt. Beispiel *Futter*: *Tiernahrung, Gewebe zum Abfüttern von Kleidungsstücken* ... Hier können die Bedeutungsunterschiede nur aus dem Kontext entnommen werden.

5. Das historische Prinzip: Zahlreiche Buchstaben spiegeln einen vergangenen Lautbestand wider. So wurde *ie* ursprünglich als Zwielaut ausgesprochen.

---

23 „Im Verlaufe der Geschichte der Menschheit haben sich verschiedene Schriftsysteme herausgebildet. Das deutsche Schriftsystem beruht auf dem Prinzip einer Buchstabenschrift. Die Erfinder der Buchstabenschrift haben unbewusst eine phonematische Schreibweise angestrebt, d. h., sie haben für jedes Phonem ein von allen anderen unterschiedliches graphisches Zeichen gesucht." (Kleine Enzyklopädie ... 1970, S. 803) Dabei entstanden allerdings Schwierigkeiten, weil man das lateinische Alphabet benutzte, das nicht für alle deutschen Phoneme ein Schriftzeichen bot und auch die anderen nur annähernd wiedergab. Hinzu kommt, dass sich die Lautsprache beständig weiterentwickelte, die Schriftsprache dagegen ein gewisses Beharrungsvermögen besitzt. So ergaben und ergeben sich in der Entwicklung immer mehr Unterschiede zwischen dem phonematischen und dem orthographischen System. (Weigt, 1994, S. 15 f.)
24 Weigt, 1994, S. 16
25 Anm. d. Verf.: Phoneme sind die kleinsten bedeutungsunterscheidenden Einheiten der deutschen Sprache.

26 vgl. Weigt, 1994, S. 17 f.
27 Balhorn, 1987

Trotzdem beließ man es in den Wörtern, als der Zwielaut nicht mehr gesprochen wurde. Man übertrug es später, als es als Längenzeichen aufgefasst wurde, sogar auf Wörter, die es vorher nicht besaßen, z. B. auf das Wort *Biene*.[28]

6. Das graphisch-formale Prinzip: In einer Reihe von Wörtern, von denen wir heute annehmen, sie besäßen ein Dehnungs-h, wurde das *h* nur eingefügt, um das Wort zu verlängern, um es „optisch" gewichtiger zu machen, wie z. B. in dem Wort *Sohn*.

Zusammenfassend kann festgestellt werden, dass die deutsche Orthographie sich zwar nach erkennbaren und einsichtigen Gesetzmäßigkeiten entwickelt hat, in ihrer heutigen Form von vielen häufig aber nicht mehr nachvollzogen werden kann und deshalb nur schwer zu erlernen und zu realisieren ist. Zudem sind neben den Spielregeln noch die Ausnahmen zu lernen.

Die unter Punkt 3 bis 6 angesprochenen Prinzipien lassen sich im Rahmen der Wortanalyse und der „Spiele, die die Bedeutung der Wortarten erkennen lassen"[29], thematisieren, z. B. die Groß-/Kleinschreibung, die Substantivierung von Verben und Adjektiven (bzw. umgekehrt). Das „Teekesselchenspiel"[30] in mehreren Varianten zeigt zahlreiche Ausnahmen zum semantischen Prinzip, wo sich die Bedeutung des Wortes nur im Kontext erschließen lässt.

Zum historischen und graphisch formalen Prinzip fehlen indes Übungsmöglichkeiten. Hier ist allerdings auch zu fragen, ob, abgesehen von kurzen Hinweisen an interessierte Kinder, diese Thematik nicht besser im Bereich der Sekundarstufe I, evtl. sogar II, aufgehoben wäre.

3.3 Überlegungen zur „Phonologischen Bewusstheit"

SALLY E. SHAYWITZ[31] berichtet über Forschungsergebnisse, die feststellen, dass legasthene Kinder häufig Mühe haben, ein geschriebenes Wort phonologisch zu dekodieren und es damit auch nicht erkennen. Sie geht, gestützt durch CT-Befunde, davon aus, dass im Gehirn ein „phonologisches Modul" im sprachverarbeitenden Areal vorhanden ist. Dieses zerlegt auf einer untersten Ebene ein Wort beim Hören in die phonologischen Komponenten, zieht beim Sprechen die Laute zusammen und wandelt beim Lesen die Buchstaben in Laute um. Letzteres ist Voraussetzung, um den Sinn eines Wortes zu identifizieren.

Dieses Zerlegen eines gehörten Wortes in phonologische Komponenten bzw. die Umwandlung der Buchstaben in Laute beim Lesen gelingt Kindern mit Lese-Rechtschreib-Schwäche wegen eines partiellen Defekts in den dafür entscheidenden Gehirnregionen nur mit Mühe.[32]

Aufgrund der Forschungen zum Zusammenhang zwischen dem phonologischen Bewusstsein und dem Leselernvermögen kann man schon beim Vorschulkind vorhersagen, so Shaywitz, wie leicht es lesen lernen wird, indem man seine Fähigkeit zur Lautanalyse bestimmt. Dieses phonologische Talent lässt sich durch das Schulen des Lautbewusstseins fördern. Kinder, die übten, Wörter nach Sprachlauten zu unterscheiden und gleich lautende einander zuzuordnen, machten im Lesen wesentlich größere Fortschritte als diejenigen, die zum Beispiel Wörter nur nach ihrer Bedeutung sortierten. Auch bei zahlreichen anderen Untersuchungen kam immer wieder heraus, dass nicht so sehr eine allgemeine sprachliche Schulung, sondern ein spezifisches Training der Lautanalyse das Lesenlernen fördert.[33]

Weitere Forschungsergebnisse zeigen, dass sprachlich zurückgebliebene Kinder oftmals sehr kurze Sprachlaute nicht oder nur schwer zu unterscheiden vermögen, etwa /b/ und /p/. Während normale Kinder Phoneme von nur 40 Millisekunden Dauer erkennen, werden den sprachbehinderten erst bis zu 500 Millisekunden umfassende verständlich. Aber gerade hier lässt sich mit besonderen Übungen ansetzen, z. B. mit Computerspielen, bei denen ein Clown schwer unterscheidbare Laute, Wörter, Sätze ... künstlich gedehnt artikuliert. Dem Lernerfolg entsprechend werden die Programmteile dann dem natürlichen Sprechtempo angenähert. Experimente zeigten, dass diese Übungen außerordentlich effektiv waren und teilweise Kindern einen extremen Entwicklungsschub ermöglichten.[34]

Anstelle eines Computerspiels könnte auch eine passende Handpuppe (Clown, Schnecke ...) die Aufgabe des betont langsamen Sprechens übernehmen. Zwar lernen viele Kinder mit Lese-Rechtschreib-Schwäche passabel lesen, misst man aber die Zeit, die sie zum Dekodieren brauchen, stellt sich heraus, dass sie relativ lang ist und dass diese Kinder sich dabei besonders anstrengen müssen. Viele Menschen mit Lese-Rechtschreib-Schwäche erzählen, wie sehr Lesen sie ermüde – ein Zeichen für den enormen geistigen Aufwand, den sie dabei treiben müssen.

Die Analyse von Kapitel 3, 4 und 5 unter dieser Perspektive zeigt, dass der phonologischen Bewusstwerdung und der phonologischen Analyse ein hoher Stellenwert eingeräumt wird, angefangen bei den

---

28 vgl. Weigt 1994, S. 19
29 vgl. Kapitel 6
30 vgl. Kapitel 3.4.3
31 Shaywitz, S. 70

32 vgl. a. a. O., S. 70
33 a. a. O., S. 71 f.
34 a. a. O., S. 73 f.

"Sprachspielen", die für ältere Kinder ergänzt und modifiziert werden müssten, der "Arbeit mit den Sandpapierbuchstaben", dem "beweglichen Alphabet", den "Anlautgeschichten", deren Analyse und dem Legen lautgetreu geschriebener Wörter bis hin zu "Übungen der Mund- und Lautkoordination", um Sprach- und Hörfehler zu korrigieren sowie der "Sprechgymnastik".
Selbstverständlich lässt sich das vorhandene Übungsspektrum, den Erfordernissen entsprechend, ausweiten. So wird z. B. bei der Arbeit mit dem beweglichen Alphabet das Wort häufig gedehnt ausgesprochen (solange, bis der passende Buchstabe/Laut liegt). Liegen Probleme, wie die von Shaywitz thematisierten, vor, muss das langsame, gedehnte Sprechen noch bewusster erfolgen.
Von einer anderen Position aus, die durch Längs- und Querschnittsuntersuchungen empirisch abgesichert ist, kommt Walter zu vergleichbaren Ergebnissen. Seine Thesen:

- Es zeigen sich in verschiedenen Arbeiten sehr hohe (prägnante) Korrelationen zwischen dem phonologischen Wissen und der Leseleistung nach Abschluss des Erstleselehrgangs.
- Diese spezifischen Variablen haben einen erheblich besseren Prognosewert als allgemeine kognitive Variablen.
- Es gibt einen kausalen Zusammenhang zwischen trainiertem phonologischem Wissen und späterem Erfolg beim Schriftspracherwerb.[35]

Zusammengefasst: "Gekonnte Schriftsprachförderung besteht aus einer gelungenen Synthese sowohl der Vermittlung von Dekodier-, Lese- und Schreibstrategien als auch der Einbeziehung von neigungs- und interessensbezogenen Texten zu dem Zeitpunkt, an dem Schüler sie ohne große Frustration lesen können."[36]
An dieser Stelle muss noch einmal auf die Ausführlichkeit hingewiesen werden, in der sich die Montessori-Pädagogik diesem Aspekt zuwendet, und neben den oben angesprochenen Übungen ist noch auf jene zu verweisen, die das erste Lesen erleichtern wie "Leseröllchen", "Kleine Bücher", "Aufträge und Faltkarten" sowie für die mehr sachkundlich interessierten Kinder die "Leseübungen, die die Begriffsbildung erleichtern".

3.4 Arbeit auf der Wortebene und Segmentierungsaspekte

Worterkennung kann als ein Suchprozess betrachtet werden: Ein Wort, das nicht als Ganzes erkannt werden kann, wird in handhabbare Einheiten segmentiert. Die so segmentierten Einheiten werden dann mit im Langzeitgedächtnis vorhandenen Wörtern, Quasi-Wörtern, Wortfragmenten oder Merkmalslisten verglichen und so auf Bekanntheit hin überprüft. Ein Resynthetisierungsprozess sorgt für das Zusammenfügen der Segmente zu einer Einheit, dem Wort, das der Leser dann in eine akustisch-phonologische und/oder semantische Kategorie einordnet und damit akustisch und semantisch realisiert. Lese- und rechtschreibschwache Kinder machen häufig deshalb so viele Lesefehler, weil sie u.a. nur mit Schwierigkeiten in der Lage sind, Wörter in für sie erlesbare und damit ökonomische Segmente zu gliedern (visuell und auch akustisch). Es wird hier vermutet, dass diese Kinder versuchen, das Wort als Ganzes zu lesen, was völlig misslingt, weil entsprechende Merkmalslisten im Langzeitgedächtnis fehlen oder weil sie ein falsches Wort "lesen", das dem zu lesenden in irgendeiner Weise ähnelt. Eine andere Strategie dieser Kinder ist – dies kann bei Kindern mit Lese-Rechtschreib-Schwäche immer wieder beobachtet werden –, dass sie versuchen, das Wort Buchstabe für Buchstabe zu erlesen. Das dauert sehr lange, ermüdet und führt nicht immer zur Sinnerschließung des Wortes.[37]
Die Frage ist, welche Segmentierungsmöglichkeiten sinnvoll sind.

3.4.1 Zur Bedeutsamkeit der Silbensegmentierung

Wenn man auszählt, wie viele einsilbige Wörter schwache Leser in einer Minute richtig lesen, so wurde herausgefunden, dass gute Leser doppelt so viel leisten. Bei zweisilbigen Wörtern ist die Leistung der guten Leser etwa vier- bis fünfmal so gut und bei drei- und mehrsilbigen Wörtern ca. achtmal so gut. Der überproportionale Fehlerzuwachs bei den schwachen Lesern wurde durch die mangelnde Fähigkeit zur Silbengliederung erklärt.[38]
Deshalb sind Übungsformen wichtig, mit denen leseschwache Kinder Segmentierstrategien auf der Silbenebene erlernen können (Silbenschreiten, Silbenschlagen, Silbenbögen schreiben usw.). Den Kindern sollte dabei auch bewusst gemacht werden, dass die Vokale beim Lesen wesentliche Orientierungspunkte sind.

---

35 Walter, 1996, S. 283
36 a.a.O., S. 172

37 vgl. a.a.O., S. 284
38 a.a.O., S. 193

Diese immer wiederkehrenden Silben können als „Superzeichen" aufgefasst werden (z. B. le-ben, he-ben, we-ben). Nach entsprechender Übung werden diese immer schneller erkannt und erfasst und damit erübrigt sich im Laufe der Zeit eine bewusste Analyse und Synthese. „Durch die Bildung solcher Superzeichen werden die Wörter in ihrer Struktur immer leichter durchschaut, bis sie selbst zu Superzeichen geworden sind und es wenig Mühe zu ihrer Reproduktion im Rechtschreiben bzw. im Lesen bedarf.[39]

Deshalb werden Interventionsmaßnahmen und Übungen als wichtig angesehen, die die Silbe (besser: Sprechsilbe) als wichtige Einheit der Wortwahrnehmung betrachten und sie als Segmentierungseinheit für den Lese- und Rechtschreibunterricht auf der Basis entsprechender Medien und Materialien verwenden.

Dementsprechend vertritt Walter die These, dass sich die Leseförderung auf der Basis der Silbe, also einer Einheit oberhalb der Buchstabenebene und unterhalb der Wortebene, empirisch bisher als wirksam erwiesen hat.[40]

Abgesehen von rhythmischen Sprachspielen (s. Kap. 3) finden sich kaum Übungen zur Silbensegmentierung innerhalb der Montessori-Konzeption. Hier müsste den allgemeinen Kriterien der Materialerstellung entsprechend evtl. ergänzt werden.

3.4.2 Segmentierungsaspekte auf der Ebene des Morphems

Andere Autoren lehnen die Betonung der Silbe entschieden ab und bevorzugen eher ein morphologisch orientiertes Herangehen beim Schriftspracherwerb. So z. B. Balhorn: „Weil Silben und Morphemgrenzen sich nicht entsprechen, habe ich starke Bedenken, in der Grundschule die so genannte Silbentrennung sehr wichtig zu nehmen."[41]

Das Morphem wird häufig als „die kleinste Bedeutung tragende Einheit der Sprache oder die kleinste Einheit des Ausdruckssystems, die unmittelbar zu irgendeinem Teil des Inhaltssystems in Beziehung gesetzt werden kann", definiert. In den Wörtern be/wohn/en oder ver/such/en sind /wohn/ und /such/ die Hauptmorpheme und die Prä- und Suffixe /be/, /ver/, /en/ die funktionalen Morpheme. Dabei bestimmen die Hauptmorpheme den eigentlichen Sinn des Wortes im Wesentlichen.

Die Silbe als Einheit wird häufig aus folgenden Gründen strikt abgelehnt:

- Die Sprechsilbe ist von der Wortbedeutung her willkürlich und zerstört oft die sinntragenden Einheiten (Morpheme). Zum Beispiel: *ruf/en* vs. *ru/fen*; *Halt/er* vs. *Hal/ter*. Dazu kommt: Die Silbe *lau* in *laufen*, weckt andere und falsche Assoziationen über den Fortgang des Wortes als das Phonem *lauf*.
- Das silbenweise Erlesen verfälscht die Vokallänge (z. B. *komm/en* vs. *kom/men*; *land/en* vs. *lan/den*) und die Betonungsunterschiede zwischen Stamm- und Vor- bzw. Nachsilbe.
- Buchstabengruppen, die nur ein Phonem abbilden, werden silbensegmentiert oft zerrissen, z. B. *sin/gen*; *But/ter*; *Tup/fer*.
- Das stammschließende *h* wird bei der Silbengliederung zur neuen Zeile genommen, wenn ein Vokal folgt, z. B. *na/he*; *Rei/he*. Dies wird als Hauptursache für die oft unkorrekte Aussprache dieser Wörter angenommen.

Die Morphemsegmentierung wird als das wichtigste nicht-phonologische Prinzip der deutschen Rechtschreibung angesehen, das bei der Rechtschreibung aber nur dann genutzt werden kann, wenn das Kind dazu in der Lage ist, Wörter in ihre Morphembestandteile zu gliedern. Gerade hier liegen jedoch die Schwierigkeiten: So fällt z. B. das Auffinden der gleichen Morpheme in zusammengesetzten Substantiven (Haustür, Türschloss) 6- bis 7-Jährigen schwerer als das Suchen von Reimwörtern (Land/Sand usw.). Im Gegensatz zur Leichtigkeit, mit der schon Vorschulkinder vorgesprochene Wörter in Silben gliedern können, muss die Morphemsegmentierung explizit und in vielen Lernschritten erworben werden. Durch spezifische Übungsformen kann die Sensibilität für ein morphologisches Bewusstsein aber erheblich gesteigert werden.

Das ist auch wichtig, weil sich die Rechtschreibförderung auf der Basis des Morphems als empirisch sehr wirksam erwiesen hat.[42]

Da beide Ansätze, die Silbensegmentierung sowie die Segmentierung auf der Morphemebene, jeweils gute Ergebnisse bei Erfahrungsberichten und Interventionsmaßnahmen bringen, plädiert Walter für ein Vorgehen, das beide Segmentierungsarten berücksichtigt.[43]

Die Arbeit mit Morphem-Einheiten erleichtert auf einer weiteren Ebene Lesen und Rechtschreiben: Das buchstabenweise Erlesen eines Wortes, das besonders ineffektiv ist, lässt sich verhindern, indem das Kind auf das interne Lexikon im Kopf zugreift. Man geht dabei von der Vorstellung aus, dass ein Stamm-Morphem von seinen Prä- und Suffixen abgetrennt wird und der lexikalische Zugriff allein auf

---

39 Kossow, 1977, S. 61
40 vgl. Walter, 1996, S. 285
41 Balhorn, 1987, S. 274

42 vgl. Walter, 1996, S. 285
43 vgl. a. a. O., S. 240

der Basis des Stamm-Morphems geschieht. So würde z. B. das Wort *abholen* in den Stamm /hol/, in das Präfix /ab/ und in das Suffix /en/ segmentiert. Der Zugriff ins mentale Lexikon geschähe auf der Basis des Stamm-Morphems /hol/. Abgeleitete Wörter wie *herbeiholen, wegholen, aufholen, Erholung* usw. wären über den gleichen Zugriff erreichbar.
Diese morphologische Segmentierung ist vorteilhaft, weil der Zugriff auf einzelne Wörter durch die Organisation des Lexikons über den Stamm schneller und ökonomischer erfolgt als wenn je ein Ganzwort einen Eintrag für sich in Anspruch nähme. Im zweiten Fall müssten z. B. bei der Suche nach dem Wort *bewohnen* alle übrigen Wörter, die mit dem Präfix /be/ anfangen, untersucht werden.[44]
Zudem lassen sich neben den Prä- und Suffixen, die oft mit Sprechsilben übereinstimmen, Hauptmorpheme unterschiedlicher phonologischer Komplexität unterscheiden und üben.
Als ein Bestandteil des Pools verschiedener orthographischer Regelmäßigkeiten sind Morpheme Voraussetzungen für das korrekte und automatische Rechtschreiben, bieten im Vergleich zur Silbe eher relevante orthographische Regelmäßigkeiten und sind damit eher als Voraussetzung zur Erlangung orthographischen Wissens geeignet. Deshalb kann die Arbeit mit Morphemen als eine entscheidende Interventionstechnik aufgefasst werden.[45]
Für das Rechtschreiben gilt Vergleichbares.
Greifen Kinder schwerpunktmäßig auf eine phonologische Strategie zurück und benutzen Phonem-Graphem-Korrespondenzregeln, ohne besonders auf die visuellorthographischen Einträge im internen Lexikon zu achten und orientieren sich an der Regel „Schreibe so, wie du sprichst" führt zu Fehlern wie z. B. *hoite* statt *heute*, *Vadda* statt *Vater*. Diese Regel ist also nicht besonders hilfreich.
Noch schwieriger wird es, wenn Kinder einzelne Laute innerhalb ganzer Laut-Gruppen von Wörtern wahrnehmen sollen wie z. B. Konsonanten-Gruppen in der Anlautstruktur eines Wortes, z. B. *sp-, spr-, pf-, pfl-*, oder in der Auslautstruktur wie z. B. *-ng, -rg, -nk*. Allein durch richtiges „Hinhören" ist die Schreibung entsprechender Wörter nicht zu erschließen. Dabei vertritt Walter die These, dass die tatsächlich vorhandene uneindeutige Graphem-Phonem-Korrespondenz in der deutschen Sprache sowie deren Leugnung einer der Gründe für Lese-Rechtschreib-Schwäche sein können, was aber von der traditionellen Forschung eher ausgeblendet wird, die die Gründe für Fehler eher im cerebral-funktionalen Bereich sucht.
Walter fordert als Konsequenz, die aus den empirischen Untersuchungen abzuleiten ist, dass besonders in Fördergruppen, aber nicht nur da, morphemorientiert gearbeitet werden sollte, also mit Wortstämmen, Prä- und Suffixen.[46]

Das Kapitel 5 macht deutlich: Mit Hilfe der Arbeit an den Phonogrammen lassen sich diese für die Kinder schweren Konsonantengruppen gezielt und individuell oder gruppenweise mit Hilfe entsprechender Operationen solange üben, wie ein Kind daran üben möchte und so intensiv wie es ihm möglich ist. Dies ist weitaus mehr als in den herkömmlichen Schulbüchern und im traditionellen Unterricht geboten wird. Dieses Kapitel zeigt zudem, wie intensiv und facettenreich die Kinder mit Morphemen, den Wortstämmen, Prä- und Suffixen arbeiten können.
Vorbereitet werden diese Übungen durch „Wortstudien" sowie „zusammengesetzte Wörter". Hier werden, worauf die empirischen Ergebnisse als besonders wichtig verweisen, außerordentlich intensive Operationen möglich, indem z. B. ein konkreter Apfel neben die Wortteile *Baum, Kuchen, Mus, Ringe, Saft* gelegt wird. Bei weiteren, auf höherem Niveau stattfindenden Übungen kann die Aufgabenstellung abstrakter werden: der konkrete Apfel wird durch ein Wortkärtchen ersetzt, aus zahlreichen Worthälften werden passende oder unmögliche oder witzige zusammengesetzte Wörter gebildet. Auf Wortstreifen geschriebene zusammengesetzte Wörter werden zerschnitten, neu kombiniert usw. Ähnliche Übungen lassen sich dann auch mit Wortstämmen, Prä- und Suffixen durchführen. Besonders interessant für das Lernen dieser Thematik durch entsprechende Operationen ist auch der Wörterbaum.
Die morphematische Orientierung verbessert zudem das Problemlöseverhalten, wenn das Kind bei der Rechtschreibung unsicher ist.
Aus einer Reihe von Forschungsbefunden wissen wir z. B., dass sich schwache Rechtschreiber eher auf phonoakustische Informationen verlassen, also nach der Strategie verfahren „Schreibe so, wie du sprichst", während gute Rechtschreiber zusätzlich auch sehr stark auf orthographisch-visuelle Informationen, also auch auf orthographisch-morphologische Strukturen zurückgreifen. Dies scheint eine wichtige Voraussetzung für eine sichere Orthographie zu sein, weil aufgrund der Uneindeutigkeiten bei der Graphem-Phonem-Korrespondenz zusätzlich visuell-orthographische Informationen wichtig sind. Genau hier bietet sich ein morphologisch orientierter Rechtschreibunterricht gerade für schwache Kinder an.[47]

---

44 vgl. Walter, 1996, S. 225
45 a. a. O., S. 265
46 vgl. a. a. O., S. 266
47 vgl. Walter, 1996, S. 242

Zusammengefasst: Es zeigt sich, dass in der Montessori-Konzeption sowohl von der allgemeinen Zielorientierung, der Arbeitsform, der vorbereiteten Umgebung und ihrem entwicklungspsychologischen Ansatz her als auch aufgrund ihrer Sprachkonzeption die wesentlichen Elemente einer effektiven Betreuung von Kindern mit Lese-Rechtschreib-Schwäche vorhanden sind und dies weitaus intensiver und gründlicher als es im vorherrschenden frontalen Unterricht sowie den regulären Schulbüchern der Fall ist. Bei einzelnen Problembereichen müssen indes Ergänzungen und Erweiterungen vorgenommen, evtl. auch neue Materialien erstellt werden. Diese Erstellung hat sich an den Spielregeln zu orientieren, die in Kap. 1 und da insbesondere in 1.5.2 und 1.5.3 thematisiert wurden.

Literatur

ABRAHAM, ULF, u. a.: *Praxis des Deutschunterrichts. Arbeitsfelder – Tätigkeiten – Methoden.* Donauwörth 2000²

ANDRESEN, UTE und MONIKA POPP: *ABC und alles auf der Welt.* Ravensburg 1995

AMI: *Maria Montessori – a centeneray anthology.* Amsterdam 1870–1970

AMI: „Question and Answer: Print vs cursive". In: *Communications.* Amsterdam 1999/4: S. 54 f.

AYRES, JEAN: *Bausteine kindlicher Entwicklung.* Berlin 1992

AFFOLTER, FELICIE: *Wahrnehmung, Wirklichkeit und Sprache.* Villingen-Schwenningen 1987

BARTNITZKY, HORST: *Sprachunterricht heute: Sprachdidaktik – Unterrichtsbeispiele – Planungsmodelle.* Berlin 2000

BALLHORN, HEIKO: „Rechtschreiblernen: Nicht Regeln, sondern Operationen". In: Dummer, Lisa: *Legasthenie – Bericht über den Fachkongress 1986.* Hannover 1987

BAUMANN, HAROLD: Buchbesprechung zu Grazia Honegger Fresco: Il Materiale Montessori in Cataloghi edita a New York, Londra, Bucares, Berlino, Gonzaga tra gli anni Dieci e Trenta". In: *Montessori – Zeitschrift für Montessori-Pädagogik.* (H. 2) 1994: S. 75

BERG, HORST KLAUS: *Montessori für Religionspädagogen.* Stuttgart 1994

BÖHM, WINFRIED: „Montessori aktuell". In: *Welt des Kindes.* München 1976

BÖHM, WINFRIED: *Maria Montessori, Texte und Diskussion.* Bad Heilbrunn 1971

BROOKFIELD, KAREN (Text), LAURENCE PORDES (Fotos): *Schrift – von den ersten Bilderschriften bis zum Buchdruck.* Hildesheim 1997²

BRÜGELMANN, HANS und ERIKA BRINKMANN: „Stufen des Schriftspracherwerbs und Ansätze zu seiner Förderung". In: Brügelmann, Hans und Sigrun Richter (Hrsg.): *Wie wo recht schreiben lernen – 10 Jahre Kinder auf dem Weg zur Schrift.* Faude 1993: S. 44–52

BUBER, MARTIN: *Die Erzählungen der Chassidim.* Zürich 1992¹²

CLAUSSEN, CLAUS: *Erzähl mal was!* Donauwörth 2000

CLAUSSEN, CLAUS: „Wer erzählt und warum?" In: *Die Grundschulzeitschrift.* Seelze/Velber 134/2000

CLAUSSEN, CLAUS und VALENTIN MERKELBACH: *Erzählwerkstatt – Mündliches Erzählen.* Braunschweig 1995

CLOTTES, JEAN und JEAN COURTIN: *Grotte Cosquer – Eine im Meer versunkene Bilderhöhle.* Sigmaringen 1995

CSIKZENTMIHALYI, MIHALY: *Das Flow-Erlebnis – Jenseits von Angst und Langeweile: im Tun aufgehen.* Stuttgart 1991³

DERNBACH, RAYMUND: „Arbeitsmittel zur Analyse zusammengesetzter Wörter". In: *Montessori – Zeitschrift für Montessori-Pädagogik* (H. 1) 1995: S. 22–25

ECKERT, ELA: „Montessoris Konkretisierung der Idee der ‚Kosmischen Erziehung' in ihrer Zeit in Indien". In: Fischer, Reinhard, Michael Klein-Landeck und Harald Ludwig: *Die „Kosmische Erziehung" Maria Montessoris.* Münster 1999

ECKERT, ELA: *Montessoris ‚Kosmische Erziehung' – Vision und Konkretion.* Oldenburg 1996

EICHELBERGER, HARALD: *Handbuch zur Montessori-Didaktik.* Innsbruck, Wien 1997

EICHLER, WOLFGANG und KARL-DIETER BÜNTING: *Deutsche Grammatik.* Weinheim 1994⁵

ELSNER, HANS: „Die Montessori-Pädagogik in der Schule von heute". In: Hellmich, Achim und Peter Teigeler (Hrsg.): *Montessori-, Freinet-, Waldorf-Pädagogik.* Weinheim 1995³

EVERHARDT, CHRISTINA: „Montessori-Erziehung in Familie und Kinderhaus". In: Ludwig, Harald (Hrsg.): *Erziehen mit Montessori.* Freiburg 1997

EWERS, H. H.: „Kinder brauchen Geschichten". In: *Grundschule.* Braunschweig 1/1989

EWIJK, NIKO VAN: „Systematische Lernmittelentwicklung im Bereich der ‚Kosmischen Erziehung'." In: Fischer, Reinhard, Michael Klein-Landeck und Harald Ludwig (Hrsg.): *Die Kosmische Erziehung Maria Montessoris.* Münster 1999

FÄHMEL, INGRID: *Zur Struktur schulischen Unterrichts nach Maria Montessori.* Frankfurt a. M. 1981

Fernstudiengang „Legasthenie"

FISCHER, CHRISTIAN: *Hochbegabung und Lese-Rechtschreibschwierigkeiten (LRS) – Eine Untersuchung im Zusammenhang von Hochbegabung und Lese-Rechtschreibschwierigkeiten sowie zur Förderung von besonders begabten Kindern mit LRS.* Unveröffentlichte Diss. Münster 1998

FISCHER, REINHARD: „Sensible Phasen". In: Winkels, Theo (Hrsg.): *Montessori-Pädagogik konkret. Praxisorientierte Aspekte und schulische Konzeptionen.* Bad Heilbrunn 2000

FISCHER, REINHARD: „Empirische Ergebnisse der Montessoripädagogik". In: Ludwig, Harald (Hrsg.): *Montessori-Pädagogik in der Diskussion.* Freiburg 1999 (a)

FISCHER, REINHARD: „Die Polarisation der Aufmerksamkeit und das ‚Flow-Phänomen'. – Das Konzentrationsphänomen bei Montessori und Csikzentmihalyi". In: Ludwig, Harald (Hrsg.): *Montessori-Pädagogik in der Diskussion.* Freiburg 1999 (b)

FISCHER, REINHARD, MICHAEL KLEIN-LANDECK und HARALD LUDWIG (Hrsg.): *Die Kosmische Erziehung Maria Montessoris.* Münster 1999 (c)

FISCHER, REINHARD: „Forschungsergebnisse zum Phänomen der sensiblen Phasen". In: *Montessori – Zeitschrift für Montessori-Pädagogik.* (H. 3/4) 1996: S. 104–116

FISCHER, REINHARD: *Lernen im non-direktiven Unterricht, eine Felduntersuchung am Beispiel der Montessori-Pädagogik.* Frankfurt a. M. 1982

FLECK, SIEGFRIED: „Am Anfang wollen wir ihm die ganze Welt geben" (Montessori). In: Fischer, Reinhard, Michael Klein-Landeck und Harald Ludwig (Hrsg.): *Die Kosmische Erziehung Maria Montessoris.* Münster 1999

GEO Wissen: „Entwicklungsphasen – Kind, was bist du groß geworden!" In: *Geo Wissen 1999/1:* S. 6–19

GEO Wissen: „Die Wegmarken von Wachstum und Reifen – wie aus dem Baby ein Erwachsener wird". In: *Geo Wissen 1993/2:* S. 96 ff.

HELBIG, GERHARD und JOACHIM BUSCHA: *Deutsche Grammatik; Ein Handbuch für den Ausländerunterricht.* Leipzig 1996¹⁷

HELLER, ALBERT: „Zum Verhältnis von Wirklichkeitserfahrung, Bewegung und Sprachentwicklung im pädagogischen Konzept Maria Montessoris auf dem Hintergrund aktueller psychologischer und hirnphysiologischer Forschung". In: *Montessori – Zeitschrift für Montessori-Pädagogik.* (H. 1/2) 2000: S. 5–27

HELLBRÜGGE, THEODOR: *Unser Montessori Modell.* München 1977

HELMLE, THOMAS und PETRA WÖBKE-HELMLE: „Vom Ganzen zum Detail – am Beispiel ‚Tiere'". In: Fischer, Reinhard, Michael Klein-Landeck und Harald Ludwig (Hrsg.): *Die Kosmische Erziehung Maria Montessoris*. Münster 1999

HENTIG, HARTMUT V.: *Was ist eine humane Schule?* München 1976

HINKEL, HERMANN: „Geschichtenerzähler". In: *Kunststücke 1/2 Lehrerband*. Stuttgart. 1998: S. 19 ff.

HOLTSTIEGE, HILDEGARD: „Kosmos, Kosmische Erziehung". In: Steenberg; Ulrich: *Handlexikon zur Montessori-Pädagogik*. Ulm, Münster 1997

HOLTSTIEGE, HILDEGARD: *Modell Montessori*. Freiburg 1995[9]

HOLTSTIEGE, HILDEGARD: *Montessori-Pädagogik und soziale Humanität*. Freiburg 1994

HONEGGER FRESCO, GRAZIA: *Il materiale Montessori in cataloghi editi a New York, Londra, Bucarest, Berlino, Gonzaga tra gli anni Dieci e Trenta - Montessori material contained in some of the catalogues published in New York, London, Bucharest, Berlin, Gonzaga from 1910 to the 30s*, Italian – English ed. 1993

JACOBS, HELENE, URSULA KURSIDIM und JOHANNES ELSNER: *Analyse des Lesens – Satzanalyse*. Unveröffentl. Skript. Aachen 1999

JUDE, WILHELM K.: *Deutsche Grammatik*. 17. Neufassung von Rainer F. Schönhaar. Braunschweig 1980

KATEIN, WERNER (Hrsg.): *Maria Montessori – Die Grundlagen ihrer Pädagogik und Möglichkeiten der Übertragung in Schulen*. Langenau, Ulm 1992

KLEIN-LANDECK, MICHAEL: *Freie Arbeit bei Maria Montessori und Peter Petersen*. Münster 1997

KORCZAK, JANUSZ: *Von der Grammatik – und andere pädagogische Texte*. Hrsg.: Beiner, Friedhelm und Elisabeth Lax-Höfer. Heinsberg 1991

KOSSOW, HANS-JOACHIM: *Zur Therapie der Lese-Rechtschreib-Schwäche*. Berlin 1977

KRAMER, RITA: *Maria Montessori – Leben und Werk einer großen Frau*. München 1977

KRATOCHWIL, LEOPOLD: „Die pädagogische Bedeutung der Dimension des Kosmischen im Werk Maria Montessoris". In: Fischer, Reinhard, Michael Klein-Landeck und Harald Ludwig: *Die ‚Kosmische Erziehung' Maria Montessoris*. Münster 1999

KÜRSCHNER, WILFRIED: *Grammatisches Kompendium*. Erweiterte und verbesserte Auflage. Tübingen, Basel 1997[3]

LASSAHN, RUDOLF: „Montessori-Pädagogik im Lichte neuer Forschung". In: *Päd. Rundschau* (6/78): S. 480 ff.

LAUTH, GERHARD, W. und PETER, F. SCHLOTTKE: *Training mit aufmerksamkeits-gestörten Kindern, – Diagnostik und Therapie. Materialien für die psychosoziale Praxis*. Weinheim 1993

LE SAUX, ALAIN und GRÉGOIRE SOLOFAREFF (Bildauswahl): *Das kleine Museum*. Frankfurt a. M. 1994[2]

LINDER, MARIA: „Über Legastehnie (spezielle Leseschwäche)". In: *Zeitschrift für Kinderpsychiatrie* 18, 1951: S. 97–143

LUDWIG, HARALD: *Montessori-Schulen und ihre Didaktik*. Hohengehren 2004

LUDWIG, HARALD (Hrsg.): *Montessori-Pädagogik in der Diskussion*. Freiburg 1999

LUDWIG, HARALD: „‚Kosmische Erziehung' – Ein ökologisch orientiertes Erziehungs- und Bildungskonzept im Spätwerk Maria Montessoris". In: Fischer, Reinhard, Michael Klein-Landeck und Harald Ludwig (Hrsg.): *Die ‚Kosmische Erziehung' Maria Montessoris*. Münster 1999

LUDWIG, HARALD: *Erziehen mit Maria Montessori – ein reformpädagogisches Konzept in der Praxis*. Freiburg 1997

LUDWIG, HARALD: „‚Kosmische Erziehung' – Zum Ansatz einer ökologisch orientierten Schulpädagogik und Didaktik bei Maria Montessori". In: *Montessori-Werkbrief* (H. 1/2) 1992: S. 14–34

MERKEL, JOHANNES: *Spielen, Erzählen, Phantasieren. Die Sprache der inneren Welt*. München 2000

MEISTERJAHN-KNEBEL, GUDULA: *Montessori-Pädagogik und Bildungsreform im Schulwesen der Sekundarstufe*. Frankfurt a. M. 1995

MHLOPHE, GCINA: *Wie die Geschichten auf die Welt kamen*. Wuppertal 1998

MISSMAHL-MAURER, SUSANN: *Maria Montessori – Neuere Untersuchungen zur Aktualität und Modernität ihres pädagogischen Denkens*. Frankfurt a. M. 1994

MONTESSORI, MARIA: *Entwicklungsmaterialien in der Schule des Kindes*. Wien 2003

MONTESSORI, MARIA: „Eine Methode für die erwachsenen Analphabeten". In: Maria Montessori: *Erziehung für eine neue Welt*. Hrsg. u. eingel. von Harald Ludwig und Günter Schulz-Benesch. Freiburg 1998

MONTESSORI, MARIA: *Erziehung für eine neue Welt*. Hrsg. u. eingel. von Harald Ludwig und Günter Schulz-Benesch. Freiburg 1998

MONTESSORI, MARIA: „Weltanalphabetismus". In: Maria Montessori: *Erziehung für eine neue Welt.*, Hrsg. u. eingel. von Harald Ludwig und Günter Schulz-Benesch. Freiburg 1998

MONTESSORI, MARIA: *Gott und das Kind*. Hrsg. u. eingel. von Günter Schulz-Benesch. Freiburg 1995

MONTESSORI, MARIA: *Kinder sind anders*. München 1994[9]

MONTESSORI, MARIA: *Kosmische Erziehung*. Hrsg. u. eingel. von Paul Oswald und Günter Schulz-Benesch. Freiburg 1993[2]

MONTESSORI, MARIA: *Dem Leben helfen*. Hrsg. u. eingel. von Paul Oswald und Günter Schulz-Benesch. Freiburg 1992

MONTESSORI, MARIA: *Grundgedanken der Montessori-Pädagogik – Aus Maria Montessoris Schrifttum und Wirkkreis*. Zusammengestellt von Paul Oswald und Günter Schulz-Benesch. Freiburg 1991[11]

MONTESSORI, MARIA: *Die Entdeckung des Kindes*. Hrsg. u. eingel. von Paul Oswald und Günter Schulz-Benesch. Freiburg 1991[2]

MONTESSORI, MARIA: *Schule des Kindes*. Hrsg. u. eingel. von Paul Oswald und Günter Schulz-Benesch. Freiburg 1991[4]

MONTESSORI, MARIA: *Psychoarithmetik*. Hrsg. u. eingel. von Harold Baumann. Thalwil/Zürich 1989

MONTESSORI, MARIA: *Die Macht der Schwachen*. Hrsg. u. eingel. von Paul Oswald und Günter Schulz-Benesch. Freiburg 1989

MONTESSORI, MARIA: *Spannungsfeld Kind – Gesellschaft – Welt; auf dem Wege zu einer ‚Kosmischen Erziehung'*. Hrsg. u. eingel. von Paul Oswald und Günter Schulz-Benesch. Freiburg 1979 (a)

MONTESSORI, MARIA: *Von der Kindheit zur Jugend*. Hrsg. u. eingel. von Paul Oswald. Freiburg 1979[3] (b)

MONTESSORI, MARIA: *Das kreative Kind*. Hrsg. u. eingel. von Paul Oswald und Günter Schulz-Benesch. Freiburg 1978[4]

MONTESSORI, MARIA: „Das Zentrum und die Peripherie" (1932). In: Böhm, Winfried: *Texte und Diskussion*. Bad Heilbrunn 1978[2]: S. 41–44

MONTESSORI, MARIA: *Frieden und Erziehung*. Hrsg. u. eingel. von Paul Oswald und Günter Schulz-Benesch. Freiburg 1973

MONTESSORI, MARIA: „Die geistige Erziehung eines Lehrers. Aber vor allem habt die Liebe". In: *Montessori-Werkbrief* (H. 28) 1972: S. 3–7

MONTESSORI, MARIA: „Die vier Stufen der Erziehung" (1938). In: Böhm, Winfried (Hrsg.): *Maria Montessori – Texte und Diskussion*. Bad Heilbrunn 1971: S. 19–24

Montessori, Maria: „Deviation und Normalisation" (1934). In: Böhm, Winfried (Hrsg.): *Maria Montessori – Texte und Diskussion.* Bad Heilbrunn 1971: S. 31–40

Montessori, Maria: *Grundlagen meiner Pädagogik.* Heidelberg 1968[3]

Montessori, Maria: *Über die Bildung des Menschen.* Freiburg 1966

Montessori, Maria: *The Advanced Montessori Method – Volume 2.* (1918) Madras 1965[3]

Montessori, Maria: *Mein Handbuch – Grundsätze und Anwendung meiner neuen Methodik der Selbsterziehung der Kinder.* Stuttgart 1922

Montessori, Maria: „Eine neue Methode, das Lesen und Schreiben zu lehren". In: *Allgemeine Deutsche Lehrerzeitung* Nr. 48, 1913, S. 565–566

Montessori, Mario (sen.): *Erziehung zum Menschen – Montessori-Pädagogik heute.* München 1977

Montessori Material Teil 1 (Materialien für den Bereich Kinderhaus). Verlag Nienhuis Montessori, Zelhem 1986 (Montessori-Leermiddelenhuis A. Nienhuis, B. B. Holland)

Montessori Material Teil 2 (Materialien für den Bereich Sprache). Verlag Nienhuis Montessori, Zelhem 1992[2] (Montessori-Leermiddelenhuis A. Nienhuis, B. B. Holland)

Montessori Lese- und Schreibmaterial. Dokumentations- und Informationszentrum Zelhem. Zelhem 1974 (Montessori-Leermiddelenhuis A. Nienhuis, B. B. Holland)

Montessori-Vereinigung e. V.: *Auftragskästen und Sprachkästen.* Zelhem 1997

Moormann, Annemarie: „Beobachtung und der Unterrichtende". Übers. v. G. Schulz-Benesch. In: *Montessori-Werkbrief* (H. 1/2) 1989: S. 19–25

Oswald, Paul und Günter Schulz-Benesch: *Grundgedanken der Montessori-Pädagogik – Aus Maria Montessoris Schrifttum und Wirkkreis.* Zusammengestellt von Paul Oswald und Günter Schulz-Benesch. Freiburg 1991[11]

Oswald, Paul: „Wirklichkeit und Vision – eine realistisch-visionäre Konzeption und die Ansätze ihrer praktischen Verwirklichung: Montessoris ‚Kosmische Erziehung'". In: *Montessori-Werkbrief* (H. 4) 1989 (a): S. 124–139

Oswald, Paul: „Maria Montessori und die ‚Kosmische Erziehung'". In: Fuchs, Britta und Waltraud Harth-Peter: *Maria Montessori und die Erziehungsprobleme der Gegenwart.* Würzburg 1989 (b)

Oswald, Paul: „Sprache und Spracherziehung bei Montessori". In: *Montessori-Werkbrief* (H. 3) 1985: S. 8 ff.

Oswald, Paul: „‚Kosmische Erziehung' in der pädagogischen Theorie Maria Montessoris". In: *Montessori-Werkbrief* (H. 47/48) 1977: S. 12–24

Oswald, Paul: *M. Montessori: Interpretationen zur Anthropologie.* Münster 1970

Raapke, Hans-Dietrich: *Maria und Astrid Lindgren.* Oldenburger Vor-Druck 183/93. Oldenburg 1995[4]

Raapke, Hans-Dietrich: *Montessoris ‚Erdkinderplan' – zur Reform der Sekundarschule. Ein Kommentar.* Oldenburger Vor-Druck 213/93. Erw. Aufl. Oldenburg 1994[2]

Raapke, Hans-Dietrich: *Montessori heute – Eine moderne Pädagogik für Familie, Kindergarten und Schule.* Reinbek b. Hamburg 2001

Rodari, Gianni: *Grammatik der Fantasie – Die Kunst, Geschichten zur Erfinden.* Leipzig 1992

Roubiczek, Lilie: „Das Lesenlernen in der Montessori-Schule". In: *Schulreform, 6. Jg.* Wien, Leipzig, Prag 1927: S. 534–537

Schami, Rafik: *Vom Zauber der Zunge. Reden gegen das Verstummen.* München 1998

Scheerer-Neumann, Gerheid: „Rechtschreibschwäche im Kontext der Entwicklung". In. Naegle, Ingrid M. und Renate Valentin: *LRS in den Klassen 1–10; Handbuch der Lese und Rechtschreibschwierigkeiten.* Weinheim, Basel 1993: S. 36–46

Schulz-Benesch, Günter: „Maria Montessori". In: Hellmich, Achim, Peter Teigeler (Hrsg.): *Montessori-, Freinet-, Waldorf-Pädagogik.* Weinheim 1995[3]

Schulz-Benesch, Günter: „Zur Geschichte und Aktualität der Montessori-Pädagogik". In: Hellmich, Achim und Peter Teigeler (Hrsg.): *Montessori-, Freinet-, Waldorf-Pädagogik.* Weinheim 1995[3]

Schulz-Benesch, Günter: *Montessori – Erträge der Forschung.* Darmstadt 1980

Shaywitz, Sally E.: „Legasthenie – gestörte Lautverarbeitung". In: *Spektrum der Wissenschaften.* Jan. 1997: S. 68–76

Sirch, Karl: *Der Unfug mit der Legasthenie.* Stuttgart 1975

Solzbacher, Hildegard: „Schreiben und Lesen". In: Hellbrügge, Theodor: *Montessori-Pädagogik und das behinderte Kind.* München 1978

Sommer-Stumpenhorst, Norbert und Martina Hötzel: *Richtig Schreiben lernen von Anfang an.* Berlin 2001

Spinner, Kaspar H.: „Der Beitrag des Deutschunterrichts". In: Wiater, Werner (Hrsg.): *Kompetenzerwerb in der Schule von morgen.* Donauwörth 2001: S. 23–31

Standing, E. M.: *Maria Montessori, Leben und Werk.* Oberursel [o. J.]

Steenberg, Ulrich: „Sprache/sprachliche Erziehung". In: Steenberg, Ulrich (Hrsg): *Handlexikon zur Montessori-Pädagogik.* Ulm, Münster 1997

Stein, Barbara: *Theorie und Praxis der Montessori-Grundschule.* Freiburg 1998

Suffenplan, Wilhelm: „Die sensiblen Perioden im Lichte neuer Untersuchungen zur Aktivitätsentfaltung in freier Spiel- und Arbeitssituation". In: *Montessori-Werkbrief* (H. 47/48) 1977: S. 25–44

Suffenplan, Wilhelm: „Motivationsdynamik und Aktivitätsrhythmik in Freiarbeitssituationen". In: *Montessori-Werkbrief* (H. 33/34) 1973: S. 25–31

Tilmann, Heribert: „Grundanliegen der Montessori-Pädagogik". In: Katein, Werner (Hrsg.): *Maria Montessori – Die Grundlagen ihrer Pädagogik und Möglichkeiten der Übertragung in Schulen.* Langenau, Ulm 1992

Tischer, Angelika: „Geschichtenbilder". In: *Kunststücke 1/2. Lehrerband.* Stuttgart 1998: S. 25 ff.

Vester, Frederik: *Denken, Lernen, Vergessen.* München 1991[18]

Voss-Rauter, H.: „Heterogene Klassen und die Montessori-Pädagogik". In: Hellmich, Achim und Peter Teigeler (Hrsg.): *Montessori-, Freinet-, Waldorf-Pädagogik.* Weinheim 1995[3]

Wagenknecht, Helga: „Jede Menge Geschichten. Kreatives Erzählen und Schreiben". In: *Praxis Grundschule.* 2/2000

Walter, Jürgen: *Förderung bei Lese- und Rechtschreibschwäche.* Göttingen, Bern, Toronto, Seattle 1996

Weigt, Ralph: *Lesen- und Schreibenlernen kann jeder!? – Methodische Hilfen bei Lese-Rechtschreibschwäche.* Neuwied 1994

Zobus, Ulrich: „Erzähl – Erzähl!" *Von der Lust aufs Erzählen und dem Weg zum Gelingen.* Dortmund 2000

Alle Unterrichtsmaterialien
der Verlage Auer, AOL-Verlag und PERSEN

jederzeit online verfügbar

lehrerbuero.de
Jetzt kostenlos testen!